高等职业教育汽车类专业活页式新形态创新教材

汽车发动机构造与维修

主　编　刘智婷　　左晨旭　　马才伏

副主编　邹　艳　　胡小坚　　罗　勇

参　编　王松林　　毛　丽　　苏晓芳　　朱方强

主　审　田丽君

机械工业出版社

本书内容包括汽车发动机认知、新能源汽车发动机认知、发动机检修常用工具及设备的认识和使用、曲柄连杆机构检修、配气机构检修、冷却系统检修、润滑系统检修、燃油供给系统检修、点火系统检修、起动系统检修10个项目。

本书适合作为汽车制造与装配技术、新能源汽车技术、汽车技术服务与营销、汽车检测与维修技术、汽车保险与理赔、二手车鉴定与评估等专业课程教材，也可供传统汽车和新能源汽车制造业、汽车售后服务从业人员学习和参考。

图书在版编目（CIP）数据

汽车发动机构造与维修 / 刘智婷，左晨旭，马才伏
主编 . -- 北京：机械工业出版社，2024.7（2025.1 重印）. --（高等
职业教育汽车类专业活页式新形态创新教材）. -- ISBN
978-7-111-76248-5

Ⅰ. U472.43

中国国家版本馆 CIP 数据核字第 2024TY8770 号

机械工业出版社（北京市百万庄大街 22 号　邮政编码 100037）
策划编辑：谢　元　　　　　责任编辑：谢　元
责任校对：樊钟英　丁梦卓　　封面设计：张　静
责任印制：郜　敏
中煤（北京）印务有限公司印刷
2025 年 1 月第 1 版第 2 次印刷
184mm×260mm・23 印张・543 千字
标准书号：ISBN 978-7-111-76248-5
定价：65.00 元

电话服务　　　　　　　　网络服务
客服电话：010-88361066　机　工　官　网：www.cmpbook.com
　　　　　010-88379833　机　工　官　博：weibo.com/cmp1952
　　　　　010-68326294　金　书　网：www.golden-book.com
封底无防伪标均为盗版　机工教育服务网：www.cmpedu.com

　　为顺应目前汽车行业绿色低碳的发展需求，结合职业院校学生的培养目标及学生学习特点，我们精心编写了本书。本书以弘扬社会主义核心价值观为指导思想，注重理论联系实际、适应新时代要求，以加强应用、培养技能为出发点，对照新标准、新工艺、新规范，以职业实践为主线，以强化职业素养、提升职业技能为目标，按照"紧跟行业动态、注重课程思政、强调能力本位，加强实操应用、丰富课程资源、注重教学新形态"为总体设计思路，采用项目任务化教学设计，将理论和技能训练融为一体，围绕项目任务精选并组织课程内容，突出项目案例与理论基础知识的结合，增强课程内容与职业岗位能力的相融性，依托省级教学资源库课程和省级职业教育在线精品课程，精心编排和制作配套课件及融媒体资源，将教材立体化呈现，同时达到将思政融入教材，提高学生职业信仰、职业素养和职业能力的目的。

　　本书为省级专业教学资源库配套教材，是响应教育部"一书一课一空间"的新范式要求，结合高职院校对于"汽车发动机构造与维修"课程教学目标，参考企业对于汽车制造、汽车销售、汽车检测与维修、汽车售后等岗位培训要点，经过精选、调整、补充与开发编写而成。

　　本书是思政融媒体活页式新形态创新教材，内容通俗易懂、条理清晰、针对性强。本书在充分考虑知识系统性的原则下，精选 10 个工作项目，融入汽车发动机检测与维修所涉及的相关思政元素，包含新能源汽车产业政策、我国汽车技术自主创新相关案例、发动机教学场管理规定、现代工科思维等。同时，我们加入了多年教学当中积累和制作的视频资源，形成思政融媒体教材。每个项目划分为一个或几个任务，再将知识点融入任务和子任务之中，做到让学生对理论知识深化掌握的同时，能自然地将理论、原则、技巧和经验应用到实际操作之中。本书综合了传统汽车和新能源汽车行业发展的需求，在编写期间，征集了大量高 / 中职院校、技师学院、技工学校和行业企业的意见与建议，增加了新能源汽车简介及混合动力汽车发动机检修所涉及的高压部分知识及实践内容，使本书内容尽可能地符合学生的认知规律和企业岗位对于从业人员的知识和技能要求。

　　本书由湖南交通职业技术学院刘智婷副教授、长春职业技术学院左晨旭副教授、湖南交通职业技术学院马才伏教授担任主编，邹艳（原湖南猎豹汽车股份有限公司技术中心技术工程师）、胡小坚（原长沙四星客车厂有限责任公司技术工程师）、湖南交通职业技术学院罗勇教授担任副主编。广西柳工机械股份有限公司研发中心高级技术专家王松林，湖南交通职业技术学院毛丽、苏晓芳、朱方强参与编写。福州大学田丽君教授担任本书主审。

　　编写分工：刘智婷编写项目四，左晨旭编写项目八、马才伏编写项目一，邹艳编写项目二，胡小坚编写项目三，罗勇编写项目五，王松林编写项目七，毛丽编写项目六，苏晓芳编写项目九，朱方强编写项目十。

　　由于编者水平有限，书中难免有不足之处，恳请广大读者提出宝贵意见和建议，以便修订时改正。

刘智婷

目　录

前言

项目一

汽车发动机认知

任务 1.1　认识发动机 / 001

　　子任务 1.1.1　发动机的总体构造及分类 / 001

　　子任务 1.1.2　发动机的常用术语 / 004

　　子任务 1.1.3　四冲程发动机的工作原理 / 007

　　子任务 1.1.4　汽油发动机与柴油发动机

　　　　　　　　工作的异同 / 010

　　工作页 1　认识汽车发动机 / 011

　　【技术自主】战地神车"木炭汽车"/ 017

任务 1.2　发动机基本理论 / 017

　　子任务 1.2.1　发动机的性能指标 / 017

　　子任务 1.2.2　发动机特性 / 019

　　【技术揭秘】推背感强的汽车，真的动力大么？/ 022

项目二

新能源汽车发动机认知

　　【政策前沿】《节能与新能源汽车技术路线图 2.0》

　　　　　　　　发布 / 023

任务 2.1　新能源汽车的定义 / 024

任务 2.2　新能源汽车的分类 / 024

任务 2.3　混合动力汽车的定义和分类 / 027

任务 2.4　典型混合动力汽车的构造 / 028

　　【知识拓展】北京现代混合动力汽车的

　　　　　　　　动力切换模式 / 032

　　工作页 2　认知混合动力汽车发动机 / 033

项目三

发动机检修常用工具及设备的认知和使用

任务 3.1　常用拆装工具及选用 / 037

任务 3.2　常用量具介绍及使用 / 044

　　工作页 3　认识和使用常用工量具 / 053

任务 3.3　发动机教学场管理规定 / 057

　　【职业洗礼】汽车发动机常用工具口诀 / 058

项目四

曲柄连杆机构检修

任务 4.1　曲柄连杆机构的认知 / 059

　　子任务 4.1.1　机体组零部件认知 / 059

　　子任务 4.1.2　活塞连杆组零部件认知 / 066

　　子任务 4.1.3　曲轴飞轮组零部件认知 / 075

　　【职业洗礼】"机油洗礼"仪式 / 080

任务 4.2　曲柄连杆机构的拆装及调试 / 081

　　工作页 4　机体组的认知与装调 / 085

　　工作页 5　活塞连杆组的认知与装调 / 089

　　工作页 6　曲轴飞轮组的认知与装调 / 093

任务 4.3　曲柄连杆机构的检修及数据处理 / 097

　　子任务 4.3.1　机体组的检修及数据处理 / 097

　　工作页 7　机体组的检修 / 103

　　子任务 4.3.2　活塞连杆组的检修及数据处理 / 107

　　工作页 8　活塞连杆组的检修 / 109

　　子任务 4.3.3　曲轴飞轮组的检修及数据处理 / 113

　　工作页 9　曲轴飞轮组的检修 / 115

任务 4.4　曲柄连杆机构的常见故障 / 119

　　子任务 4.4.1　机体组的常见故障 / 119

　　子任务 4.4.2　活塞连杆组的常见故障 / 120

　　子任务 4.4.3　曲轴飞轮组的常见故障 / 122

　　【操作提醒】查阅汽车维修手册 / 122

项目五

配气机构检修

任务 5.1　配气机构的认知 / 123

　　子任务 5.1.1　配气机构整体认知 / 123

　　子任务 5.1.2　气门组零部件认知 / 132

　　子任务 5.1.3　气门传动组零部件认知 / 136

　　子任务 5.1.4　可变配气相位控制机构的认知 / 140

　　子任务 5.1.5　阿特金森循环与米勒循环的认知 / 144

任务 5.2　配气机构的拆装及调试 / 148

　　工作页 10　气门组的认知与装调 / 153

工作页 11　气门传动组的认知与装调 / 157

任务 5.3　配气机构的检修及数据处理 / 161

子任务 5.3.1　气门组的检修及数据处理 / 161

工作页 12　气门组的检修 / 165

子任务 5.3.2　气门传动组的检修及数据处理 / 169

工作页 13　气门传动组的检修 / 173

子任务 5.3.3　配气机构控制系统的检修及
数据处理 / 177

任务 5.4　配气机构的常见故障 / 177

子任务 5.4.1　气门组的常见故障 / 177

子任务 5.4.2　气门传动组的常见故障 / 179

项目六
冷却系统检修

任务 6.1　冷却系统的认知 / 182

任务 6.2　水冷式冷却系统主要零部件认知 / 185

任务 6.3　冷却系统的零部件拆装及维护 / 191

工作页 14　冷却系统的认知与装调 / 193

任务 6.4　冷却系统的检修及数据处理 / 197

工作页 15　冷却系统的检修 / 201

任务 6.5　冷却系统的常见故障 / 205

【技术自主】中国"心"比亚迪"骁云"
混合动力发动机 / 207

项目七
润滑系统检修

任务 7.1　润滑系统的认知 / 209

任务 7.2　润滑系统的拆装及调试 / 217

工作页 16　润滑系统的认知与装调 / 221

任务 7.3　润滑系统的检修及数据处理 / 227

工作页 17　润滑系统的检修 / 231

任务 7.4　润滑系统的常见故障 / 237

【探索游戏】顺"瓜"摸"藤"找油路 / 240

项目八
燃油供给系统检修

任务 8.1　燃油供给系统的整体认知 / 241

子任务 8.1.1　空气供给系统的认知 / 243

子任务 8.1.2　燃油供给系统的认知 / 249

子任务 8.1.3　电子控制系统的认知 / 254

子任务 8.1.4　柴油机燃油供给系统 / 269

任务 8.2　燃油供给系统的拆装与调试 / 279

工作页 18　燃油供给系统的认知与装调 / 281

任务 8.3　燃油供给系统的整体检修及
数据处理 / 285

子任务 8.3.1　空气供给系统的检修及数据处理 / 285

工作页 19　进气系统的检修 / 287

子任务 8.3.2　燃油供给系统的检修及数据处理 / 295

工作页 20　燃油供给系统的检修 / 297

子任务 8.3.3　电子控制系统的检修及数据处理 / 303

工作页 21　电子控制系统的检修 / 309

任务 8.4　燃油供给系统的常见故障 / 315

子任务 8.4.1　空气供给系统的故障 / 315

子任务 8.4.2　汽油供给系统的故障 / 316

子任务 8.4.3　燃油控制系统的故障 / 319

项目九

点火系统检修

任务 9.1　点火系统的认知 / 325

任务 9.2　点火系统的拆装及调试 / 331

任务 9.3　点火系统的检修及数据处理 / 332

工作页 22　点火系统的拆装与检查 / 337

任务 9.4　点火系统的常见故障 / 341

项目十

起动系统检修

任务 10.1　起动系统的认知 / 346

任务 10.2　起动系统的拆装及调试 / 350

任务 10.3　起动系统的检修及数据处理 / 351

工作页 23　起动系统的拆装与检查 / 353

任务 10.4　起动系统的常见故障 / 357

参考文献 / 360

项目一　汽车发动机认知

学习要点：

- 了解发动机的类型、总体结构及基本原理、基本术语。
- 知道汽油发动机与柴油发动机工作的异同。
- 掌握并能分析发动机的性能及特性。

任务 1.1　认识发动机

任何机器都必须由动力驱动，传统汽车的动力来源于发动机。

发动机是将某一形式的能量转换为机械能的机器，是汽车的动力装置。将燃料燃烧所产生的热能转化为机械能的发动机，称为热力发动机（简称热机）。热机一般又分为内燃机与外燃机。目前，汽车发动机绝大部分是各种形式的往复活塞式内燃机，其原因是内燃机具有热效率高、结构紧凑、体积小、质量小、起动性能好、便于移动和维修方便等优点。

子任务 1.1.1　发动机的总体构造及分类

汽车发动机的分类虽然有很多，其具体结构原理也不尽相同，但为完成发动机工作循环所需的基本构造则大同小异。

1）按使用燃料的不同：可分为汽油机、柴油机、压缩天然气发动机、液化石油气发动机、多种燃料发动机、氢能发动机等。

2）按照冲程数分类：可分为四冲程与二冲程发动机。

3）按照冷却方式分类：可分为水冷式与风冷式发动机。

4）按照气缸数目分类：可分为单缸与多缸发动机。

5）按照气缸排列方式分类：可分为直列、斜置、对置、V 形和 W 形发动机。

6）按照着火方式分类：可分为点燃式与压燃式发动机。

7）按照活塞的工作方式分类：可分为往复活塞式与旋转活塞式发动机。

8）按照供油方式分类：可分为传统化油器式与电控燃油喷射式发动机。

9）按照凸轮轴位置的不同分类：可分为顶置式气门与侧置式气门发动机。

以某四冲程汽油机为例，如图 1-1 所示，介绍汽车发动机的一般结构。

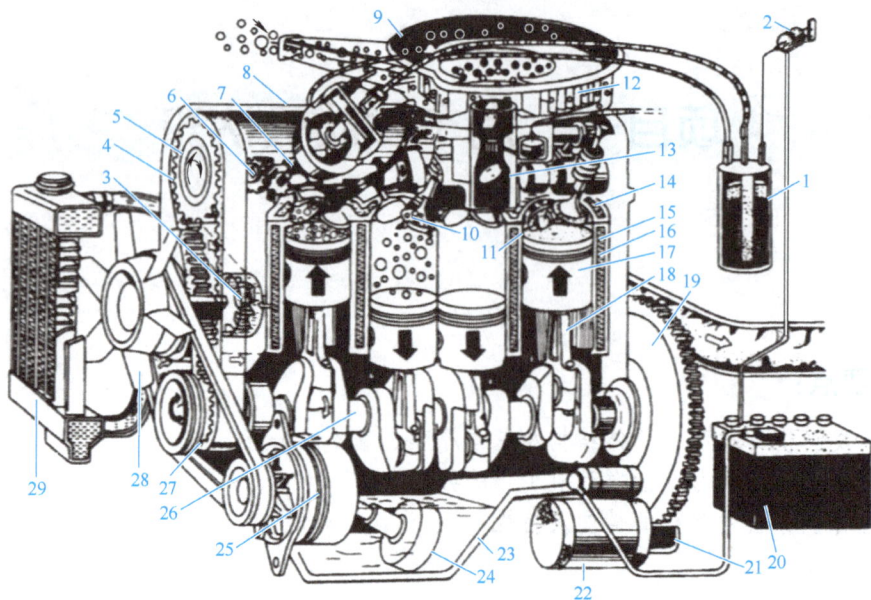

图 1-1　某四冲程汽油机

1—点火线圈　2—点火开关　3—水泵　4—正时同步带　5—凸轮轴正时同步带轮　6—凸轮轴
7—火花塞　8—分电器　9—空气滤清器　10—进气门　11—排气门　12—空气滤清器滤芯
13—化油器　14—气缸盖　15—机体水套　16—气缸体　17—活塞　18—连杆　19—飞轮
20—蓄电池　21—起动机齿轮　22—起动机　23—油底壳　24—机油滤清器
25—发电机　26—曲轴　27—曲轴正时同步带轮　28—冷却风扇　29—散热器

1. 曲柄连杆机构

曲柄连杆机构由机体组、活塞连杆组、曲轴飞轮组三部分组成。它是发动机实现工作循环，完成能量转换的主要运动零件。其功用是将燃料燃烧所释放出的热能，通过活塞直线往复运动经连杆转变为曲轴旋转运动的机械能，对外输出动力，驱动汽车行驶。

在曲柄连杆机构中，机体组包括气缸体、曲轴箱、气缸盖、气缸垫、油底壳等机件。其中，机体组还是发动机各个机构、各个系统的装配基础，其本身的许多部分分别是曲柄连杆机构、配气机构、供给系统、冷却系统、润滑系统的组成部分。水冷式发动机的气缸体通常与上曲轴箱铸成一体。

活塞连杆组包括活塞、活塞环、活塞销、连杆、连杆盖、连杆轴瓦、连杆螺栓等。

曲轴飞轮组包括曲轴、飞轮、曲轴扭转减振器等。

2. 配气机构

配气机构由气门组和气门传动组组成。其功用是按照发动机各缸工作顺序和工作循环的要求，定时打开或关闭进、排气门，使发动机进行换气。

在配气机构中，气门组包括进气门、排气门、气门导管、气门座、气门弹簧、气门弹簧座、锁片等。

气门传动组包括凸轮轴、挺柱、推杆、摇臂、正时齿轮等，其零件的多少取决于配气机构的形式。

3. 燃料供给系统

汽油机燃料供给系统和柴油机燃料供给系统由于使用的燃料和燃烧的过程不同，在结构上也有很大的差别，而汽油机的燃料供给系统根据可燃混合气的形成方式不同，又可分为传统化油器式和电控燃油喷射式两种。

燃料供给系统的作用是按照一定浓度和数量的可燃混合气送入气缸以供燃烧，并将燃烧生成的废气排出。目前传统化油器式的发动机已经基本被电控燃油喷射式的发动机所取代。

电控燃油喷射式汽油机燃料供给系统由空气供给系统、燃油供给系统和电子控制系统组成。

柴油机燃料供给系统由燃油箱、输油泵、燃油滤清器、喷油泵、喷油器、燃油滤清器、油水分离器、高、低压油管等组成。

4. 冷却系统

发动机的冷却系统分为风冷式冷却系统和水冷式冷却系统两种。风冷式冷却系统主要由风扇、散热片等组成，水冷式冷却系统则包括散热器、冷却风扇、水泵、节温器、机体水套等零部件。在轿车发动机上一般采用水冷式冷却系统。其功用是利用冷却液冷却发动机高温零件，并通过散热器将热量散发到大气中，以保证发动机在最适宜的温度下工作。

5. 润滑系统

润滑系统的功用是向做相对运动的零件表面输送清洁的润滑油，以减小摩擦阻力，减轻机件磨损，并对磨损表面进行清洗和冷却，从而延长发动机的使用寿命。

润滑系统包括机油泵、集滤器、限压阀、润滑油道、机油滤清器、机油冷却器、油底壳等零部件。

6. 起动系统

起动系统的功用是带动飞轮旋转以获得必要的动能和起动转速，使静止的发动机起动并转入运转状态。

起动系统一般由起动机、电磁开关、起动开关、起动机线路等组成。

7. 点火系统

点火系统是汽油发动机独有的，按控制方式不同又可分为传统点火系统和微机控制点火系统两种。其作用是按规定时刻向气缸内提供电火花以点燃气缸中的可燃混合气。柴油发动机由于其混合气是自行着火燃烧的，故没有点火系统。

传统点火系统由蓄电池、发电机、点火开关、点火线圈、分电器和火花塞等组成。

微机控制点火系统则增加了电子控制单元、各种传感器和点火执行器等，以保证对点火时刻进行精确控制。

子任务 1.1.2　发动机的常用术语

发动机的常用术语如图 1-2 所示。

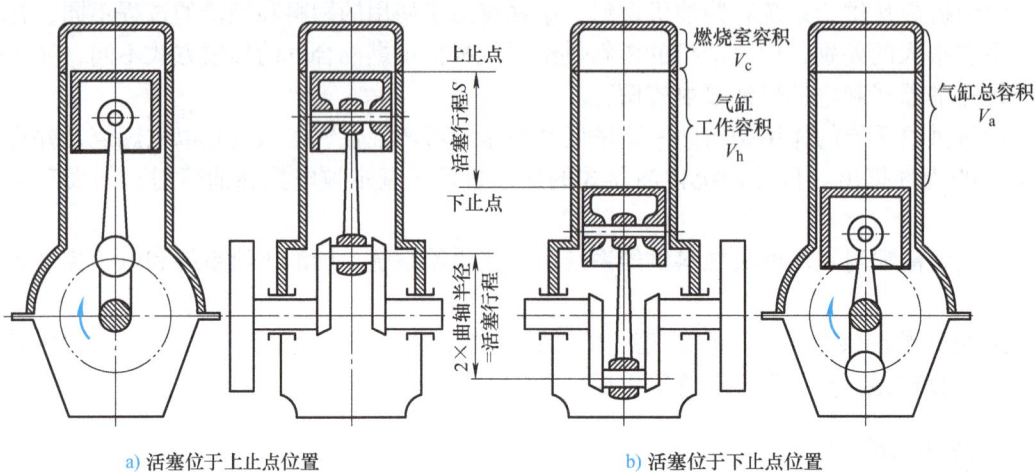

a) 活塞位于上止点位置　　　　　　　b) 活塞位于下止点位置

图 1-2　发动机的常用术语

1. 上止点（TDC）

上止点指的是活塞在气缸内做往复运动时，活塞顶面距离曲轴旋转中心线最远时的位置。

2. 下止点（BDC）

下止点指的是活塞在气缸内做往复运动时，活塞顶面距离曲轴旋转中心线最近时的位置。

3. 活塞行程 S

活塞行程指的是活塞运动的上、下止点之间的距离，用 S 表示，单位 mm（毫米）。活塞由一个止点运动到另一个止点所移动的距离，称为一个行程。

4. 曲轴半径 R

曲轴半径是指与连杆大头相连接的曲轴销的中心线到曲轴回转中心线之间的垂直距离，用 R 表示，单位 mm（毫米）。曲轴每转一周，活塞运动两个行程，即

$$S = 2R$$

5. 燃烧室容积 V_c

燃烧室容积指的是活塞位于上止点时，活塞顶面与气缸盖之间的容积，用 V_c 表示，单位 L（升）。

6. 气缸工作容积 V_h

气缸工作容积指的是活塞从一个止点移动到另一个止点所扫过的容积，用 V_h 表示，单位 L（升）。即

$$V_h = \frac{\pi D^2}{4} \times S \times 10^{-6}$$

式中，D——气缸直径（mm）；

S——活塞行程（mm）。

7. 气缸总容积 V_a

气缸总容积指的是活塞位于下止点时，活塞顶部与气缸盖之间的容积，用 V_a 表示，单位 L（升）。即

$$V_a = V_c + V_h$$

8. 发动机排量 V_L

发动机排量指的是全部气缸发动机工作容积的总和，用 V_L 表示，单位 L（升）。即

$$V_L = iV_h$$

式中，i——发动机气缸数。

发动机排量是一个非常重要的特征参数，轿车就是以发动机排量的大小来进行分级。

附：发动机排量的应用——按排量所做的轿车等级划分，如图1-3所示。

本田凌派1.0T

a) 微型轿车 $V_L \leqslant 1.0L$

长安阿维塔1.5L

b) 普通型轿车 $1.0L < V_L \leqslant 1.6L$

吉利星越L 2.0T

c) 中级轿车 $1.6L < V_L \leqslant 2.5L$

红旗国礼4.0T

d) 中高级轿车 $2.5L < V_L \leqslant 4.0L$

东风猛士MS600 6.7T

e) 高级轿车 $V_L > 4.0L$

图 1-3　按排量所做的轿车等级划分

9. 压缩比 ε

压缩比指的是气缸总容积与燃烧室容积的比值，用 ε 表示，即

$$\varepsilon = \frac{V_a}{V_c} = \frac{V_c + V_h}{V_c} = 1 + \frac{V_h}{V_c}$$

ε表示活塞从下止点运动到上止点时，气缸内的气体被压缩的程度。压缩比越大，压缩终了时气缸内的混合气体压力和温度就越高，输出功率就越大，燃烧速度也越快，易发生爆燃，所以应选择辛烷值高的汽油。一般汽油机的压缩比为 8 ~ 11，柴油机的压缩比为 16 ~ 22。

10. 空燃比

空燃比指的是空气和燃料质量的混合比。它是发动机运转时的一个重要参数，其对尾气排放、发动机的动力性和经济性都有很大影响。

11. 理想空燃比

理想空燃比指的是将燃料完全燃烧所需要的最少空气量和燃料之比。燃料的组成成分对理想空燃比的影响不大，汽油的理想空燃比大体约为 14.7 : 1，也就是说，完全燃烧 1g 汽油需要 14.7g 的空气。一般常说的汽油机混合气过浓、过稀，其标准就是理想空燃比。当空燃比小于理想空燃比时，混合气中的汽油含量高，称作过浓；空燃比大于理想空燃比时，混合气中的空气含量高，称作过稀。

12. 最大功率

最大功率用千瓦（kW）表示。发动机的输出功率与转速相关，一般来说随着转速的增加，发动机功率也相应提高，但是到了一定转速后，功率反而会呈下降趋势。另一种常用的非法定功率单位是马力。

马力的英文缩写是 HP/horse power（英制马力），这是比较常用的缩写，但是还有一个公制马力的概念，就是我们常在欧系车上看到的马力符号：PS。英制马力（HP）定义为：在 1min 内将 1000 磅（lb）的物体升高 33 英尺（ft）所做的功，相乘之后约为 0.746kW[一]；而公制马力（PS）定义则为一匹马于 1min 内将 75kg 的物体升高 60m，相乘之后约为 0.735kW。

1HP（英制马力）=0.746kW，1PS（公制马力）=0.735kW

13. 最大转矩

转矩是发动机从曲轴端输出的力矩，转矩的单位是 N·m，最大转矩一般出现在发动机的中转速范围内，随着转速的提高，转矩反而下降。最大转矩决定着汽车的加速性能，特别是低速时的加速性。

14. 工作循环

发动机完成进气、压缩、做功、排气四个行程，称为一个工作循环。

[一] 1lb=0.454kg，1ft=0.305m。

子任务 1.1.3　四冲程发动机的工作原理

四冲程发动机指的是曲轴转两圈（720°），活塞在气缸内上、下止点运动共四个活塞行程完成一个工作循环的发动机。由于汽油机和柴油机在使用的燃料等方面有所不同，工作过程存在差异，下面分别介绍两种发动机的工作原理。

1. 四冲程汽油机的工作原理

图 1-4 所示为某单缸四冲程汽油机的结构示意图，其工作过程如图 1-5 所示。

四冲程汽油机的工作循环由进气、压缩、做功、排气四个行程所组成，在活塞的四个行程中，仅一个行程是做功的，其余三个行程是做功的辅助行程。

（1）进气行程

在进气行程开始时，进气门打开，排气门关闭，曲轴旋转，通过连杆带动活塞由上止点向下止点运动。在活塞向下移动的过程中，气缸内容积逐渐增大，形成一定的真空吸力，于是空气和燃油的可燃混合气通过进气门被吸入气缸，直至活塞到达下止点时，进气门关闭，停止进气，进气行程结束，如图 1-5a 所示。

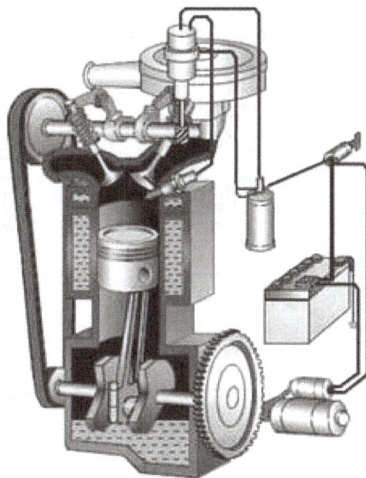

图 1-4　某单缸四冲程汽油机的结构示意图

由于进气系统存在进气阻力，进气结束时气缸内气体的压力低于大气压力，约为 0.075～0.09MPa。由于气缸壁、活塞等高温部件及上一循环留下的高温残余废气混合，气体温度升高到 96～126℃。

（2）压缩行程

为了使可燃混合气迅速燃烧，以达到改善发动机动力性和经济性的目的，必须在燃烧前对可燃混合气进行压缩，用来提高可燃混合气的温度和压力。因此，在进气行程结束时即进入压缩行程。此时，进、排气门均关闭，活塞在曲轴的推动下，由下止点向上止点运动一个行程。随着活塞的上移，气缸内容积逐渐减小，可燃混合气压力、温度逐渐升高，至活塞到达上止点时，压缩行程结束，如图 1-5b 所示。

压缩行程结束时，气缸内的压力约为 0.6～1.2MPa，温度约为 326～426℃。

（3）做功行程

在压缩行程末，火花塞产生电火花点燃气缸内的可燃混合气并迅速燃烧，使气体的温度、压力迅速升高而膨胀，从而推动活塞从上止点向下止点运动，通过连杆使曲轴旋转并输出机械能，至活塞运动到下止点时，做功行程结束，如图 1-5c 所示。

在做功行程中，开始阶段气缸内气体压力、温度急剧上升，瞬间最高压力可达 3～5MPa，瞬间温度可达 1926～2526℃。随着活塞下行，气缸容积增大，气缸内压力、温度逐渐下降，做功行程结束时，压力降至 0.3～0.5MPa，温度约为 1026～1326℃。

（4）排气行程

在做功行程结束时，排气门打开，活塞在曲轴的带动下由下止点向上止点运动。气缸内做功后的废气在残余压力作用下，自排气门排出气缸。至活塞运动到上止点时，排气门关闭，排气行程结束，如图 1-5d 所示。

如果不考虑配气相位问题，在排气行程结束时，由于燃烧室占有一定的容积，因此气缸内还存有少量废气，气缸内压力也因排气系统存在排气阻力而略高于大气压力。此时，压力约为 0.105 ~ 0.115MPa，废气温度约为 626 ~ 926℃。

排气行程结束后，排气门关闭，进气门再次开启，活塞继续向下运动，又开始了下一个工作循环，如此周而复始，发动机就自行运转。

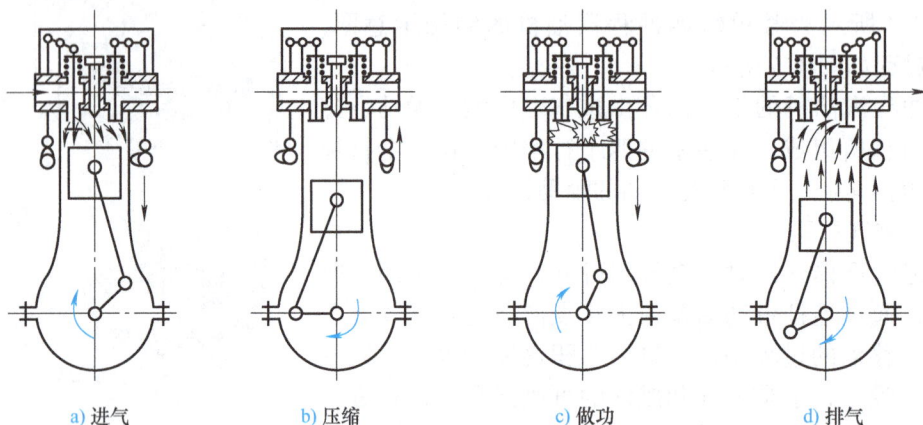

a) 进气　　　　　b) 压缩　　　　　c) 做功　　　　　d) 排气

图 1-5　单缸四冲程汽油机的工作过程

2. 四冲程柴油机工作原理

四冲程柴油发动机与汽油机一样，每个工作循环都经历进气、压缩、做功、排气四个行程。由于所使用的燃料性质不同，柴油的黏度比汽油大，不易蒸发，自燃温度比汽油低，所以，在可燃混合气的形成和着火方式上与汽油机有很大的区别。如图 1-6 所示为单缸四冲程柴油机的结构示意图，其工作原理与工作过程如图 1-7 所示。

（1）进气行程

柴油机不同于汽油机的是，进入气缸的是纯空气而不是可燃混合气。由于进气阻力比汽油机小，上一行程残留的废气温度也比汽油机低，进气行程结束时

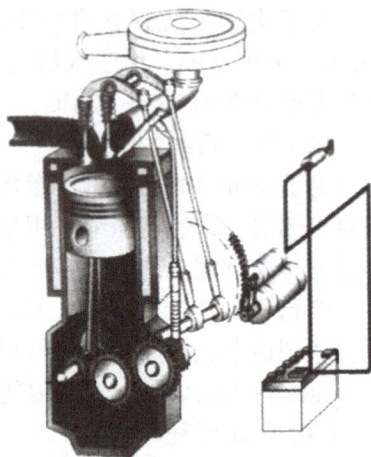

图 1-6　单缸四冲程柴油机结构示意图

的压力约为 0.075 ~ 0.095MPa，温度约为 46 ~ 76℃，如图 1-7a 所示。

（2）压缩行程

压缩行程不同于汽油机的是柴油机压缩的是纯空气，而汽油机压缩的是可燃混合气。由于柴油机的压缩比高，压缩结束时的温度和压力都比汽油机高，压力可达 3.5 ~ 4.5MPa，温度可达 476 ~ 726℃，如图 1-7b 所示。

（3）做功行程

柴油机和汽油机在此行程上有很大的差异。当压缩行程接近完成时，喷油泵将高压柴油经喷油器呈雾状喷入燃烧室中，被迅速汽化并与空气形成混合气，由于此时气缸内的温

度远高于柴油的自燃温度，柴油混合气便立即自行着火燃烧，使气缸内的温度和压力急剧升高。燃烧瞬时压力高达 6～9MPa，瞬时气体温度达 1726～2226℃，此后一段时间内，柴油边喷边燃烧，高温高压气体，推动活塞下行而做功。做功行程结束时压力约为 0.3～0.5MPa，温度约为 726～926℃，如图 1-7c 所示。

（4）排气行程

与汽油机的排气行程基本相同，排气行程结束时柴油机的气缸内压力约为 0.105～0.125MPa，温度约为 526～926℃，如图 1-7d 所示。

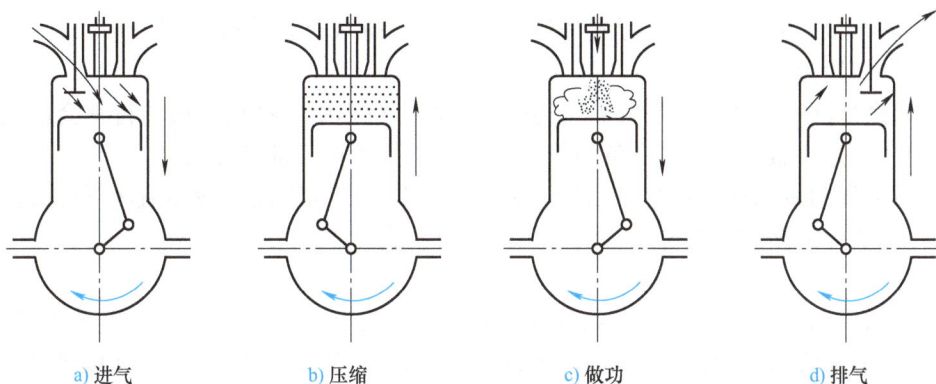

a) 进气　　　　b) 压缩　　　　c) 做功　　　　d) 排气

图 1-7　单缸四冲程柴油机工作过程

3. 单缸四冲程发动机的工作特点

1）四冲程发动机的一个循环，曲轴转两圈（即转过720°），每一个行程曲轴转半圈（即180°），进气行程时进气门开启，排气行程时排气门开启，其余两行程时进、排气门均关闭。

2）发动机运转的第一个循环，必须借外力来使曲轴旋转完成进气、压缩行程，并且着火燃烧完成做功行程后，依靠曲轴和飞轮储存的能量便可自行完成以后的行程，此后的工作循环发动机无须外力即可自行完成。

3）发动机在换气过程中如果能够做到进气充分、排气彻底，则可提高充气系数，增大发动机的输出功率。

4）单缸四冲程发动机只有在做功行程中才会产生动力，其余三个行程则均需消耗动力，但都不可或缺地为做功行程做准备。因此，单缸发动机的工作很不平稳，为了提高发动机转速的均匀性，一般采取在单缸发动机的曲轴上安装一个质量和尺寸均较大的飞轮，抑或是采用多缸发动机。

对于多缸四冲程发动机，曲轴每转两圈过程中，所有气缸都要完成一个工作循环，且各气缸所有的工作循环完全相同，并严格按进气、压缩、做功、排气的次序进行。在结构上采用适当形式的曲轴，可以使各气缸的做功行程间隔角（曲轴转角 = $720°/i$，i 是气缸数）均匀，做功顺序有序交错，保证发动机运转平稳。例如，四缸发动机，各缸做功行程间隔角为180°（720°/4）；八缸四冲程发动机，各缸做功行程间隔角为90°（720°/8）。气缸数越多，各气缸做功间隔角越小，发动机运转越平稳。同样，气缸数越多，发动机的结构越复杂，结构尺寸和整体质量越大。目前市场上用得最多的是四缸、六缸和八缸发动机。

子任务 1.1.4 汽油发动机与柴油发动机工作的异同

由上述单缸四冲程汽油机与柴油机的工作原理介绍可知，两种发动机的工作原理既有共同点，又有差别，归纳如下。

（1）相同点

1）两种发动机的共同点是，每完成一个工作循环，曲轴转两周（720°），每完成一个行程曲轴转半周（180°），进气行程是进气门开启，排气行程是排气门开启，其余两个行程进、排气门均关闭。

2）无论是汽油发动机还是柴油发动机，在四个行程中，都只有做功行程会产生动力，其余三个行程是为做功行程做准备的辅助行程，都要消耗一部分能量。

3）两种发动机的第一循环都必须靠外力使曲轴旋转完成进气和压缩行程，做功行程开始后，做功能量储存在飞轮上，以维持循环持续进行。

（2）不同点

1）汽油发动机一般将汽油喷入进气歧管同空气混合成为可燃混合气再进入气缸，经火花塞点火燃烧膨胀做功，通常称为点燃式发动机。而柴油发动机一般是通过喷油泵和喷油器将柴油直接喷入发动机气缸，与在气缸内经压缩后的空气均匀混合，在高温、高压下自燃，推动活塞做功，通常称为压燃式发动机。

2）汽油机的混合气是在气缸外部，由汽油直接喷射系统完成，汽油与空气是先混合后燃烧；而柴油机的混合气在气缸内部进行，边喷射燃油边燃烧，混合、燃烧没有明显界限。因此，汽油机和柴油机的燃料供给系在结构原理上有很大差别。

3）汽油机是在压缩行程结束时，依靠火花塞强制点火点燃混合气燃烧做功；而柴油机则是利用压缩行程结束时，依靠气缸内部高温高压气体使柴油自行着火燃烧做功，因此柴油机没有点火系统。

4）柴油机的压缩比比汽油机高，平均燃油消耗率比汽油机低，故燃油经济性更好，尾气排放污染更少；但由于柴油机转速比汽油机低、质量大、制造和维修费用高，故柴油机一般多用做大型、重型汽车的动力装置。

5）汽油机具有转速高、质量小、噪声小、起动容易、工作平稳、操作省力、适应性好、制造和维修费用低等特点，故在轿车上得以广泛应用。

工作页 1　认识汽车发动机

任务名称	工作页 1　认识汽车发动机					
班级		姓名		学号		日期

任务描述	1. 了解发动机总体构造及各机构、系统的作用；熟悉发动机各总成、部件的安装位置并观察发动机各机构的相互运动关系；掌握发动机工作原理及基本术语；正确计算发动机排量、压缩比、最大功率等参数。 2. 按要求完成工作任务，任务完成过程遵循安全文明操作规程，任务完成后填写工作页。

任务载体	每组工位配备一套：发动机总成、活塞连杆组件、曲轴飞轮组件。	实训场地	发动机实训室

准备工作

项目	情况记录
（1）发动机型号确认	
（2）维修手册准备	□是　□否
（3）固定发动机拆装台架	□是　□否

任务实施

一、了解发动机的结构形式和特点

1. 根据下图，填写发动机的气缸布置形式。

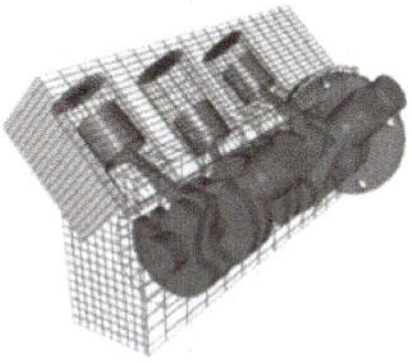

_____　_____　_____　_____

根据你查找的资料，如果有其他形式的气缸，请填写：_____

2. 对比下面两幅图片，填写发动机的活塞运动形式。

活塞运动形式：_____ 　　　　活塞运动形式：_____

根据你查找的资料，如果有其他活塞运动形式的发动机，请填写：_____

任务名称				工作页 1　认识汽车发动机			
班级		姓名		学号		日期	

二、了解发动机的总成并识别实物

对照实物，寻找下表中指定的零部件或总成，找到并确认后在方框里打钩。

序号	名称		序号	名称		序号	名称	
1	气缸盖	☐	6	进气歧管	☐	11	发电机	☐
2	气缸体	☐	7	排气歧管	☐	12	空调压缩机	☐
3	气缸盖罩	☐	8	节气门	☐	13	空气滤清器	☐
4	油底壳	☐	9	曲轴正时同步带轮	☐	14	机油滤清器	☐
5	放油螺塞	☐	10	水泵	☐	15	点火线圈	☐

三、了解发动机的基本工作原理

1. 根据下图填写发动机工作循环的特征。

任务实施

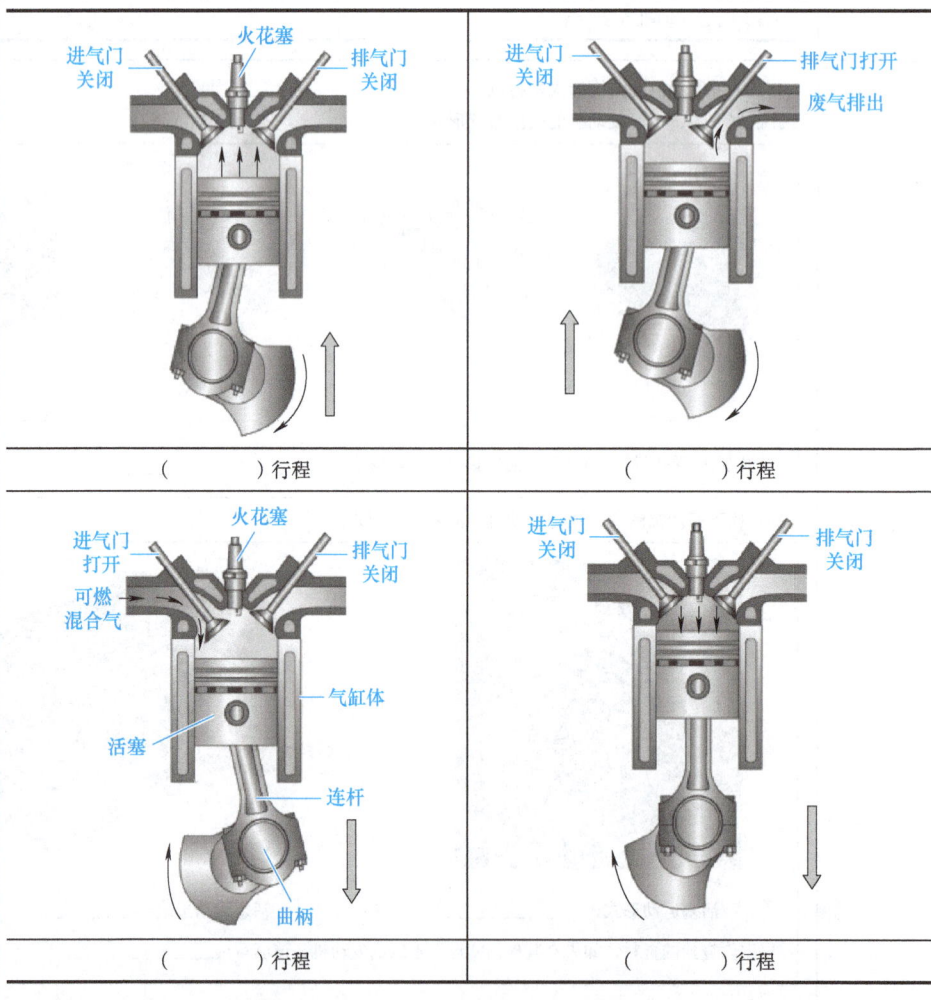

（　　　）行程

（　　　）行程

（　　　）行程

（　　　）行程

任务名称			工作页1　认识汽车发动机				
班级		姓名		学号		日期	

2. 根据上图补充下表：

工作过程	作用	曲轴旋转角度 /(°)	活塞运行方向	进气门状态	排气门状态
进气行程					
压缩行程					
做功行程					
排气行程					

3. 根据发动机基本术语对发动机特征进行描述。
- 在下表中写出各符号的含义
- 在下图中相应位置上填入符号和术语

气缸直径 D	
活塞行程 S	
气缸工作容积 V_h	
燃烧室容积 V_c	
曲轴半径 R	
上止点	
下止点	

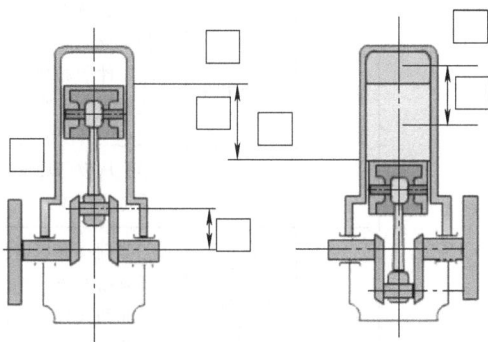

4. 哪些零部件能确定发动机的上止点和下止点？
_____

5. 哪些部件能确定活塞行程？
_____

6. 解释术语"气缸工作容积"。
_____

7. 哪些是计算气缸工作容积必要的参数？并写出计算公式。

	公式

8. 如何计算发动机气缸总容积，并写出计算公式。

	公式

9. 解释发动机最大功率的含义，并写出计算公式。

	公式

10. 解释压缩比的概念，并写出计算公式。

	公式

11. 已知发动机计算该四缸发动机的气缸工作容积和压缩比。
排量1.6L，单缸燃烧室容积 50mL（其中，1mL=10^{-3}L），
_____

任务实施

（续）

任务名称			工作页 1　认识汽车发动机				
班级		姓名		学号		日期	

任务实施	12.在当前压缩比下工作，气缸压缩前和压缩后的压力为多少？假设温度恒定不变，$P_{绝}$=0.1MPa。 压缩前：_____ 压缩后：_____

1. 评分细则

序号	评价项目	评价标准（每项累计扣分不超过配分）	配分	自评	互评	师评
1	安全文明否决	□造成人身、设备重大事故，或恶意顶撞教师、严重扰乱课堂秩序，立即终止实训，此评价表计0分				
2	安全文明生产	□能正确穿工作服、工作鞋，戴工作帽，缺一项扣1分 □零件摆放整齐，不混放，不随意摆放在地上，未达标每次每处扣1分 □完工后清理实训场地，缺一个要点扣2分 □服从教师和班组长的课堂要求，不出言不逊，违反每次扣3分	10分			
3	发动机结构形式和特点	□能列举并区分发动机的气缸布置形式，缺一个要点扣1分 □能阐述发动机的活塞运动形式，缺一个要点扣1分 □能实物区分活塞运动形式，缺一个要点扣1分	10分			
4	汽车发动机零部件识别	□能识别发动机总成各部件，缺一个要点扣2分 □能说出发动机总成各部件专业名称，缺一个要点扣2分	30分			
5	发动机工作原理	□能描述发动机工作循环，缺一个要点扣5分 □能写出发动机不同行程的作用、曲轴转角、活塞方向及气门开闭状态，缺一个要点扣5分 □能解释发动机上、下止点的含义，缺一个要点扣2分 □能解释发动机活塞行程的含义，缺一个要点扣2分 □能解释发动机气缸工作容积的含义，缺一个要点扣2分 □能计算气缸工作容积，错误扣5分 □能计算气缸总容积，错误扣5分 □能计算气缸压缩比，错误扣5分 □能计算发动机最大功率，错误扣5分	40分			
6	工单记录	□字迹工整，潦草扣2分 □内容填写完整，缺一项扣1分	5分			

　汽车发动机构造与维修

任务名称	工作页 1　认识汽车发动机						
班级		姓名		学号		日期	

（续）

检查评价	序号	评价项目	评价标准（每项累计扣分不超过配分）	配分	自评	互评	师评
	7	职业素养	□在学习中获得满足感，认同课堂文化，酌情赋分 □资料查找，酌情赋分 □对比分析能力，酌情赋分	5分			
	合计			100分			

2. 任务成绩（自我评价、组间互评、教师评价三者成绩加权得到，系数根据实际情况而定）

自我评价	组间互评	教师评价	任务成绩

反思改进	请根据任务完成情况，对自己及小组工作进行反思，提出改进意见或措施。 _____ _____ _____

【技术自主】战地神车"木炭汽车"

20世纪30、40年代，沪、豫、湘、赣、晋等地出现了我国自主研发的使用木炭代替油炉做动力来源的"木炭汽车"。"木炭汽车"经实际测试，消耗木炭0.5kg/km，耗费仅为当时汽油的1/10，汽车每加一次木炭可行驶4h，时速可达52km/h，基本达到汽油车水平。

木炭代油炉发动机工作原理：点燃发生炉膛内的木炭（白煤或焦炭）后封闭炉盖，调节进入炉膛的水量以控制木炭燃烧，人为造成炉内缺氧，使燃料处于半燃烧状态，从而产生一氧化碳（俗称煤气），一氧化碳经过煤气管、过滤器过滤后，到达混合器并与外界进入的空气混合，形成可燃混合气后进入气缸，通过火花塞点燃爆发而产生动力输出，驱动汽车前行，如图1-8所示。

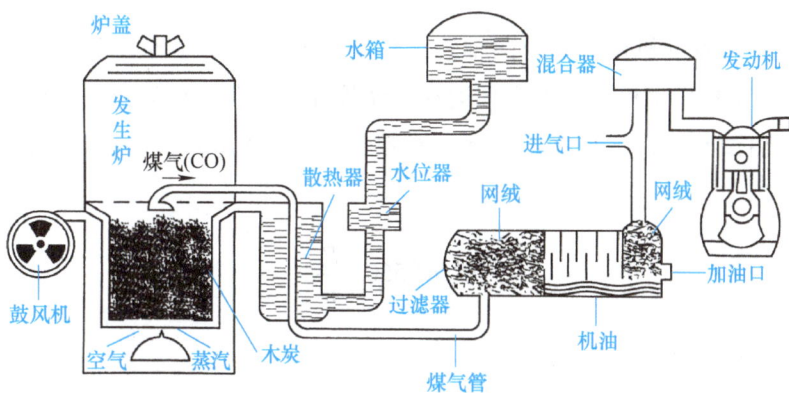

图1-8 "木炭汽车"工作原理

抗战爆发后，木炭汽车成为我国汽油匮乏、交通困难的大后方的主要交通工具，完成了抗日战争时期繁重危险的运输任务。在抗美援朝战争时期，美国对我国实施禁运政策，国内汽油短缺，作为主要交通运输工具的木炭汽车，为保障战时的公路交通运输做出了不可磨灭的贡献，留下了浓墨重彩的一笔。

任务 1.2　发动机基本理论

子任务 1.2.1　发动机的性能指标

发动机的性能指标是评定发动机性能好坏的各种物理量的总称，主要包括动力性指标、经济性指标和排放性指标。它还可以评定发动机维修质量的好坏。

1. 发动机的动力性指标

用来衡量发动机动力性大小的指标主要是有效功率P_e和有效转矩M_e。

（1）有效功率P_e

有效功率是发动机通过曲轴或飞轮对外输出的功率，常用P_e表示，单位为 kW。其值可由发动机测功机实际测得，测出有效转矩和曲轴转速，然后计算出有效功率。

发动机工作时，有效转矩和有效功率是随工况而变化的。不同用途的发动机，为保证其工作的可靠性和使用寿命，最大工作转速和与之相对应的有效功率都必须限制在一定范围之内。

我国规定：在允许的最大使用转速下，允许使用的最大有效功率称为标定功率。发动机铭牌与产品说明书给出的有效功率即为标定功率。汽车发动机的标定功率一般用15min 功率表示。15min 是指在标准环境下，发动机能连续稳定运转 15min 时的最大有效功率。

（2）有效转矩M_e

有效转矩是指发动机运转时由曲轴输出传动系统的有效旋转力矩，常用M_e表示，单位为 N·m。它是指发动机克服了内部运动的摩擦和驱动各附件等损失之后，通过曲轴输出的净转矩。由试验测得，有效转矩M_e、有效功率P_e、转速n三者之间的关系可用下式来表示，即

$$M_e = 9550 \times \frac{P_e}{n}$$

式中，M_e——有效转矩（N·m）；

　　　P_e——有效功率（kW）；

　　　n——发动机转速（r/min）。

2. 发动机的经济性指标

发动机经济性指标主要指的是有效燃油消耗率g_e和有效热效率η_e。

（1）有效燃油消耗率g_e

有效燃油消耗率指的是发动机每发出 1kW 有效功率，在 1h 内所消耗的燃油质量，常用g_e表示，即

$$g_e = \frac{G_T}{P_e} \times 10^3$$

式中，G_T——发动机单位时间内的实际耗油量（kg/h）；

　　　P_e——有效功率（kW）。

g_e越小，表示发动机曲轴输出的净功率所消耗的燃料越少，而发动机产品说明书中通常会给出发动机的最低燃油消耗率。g_e实际上随发动机的工作状况的改变而发生变化，g_e

值的变化范围：汽油机g_e约为 270 ~ 325 g/(kW·h)，柴油机g_e约为 190 ~ 285 g/(kW·h)。

（2）有效热效率η_e

有效热效率是指循环的有效功与所消耗燃料的热量之比。

子任务 1.2.2　发动机特性

发动机性能指标随调整情况和使用工况（负荷、转速）而变化的关系，称为发动机特性，通常用曲线表示。发动机特性包括速度特性和负荷特性。在研究发动机在不同转速下动力性和经济性的变化规律时，可用速度特性确定发动机的最大功率P_{emax}、最大转矩M_{emax}和最小燃油消耗率g_{emin}时的转速，从而确定发动机在不同行驶状态下均处于最有利的转速范围内。负荷特性则是用于研究在发动机转速不变时，经济性指标随负荷变化而变化的关系。

1. 汽油机特性

发动机的性能指标M_e、P_e、g_e随发动机转速n变化的关系称为发动机的速度特性，用于表示这一特性的曲线，称为速度特性曲线。在节气门全开时的速度曲线称作外特性曲线，如图 1-9 所示；节气门处于非全开位置时所得到的速度特性称为部分速度特性。

（1）外特性曲线分析

1）转矩 – 转速（$M_e - n$）曲线。从图 1-9 中可知，$M_e - n$曲线为一条凸形曲线。发动机在较低转速时，随转速加快逐渐升高，同时转矩越来越大，当达到某转速时转矩M_e达到最大。之后，随着转速的继续升高，转矩反而下降。这种现象的发生是由转速对充气系数和燃烧过程的影响所决定的，充气系数只在某一转速下达到最大，充气系数越大，转矩也越大；其次是燃烧过程，低速时，压缩行程的气体扰流小，燃料在燃烧之前的雾化和混合不好，这影响了燃烧质量；高速运转时，燃烧过程占有的曲线转角较大，补燃期变长，散热面积大，热效率低。

若汽车在陡坡上起步时，则可以体验到最大转矩的存在。汽车只有在发动机接近最大转矩的转速下才能平稳起步。

2）功率 – 转速（$P_e - n$）曲线。已知有效功率P_e与转矩M_e、转速n按$P_e = M_e n /9550$发生变化，即有效功率P_e随发动机转速n和转矩M_e的增加而增加。因为$M_e - n$曲线为凸形曲线，所以当转速从较低转速值增加时，M_e也同时增加，P_e迅速上升；当M_e达到最大值后，再继续增加转速n，有效功率P_e上升速度逐渐缓慢；当达到某转速n时，P_e达到最高点。若再增加转速，由于发动机自身消耗的功率倍增及充气系数下降，使输出功率P_e也随之下降。

3）油耗 – 转速（$g_e - n$）曲线。图 1-9 所示的$g_e - n$为凹形曲线，发动机只有在某一转速下，油耗最低，这种现象是因为发动机在低速和高速运转时的热效率都比较低，而在高速运转时机械损失增加。

（2）部分速度特性曲线分析

汽油机的部分速度特性，就$M_e - n$、$P_e - n$、$g_e - n$曲线形状而言，部分特性和外特性较相似，即转矩最高点和功率最高点都向低转速方向偏移。最低的燃油消耗率并不是在节气门全开的位置，因为在此位置时，省油装置已投入工作，可燃混合气浓度较浓，燃烧不充分，所以只能从部分特性中得到最低的燃油消耗率 g_{emin}。同时，$g_e - n$ 曲线越平坦越好，这样汽车发动机才能在较大的转速范围内均具有良好的经济性，即汽车在各种行驶速度下都比较省油。

（3）汽油机的负荷特性

汽油机是靠改变节气门开度即改变进入气缸的进气量来调节输出功率的大小，以适应负荷的变化。这种调节方法称为量调节。

当汽车在道路变化的情况下行驶时，驾驶人通过加速踏板调节节气门开度，使汽车保持等速行驶，即为汽油机转速一定时的负荷特性，如图 1-10 所示。

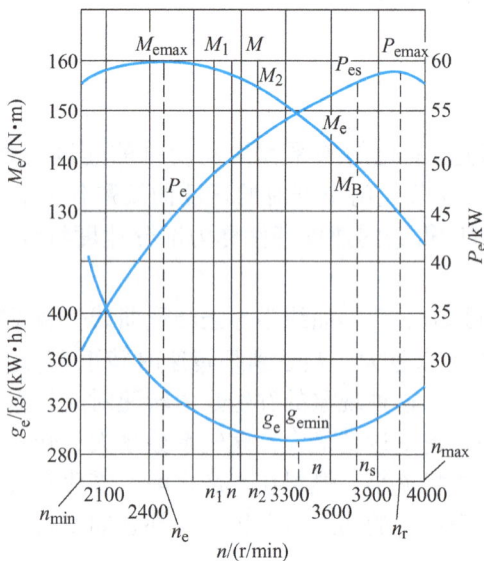

图 1-9　某型号汽油机的外特性曲线

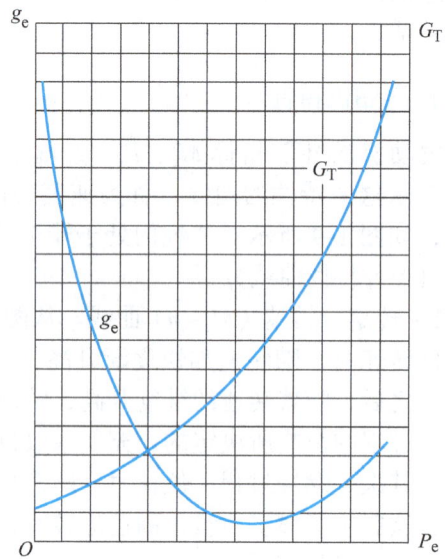

图 1-10　某型号汽油机的负荷特性

1）$P_e - G_T$ 曲线为递增曲线，即单位燃油料消耗量 G_T 随负荷的增加而增加。G_T 的大小与节气门开度和混合气的成分有关。节气门开度愈大，进入气缸的混合气愈多。节气门开度在 70%～80% 的范围内，混合气的浓度变化不大，从而 G_T 随负荷的增加而增加；当节气门开度大于 80% 接近全开时，省油装置开始起作用，使混合气变浓，因此 G_T 会加快增加的速度。

2）$P_e - g_e$ 曲线与 $P_e - G_T$ 曲线不同，它存在一个最小值。当发动机怠速运转时，有效热效率 $\eta_m = 0$，功率完全用于克服发动机自身的摩擦损失，燃油消耗率可以认为是无限大。随着负荷的增加，发动机自身摩擦损失所占比例相对减小，因此 g_e 逐渐减小。当节气门开度接近全负荷时，由于省油装置投入工作，混合气浓度增大，使燃烧不完全，g_e 又出现上升趋势。如图 1-10 所示，$P_e - g_e$ 曲线在一定的功率 P_e 范围内出现低谷，此范围愈宽，表示汽车在较大的负荷范围内，均具有良好的经济性。

2. 柴油机特性

（1）柴油机的速度特性

柴油机的加速踏板位置用来控制喷油泵的油量调节机构（拉杆或齿条）。当油量调节机构位置不变，柴油机的 P_e、M_e、g_e、G_T 随转速 n 的变化关系称为柴油机的速度特性。油量调节机构保持在标定功率供油位置时的速度特性称为柴油机的外特性，如图 1-11 所示。固定在小于标定功率供油时的任何位置的速度特性称为部分速度特性。

与汽油机相比，柴油机的转矩 – 转速（$M_e - n$）曲线较平坦，转矩的储备系数较小，对外界阻力的适应性较差，这使得换档次数随之增多。因此，在柴油机的调速器内装有转矩校正器（校正弹簧），它能在负荷增大、转速下降时，使供油量自动增加，以提高转矩，即提高柴油机的转矩储备系数。

如图 1-11 所示，油耗 – 转速（$g_e - n$）曲线为一条凹形曲线。因为当柴油机低速运转时，燃烧室内的空气扰流减弱，空气与柴油的混合不均匀程度增加，导致不完全燃烧成分增加，即油耗增加；柴油机高速运转时，循环充气量下降，而供油量则增加，过量空气系数下降，不完全燃烧的成分增加，即油耗增加。与汽油机相比，柴油机的 $g_e - n$ 较平坦，即在较宽的转速范围内有较低的燃油消耗率。同时，柴油机的最低燃油消耗率 g_{emin} 比汽油机低 20% ～ 30%，即柴油机比汽油机更经济。

与汽油机相比，柴油机的功率 – 转速（$P_e - n$）曲线近似为一条上升的斜直线。为了防止柴油机转速失控（飞车），柴油机的喷油泵内均装有调速器，当发动机达到标定转速时，调速器将起作用，阻止供油量的增加。

（2）柴油机的负荷特性

柴油机在一定的转速下，充入气缸的空气量是不变的，为适应外界负荷的变化，只有改变循环供油量，即改变过量空气系数 α 来调节输出功率的大小，这种调节方法称为质调节。

当汽车在道路变化的情况下行驶时，驾驶人通过加速踏板调节油量调节机构位置，使汽车保持等速行驶，即为柴油机转速一定时的负荷特性，如图 1-12 所示。其中，G_T 位单位时间（每小时）内的耗油量，由每循环供油量 Δg 所决定。当转速一定时，负荷增加，供油量也相应增加。因此，随着功率的增加，$P_e - G_T$ 曲线为上升曲线。

与汽油机相似，柴油机的 $P_e - g_e$ 曲线也是一条凹形曲线。柴油机急速运转时，输出功率为零，有效热效率 $\eta_m = 0$，g_e 无限大。随着输出功率 P_e 的增加，有效热效率 η_m 增加，g_e 迅速下降，功率增至图 1-10 中位置 1 时，过量空气系数 α 下降，热效率略有下降，机械效率明显增大，此时 g_e 达到最小 g_{emin}。输出功率 P_e 进一步增加，喷油量也进一步增加，导致燃料燃烧不完全，补燃期延长，热效率急剧下降，引起 g_e 上升。喷油量超过位置 2 时，排气中冒黑烟，因此位置 2 称为冒烟点，柴油机需要克服短时间超负荷运转。喷油量超过位置 3 时，燃烧进一步恶化，不仅油耗急剧增大，也影响柴油机的使用寿命。

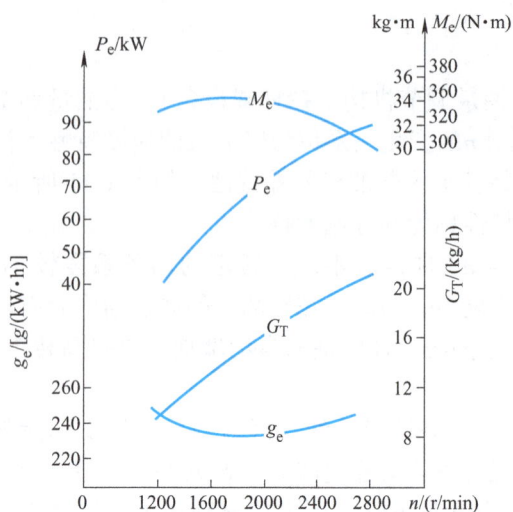

图 1-11　某型号柴油机的外特性曲线

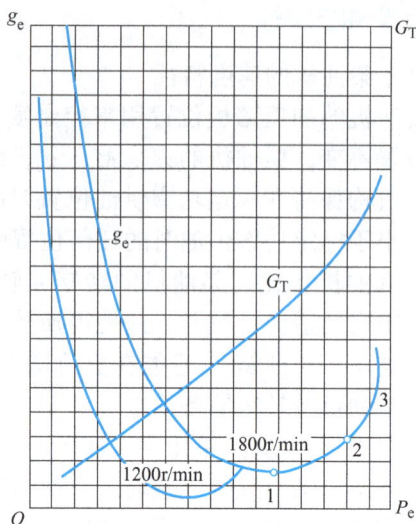

图 1-12　某型号柴油机的负荷特性

【技术揭秘】推背感强的汽车，真的动力大么？

"加速拼转矩，极速看马力"，发动机在低速时输出的"力气"越大，加速性和起步速度越好，这个"力气"的指标就是发动机的"转矩"。而"马力"是指发动机的输出功率。输出功率通常和发动机排量、气缸数量有关，但并不是排量越大、气缸越多，发动机的转矩就越大。对于汽车来说，增加推背感的方法，除了提升发动机功率（输出功率）和采用低速大转矩发动机技术外，还有一条捷径就是减轻自身重量。所以推背感强并不一定是因为汽车的输出功率大，而是与汽车的最大转矩、车身重量有着密切的关系。

少数日系车为迎合部分消费者对于汽车推背感强的需求，通过减轻车身重量来提升推背感体验，以获得更好的汽车销量。然而，实际上推背感强并不等同于该汽车的动力大。评价一辆汽车发动机性能是否良好，应当要结合发动机的各个性能指标进行综合评价。

项目二　新能源汽车发动机认知

学习要点：

- 了解新能源汽车的定义和分类。
- 熟悉新能源汽车的相关国家政策和国家标准。
- 学习混合动力汽车的定义和分类。
- 学习典型混合动力汽车的构造。

【政策前沿】《节能与新能源汽车技术路线图 2.0》发布

2020 年 10 月 27 日，由工业和信息化部装备工业一司指导，中国汽车工程学会牵头组织编制的《节能与新能源汽车技术路线图 2.0》（简称"路线图 2.0"）正式发布。路线图 2.0 提出，至 2035 年，我国节能汽车与新能源汽车年销量将各占一半，汽车产业实现电动化转型。业内人士指出，路线图 2.0 是对我国汽车电动化路线的合理修正，将引导我国电动汽车产业走上健康和可持续发展的道路。

路线图 2.0 中科学规划了"1+9"的技术路线图，即包括 1 个总体技术路线图，以及节能汽车、纯电动和插电式混合动力汽车、氢燃料电池汽车、智能网联汽车、汽车动力蓄电池、新能源汽车电驱动总成系统、充电基础设施、汽车轻量化、汽车智能制造与关键装备 9 个细分领域技术路线图。

路线图 2.0 综合考虑节能汽车进步和测试工况切换带来的影响，提出 2025 年、2030年、2035 年三个阶段，逐步降低乘用车新车的平均油耗。同时进一步规划纯电动和插电式混动汽车产业的发展，预计到 2035 年，新能源汽车占汽车总销量的 50% 以上。路线图 2.0 对于传统汽车发动机超节能减排的方向提出了更高的要求。

新能源汽车的发展旨在通过技术创新，重点在能源消耗、环境污染等方面，改善汽车相关性能。因此其在排放与能源消耗方面，较传统内燃机汽车具有更大的优势。汽车尾气已经成为空气污染的重要来源，开发新能源汽车，减少环境污染，是汽车技术发展的必然趋势。

开发出新能源汽车，减少对化石燃料的依存度，对国家未来发展至关重要。从环境保护与能源的角度，新能源汽车是未来汽车发展的必然趋势，也是我国未来社会与经济发展的必然需求。

任务 2.1　新能源汽车的定义

我国已将研发和推广新能源汽车列入国家发展战略，近年来在整车和电池、电动机等关键零部件的研究上取得了很大进展，制定了相关的生产、检测、试验国家和行业标准。有关新能源汽车的定义和种类划分的政府文件主要有以下两个。

2017 年 7 月 1 日工业和信息化部开始施行的《新能源汽车生产企业及产品准入管理规定》中第三条对新能源汽车的表述是：新能源汽车，是指采用新型动力系统，完全或者主要依靠新型能源驱动的汽车，包括插电式混合动力（含增程式）汽车、纯电动汽车和燃料电池汽车等。

2012 年 7 月国务院发布的《节能与新能源汽车产业发展规划（2012—2020 年）》对新能源和节能汽车的表述是：新能源汽车是指采用新型动力系统，完全或主要依靠新型能源驱动的汽车；节能汽车是指以内燃机为主要动力系统，综合工况燃料消耗量优于下一阶段目标值的汽车。

新能源汽车的定义在不同国家其称谓也有所不同：在美国，新能源汽车通常只指"代用燃料汽车"；在日本，通常称为"低公害汽车"。2001 年日本国土交通省、环境省和经济产业省制定了"低公害车开发普及行动计划"。该计划所指的低公害车包括五类：以天然气为燃料的汽车、混合动力汽车、电动汽车、以甲醇为燃料的汽车、排污和燃效限制标准最严格的清洁汽油汽车。

任务 2.2　新能源汽车的分类

新能源汽车包括的范围很较广，各国分类也不相同，没有统一的标准。目前，我国的新能源汽车主要包括以下几类，如图 2-1 所示。

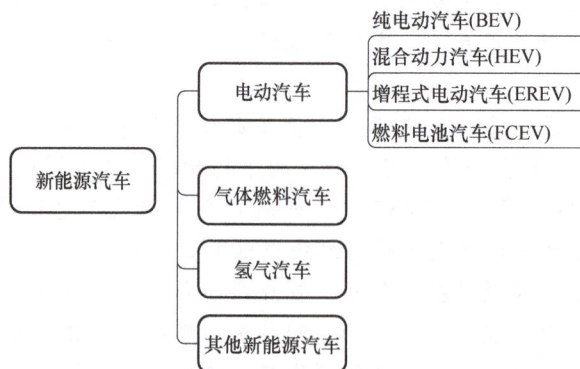

图 2-1　新能源汽车分类

1. 电动汽车

电动汽车是指以电能为动力，用电机驱动车轮行驶，符合道路交通和安全法规各项要求的车辆。电动汽车主要包括纯电动汽车、混合动力汽车、增程式电动汽车和燃料电池汽车。

（1）纯电动汽车

纯电动汽车（Battery Electric Vehicle，BEV）是一种采用单一蓄电池作为储能动力源的汽车，它利用蓄电池作为储能动力源，通过蓄电池向电动机提供电能，驱动电动机运转，从而推动汽车行驶。例如，北汽 EV 200 纯电动汽车。

（2）混合动力汽车

混合动力汽车（Hybrid Electric Vehicle，HEV）是指驱动系统由两个或多个能同时运转的单个驱动系统联合组成的车辆，车辆的行驶功率依据实际的车辆行驶状态由单个驱动系统单独或多个驱动系统共同提供。因各个组成部件、布置方式和控制策略的不同，混合动力汽车有多种结构形式。例如，荣威 E950 混合动力汽车。

（3）增程式电动汽车

增程式电动汽车（Extended Range Electric Vehicle，EREV）是一种配有地面充电和车载供电功能的纯电驱动的电动汽车，其运行模式可以根据需要分为纯电动模式、增程模式或混合动力模式，是介于纯电动汽车和混合动力汽车之间的一种过渡车型，具有纯电动汽车和混合动力汽车的特征，有人把它划分为纯电动汽车的范畴，也有人把它划分为混合动力汽车的范畴，认为它是一种插电式串联混合动力汽车。例如，广汽传祺增程式电动汽车。

（4）燃料电池汽车

燃料电池汽车（Fuel Cell Electric Vehicle，FCEV），是利用燃料电池将燃料中的化学能直接转化为电能实现动力驱动的新型汽车。与内燃机汽车相比，燃料电池汽车是通过蓄电池直接将化学能转化为电能，利用电动机驱动，而不是利用燃料的燃烧过程。其能量转换效率较内燃机要高 2 ~ 3 倍。

燃料电池的电化学反应过程不会产生污染物、噪声低，但燃料电池组的生产、集成及产业化仍待发展。一般来说，燃料电池是通过电化学反应将化学能转化为电能，电化学反应所需的还原剂一般采用氢气，氧化剂则采用氧气，因此最早开发的燃料电池汽车多是直接采用氢燃料，氢气的储存可采用液化氢、压缩氢气或金属氢化物储氢等形式。例如丰田 Mirai 氢燃料电池汽车。

2. 气体燃料汽车

气体燃料汽车是指利用可燃气体作为能源驱动的汽车。汽车的气体代用燃料种类很多，常见的有天然气和液化石油气。根据汽车使用可燃气体的形态不同，燃料可分为三种，即压缩天然气，主要成分为甲烷；液化天然气，主要成分为甲烷，经深度冷冻液化；液化石油气，主要成分是丙烷和丁烷的混合物。气体燃料汽车一般有三种，即专用气体燃料汽车、两用燃料汽车和双燃料汽车。

专用气体燃料汽车是以液化石油气、天然气或煤气等气体为发动机燃料的汽车，这种汽车可以充分发挥天然气物理化学性能特点，价格低、污染少，是最清洁的汽车。

两用燃料汽车是指具有两套相对独立的供给系统，一套供给天然气或液化石油气，另一套供给天然气或液化石油气之外的燃料，两套燃料供给系统可分别但不可共同向气缸供给燃料的汽车，如汽油／压缩天然气两用燃料汽车、汽油／液化石油气两用燃料汽车等。

双燃料汽车是指具有两套燃料供给系统，一套供给天然气或液化石油气，另一套供给天然气或液化石油气之外的燃料，两套燃料供给系统按预定的配比向气缸供给燃料，并在气缸混合燃烧的汽车，如柴油/压缩天然气双燃料汽车、柴油/液化石油气双燃料汽车等。

3. 氢气汽车

氢气汽车是指以氢气为发动机燃料的汽车。一般汽车使用汽油或柴油作为发动机的燃料，而氢燃料汽车则使用气体氢作为发动机的燃料。氢发动机在汽车上的应用方式有三种。

1）纯氢发动机，只产生 NO_x，但中、高负荷时存在爆燃，且 NO_x 生成量远大于汽油机，发动机功率受限且氢气消耗量大，续驶里程短，这些技术问题需要进一步的研究和解决。

2）氢/汽油双燃料发动机，可根据燃料的存储状况灵活选择汽油或氢气进入纯汽油或纯氢气发动机模式。

3）氢/汽油双燃料发动机，可将少量氢气作为汽油添加剂与空气混合，氢气扩散速率大，能够促进汽油的蒸发、雾化和与空气的混合；氢燃烧过程中产生活性自由基，能使汽油火焰传播速度明显加快，得到较大的热效率，并产生较低的排放。除了以上提到的4种新能源汽车，新能源汽车还包括利用太阳能、原子能等其他能量形式驱动的汽车。

4. 其他新能源汽车

除了上述新能源汽车，还包括有醇、醚类燃料也应用于新能源汽车。例如，乙醇汽车用的燃料是乙醇汽油。目前此类汽车技术相对成熟，在美国、巴西等乙醇资源丰富的国家发展迅速。其他新能源汽车类型很多，没有统一的标准。生物燃料汽车、太阳能汽车及使用超级电容器、飞轮等高效储能器的汽车都属于其他新能源汽车。目前在我国大力支持和财政补贴的新能源汽车主要是指纯电动汽车、增程式电动汽车、混合动力汽车和燃料电池汽车。常规的混合动力汽车被划分为节能汽车，见表2-1。

表 2-1 各种新能源汽车指标对比

类型指标	混合动力	纯电动	燃料电池	天然气	醇/醚
车辆性能	好	一般	一般	差	一般
能量密度	较好	差	差	差	一般
能源储存性	一般	差	差	差	一般
排放性能	较好	好	好	一般	一般
能量转换效率	好	较好	好	差	差
能源来源	一般	较好	好	差	一般
购车成本	一般	一般	差	较好	较好
燃料成本	较好	好	差	较好	较好
加油、充电便利性	好	较好	差	差	一般

任务 2.3　混合动力汽车的定义和分类

1. 混合动力汽车的定义

根据国际能源署（International Energy Agency，IEA）的有关文献，"能量与功率传送路线"具有如下特点的车辆称为混合动力汽车。

1）传送到车轮以推进车辆运动的能量，至少来自两种不同的能量转换装置（例如，发动机、燃气涡轮、斯特林发动机、电动机、液压马达和燃料电池等）。

2）这些能量转换装置至少要从两种不同的能量储存装置（例如，燃油箱、蓄电池、飞轮、超级电容器和高压储氢罐等）中吸取能量。

3）从储能装置流向车轮的这些通道中，至少有一条是可逆的。

从能量源来看，"油"可以代表汽油、柴油，甚至是天然气；"电"主要包括蓄电池、电容器、储能飞轮三种形式储能。如果可逆的储能装置供应的是电能时，则称作混合动力电动汽车。

对于混合动力汽车而言，一般在一辆汽车上同时配备电力驱动系统（Traction Motor）和辅助动力单元（Auxiliary Power Unit，APU），其中 APU 是燃烧某种燃料的原动机或由原动机驱动的发电机组。

2. 混合动力汽车的分类

混合动力汽车可分为两大类，即液压蓄能式混合动力汽车（Hydraulic Hybrid Vehicle，HHV）和传统的混合动力汽车（Hybrid Electric Vehicle，HEV）。HHV 的特点是可使用液压泵（马达）单独驱动或与发动机共同驱动汽车行驶。

HHV 最初由沃尔沃 Flygmotor 在 20 世纪 80 年代开发，主要用于客车、货车等大型车辆。HHV 使用的动力是液压马达及传统的燃油 / 气车的发动机。HEV 的特点是燃油（气）发动机动力与电动机动力两种动力的组合。通常把燃油 / 气发动机与电动机两种动力组合而成的混合动力电动汽车，简称为油 / 气 – 电混合动力汽车；把汽 / 柴油发动机与电动机两种动力组合而成的混合动力电动汽车，简称为汽 / 柴油 – 电力混合动力汽车等。

HEV 的优点包括以下几方面。

1）发动机可工作在经济工况区，排放低，燃油消耗量少。

2）发动机不在全负荷和加速工况下工作，噪声小。

3）可以回收制动时的能量和利用已有的燃油设施等。

混合动力汽车 HEV 的分类如下。

（1）按照动力系统布置形式划分

1）串联式混合动力汽车（Series Hybrid Electric Vehicle，SHEV）。车辆行驶系统的驱动力只来源于电动机。其主要特点是发动机不参与车辆驱动，当动力蓄电池电量不足的时候，发动机带动发电机发电，产生的电能通过电子控制单元（ECU）传到动力蓄电池。雪佛兰沃蓝达、宝马 i3、传祺 GA5 等混合动力汽车均采用串联式混合动力系统。

2）并联式混合动力汽车（Parallel Hybrid Electric Vehicle，PHEV）。车辆行驶系统的驱动力由电动机及发动机同时或单独供给。其结构特点是可以单独使用发动机或驱动电动机作为动力源，也可以同时使用驱动电动机和发动机作为动力源驱动汽车行驶。本田 IMA 混合动力系统，广泛运用在本田 Insight、本田思域、本田雅阁（第七代）、本田飞度、本田 CR-Z 等。

3）混联式混合动力汽车（Parallel-Serial Hybrid Electric Vehicle，PSHEV）。混联式混合动力汽车，具备串联式和并联式两种混合动力系统。

（2）按照混合度划分

1）微混合型混合动力汽车。

2）轻度混合型混合动力汽车。

3）重度混合（强混合）型混合动力汽车。

（3）按是否外接电源进行充电划分

1）混合动力系统。

2）插电式混合动力系统。

（4）按照行驶模式的选择方式划分

1）有手动选择功能的混合动力汽车，具备行驶模式手动选择功能。

2）无手动选择功能的混合动力汽车，不具备行驶模式手动选择功能。

（5）其他划分形式

按照可再充电能量储存系统不同可以划分为（但不限于）以下类型。

1）动力蓄电池混合动力汽车。

2）超级电容器混合动力汽车。

3）机电飞轮混合动力汽车。

4）动力蓄电池与超级电容器组合式混合动力汽车。

混合动力汽车按照其技术特征、燃料类型、功能结构和车辆用途等因素，还可以有其他划分形式。

任务 2.4　典型混合动力汽车的构造

1. 串联式混合动力系统

（1）基本结构

串联式混合动力系统的结构及驱动方式如图 2-2 所示。串联式混合动力系统利用发动机提供的动力发电，从而带动电动机驱动车轮。其基本结构是由电动机、发动机、发电机、动力蓄电池和变压器等组成。

（2）串联式混合动力系统的三种基本控制模式

1）主要利用蓄电池来驱动车辆，仅当电池荷电状态（State Of Charge，SOC）降低到最小限值时，发动机才起动，发动机在最高效率区域以输出恒定功率的方式工作，当 SOC 回升到最大限值时发动机停止运转，这种控制模式也称为"恒温器式控制"。

2）"负荷跟随"控制模式。

3）上述两种控制模式的一个折中方案。

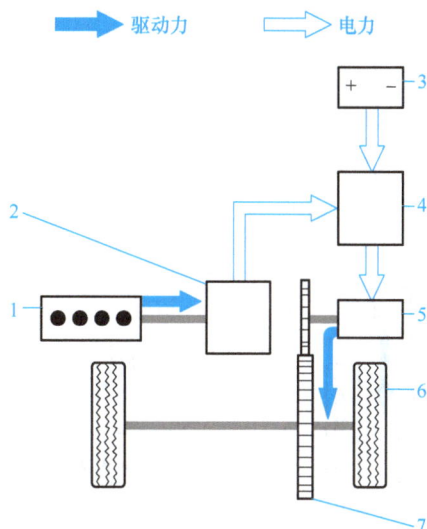

图 2-2　串联式混合动力系统

1—发动机　2—发电机　3—动力蓄电池　4—变压器　5—电动机　6—驱动轮　7—减速器

（3）串联式混合动力系统的优点与缺点

串联式混合动力系统的优点包括以下几方面：

1）能始终在最佳的工作区域内稳定运行，发动机具有良好的经济性和较低的排放性能。

2）发动机与电动机之间无机械连接，整车的结构布置自由度较大，各种驱动系统的元器件可以放在最适合的位置。

3）由于电动机的功率大，制动能量回收的潜力大，可以提高能量利用效率。

串联式混合动力系统的缺点包括以下几方面：

1）发电机将发动机的机械能转变为电能，电动机又将电能转变为机械能，但是动力蓄电池在充电和放电过程中存在能量损失，因此发动机输出的能量利用率比较低。

2）电动机是唯一驱动汽车行驶的动力装置，因此电动机的功率要足够大。

2. 并联式混合动力系统

（1）基本结构

并联式混合动力系统可以采用发动机单独驱动、电动机单独驱动或发动机和电动机混合驱动三种工作模式，如图 2-3 所示。

（2）并联式混合动力系统典型工作模式的功率流

① 车辆起动、低速及轻载行驶时，发动机关闭，车辆由电动机驱动，为纯电动工况，如图 2-4 所示。

② 车辆正常行驶、加速及爬坡时，发动机和电动机同时工作驱动车辆行驶，如图 2-5 所示。

③ 在车辆行驶过程中，当动力蓄电池电量过低时，发动机在驱动车辆行驶的同时向动力蓄电池进行补充充电，如图 2-6 所示。

驱动力　　　　电力

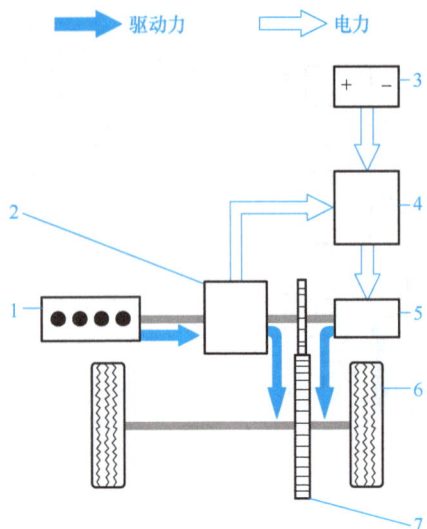

图 2-3　并联式混合动力系统

1—发动机　2—变速器　3—动力蓄电池
4—变压器　5—电动机　6—驱动轮　7—减速器

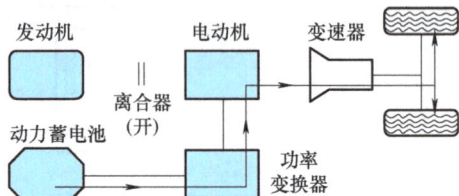

图 2-4　纯电动工作模式

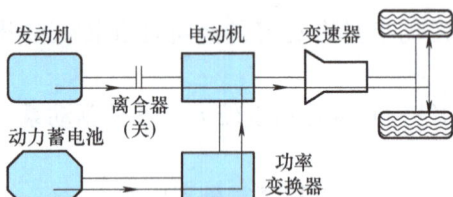

图 2-5　混合动力模式

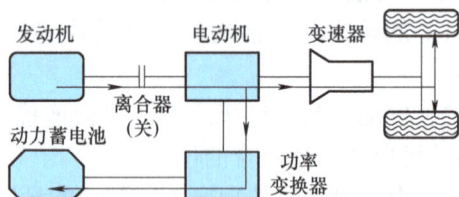

图 2-6　向动力蓄电池充电

④ 车辆减速及制动时，电动机以发电机模式工作，回收车辆制动能量向动力蓄电池充电，如图 2-7 所示。

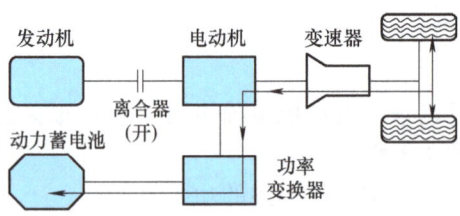

图 2-7　制动能量回收

（3）并联式混合动力系统的两种基本控制模式

1）发动机辅助混合动力模式。这种模式主要利用蓄电池－电动机系统来驱动车辆，仅当以较高的巡航速度行驶、爬坡和急加速时才使发动机起动。

2）电动机辅助混合动力模式。这种模式主要利用发动机来驱动车辆。

（4）并联式混合动力系统的特点

1）发动机通过机械传动机构直接驱动汽车，无机械能、电能的转换损失，因此发动机输出能量的利用率相对较高。

2）当电动机仅起功率调峰作用时，电动机、发动机的功率可适当减小，蓄电池的容量也可减小。

3）在繁华的市区低速行驶时，并联式混合动力系统可通过关停发动机，以纯电动方式运行，以实现零排放。

4）发动机与电动机并联驱动时，还需要动力复合装置，因此并联驱动系统的传动机构更为复杂。

5）并联式混合动力系统最适合于汽车在中、高速工况下稳定行驶。

3. 混联式混合动力系统

混联式混合动力系统的结构和形式如图 2-8 所示，在结构上综合了串联式和并联式的特点。

4. 插电式混合动力系统

插电式混合动力系统（Plug-in Hybrid Electric Vehicle，PHEV）是在三种混合动力系统（串联、并联、混联）基础上发展起来的一种混合动力系统，如图 2-9 所示。

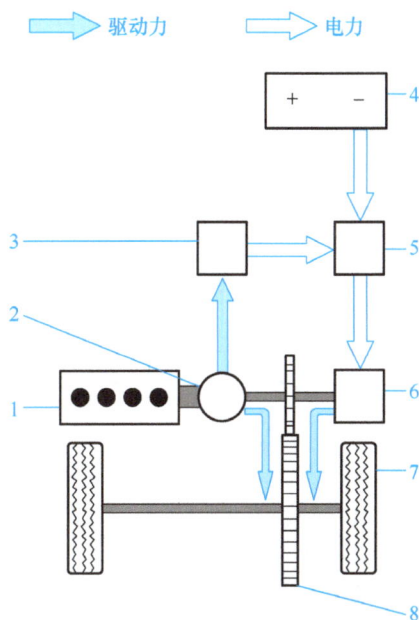

图 2-8　混联式混合动力系统

1—发动机　2—动力分离装置　3—发电机
4—动力蓄电池　5—变压器　6—电动机
7—驱动轮　8—减速器

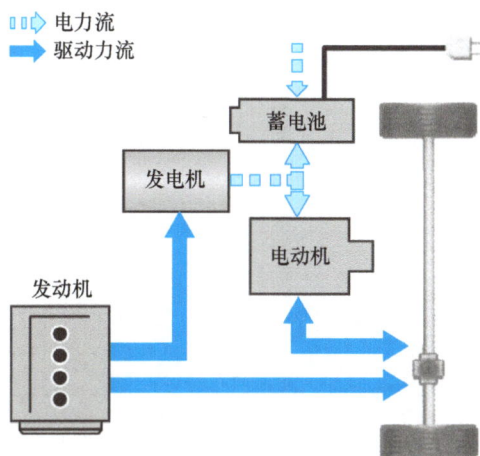

图 2-9　插电式混合动力系统结构原理

PHEV兼顾了纯电动汽车和HEV的优点，主要包括以下几方面。

1）适用于在局部地区或短距离上下班行驶，可以作为纯电动汽车使用，可用家里的电源对车载蓄电池充电，此时可不使用汽油。

2）利用电网晚上的低谷电对蓄电池充电，可以提高对电网的利用效率，具有纯电动汽车所有的优点。

3）加满油箱，PHEV的续驶里程可以与混合动力汽车和内燃机汽车相媲美。

4）由于主要以纯电动模式工作，车辆寿命期间的维修成本较低。

【知识拓展】北京现代混合动力汽车的动力切换模式

混合动力汽车种类较多，其动力切换模式也各不相同，本书以北京现代混合动力汽车为例来说明混合动力汽车的动力切换模式。

北京现代汽车的混合动力切换模式分以下几种情况。

1）起步或低速范围内是电动机模式驱动（仅利用电动机的动力）。

2）中/高速范围时，仅利用发动机提供动力。

3）突然加速或上坡时是混合动力驱动模式（发动机＋电动机的动力）。

4）减速时是发动机和发电机给蓄电池供电。

工作页 2　认知混合动力汽车发动机

任务名称	工作页 2　认知混合动力汽车发动机					
班级		姓名		学号		日期	

任务描述	1. 了解混合动力汽车的定义及分类，观察混合动力模式图，区分动力系统类型；实车识别混合动力系统；掌握混合动力汽车发动机工作原理及特点。 2. 按要求完成工作任务，任务完成过程遵循安全文明操作规程，任务完成后填写工作页。

任务载体	混合动力汽车。	实训场地	汽车实训室

准备工作

项目	情况记录
（1）混合动力汽车型号	
（2）搭载发动机型号	
（3）维修手册准备	□是　□否

任务实施

一、了解混合动力汽车的定义及类型

1. 写出混合动力汽车的定义。

2. 区分混合动力汽车的类型。

1）按照动力系统布置形式划分：_____。

2）按照混合度划分：_____。

3）按照是否有外接电源进行充电划分：_____。

4）混合度的定义是：_____。

类型	混合度	节油率	功能要求	特点
微混	5%～10%	5%～10%	发动机自动起停	无法纯电行驶
轻混				
中混				
重混				
Plug-in				

3. 按照混合动力系统布置形式，写出下图各系统类型。

1）图 1 混合动力系统类型是_____。

2）图 2 混合动力系统类型是_____。

3）图 3 混合动力系统类型是_____。

任务名称			工作页2　认知混合动力汽车发动机				
班级		姓名		学号		日期	

<table>
<tr><td rowspan="5">任务实施</td></tr>
</table>

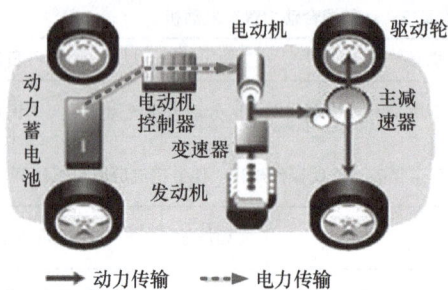

图　1

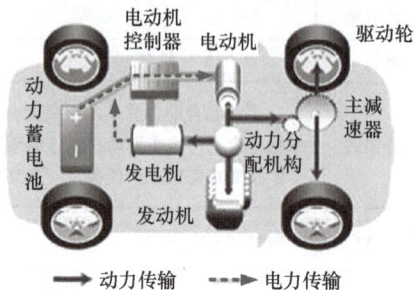

图　2

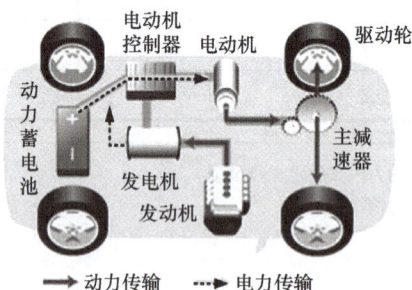

图　3

二、实车识别混合动力汽车部件

对照混合动力汽车，寻找下表中指定的部件或总成，找到并确认后在对应方框里打钩。

序号	名称		序号	名称		序号	名称	
1	发动机	☐	4	变速器	☐	7	电动机控制器	☐
2	驱动电动机	☐	5	主减速器	☐	8	车载充电机	☐
3	动力蓄电池	☐	6	驱动轮	☐	9	充电口	☐

三、了解混合动力汽车发动机的工作原理及特点

1. 查找维修手册，写出实训车辆的发动机基本参数。

项目	技术数据	项目		技术数据
发动机型号		最大功率 /kW		
气缸数及排列方式		最大转矩 /（N·m）		
排量 /mL		气门正时	进气	开
（缸径 /mm）×（行程 /mm）				关
压缩比			排气	开
排放标准				关

（续）

任务名称	工作页2　认知混合动力汽车发动机					
班级		姓名		学号		日期	

任务实施

2. 了解发动机基本工作原理。

发动机的循环包括奥托循环、_____循环及_____循环。实训车辆采用的是_____循环，它是_____年发明的。

图4是模拟阿特金森循环工作示意图，通过一套复杂的连杆机构实现_____行程小于_____行程，不仅提高了发动机的进气效率，也使得压缩比_____（大于/小于）膨胀比，热效率_____（增大/减小），动力性_____（增大/减小）。

目前车辆上搭载的阿特金森发动机大多数是通过调节_____来实现该循环，利用的是_____技术，不再使用复杂的连杆机构。

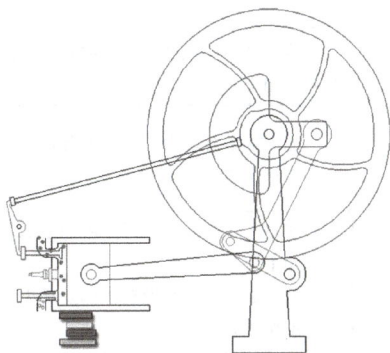

图　4

3. 写出阿特金森循环发动机的优缺点。

优点：_____。

缺点：_____。

4. 阿特金森发动机多用在混合动力汽车上，请简要说明原因。

5. 列举三款搭载了阿特金森发动机的混合动力车型。

检查评价

1. 评分细则

序号	评价项目	评价标准（每项累计扣分不超过配分）	配分	自评	互评	师评
1	安全文明否决	□造成人身、设备重大事故，或恶意顶撞教师、严重扰乱课堂秩序，立即终止实训，此评价表计0分				
2	安全文明生产	□能正确穿工作服、工作鞋，戴工作帽，缺一项扣1分 □能安全使用举升机、不随意触碰车辆部件，违反每次扣2分 □完工后清理实训场地，缺一个要点扣2分 □服从教师和班组长的课堂要求，不出言不逊，违反每次扣3分	10分			

任务名称				工作页2　认知混合动力汽车发动机					
班级		姓名		学号			日期		

	序号	评价项目	评价标准（每项累计扣分不超过配分）	配分	自评	互评	师评
检查评价	3	混合动力汽车的定义及类型	□能阐述混合动力汽车的定义，缺一个要点扣1分 □能列举混合动力汽车的类型，缺一个要点扣1分 □能正确划分混合动力系统的类型，错一个扣1分 □能了解不同混合度车辆的技术特点，缺一个要点扣1分	20分			
	4	混合动力汽车部件识别	□能识别混合动力汽车上的部件及位置，缺一个要点扣2分	25分			
	5	发动机工作原理及特点	□能查找资料，写出发动机的基本参数，错一个扣1分 □能掌握阿特金森发动机的实现方式，缺一个要点扣2分 □能分析阿特金森发动机的优缺点，缺一个要点扣2分 □能说明阿特金森发动机常运用在混动车型上的原因，错一个要点扣2分 □能写出三款以上搭载了阿特金森发动机的混动车型，缺一款扣2分	35分			
	6	工单记录	□字迹工整，潦草扣2分 □内容填写完整，缺一项扣1分	5分			
	7	职业素养	□资料查找，酌情赋分 □自主学习能力，探究能力，酌情赋分	5分			
		合计		100分			

2.任务成绩（自我评价、组间互评、教师评价三者成绩加权得到，系数根据实际情况而定）

自我评价	组间互评	教师评价	任务成绩

反思改进	请根据任务完成情况，对自己及小组工作进行反思，提出改进意见或措施。 _____ _____ _____

项目三　发动机检修常用工具及设备的认知和使用

学习要点：

- 了解常用拆装工具、量具。
- 知道常用拆装工具的选用和常用量具的使用。
- 学习发动机教学场管理规定。

任务 3.1　常用拆装工具及选用

1. 普通工具

如图 3-1 所示，经常用于零部件拆卸与装配的工具有各种类型的扳手、带各种手柄和方向接头的套筒、内六角扳手、螺丝刀、锤子、钳子等。有些螺栓（缸盖螺栓、连杆螺栓等）在拧紧时有一定的拧紧力矩要求，这就需要力矩扳手。

（1）扳手

1）类型。扳手可分为呆扳手、梅花扳手、活扳手、管子扳手、套筒扳手、力矩扳手和专用扳手。它主要用于拆装螺栓或螺母，大多数螺栓、螺母均为标准件，所以扳手规格几乎全是标准的英制或米制。

2）使用注意事项。

① 呆扳手，也称为开口扳手或双头扳手，如图 3-1 所示。开口扳手常用的有 6 件套、8 件套两种，使用范围在 6 ～ 24mm 之间。按其结构形式可分为双头扳手和单头扳手两种，按其开口角度又可分为15°、45°、90°三种。这种扳手主要用于拆装一般标准规格的螺栓或螺母，使用时可以上、下套入或直接插入，使用方便。

a)　　　　　　　　　　b)

图 3-1　呆扳手

呆扳手在使用时应注意：一定要选择与所拆装螺栓（螺母）相同规格的扳手，以免因扳手尺寸过大而损坏螺栓（螺母）的棱角，如图 3-2 所示。当使用推力拆装时，应用手掌力来推动，不能采用握推的方式，以免碰伤手指，如图 3-3 所示。不能采用两个扳手对接或套筒等套接加长的方式，避免损坏扳手或发生事故，如图 3-4 所示。

② 梅花扳手，其常用的有 6 件套、8 件套两种，适用范围在 5.5 ～ 27mm，如图 3-5 所示。梅花扳手两端大部分是套筒式端头，从而保证其工作的安全可靠。梅花扳手的用途与呆扳手相似，具有更安全可靠的特点，但是在使用时要注意选择合适的尺寸规格。

图 3-2　呆扳手的使用（1）

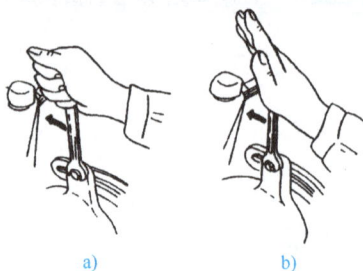

图 3-3　呆扳手的使用（2）

图 3-4　呆扳手的使用（3）

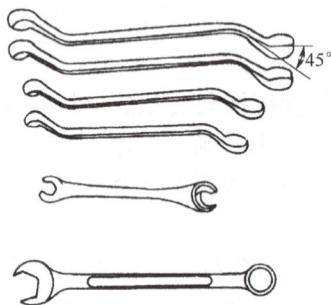

图 3-5　梅花扳手

③ 活扳手，其开口端根据需要可以在一定范围内进行调节，主要用于拆装不同规则带有棱角的螺栓或螺母，如图 3-6 所示。使用时必须将活动钳口的开口尺寸调整合适。应使活扳手的活动钳口具备承受能力，固定钳口能够承受拉力，如图 3-7 所示。使用时用力要均匀，以免损坏活扳手或引起螺栓、螺母的棱角变形，避免造成打滑而发生事故。

图 3-6　活扳手

a) 正规操作　　　　　　b) 错误操作

图 3-7　活扳手的使用

④ 管子扳手，这是一种专门用于扭转管子、圆棒或夹持其他扳手难以夹紧的光滑圆柱形工件的工具。由于管子扳手的钳口上有齿槽，使用时应尽量避免将工件表面"咬毛"；另外，不能用管子扳手代替其他扳手来旋转螺栓、螺母或其他带有棱角的工件，避免损坏螺栓、螺母的棱角。管子扳手的样式和用法如图 3-8 所示。

⑤套筒扳手，这是一种组合型工具，使用时由几件共同组合成一个扳手。常用的套筒扳手有13件套、17件套和24件套等多种规格，如图3-9所示。套筒扳手适合拆装部位狭小或特别隐蔽的螺栓和螺母。其套筒部分与梅花扳手的端头相似，并制成单件，根据需要，选用不同规格的套筒和各种手柄进行组合。如用活动手柄可以调整所需的力臂，用快速手柄可以快速拆装螺栓、螺母，同时还能配用力矩扳手显示拧紧力矩，具有功能多、使用方便、安全可靠的特点。

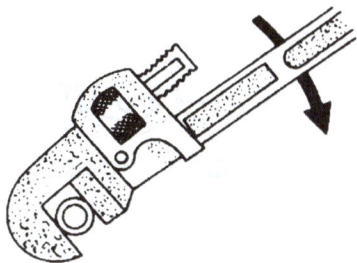

图3-8　管子扳手

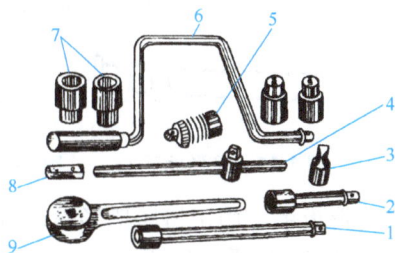

图3-9　套筒扳手

1—长接杆　2—短接杆　3—螺丝刀　4—活力手柄
5—方向接头　6—手柄　7—套筒　8—接头　9—快速手柄

⑥力矩扳手，如图3-10所示，力矩扳手是一种需要与套筒扳手中的套筒配合使用且能够显示力矩的专用工具。用力矩扳手拧紧螺栓或螺母时，其力矩的大小能及时被显示出来，力矩的单位是 N·m。汽车维护中常用的

图3-10　力矩扳手

力矩扳手的规格是 0～300N·m。在维修作业中，凡是有力矩要求的螺栓或螺母，均需用力矩扳手将螺栓或螺母拧到规定力矩。使用力矩扳手时，必须符合操作规定，切忌在过载情况下的使用而造成力矩扳手的失准或损坏；使用完成后应将力矩扳手平稳放置，避免因重物的撞、压而造成扳手杆或扳手指针变形，影响扳手的精度，甚至损坏扳手。

⑦专用扳手，这是一些用途较为单一的特殊扳手的通称，通常以其用途或结构特点来命名。每一种扳手，又可以按照不同的规格和尺寸进行分类。在使用专用扳手时，必须选用与零件尺寸规格相适应的扳手，避免扳手滑脱伤手或损坏零件。

a）内六角扳手，用于扭转头部是内六角形的螺栓（图3-11）。

b）圆螺母扳手，用于扭转槽型圆螺母（图3-12）。

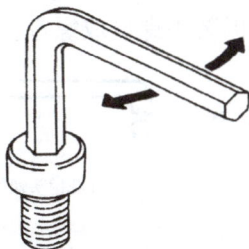

图3-11　内六角扳手

图3-12　圆螺母扳手

c）叉形凸缘及转向螺母套筒扳手，用于扭转轮毂轴承锁紧螺母（图3-13）。

d）方扳手，用于扭转头部是四棱柱形的螺栓（图3-14）。

图 3-13　叉形凸缘及转向螺母套筒扳手

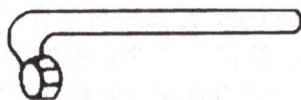

图 3-14　方扳手

e）叉形扳手，用于拧紧圆柱孔定位的螺母（图 3-15）。

f）火花塞套筒扳手，用于拆装火花塞（图 3-16）。

g）气门芯扳手，用于拆装轮胎气门芯（图 3-17）。

图 3-15　叉形扳手 　　　 图 3-16　火花塞套筒扳手 　　　 图 3-17　气门芯扳手

h）钩形扳手，用于扭转槽形螺母等（图 3-18）。

i）专用套筒扳手，用于扭转头部结构特殊的螺栓或螺母（图 3-19）。

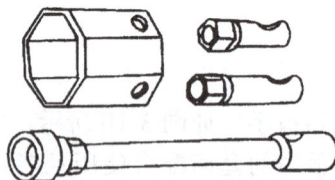

图 3-18　钩形扳手 　　　　　　　 图 3-19　专用套筒扳手

j）机油滤清器扳手，用于拆装机油滤清器总成（图 3-20）。

（2）螺丝刀

1）类型。螺丝刀主要用于拧松或拧紧带槽的螺钉。常用的有一字螺丝刀、十字螺丝刀和花键头螺丝刀三种。

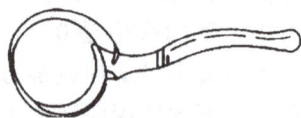

图 3-20　机油滤清器扳手

① 一字螺丝刀。如图 3-21a 所示，常以钢杆部分的长度来区分，其常用的规格有 50mm、75mm、125mm、150mm 等，主要用于拆装一字槽的螺钉、木螺钉等。

② 十字螺丝刀。如图 3-21b 所示，按十字口的直径可分为 2～2.5mm、3～5mm、5.5～8mm、10～12mm 四种规格，专用于拆装十字槽口的螺钉。

③ 花键头螺丝刀。如图 3-21c 所示，是一种使用单个的螺丝刀与较高夹紧力的套筒相组合的工具，适用于在操作空间受到限制的安装位置处拆装小螺母或螺钉。

　　　　　　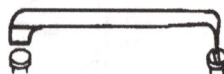

a）一字螺丝刀 　　　　　 b）十字螺丝刀 　　　　　 c）花键头螺丝刀

图 3-21　螺丝刀

2）使用注意事项。

① 螺丝刀有木柄和塑料柄之分，塑料柄具有一定的绝缘性，适宜电工使用。

② 使用前应先擦净螺丝刀和端口的油污，避免因工作时滑脱而发生意外。

③ 选用的螺丝刀端口应与螺栓（钉）上的槽口相吻合，如图 3-22 所示。螺丝刀的刀口端太薄易折断，太厚不能完全嵌入到槽口内，易使螺丝刀和螺栓（钉）槽口损坏。

④ 使用时，不允许将工件拿在手上用螺丝刀拆装螺栓（钉），避免螺丝刀从槽口中滑出伤手。

⑤ 使用时，不可用螺丝刀当撬棒或錾子使用，如图 3-23 所示。除了夹柄螺丝刀，不允许用锤子敲击螺丝刀柄。

⑥ 不允许通过扳手或钳子扳转螺丝刀端口来增大力矩，避免使螺丝刀发生弯曲或扭转变形。

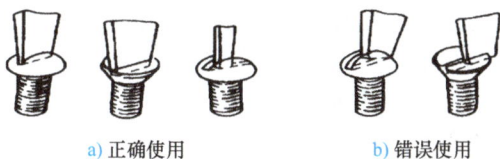

a) 正确使用   b) 错误使用

图 3-22　螺丝刀的使用

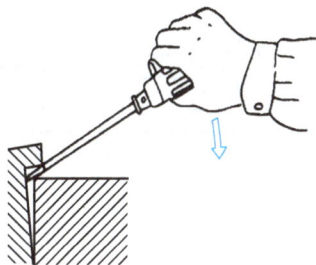

图 3-23　螺丝刀的错误使用

⑦ 正确的握持方法是：以右手握持螺丝刀，手心抵住螺丝刀柄端，让螺丝刀端口与螺栓（钉）槽口处于垂直吻合状态；当开始拧松或拧紧时，应用力将螺丝刀压紧后再用手腕力按需要的力矩扭转螺丝刀；当螺栓（钉）松动后，即可使手心轻压住螺丝刀手柄，用拇指、中指压紧和转动螺丝刀手柄，左手握在螺丝刀手柄中部，防止螺丝刀滑脱，以保证安全工作。

⑧ 使用完毕，应将螺丝刀擦拭干净。

（3）锤子

1）类型。常用的锤子类型有钢制圆头锤和软面锤、横头锤。

① 钢制圆头锤和横头锤。如图 3-24a、c 所示，其规格是以锤头的质量而确定的。常用的规格有 0.25kg、0.5kg、0.75kg、1kg、1.25kg 和 1.5kg 六种。

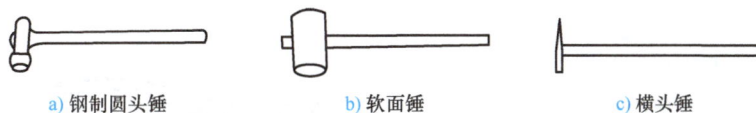

a) 钢制圆头锤   b) 软面锤   c) 横头锤

图 3-24　锤子

② 软面锤。如图 3-24b 所示，常用的有塑料、皮革、木质和黄铜软面锤。软面锤一般用于过盈配合的组合件拆装的场合，当敲开或压紧组合件时，使用软面锤不会使零件产生损坏。

2）使用注意事项

① 使用前，必须检查锤柄是否安装牢固，如松动应重新安装，以防止在使用时由于锤头脱出而发生伤人或损物事故。

② 使用时，应将手上和锤柄上的汗水和油污擦干净，避免锤子从手中滑脱而发生伤人或损物事故。

③ 使用时，应手握锤柄后端，如图 3-25a 所示。握柄时手的握持力要松紧适度，这样才能保证锤击时灵活自如。锤击时要靠手腕的运动，眼注视工件，锤头工作面和工作锤击面应平行，才能使锤面平整地打在工件上，不能有如图 3-25b 所示的操作方法。

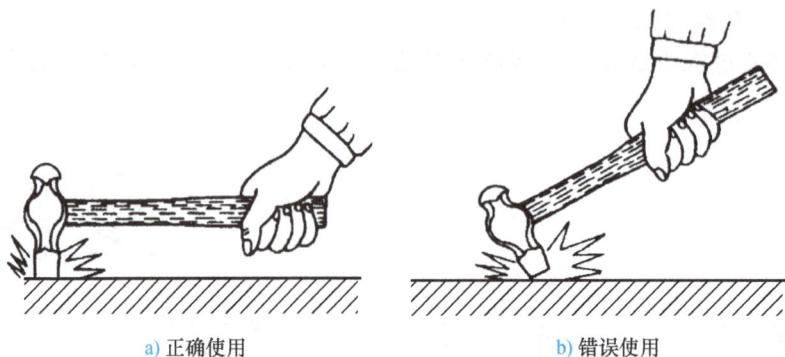

a) 正确使用　　　　　　　　　　　　b) 错误使用

图 3-25　锤子的使用

④ 使用前，应清洁锤头工作面的油污，避免锤击时发生滑脱而敲偏，造成工件损坏或发生意外。

⑤ 在锤击铸铁等脆性工件、截面较薄的零件或悬空未垫实的工件时，不能用力太猛，避免损坏工件。

⑥ 使用完毕，应将锤子擦拭干净。

（4）钳子

汽车维修作业中常用的钳子有鲤鱼钳、钢丝钳、尖嘴钳和卡簧钳等，如图 3-26 所示。

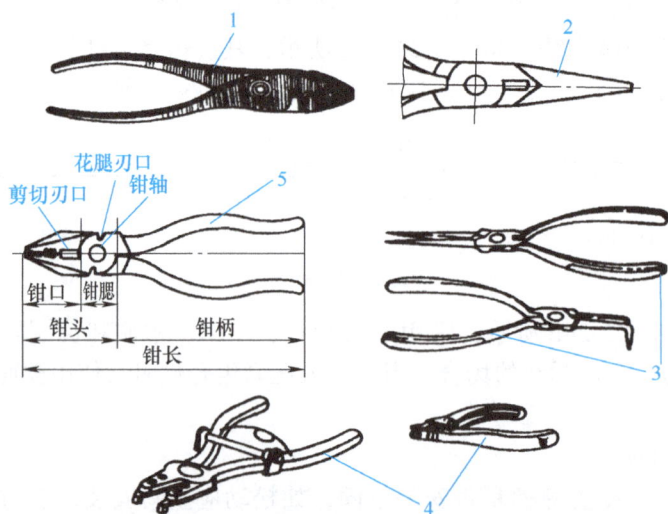

图 3-26　钳子

1—鲤鱼钳　2—尖嘴钳　3—卡簧钳　4—特种卡簧钳　5—钢丝钳

鲤鱼钳可用来切割金属丝，弯扭小型金属棒料，夹持扁的或圆柱形的小件。

钢丝钳带有旁刃口，除能夹持工件外，还能折断金属薄板以及切断直径较小的金属线。

尖嘴钳能在狭小的工作空间操作，不带刃口的只能夹捏工件，带刃口的能切剪细小的零件，是修理仪表及电器的常用工具。

卡簧钳是专门用于拆装带拆装孔的弹性挡圈（卡簧）的，按用途分为轴用卡簧钳、孔用卡簧钳和特种卡簧钳。

使用时钳子的规格应与工件规格相适应，避免由于钳子小、工件大而损坏钳子；使用前应先擦净钳子上的油污，以免工作时滑脱而发生事故；严禁用钳子代替手拧紧或拧松带棱角的螺栓、螺母等工件如图 3-27a 所示；使用时不允许用钳子切割过硬的金属丝，避免造成刃口损坏或钳体损坏；也不允许用钳子代替锤子敲击零件，如图 3-27b 所示。

a)   b)

图 3-27　钳子的使用

2. 高压工具

混合动力汽车电驱动系统的工作电压可达 600V，根据 GB 18384—2020《电动汽车安全要求》，电路的最大工作电压 U 分为 A 级和 B 级，见表 3-1，混合动力汽车的工作电压属于 B 级高压电路。

表 3-1　电压等级　　　　　　　　　　　　　　　　　　　　　　（单位：V）

电压等级	最大工作电压 U	
	直流	交流（rms）
A	$0 < U \leqslant 60$	$0 < U \leqslant 30$
B	$60 < U \leqslant 1500$	$30 < U \leqslant 1000$

（1）绝缘工具套装

① 用途。当混合动力汽车涉及高压的零部件拆装及检修时，必须采用绝缘防护电压 1000V 以上的高压绝缘工具，其主要包括常用的套筒、扳手、螺丝刀、电工刀、钳子等，如图 3-28 所示，其使用方法与普通工具相同。

② 绝缘的概念、必要性和绝缘材料。绝缘工具通常由两个绝缘层组成，工具内部的绝缘层大多为黄色，而外层为橘色，双绝缘层的作用是为了给使用者提供安全预警。

a）绝缘的概念。绝缘是指用不导电的物质（绝缘材料）将带电体隔离或包裹起来，防止触电的一种安全措施。

b）绝缘的必要性。良好的绝缘是保证设备和线路正常运行的必要条件，也是防止发生触电事故、漏电、短路的重要措施。

c）绝缘材料的作用。绝缘材料除了上述作用，还起到其他作用：散热冷却、机械支撑和固定、储能、灭弧、防潮、防霉以及保护导体等。

③ 使用注意事项。

a）应有专门的工具存放室，室内应通风良好，清洁、干燥。

b）如发现绝缘工具损伤或受潮，应及时进行检修和干燥处理，试验合格后方可使用。

c）绝缘工具必须按规定进行定期的绝缘性能试验，不符合试验要求的，禁止使用。

（2）放电工装

① 用途。混合动力汽车的动力蓄电池和一些高压部件都带有大电容，即使断开电源，电容仍然会储存部分电量，因此在对车辆高压部件进行作业前，必须确认车辆钥匙处于"LOCK"档位，断开低压蓄电池负极，拔下维修开关，等待 5 ～ 10min 后使用放电工装对高压线束端口进行放电，以防止发生触电危险，某放电工装如图 3-29 所示。

② 使用注意事项。

a）使用前，应先检查放电盒、测试线束等外观是否完好，查看铭牌信息并确认放电电压的范围。

b）将测试笔分别与高压直流线束的正、负极接触，待放电工装警告灯熄灭，即表示残余电荷释放完毕。

c）使用万用表对正、负极电压进行测量，确保直流电压在 36V 以下，即可确认放电结束。

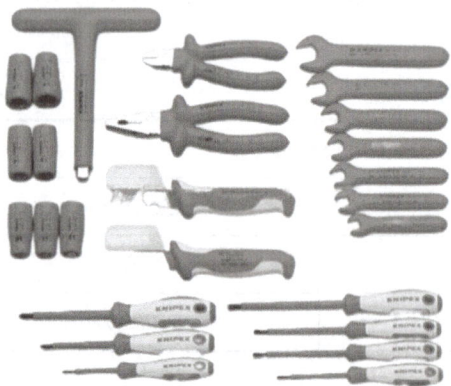

图 3-28 绝缘拆装工具

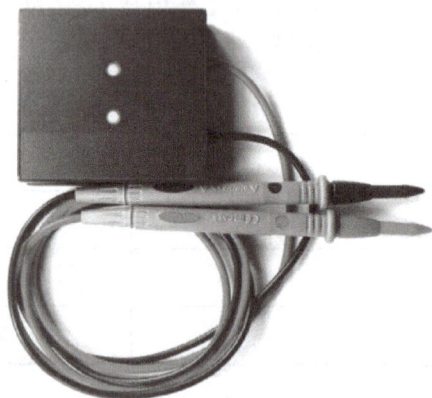

图 3-29 放电工装

任务 3.2　常用量具介绍及使用

量具是对零件尺寸或配合间隙进行检测的测量工具。常用的一般有塞尺、塑料间隙规、游标卡尺、千分尺、千分表、内径百分表、绝缘电阻测试仪和钳形电流表。

1. 塞尺

（1）用途

塞尺是一种由多片不同厚度的标准钢片所组成的测量工具，每片钢片有平行的两个测量平面，并在钢片上标出其厚度值。主要用于两个接合面之间的间隙值的检测，如测量气门间隙、曲轴轴向间隙等，如图3-30所示。使用时，可以用一片进行测量，也可以由多片组合在一起进行测量。

（2）使用方法

1）用干净抹布将塞尺片两测量表面擦拭干净，不能在沾有油污或金属屑末的情况下进行测量，否则将直接影响测量结果的准确性。

2）将塞尺片插入被测间隙中，来回拉动塞尺片，感到稍有阻力时，则该间隙值接近塞尺片上所标出的数值。如果拉动时阻力过大或过小，则该间隙值小于或大于塞尺片上所标出数值。

3）间隙测量和调整时，先选择符合间隙规定的塞尺，插入被测间隙中，然后在一边调整的同时，一边拉动塞尺片，直到感觉稍有阻力时即可拧紧锁紧螺母。图3-31所示为塞尺的使用示范动作。

图 3-30　塞尺

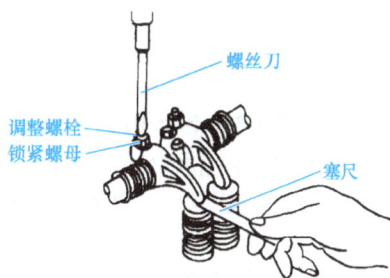

图 3-31　塞尺的使用示范动作

（3）使用注意事项

1）不允许在测量过程中，剧烈折塞尺片，或用较大的力将塞尺片插入被测间隙中，这将损坏（伤）塞尺片的测量表面或零件表面。

2）测量完毕，应将塞尺片擦干净，并涂上一薄层润滑油或工业凡士林，然后将塞尺片折回夹框内，以防止由于锈蚀、弯曲、变形而损坏。

3）存放时，不能放在重物之下，避免损坏塞尺。

2. 塑料间隙规

塑料间隙规是一种受挤压后能发生塑性变形的圆形塑料条，可用来测量曲轴主轴承间隙、连杆轴承间隙等。塑料间隙规的使用如图3-32所示。

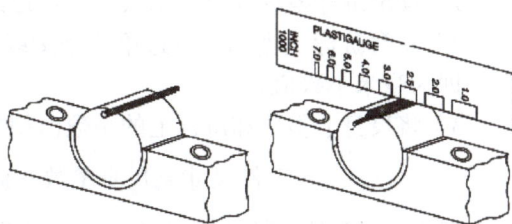

图 3-32　塑料间隙规的使用

3. 游标卡尺

（1）用途

游标卡尺是一种能直接测量工件内、外直径，宽度，长度，深度的量具。

（2）类型

按照测量功能可以将游标卡尺份额为普通游标卡尺、深度游标卡尺、带表卡尺等，按照读数值可以分为 0.10mm、0.20mm、0.05mm 等数种，如图 3-33 所示。

（3）使用方法

1）使用前，先将工件被测表面和量爪接触表面擦干净。

2）测量工件外径时，将活动外量爪向外移动，使两个量爪间距大于工件外径，然后再慢慢地移动游标，使两外量爪与工件接触，切忌硬卡硬拉，以免影响游标卡尺的精度和读数的准确性。

3）测量工件内径时，将活动内量爪向内移动，使两内量爪间距小于工件内径，然后缓慢地向外移动游标，使两内量爪与工件接触，如图 3-34 所示。

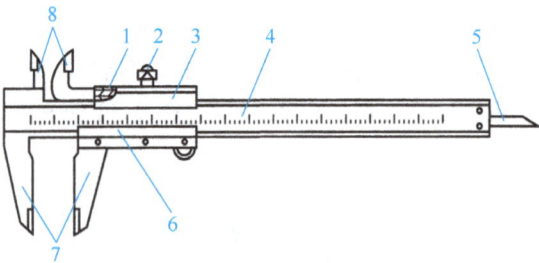

图 3-33　游标卡尺

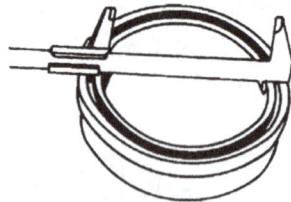

图 3-34　测量工件内径

1—弹簧片　2—紧固螺钉　3—尺框
4—尺身　5—深度尺　6—游标　7—外量爪　8—内量爪

4）测量时，应将游标卡尺与工件垂直，固定锁紧螺钉。测量外径时，记下最小尺寸，测外径时，记下最大尺寸。

5）用深度游标卡尺测量工件深度时，将固定量爪与工件被测表面平整接触，然后缓慢地移动游标，使量爪与工件接触。移动力不宜过大，以免硬压游标而影响测量精度和读数的准确性，如图 3-35 所示。

6）测量完毕，应将游标卡尺擦拭干净，并涂一薄层工业凡士林，后放入盒内存放，切忌弯折、重压。

（4）读数方法

游标卡尺的读数方法如图 3-36 所示。

1）读出游标零刻线所指示尺身上左边刻线的毫米数。

2）观察游标上零刻线右边第几条刻线与尺身某一刻线对准，将读数乘以游标上的格数，即为毫米小数值。

3）将尺身上整数和游标上的小数值相加即得被测工件的尺寸。计算公式为

$$工件尺寸 = 尺身整数 + 游标卡尺读数值 \times 游标格数$$

图 3-36a 中的（精确度为 0.1mm）读数值为 $27mm + 5 \times 0.1mm = 27.5mm$；图 3-36b 中的（精确度为 0.05mm）读数值为 $22mm + 10 \times 0.05mm = 22.50mm$。

图 3-35　测量工件深度

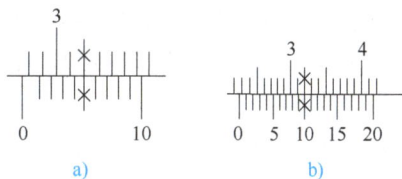

a)　　　　　　　b)

图 3-36　读数方法

4. 千分尺

（1）用途

千分尺是一种用于测量加工精度要求较高的精密量具，其测量精度可达 0.01mm。

（2）类型

按照测量范围可以将千分尺分为 0 ～ 25mm、25 ～ 50mm、50 ～ 75mm、75 ～ 100mm、100 ～ 125mm 等多种规格，但每一种千分尺的测量范围均为 25mm，其结构如图 3-37 所示。

（3）千分尺误差检查

1）把千分尺测量杆和测砧表面擦拭干净。

2）旋转棘轮盘，使测微螺杆和测砧先靠拢，直到棘轮发出 2 ～ 3 下"咔咔"的响声，这时检视指示值。

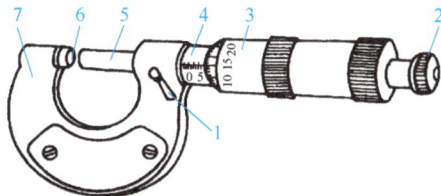

图 3-37　千分尺

1—锁紧装置　2—测力装置　3—微分筒
4—固定套筒　5—测微螺杆　6—测砧　7—尺架

3）微分筒前端应与固定套筒的"0"线对齐。

4）微分筒的"0"线与固定套筒的基线对齐。

5）若两者中有一个"0"线不能对齐，则该千分尺有误差，应检调后才能测量。

（4）使用方法

1）将工件被测表面擦拭干净，并置于千分尺测微螺杆和测砧之间，使千分尺螺杆轴线与工件中心线垂直或平行，若歪斜着测量，则直接影响到测量的准确性。

2）旋转旋钮，使测微螺杆与工件测量表面接近，这时改用旋转棘轮盘，直到棘轮发出"咔咔"响声时为止，这时的指示数值就是所测量到的工件尺寸。

3）测量完毕，必须倒转微分筒后才能取下千分尺。

使用完毕，应将千分尺擦拭干净，保持清洁，并涂抹一薄层工业凡士林，然后放入盒内保存。禁止重压、弯曲千分尺，且两砧端不得接触，以免影响千分尺精度。

（5）读数方法

1）从固定套筒上露出的刻线读出工件的毫米整数和半毫米整数。

2）从微分筒上由固定套筒纵向刻度线所对准的位置读出工件的小数部分（百分之几毫米），不足一格数（千分之几毫米），可用估算读法确定。

3）将两次读数相加就是工件的测量尺寸。

图 3-38 所示为千分尺的三个读数实例。

5. 千分表

（1）用途

千分表是一种比较性测量仪器，如图 3-39 所示。其主要用于测定工件的偏差值，如零件的平面度、直线度、轴向／径向圆跳动、圆度、圆柱度误差及配合间隙等。

（2）读数方法

千分表的表盘刻度一般分为 100 格，当测头每移动 0.01m 时，大指针就偏转 1 格（表示 0.01mm）；当大指针偏转 1 圈时，小指针偏转 1 格（表示 1mm）；指针的偏转量就是被测零件的实际偏差或间隙值。

（3）使用方法

1）先将千分表固定在表架（支架）上，用测杆端的测头顶住被测工件表面，使测头产生一定的位移（即指针存在一个预偏转值）。

2）移动被测工件，同时观察千分表表盘上指针的偏转量，该偏转量即为被测物体的偏差尺寸或间隙值。

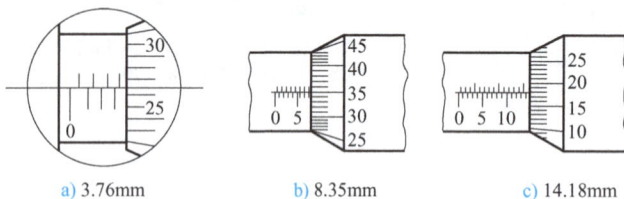

a) 3.76mm   b) 8.35mm   c) 14.18mm

图 3-38　千分尺的三个读数实例

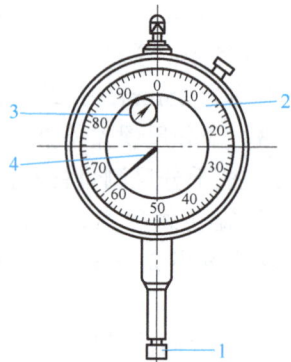

图 3-39　千分表

1—测头　2—表盘　3—小指针　4—大指针

（4）使用注意事项

1）测杆轴线应与被测工件表面垂直。

2）千分表测量完毕之后，应解除所有的负荷，用干净的抹布将其表面擦拭干净，并在容易生锈的金属表面涂抹一薄层工业凡士林，水平地放置盒内，避免重压。

6. 内径百分表

（1）用途

内径百分表又称量缸表，如图 3-40 所示，是一种用于测量孔径的比较性量具，在汽车维修中，主要用于测量发动机气缸轴承座孔的圆度、圆柱度误差或零件磨损情况。

（2）结构

内径百分表由百分表、表杆、表杆座、活动量杆（测头）、支撑架和一套长度不等的接杆等组成。

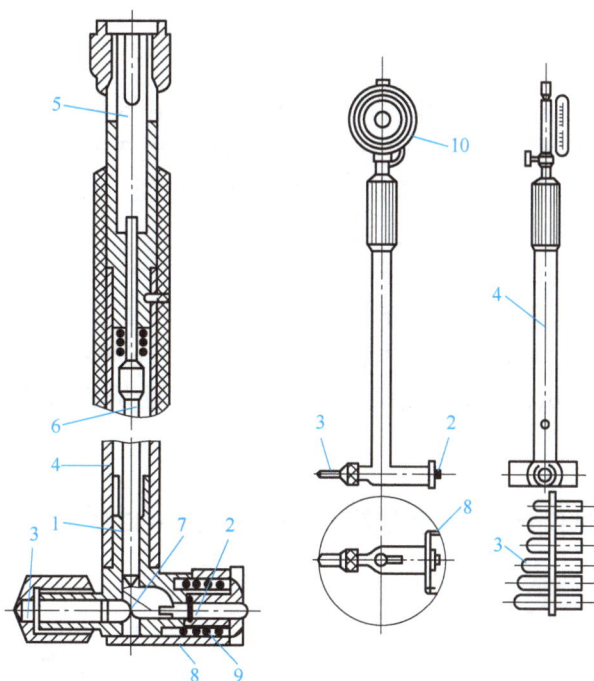

图 3-40　内径百分表

1—三通管　2—活动量杆　3—固定量杆　4—表管　5—插口
6—活动杆　7—杠杆　8—活动套　9—弹簧　10—百分表

（3）使用方法

1）用手拿住绝热套（图 3-41），另一只手尽量托住表杆下部（和拿毛笔姿势相似），轻轻摆动表杆，使内径百分表测杆与气缸轴线垂直，可通过观察百分表指针摆动情况来判断，当表针捕捉到最小数值时，即表示测杆已垂直于气缸轴线。

2）内径百分表读数方法与百分表相同，读出百分表表头指示数值。

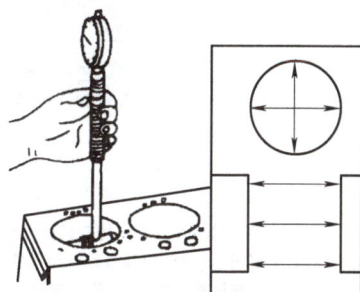

图 3-41　内径百分表使用方法

3）确定工件尺寸。如果百分表头的大指针正好指在"0"处，说明被测工件的孔径（缸径）与其校表尺寸相等，若以标准尺寸进行校表，则表示工件尺寸与标准尺寸相同。如果百分表头大指针顺时针方向偏离"0"位，则表示工件尺寸小于标准尺寸；反之则表示大于标准尺寸。通过对不同测量点的测量，即可得到圆度、圆柱度的误差量或工件的磨损情况。

7. 绝缘电阻测试仪

（1）用途

绝缘电阻测试仪（又称兆欧表）是电工常用的一种测量仪器，主要用于检查电气设备、家用电器或电气线路对地及相间的绝缘电阻，以保证这些设备、电器和线路工作在正常状态，避免发生触点伤亡及设备损坏等事故。在混合动力汽车上，主要用来测试高压部件绝缘电阻。

（2）类型

绝缘电阻测试仪分为数字式和指针式两种，测试电压量程分别有 50V/100V/250V/500V/1000V，绝缘电阻测试值可高达 10GΩ，其结构如图 3-42 所示。常用的指针式兆欧表是手摇兆欧表，俗称摇表，用来测量大电阻和绝缘电阻，计量单位是兆欧，故称兆欧表。兆欧表有三个接线柱：E、L 和 G。

搭铁端 E，接被测设备的接地部分或壳体。

接线柱 L，接被测设备的导体部分。

保护环或屏蔽端 G，当被测绝缘体表面漏电严重时，必须将被测物的屏蔽层或不须测量的部分与绝缘电阻测试仪的 G 端相连，漏电电流即可由屏蔽端 G 直接流回发电机的负端形成回路。

（3）使用方法

典型绝缘电阻测试仪分数字式和指针式两种，如图 3-42 所示。

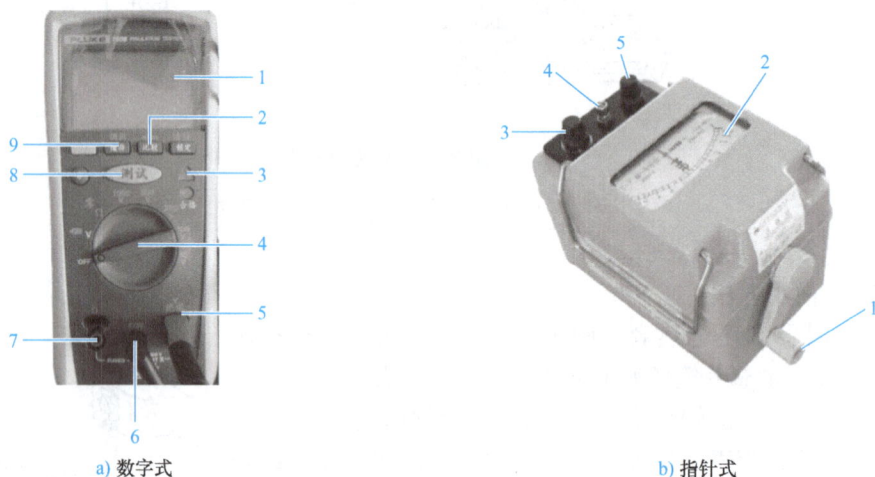

a) 数字式

1—仪表显示屏　2—比较按钮　3—危险电压警告按钮
4—旋转开关　5—电压及绝缘测试输入端　6—公共(返回)端
7—电压测试输入端　8—绝缘电阻测试按钮　9—数据储存按钮

b) 指针式

1—手摇发电机　2—表头　3—接线柱L
4—屏蔽端G　5—搭铁端E

图 3-42　典型绝缘电阻测试仪

1）数字式。

① 车辆高压下电，佩戴绝缘手套。

② 将测试探头插入绝缘（V）和 COM（公共）输入端子。

③ 开路及短路校准：将两根表笔开路，选择 500V 电压档，按测试"TEST"按钮，仪表显示">"符号表示大于当前量程的最大电阻；将两根表笔短路择 500V 电压档，按测试"TEST"按钮，仪表显示电阻应为 0Ω。

④ 选择测试电压：测量高压电气设备绝缘电阻时，选择比最大工作电压高一个档位的测试电压，最大工作电压在 500V 以下时，选择 500V 电压档；最大工作电压在 500～1000V 时，选择 1000V 电压档。

⑤ 测量绝缘电阻：将探头与待测电路连接，按测试"TEST"按钮，辅显示位置上显

示被测电路上所施加的测试电压，主显示位置上显示高压符号"Z"并以 MΩ 或 GΩ 为单位显示电阻。当电阻超过最大显示量程时，仪表显示">"符号。

⑥ 被测电路放电：将探头继续留在测试点上，释放测试"TEST"按钮，被测电路即开始通过测试仪放电，主显示位置显示电阻读数，直到开始新的测试或者选择不同的功能或量程，或者检测到了 30V 以上的电压。

2）指针式。

① 选择兆欧表：一般情况下，测量低压电气设备绝缘电阻时可选用 0 ～ 200MΩ 量程的兆欧表。测量额定电压在 500V 以下设备或线路的绝缘电阻时，可选用 500V 或 1000V 兆欧表；测量额定电压在 500V 以上设备或线路的绝缘电阻时，应选用 1000 ～ 2500V 兆欧表。

② 开路和短路试验：使 L、E 两个接线柱处在断开状态，摇动兆欧表，指针应指向"∞"位置；将 L 和 E 两个接线柱短接，慢慢地转动，指针应指向"0"位置，表明兆欧表工作状态正常。

③ 测量线路对地绝缘电阻：将兆欧表的"接地"接线柱 E 可靠地接地（一般接到某一接地体上），将接线端接线柱 L 接到被测线路上。连接好后，顺时针摇动兆欧表，转速逐渐加快，保持在约 120r/min 后匀速摇动，当转速稳定，表头的指针也稳定后，指针所指示的数值即为被测物的绝缘电阻。

④ 测量电缆绝缘电阻：测量电缆的导电线芯与电缆壳体的绝缘电阻时，将接线柱 E 与电缆壳体相连接，接线柱 L 与线芯连接，同时将接线柱 G 与电缆壳、芯之间的绝缘层相连接。

⑤ 测量电动机的绝缘电阻：将兆欧表接线柱 E 接壳体（即接地），接线柱 L 接到电动机某一相的绕组上，测出的绝缘电阻即为某一相的搭铁绝缘电阻。

（4）使用注意事项

1）选择的电压等级应与被测物的耐压水平相适应，避免被测设备的绝缘被击穿。

2）严禁在工作线路上进行绝缘电阻测试，严禁在雷电时进行测试工作，严禁测试带电设备的绝缘电阻。

3）在带电设备附近测试绝缘电阻时，人员与带电设备保持安全距离以防测量引线碰触带电部分。

8. 钳形电流表

（1）用途

钳形电流表也叫电流钳，如图 3-43 所示，主要由电流互感器和电流表组成，穿过钳头的被测导线是电流互感器的一次线圈，一次线圈的电流会使电流钳中的二次线圈感应出电流，从而使钳形电流表测出被测线路的电流。钳形电流表可以在不断开电路的情况下测量线路电流，但准确度不高，通常为 2.5 ～ 5 级。为了使用方便，表内还有不同量程的转换开关供测不同等级电流以及测量电压的功能。

（2）类型

以读数显示方式划分，钳形电流表包括指针式和数字式两大类；以测量电压划分，有低压钳形电流表和高压钳形电流表；以功能划分，钳形电流表包括普通交流钳形电流表、交直流两用钳形电流表、泄漏电流钳形表、带万用表的钳形电流表等。

（3）使用方法

1）选择型号：根据电流的种类、电压等级选择钳形电流表，被测线路的电压要低于钳形电流表的额定电压。测量高压线路的电流时，应选用与其电压等级相符的高压钳形电流表。

2）外观检查：仔细检查钳形电流表的绝缘性能是否良好，确保绝缘层无破损，手柄清洁干燥；若指针没在零位，应进行机械调零；钳形电流表的钳口应紧密接合，若指针晃动，可重新开闭一次钳口。

3）选择测量档位，按紧扳手使钳口张开，将单根被测导线放入钳口中央，然后松开扳手并使钳口闭合紧密。钳口的结合面如有异响，应重新开合一次，仍有异响，应处理结合面，以使读数准确。

4）测量时应注意身体各部分与带电体保持安全距离，低压系统安全距离为 0.1～0.3m。测量高压电缆各相电流时，电缆头线间距离应在 300mm 以上，且绝缘良好。要特别注意保持头部与带电部分的安全距离，人体任何部分与带电体的距离不得小于钳形电流表的整个长度。

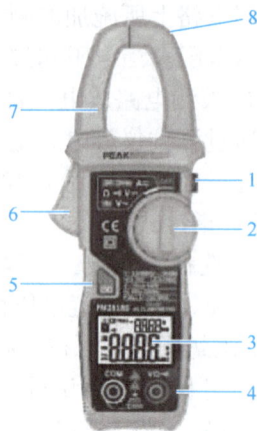

图 3-43　钳形电流表

1—数据保持 / 背光按键　2—旋钮开关
3—显示屏　4—电输入插孔
5—非接触电压探测按键　6—钳头扳机
7—电流钳头　8—非接触电压探测感应区

（4）使用注意事项

1）钳形电流表不能测量裸导体的电流。

2）测量时，操作人员应佩戴绝缘手套，穿绝缘鞋，站在绝缘垫上，双手不得触碰其他设备，防止发生短路和搭铁。

3）选择合适的测量量程。电流钳上标有额定电压，不能用电流钳测量超过高压电路额定电压的电流，如果电流大小难以估算，可选最大量程，以防烧毁电流钳。

4）测量时，被测导线应垂直放在钳形电流表的钳口中心，一次只能测量一根导线，不允许同时测量多根导线。读数后，将钳口张开，将被测导线退出，将档位置于电流最高档或"OFF"档。

5）换档位时，不能带电操作，应先退出测量导线，再重新选择档位。

工作页 3　认识和使用常用工量具

任务名称	工作页 3　认识和使用常用工量具						
班级		姓名		学号		日期	
任务描述	1. 对照实物识别车辆维修常用工量具的名称和规格；查阅各类常用维修工量具的使用技术要求及注意事项，正确选择和规范使用各类常用工量具；学会正确读取量具显示数。 2. 按要求完成工作任务，任务完成过程遵循安全文明操作规程，任务完成后进行 7S 管理。						
任务载体	每组工位配备一套：常用工具车（配齐普通工具）、塞尺、游标卡尺、千分尺、千分表、绝缘工具套装、钳形电流表、绝缘电阻测试仪。			实训场地	实训车间		

准备工作

项目	情况记录
（1）常用工具车准备	□是　□否
（2）常用量具准备	□是　□否
（3）高压工量具准备	□是　□否

任务实施

一、认识车辆维修常用工具

将常用工具的名称填入下表。

工具	名称	工具	名称
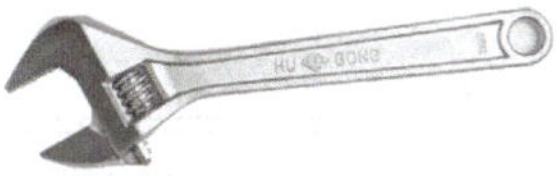		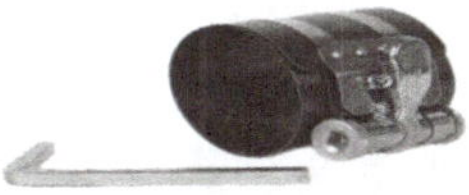	
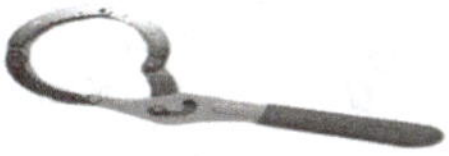		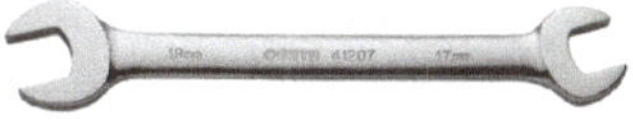	
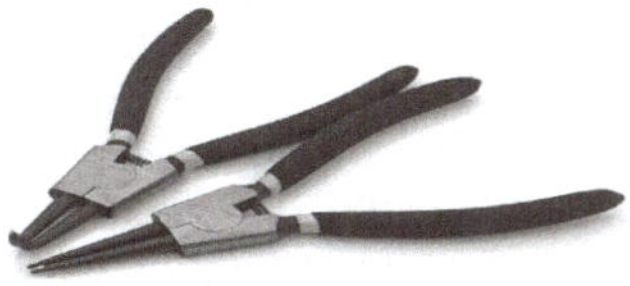		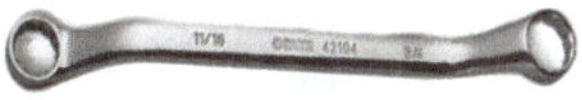	
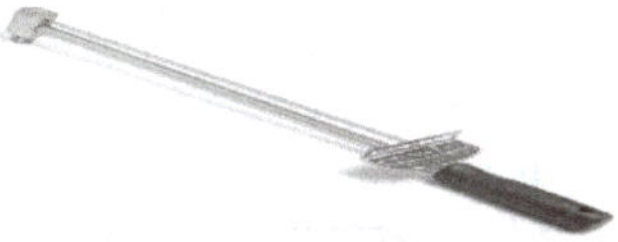		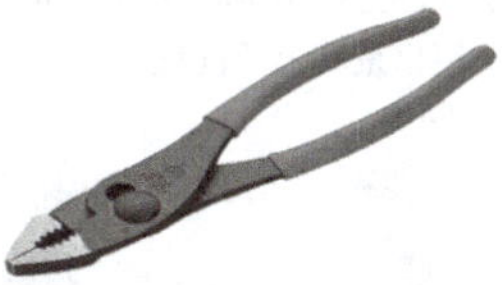	
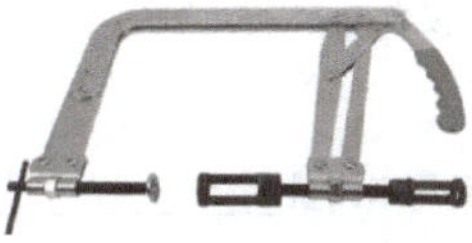		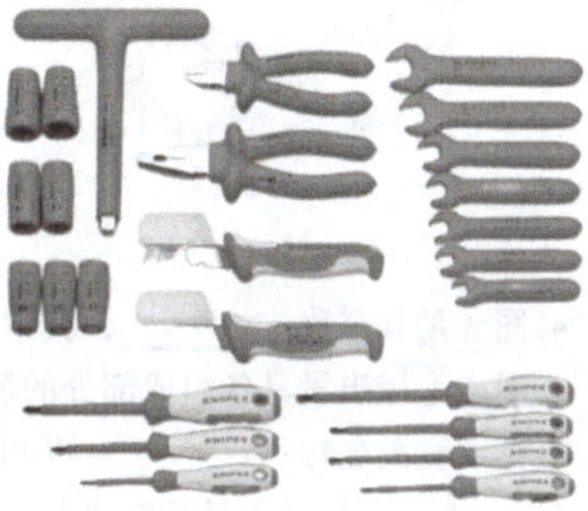	

项目三

任务名称			工作页3　认识和使用常用工量具			
班级		姓名		学号	日期	

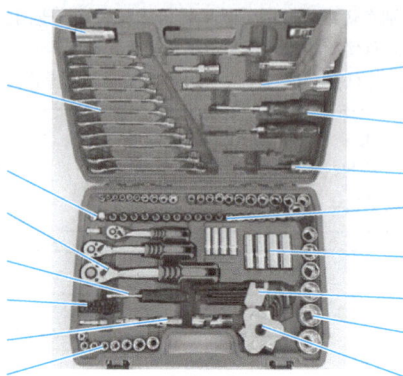

二、认识和使用车辆维修常用量具

1. 图1量具名称：_____，主要用来检测_____，如_____、_____等。

2. 图2量具名称：_____，主要用来测量_____。其按测量功能可以分为_____、_____、_____等，按照读数值可以分为_____、_____、_____等。

图2读数为_____。

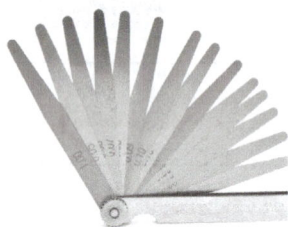

图　1

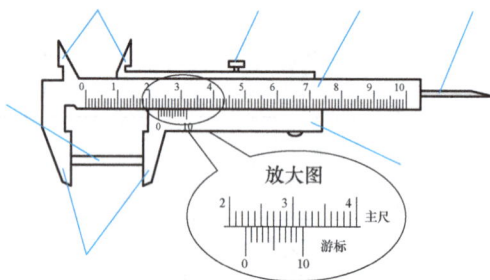

图　2

3. 图3量具名称：_____，其精度可达_____。

1）在图上标出量具各组成部分的名称。

2）写出量具上的读数。

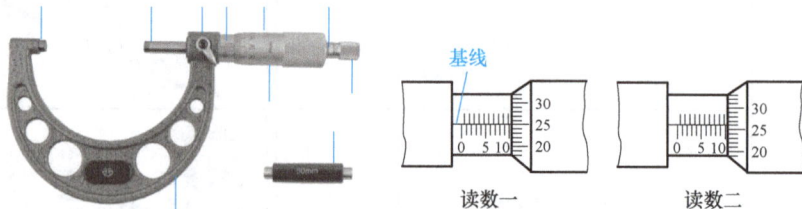

图　3

4. 图4量具名称：_____，其精度可达_____。其主要用来测量_____。
在图4上标出量具各组成部分的名称。

5. 图5量具名称：_____，可测量的参数有_____。

1）在图5上标出量具各组成部分的名称。

任务实施

（续）

任务名称	工作页 3　认识和使用常用工量具					
班级		姓名		学号		日期	

图　4

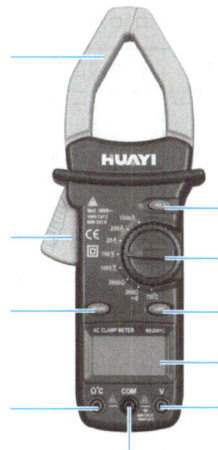

图　5

任务实施

2）使用该量具时，要正确查看表头的_____，不能有破损，手柄应清洁干燥，钳口应紧密接合；根据电流的_____正确选择量具，被测线路的电压要_____（低于/高于）钳表的额定电压。测量高压线路的电流时，应选用与其电压等级相符的高压量具。

3）使用该量具测量新能源汽车高压电路电流的步骤及注意事项：_____

_____。

6.图6量具名称：_____，用于测量的参数有_____。

1）在图6上标出量具各组成部分的名称。

2）使用该量具前应先进行_____和_____校准，图6触头插入位置表示正在测量的参数是_____。

3）根据_____选择测试电压，测试前应该高压_____（上电/下电），低压蓄电池负极_____（接通/断开），_____（佩戴/不戴）高压绝缘手套。

4）将触头与待测电路连接，按_____按钮，辅显示位置上显示被测电路上所施加的测试电压，主显示位置上显示高压符号"Z"，并以MΩ或GΩ为单位显示电阻。

5）测试完成之后，需要进行_____。

6）测量高压线束与外绝缘层间绝缘电阻：_____。

三、工作场地7S管理

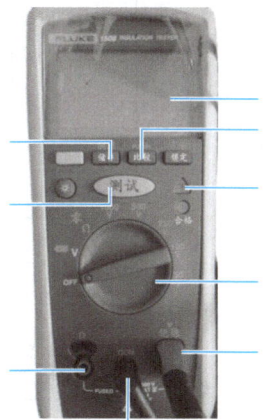

图　6

检查评价

1.评分细则

序号	评价项目	评价标准（每项累计扣分不超过配分）	配分	自评	互评	师评
1	安全文明否决	□造成人身、设备重大事故，或恶意顶撞教师、严重扰乱课堂秩序，立即终止实训，此评分表计0分				

项目三

项目三　发动机检修常用工具及设备的认知和使用　055

任务名称			工作页3 认识和使用常用工量具					
班级		姓名		学号			日期	

（续）

	序号	评价项目	评价标准（每项累计扣分不超过配分）	配分	自评	互评	师评
检查评价	2	安全文明生产	□能正确穿工作服、工作鞋，戴工作帽，缺一项扣1分 □工量具摆放整齐，不混放，不随意摆放在地上，未达标每次每处扣1分 □油、水洒落在地面或零部件表面或车漆表面应及时清理，未达标每次扣1分 □完工后清理工量具，缺一个要点扣1分 □完工后清理实训场地，缺一个要点扣2分 □服从教师和班组长的课堂要求，不出言不逊，违反每次扣3分	15分			
	3	工具准备	□能准备好需使用的工量具，每少准备一件扣1分	5分			
	4	认识常用工具	□能识别工具实物名称及规格，缺一个或错一个扣1分	15分			
	5	认识和使用常用量具	□能识别量具实物名称及测量参数类型，缺一个或错一个扣1分 □能写出量具各组成部分名称，缺一个或错一个扣1分 □能正确读取游标卡尺、千分尺测量数据，缺一个或错一个扣5分 □能规范使用钳形电流表、绝缘电阻测试仪，缺一个或错一个扣10分 □能写出钳形电流表测量高压电路电流的步骤及注意事项，缺一个或错一个要点扣2分	55分			
	6	工单记录	□字迹工整，潦草扣2分 □内容填写完整，缺一项扣1分	5分			
	7	职业素养	□资料查找能力，酌情赋分 □动手操作能力，酌情赋分 □团队合作能力，酌情赋分	5分			
			合计	100分			

2.任务成绩（自我评价、组间互评、教师评价三者成绩加权得到，系数根据实际情况而定）

自我评价	组间互评	教师评价	任务成绩

反思改进	请根据任务完成情况，对自己及小组工作进行反思，提出改进意见或措施。 _____ _____ _____

任务 3.3　发动机教学场管理规定

汽车发动机教学场管理规定是发动机试验场所开展试验和进行相关工作时应当遵守的行为规范，以下是我国某高职院校的发动机教学场管理规定。本任务的学习者应当熟悉并严格遵守相应教学场的规章制度。

1. 每天进行场地整理和清洁工作，每周一次大扫除。
2. 严禁在教学场所嬉戏打闹、抽烟。
3. 试验、实训课使用教学场，应如实在"试验、实训室使用情况记录本"上登记。
4. 离开教学场前应将多媒体关闭后，关闭电源总闸。
5. 使用发动机台架时，切记锁紧，防止翻转架甩下伤人。
6. 设备使用完毕后应放回原位。
7. 定期检查、维修、恢复被损坏的零件。
8. 发动机总成拆装与检测，应按指导书的工艺步骤进行。
9. 专用工具、量具应选用合理，严禁进行野蛮作业。
10. 拆卸的零部件应按顺序放在零件车上，需要做标记的应做好标记。
11. 量具要轻拿轻放，不得野蛮使用量具。
12. 应按规定要求穿着汽修专业工装（含佩戴手套、女生须把头发绑好），佩戴安全帽，严禁衣冠不整者进行实操。
13. 拆卸较重零部件时应注意安全，防止零件掉落伤人。

在混合动力汽车上进行维修保养作业时，要牢记"安全第一、生命至上"的原则，做好个人防护和作业区防护，严格遵循以下安全操作规范。

1. 工作区周边不得有易燃物品或与工作无关的金属物品，与工作无关的工具不得带入工作场地，必须要使用的金属工具，手持部分一定要做绝缘处理。
2. 身上不得佩戴金属饰物，建议有植入体内的或便携式医疗电子设备的人员，不要参与此类车辆的维修工作。
3. 严格检查警示牌、绝缘垫、隔离桩、绝缘辅助用具、绝缘基本用具、专用检测仪器 / 仪表外观及功能，并逐一就位。
4. 必须经岗位的专业培训合格后，持有效低压电工证上岗。
5. 当维修保养现场整车高压通电时，必须两人以上进行，一人操作一人监护。
6. 车辆未高压下电或在维修动力蓄电池时，必须佩戴好检定合格的绝缘手套，绝缘手套耐压等级应满足要求，并单手操作。
7. 必须穿戴符合相应标准的带侧护板的护目镜及绝缘鞋。
8. 在举升工位下进行作业时，必须佩戴符合相应标准的电绝缘安全帽。
9. 维修保养过程中严格遵循先低压后高压、先常规项后高压系统项的操作顺序。

【职业洗礼】汽车发动机常用工具口诀

汽车发动机，工具种类多，
套筒T字杆，扳手螺丝刀钳，样样有细分。

套筒有内外，六角最常用，
内六外六看螺帽，尺寸要配套。
套筒底部有四角，可与接杆套，
接杆有长短，根据你需要，
遇到拐弯进不去，还有万向节和柔性杆，保证能扭到。

花键套筒看花数，6花、12花、24花不要胡乱套。
花数匹配尺寸对，才不算胡闹。
常见尺寸的小螺帽，次次组装没必要，
选用T字杆，上手即可套。

遇到大螺栓，力矩必然大，霸蛮没必要，力矩扳手力臂长，能够满足你需要。
双腿斜跨步，气沉丹田重心稳，一手握手柄，一手扶转轴，
手向怀里拉，力道方可控，
若向身外推，当心牙碰碎。

力矩有极限，不可盲目加，超限螺栓断，工作全中断。
加力有多少，不要凭感觉，力矩扳手有表盘，读数方为准。
一圈又一圈，拧紧有必要，力不大时用棘轮，简单又高效。

配装套筒有机关，按下方可装和拆，
拨片拨左为拧松，拨片拨右为拧紧，
套上螺帽来回摇，不用转圈效率高。

操作空间有局限，快速摇杆来帮忙，
一手扶转轴，一手握手柄，来回转圈如推磨，快速又省力。

工具零件虽繁多，置物有序方能寻，
从哪来，回哪去，
条理清晰效率高。

项目四　曲柄连杆机构检修

学习要点：

- 学习机体组、活塞连杆组、曲轴飞轮组的结构及工作原理。
- 学习曲柄连杆机构的工作原理及其拆装及调试。
- 学会机体组、活塞连杆组、曲轴飞轮组的检测及数据处理。
- 学习机体组、活塞连杆组、曲轴飞轮组的故障排除。

曲柄连杆机构的检修全都是机械零部件检修，是有形的，故障的产生主要是由运动引起的。故障出现较集中的部位是运动或有运动趋势的相关零部件，出现的故障主要有泄漏、变形、磨损、刮痕、裂纹、断裂或烧蚀等。对曲柄连杆机构的检修思路和故障分析要根据不同车型和结构，以力的传递路线和高压气体的运动路线或趋势进行。检修的重点是拆检，拆装工艺关系到发动机的性能和使用寿命，检测主要是使用合适的量具对相关零部件的几何公差或配合间隙进行测量。

任务 4.1　曲柄连杆机构的认知

曲柄连杆机构由机体组、活塞连杆组和曲轴飞轮组三部分组成。

1）机体组（也叫气缸体与曲轴箱组）：由气缸体、曲轴箱、气缸盖、气缸盖罩、气缸套、气缸垫、油底壳等不动部件组成。

2）活塞连杆组：由活塞、活塞环、活塞销、连杆、连杆盖、连杆轴瓦、连杆螺栓等运动部件组成。

3）曲轴飞轮组：由曲轴、飞轮、带轮、扭转减振器、曲轴主轴承、止推片等组成。

子任务 4.1.1　机体组零部件认知

机体组是发动机的骨架支撑和其他零部件的安装基础。虽然机体组是不动的，但是机体组的作用是承载着其他运动件主体，同样会因为受到高温、高压及各种冲击力和摩擦力的影响而损坏。

1. 气缸体

气缸体是发动机各个机构和系统的装配基体，它用来保持发动机各运动部件相互之间必要的位置关系。由于气缸体装配部件较多，同时要承受高温、高压燃气的作用力，因而要求气缸体具有足够的耐高温、耐磨损、耐腐蚀性；为减轻发动机重量，还要求气缸体结构紧凑、重量较轻。因此大部分气缸体采用优质合金铸铁或铝合金材料铸造。

气缸体的上半部有若干个圆柱形空腔，下半部为支撑曲轴的曲轴箱，其内腔为曲轴运动的空间。如图4-1所示，在上曲轴箱上制有主轴承座孔，用于轴承安装，有的发动机还制有凸轮轴轴承座孔。在侧壁上有主油道，前后壁和中间隔板上有分油道，便于润滑轴承。润滑油的流动路线在润滑系统有详细分析。

为了能够使气缸内表面在高温下正常工作，必须对气缸和气缸盖随时进行冷却。冷却方法有两种，一种是水冷，另一种是风冷。目前汽车发动机基本采用水冷的方式，所以在水冷式发动机的气缸体内部同时也铸有冷却水套，利用冷却液带走发动机高温部件的热量，其气缸体冷却水道和气缸盖内的冷却水套相通，与散热器、水泵等组成冷却系统。

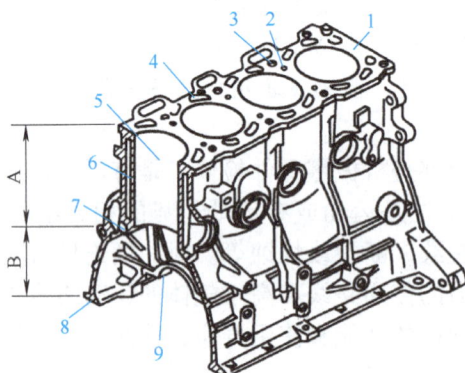

图4-1　气缸体与上曲轴箱

1—机体上平面　2—机油回油孔　3—螺栓孔　4—水孔　5—气缸体　6—水套
7—主油道　8—安装油底壳的加工面　9—主轴承座　A—气缸体　B—上曲轴箱

按气缸体与安装油底壳的加工面的位置不同，气缸体可以分为一般式气缸体（无裙）、龙门式气缸体（有裙）和隧道式气缸体三种形式，如图4-2所示。

气缸体是指气缸内引导活塞做高速往复运动的圆柱形空腔。气缸在发动机上的排列形式主要有三种，如图4-3所示，即：直列式如图4-3a所示，V形如图4-3b所示，水平对置式如图4-3c所示。此外，还有VR形和W形气缸体。

直列式发动机多用于6缸以下的发动机。各个气缸排成一列，所有气缸共用一根曲轴和一个气缸盖，气缸多采用垂直布置（也有采用斜置布置）。直列式发动机结构简单，易于制造，成本较低，但长度和高度都较大。例如，宝马大部分车型均采用直列式发动机。

V形发动机将气缸排列成两列，其气缸中心线夹角<180°，一般为60°～90°。V形发动机采用一根曲轴驱动两列气缸的活塞运动，曲轴上每个连杆轴颈上连接两个连杆，所以发动机必须至少有两个或两个以上的气缸盖。该类型发动机的优点是缩短了发动机的长度和高度，增加了气缸体的刚度及稳定性，运转更平稳，结构更紧凑；缺点是宽度有一定量的增大、形状复杂、加工困难，多用于缸数较多的大功率发动机。例如，雷克萨斯、日产天籁等多数车型采用的是这种排列方式。

水平对置式发动机实际上可以看作是一种特殊的V形发动机，其气缸中心线夹角为180°。该类型发动机的高度最小，应用在一些垂直空间狭窄的车辆上。

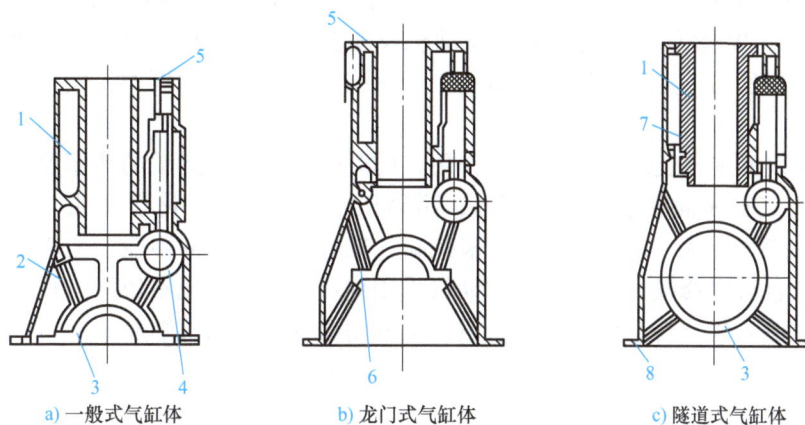

a) 一般式气缸体   b) 龙门式气缸体   c) 隧道式气缸体

图 4-2 气缸体的结构形式

1—水套   2—加强肋   3—主轴承座孔   4—凸轮轴孔座   5—气缸体上平面
6—主轴承座   7—气缸套   8—安装油底壳的加工面

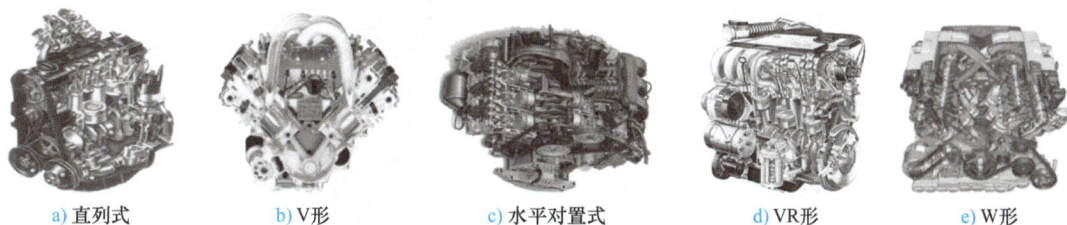

a) 直列式   b) V形   c) 水平对置式   d) VR形   e) W形

图 4-3 气缸排列形式（1）

VR形发动机（缩短了的直列发动机）是V形发动机与直列发动机的组合。这种发动机具有两个气缸列，但两组气缸的对置夹角为15°。每个连杆在曲轴上都有各自的曲柄轴颈。两列气缸接近平行，气缸盖上火花塞的孔几乎并在一条直线上，如图4-4所示，VR形发动机是德国大众公司的专属产品。1992年，大众公司开发了一种15°夹角的V6-2.8L发动机，称作VR6，并安装在第三代高尔夫车型上。这种发动机结构紧凑，宽度接近于直列式发动机，长度比直列4缸发动机略长。同时，大众公司还在VR6的基础上，开发出了W12形发动机（图4-4d），应用在其豪华品牌辉腾车型上。

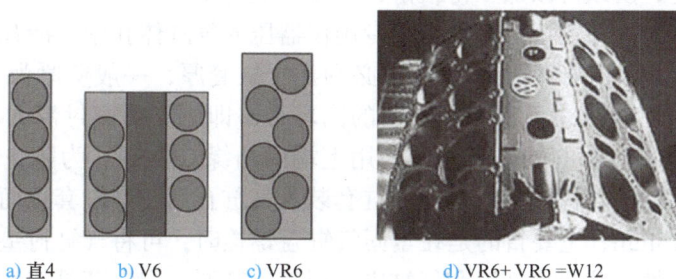

a) 直4   b) V6   c) VR6   d) VR6+ VR6 =W12

图 4-4 气缸排列形式（2）

W形发动机是大众公司专属的发动机技术。将V形发动机的每侧气缸再进行小角度错开，就成了W形发动机。或者说，W形发动机的气缸排列形式是由两个小V形组成一个大V形，两组V形发动机共用一根曲轴。严格来说，W形发动机是V形发动机的变形，如图4-3e所示。W形发动机相比V形发动机长度做得更短一些，曲轴也更短一些，这样就能节省发动机所占的空间，同时重量也更轻一些，但它的宽度更大，使得发动机舱布置得更满。

气缸工作表面要承受高温、高压的作用，同时受到做高速运动的活塞及活塞环的摩擦力作用，因此气缸表面要求必须耐高温、耐高压、耐磨损和耐化学腐蚀。部分气缸通过表面处理（如表面淬火、镀铬等方式）来提高气缸表面各方面的性能，但表面磨损后性能则快速下降，且难以修复；也有部分发动机采用优质材料，但成本较高。目前普遍采用的是在气缸体内镶入优质合金铸铁或合金钢制造的耐磨性优越的气缸套。

2. 气缸套

如图4-5所示，根据是否直接与冷却液相接触，气缸套可以分为两种类型：干缸套（图4-5a）和湿缸套（图4-5b）。

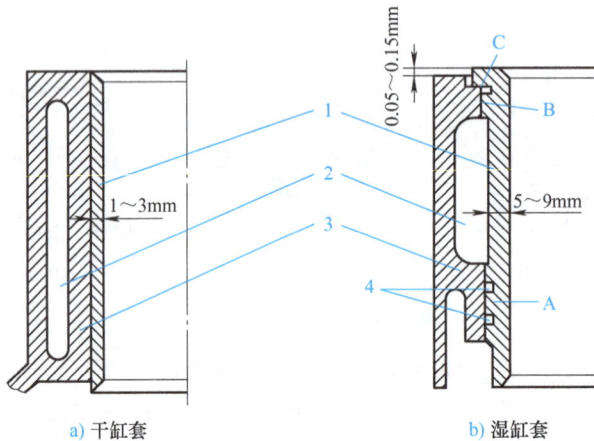

图4-5　气缸套

1—气缸套　2—冷却水套　3—气缸体　4—橡胶密封圈　A—下支承密封带
B—上支承定位带　C—缸套凸缘平面

干缸套不直接与冷却液接触，干缸套是用专用仪器压入气缸体孔中，由于缸套自上而下都支撑在缸体上，所以可以加工得很薄，壁厚一般为1～3mm。

湿缸套则直接与冷却液接触，也是用专用仪器压入气缸体孔中。冷却液触到缸套的中部，由于它只在上部和下部有支撑，所以必须比干缸套厚，一般壁厚为5～9mm。为了保证径向定位，气缸套外表面有两个凸出的圆环带，即下支承密封带A和上支承定位带B，如图4-5b所示；缸套的轴向定位则利用上端的凸缘C实现。为防止漏水，气缸套下部设有1～3个耐油耐热橡胶密封圈。湿缸套装入气缸孔后，其缸套顶面一般高出气缸体上平面0.05～0.15mm，主要目的是在紧固气缸盖螺栓时，可将气缸衬垫压得更紧，以保证气缸良好的密封性，防止冷却液和气缸内高压气体窜漏。湿缸套具有散热性好、缸体铸造方便、易拆卸等优点，缺点是气缸体刚度较差，易漏水、漏气。

3. 气缸盖

气缸盖的主要功用是密封气缸上部，与活塞顶部和气缸一起形成燃烧室，并承受气缸内高温、高压燃气的作用。气缸盖内部也有冷却水套，其端面上的冷却水孔与气缸体的冷却水孔相通，以便利用循环冷却液来冷却燃烧室等高温部分，如图4-6所示。汽油机与柴油机的气缸盖主要区别在于：汽油机的气缸盖设有火花塞座孔，而柴油机设有安装喷油器座孔。

气缸盖可以分为两种类型：分开式气缸盖和整体式气缸盖。分开式气缸盖即同一发动机上有多个气缸盖，气缸的一个缸、两个缸或三个缸共用一个气缸盖，主要应用在一些重量较大、热负荷重的柴油机或者汽油机上。整体式气缸盖是指发动机所有气缸共用一个气缸盖，这种类型的气缸盖多应用在热负荷相对较轻的轿车发动机上。

气缸盖由于形状复杂，一般采用优质灰铸铁或合金铸铁铸成，有的汽油机气缸盖用铝合金铸造，因铝的导热性比铸铁好，有利于提高压缩比。铝合金气缸盖的缺点是刚度低，使用中容易变形。

4. 气缸盖罩

在气缸盖的上方还有气缸盖罩，也称气门室罩，如图4-7所示，起到密封和防尘的作用，在气缸盖罩上有机油加油口盖和曲轴箱通风管接口以及点火线圈座孔等。气缸盖罩用铝合金或薄钢板冲压而成，与气缸盖之间有一层橡胶衬垫密封。

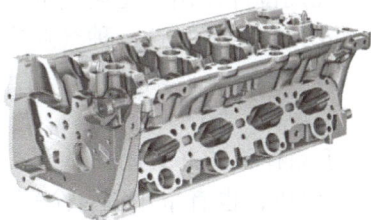

图4-6　汽车发动机的气缸盖

图4-7　气缸盖罩

5. 燃烧室

汽油机的燃烧室是由活塞顶部及气缸盖上相应的凹部空间组成。具体要求：燃烧室的结构尽可能紧凑，表面积要小，以减少热量损失及缩短火焰行程；使混合气在压缩终了时具有一定的气流运动，以提高混合气的燃烧速度，保证混合气得到及时和充分的燃烧。

汽油机常用燃烧室形状有三种：楔形燃烧室、盆形燃烧室和半球形燃烧室，如图4-8所示。

6. 气缸垫

气缸垫如图4-9所示。气缸垫的作用是保证气缸盖底面与气缸体接触面的密封，防止漏气、漏水和漏油。气缸垫装配在气缸盖与气缸体之间，因接触高温、高压燃气，在使用中易被烧损，故要求气缸垫能耐高温、耐高压、耐腐蚀，还必须具有足够的强度和弹性。

气缸垫上开有气缸盖螺纹孔、机油通道、冷却液通道等。目前应用较多的气缸垫主要有金属－石棉气缸垫和金属气缸垫。有些发动机使用耐热密封胶取代了传统的气缸垫，这种发动机对于气缸盖和气缸体之间接合面的平面度要求较高。

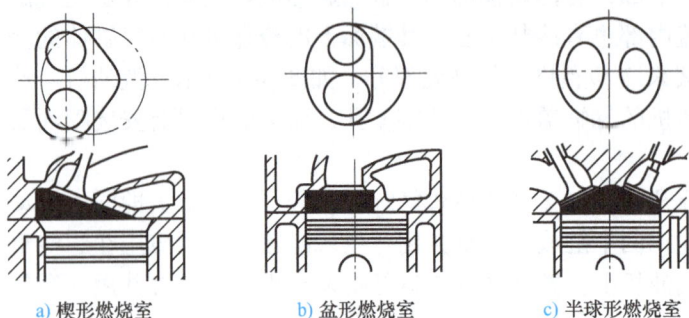

a) 楔形燃烧室　　　　b) 盆形燃烧室　　　　c) 半球形燃烧室

图 4-8　常用燃烧室形状示意图　　　　　　　图 4-9　气缸垫

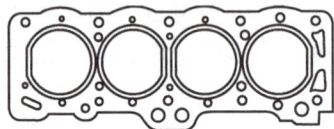

金属－石棉气缸垫结构如图 4-10a ～ d 所示，该类型的气缸垫外层为铜皮或者钢皮，内层采用夹有金属丝或者金属屑的石棉材料，同时为了防止被烧坏，在水孔及燃烧室孔周围设有镶边以增加强度。金属材料具有很好的散热性，石棉的耐热性和弹性较好，可以提高气缸的密封性能。安装时，应该特别注意把气缸垫光滑的一面朝向气缸体，否则容易被高压气体冲坏。金属－石棉气缸垫是目前使用最多的一种气缸垫类型。例如，奥迪、大众捷达、丰田凯美瑞等轿车均采用的是这种气缸垫。

金属气缸垫结构如图 4-10e 所示，该类型气缸垫基本上由单层或者多层金属片（低碳钢或铜）制造而成。为加强密封，在气缸孔、水孔及油孔周围冲压出一定高度的凸纹，利用凸纹的弹性变形实现密封。例如，红旗 CA7560 型轿车使用的就是这一种气缸垫。

7. 油底壳

油底壳也称为下曲轴箱，如图 4-11 所示。主要用于储存机油并封闭曲轴箱，同时还可以起到机油散热的作用。油底壳一般采用薄钢板冲压而成，也有采用铝合金铸造而成，或者采用铝合金－冲压钢板组合型油底壳。油底壳的结构主要取决于发动机总体结构和机油容量。

为保证发动机纵向倾斜时机油泵能正常吸油，油底壳后部一般做得较深，并在最底部装有放油螺塞，大部分的放油螺塞具有一定的磁性，用于吸集机油中的金属屑，以达到清洁润滑油的目的，减少发动机运动零部件的磨损。油底壳内设有挡油板，用于防止汽车振动时油面波动过大产生泡沫影响发动机的润滑性能。上、下曲轴箱之间一般都设有密封垫，有些也采用密封胶密封，主要目的是为了防止漏油。

8. 发动机支承

发动机支承的作用是支撑发动机并给发动机定位，发动机支承一般通过变速器壳体和飞轮壳体与车架一起支承发动机。发动机常用的支承方式是三点支承和四点支承，两点支承应用较少，如图 4-12 所示。三点支承的前支承两点经过曲轴箱支承在车架上，后支承一点通过变速器壳体支承在车架上，三点支承可布置成前一后二或前二后一的形式；四点支承则是前支承两点通过曲轴箱支承在车架上，后支承两点通过飞轮壳体支承在车架上。

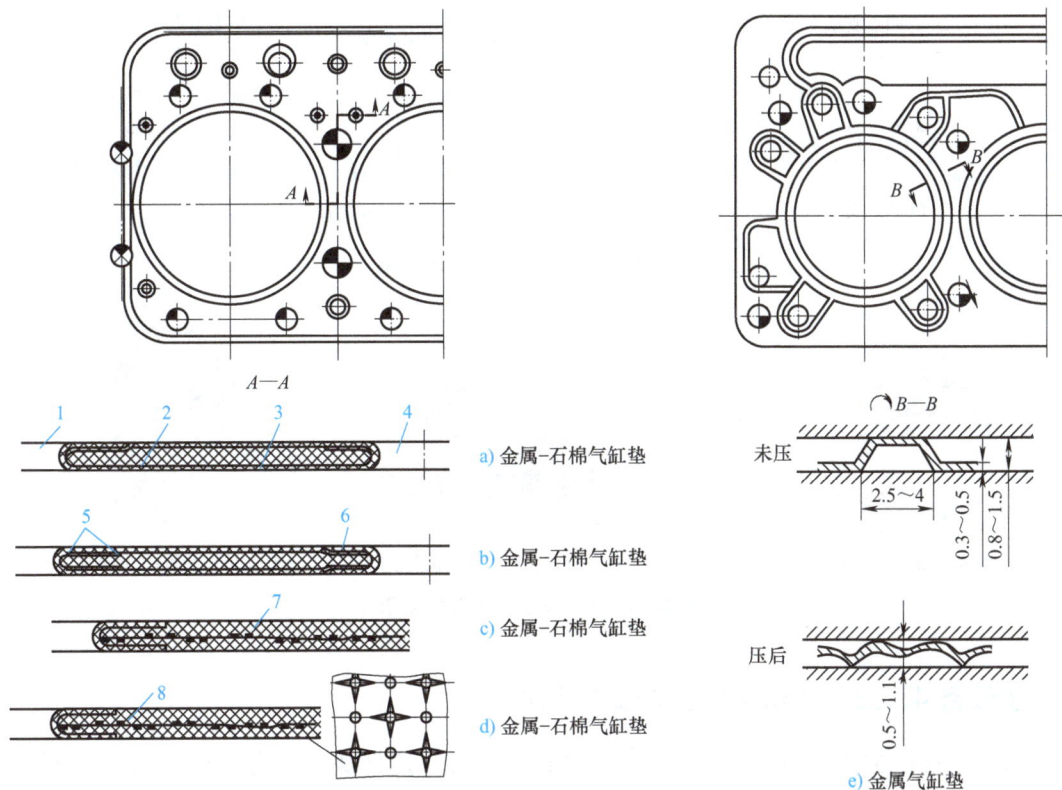

图 4-10　气缸垫的结构

1—气缸孔　2—钢　3—石棉＋填料　4—水孔　5—钢或铜　6—铜　7—钢丝　8—扎孔钢板

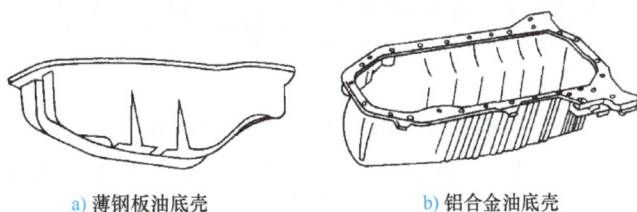

a) 薄钢板油底壳　　　　　　　　b) 铝合金油底壳

图 4-11　油底壳

　　由于发动机在工作过程中存在很大的振动，并对支承及车架产生周期性冲击，导致车架及支承产生扭曲变形。为了消除这些不良后果，发动机支承一般采用弹性支承，有些高端车型采用液压悬置装置，对发动机的振动衰减和减少车内噪声传递效果更佳，可进一步提高整车的舒适性（图 4-13）。发动机支承上都有纵向拉杆，其作用是防止汽车制动或加速时由于弹性元件的变形而产生发动机纵向位移，它通过橡胶垫圈与车架纵梁和发动机相连接。

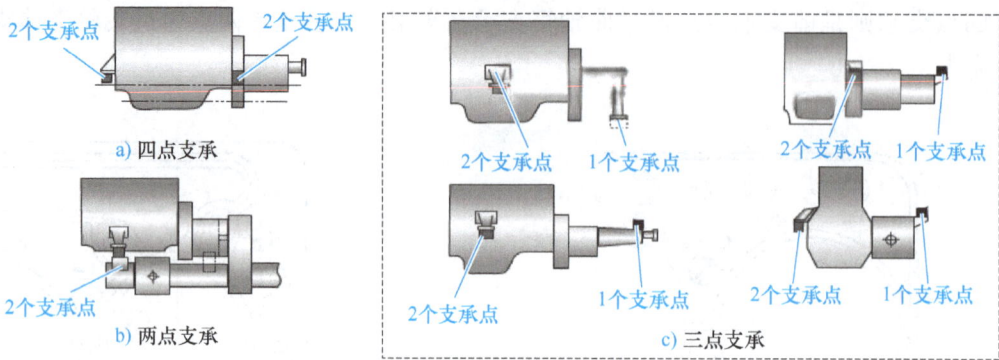

a) 四点支承

2个支承点　2个支承点

b) 两点支承

2个支承点

2个支承点　1个支承点

2个支承点　1个支承点

2个支承点　1个支承点

2个支承点　1个支承点

c) 三点支承

图 4-12　发动机支承方式示意图

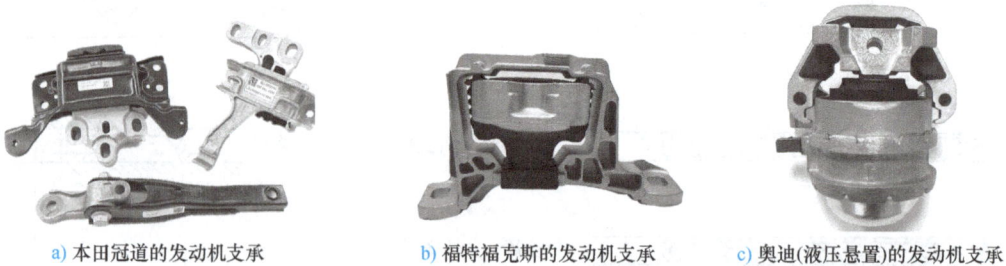

a) 本田冠道的发动机支承　　b) 福特福克斯的发动机支承　　c) 奥迪(液压悬置)的发动机支承

图 4-13　不同车型的发动机支承

子任务 4.1.2　活塞连杆组零部件认知

活塞连杆组主要由活塞、活塞环、活塞销、连杆、连杆螺栓、连杆轴瓦、连杆盖等运动部件组成，如图 4-14 所示。

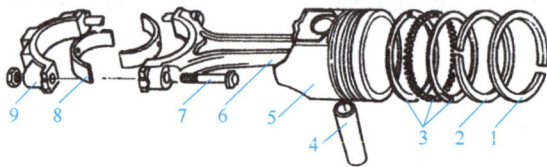

图 4-14　发动机活塞连杆组分解图

1—第一道气环　2—第二道气环　3—组合油环　4—活塞销　5—活塞　6—连杆
7—连杆螺栓　8—连杆轴瓦　9—连杆盖

1. 活塞

活塞的主要作用是承受气缸中高温、高压气体产生的膨胀压力，并将此压力通过活塞销传给连杆，以推动曲轴旋转。同时，活塞顶部还与气缸盖、气缸壁共同构成燃烧室。

由于活塞顶部直接与具有一定腐蚀性的高温燃气相接触，并受到高速运动、周期变化的气体压力和惯性力作用，加之润滑条件、散热条件都很差，因此活塞的工作条件极为恶劣，对于活塞的制造工艺也提出了相应的要求，主要包括以下几方面。

1）制造必须有较高的精度，以保证活塞与气缸壁之间有较小的摩擦系数。

2）材料必须有较小的密度，以降低惯性。

3）有足够的强度和刚度，特别是活塞环槽区内要有较大的强度，防止损坏活塞环。

4）活塞顶部耐热、裙部有一定的弹性。

5）良好的导热性能和合理的热膨胀性能，以保证有合理的安装间隙。

6）一定的耐磨性能，以防止周期性运动带来的过度磨损。

发动机活塞常用铝硅合金材料，采用铸造、锻造、液态模锻等方法制造。活塞的基本构造可分为顶部、头部和裙部三部分，如图 4-15 所示。

（1）活塞顶部

活塞顶部的形状与选用的燃烧室形式有关。活塞顶部的形状主要有三种：平顶、凹顶和凸顶，如图 4-16 所示。汽油机活塞顶部多采用平顶，如图 4-16a 所示，其优点是吸热面积小，制造工艺简单，燃烧室结构紧凑。有些汽油机为了改善混合气形成和燃烧而采用凹顶活塞，如图 4-16b 所示，凹坑的大小还可以用来调节发动机的压缩比。凸顶活塞，如图 4-16c 所示，可以增大压缩比，在 F1 赛车中会采用这种结构。

（2）活塞头部

活塞头部是活塞环槽以上至活塞顶的部分。其主要作用包括以下几方面。

1）承受气体压力，并传给连杆。

2）与活塞环一起实现气缸的密封。

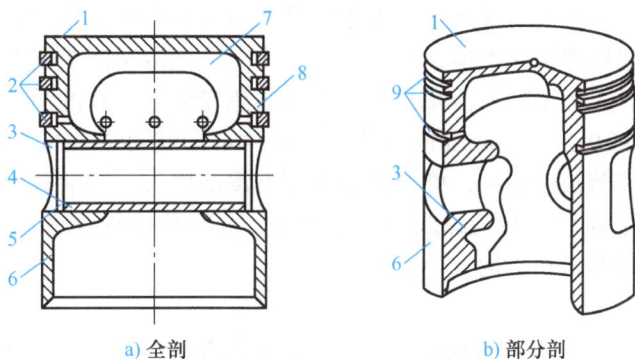

a) 全剖　　　　　　　　　　b) 部分剖

图 4-15　活塞的基本结构

1—活塞顶部　2—活塞环　3—活塞销座　4—活塞销　5—活塞销卡环
6—活塞裙部　7—加强肋　8—活塞头部　9—活塞环槽

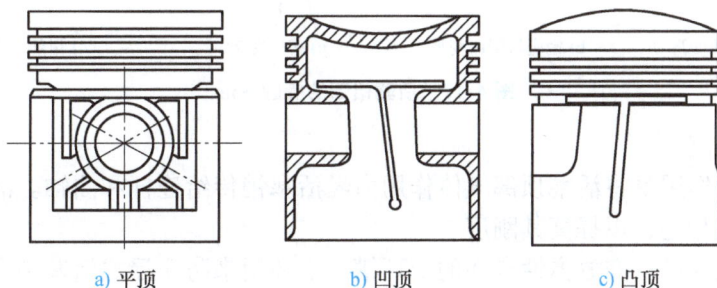

a) 平顶　　　　　　　b) 凹顶　　　　　　　c) 凸顶

图 4-16　活塞顶部的形状

3）将活塞顶部所吸收的热量通过活塞环传给气缸壁。头部切有若干用以安装活塞环的环槽。汽油机一般有 2～3 道环槽，上面 1～2 道用以安装气环，下面 1 道用以安装油环。在油环槽底面上钻有许多径向小孔，将油环从气缸壁上刮下来的多余机油经过这些小孔流回油底壳。

活塞头部一般较厚，以便于热量从活塞顶部经活塞环传给气缸的冷却壁面上，从而防止活塞顶部的温度过高。有的发动机活塞在第一道环槽上面车出比环槽窄的隔热槽，其作用是隔断从活塞顶部流下来的部分热流通路，迫使热流方向转折，把原来应由第一道活塞环散走的热量，分散给第二、第三环，以消除第一环过热后产生积炭和卡死在环槽中的可能性。

（3）活塞裙部

活塞裙部是指活塞环槽下端面至活塞底面的部分，其作用是为活塞在气缸内做往复运动导向和承受侧压力。

活塞工作时，燃烧气体的压力均匀作用在活塞顶上，而活塞销给予的支反力则作用在活塞裙部的销座处，由此而产生的变形使裙部直径沿活塞销座轴线方向增大，如图 4-17a 所示。侧压力 F_N 的作用也使活塞裙部直径沿销座轴在同一方向上增大，如图 4-17b 所示。此外，活塞销座附近的金属堆积，受热后膨胀量大，致使裙部在受热变形时，沿活塞销座轴线方向的直径增量大于其他方向。如图 4-17c 所示，活塞工作时产生的机械变形和热变形，使其裙部端面变成长轴在活塞销方向上的椭圆，如图 4-17d 所示。

鉴于上述情况，为了使活塞在正常工作温度下与气缸壁间保持比较均匀的间隙，以免在气缸内卡死或引起局部加速磨损，必须预先在冷态下把活塞制成裙部断面为长轴垂直于活塞销方向的椭圆形。为了减少活塞销座附近处的热变形量，有的活塞将活塞销座附近的裙部外表面制成下陷 0.5～1.0mm 的形式。活塞裙部形状可以做成变椭圆筒形，即在活塞裙部的不同部位其椭圆度不同，椭圆度由下而上逐渐增大，即活塞裙部横截面越往上越扁，裙部纵向截面呈筒形，其轮廓线为一抛物线，故亦称抛物线形活塞裙部。图 4-18 所示为活塞裙部的不同形状和结构。

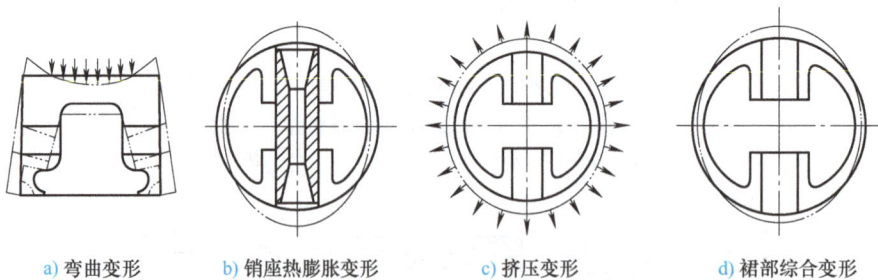

a) 弯曲变形　　b) 销座热膨胀变形　　c) 挤压变形　　d) 裙部综合变形

图 4-17　活塞裙部的椭圆变形

（4）活塞销座

活塞销座的作用是将活塞顶部气体作用力经活塞销传给连杆和曲轴。活塞销座通常由肋片与活塞内壁相连，以提高其刚度。

活塞销座孔内设有安放弹性卡环的卡环槽。卡环用来防止浮式活塞销在工作中发生轴向窜动而擦伤气缸。

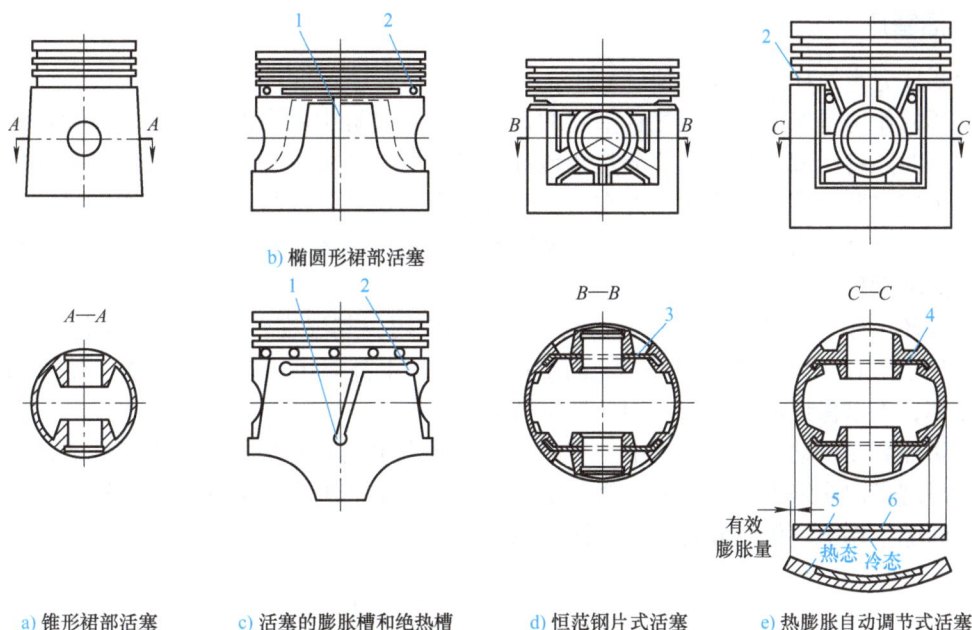

b) 椭圆形裙部活塞

a) 锥形裙部活塞   c) 活塞的膨胀槽和绝热槽   d) 恒范钢片式活塞   e) 热膨胀自动调节式活塞

图 4-18   活塞裙部的不同形状和结构

1—膨胀槽   2—裙部绝热槽   3—恒范钢片   4—低碳钢片   5—钢片   6—铝

活塞销座孔的中心线一般位于活塞中心线的平面内。但也有些高转速汽油机的活塞销孔中心线偏离活塞中心线平面，如图 4-19 所示。图中活塞销座轴线向在做功行程中受侧向力的一面偏移了 1 ～ 2mm，这是因为如果活塞销对中布置（图 4-19a），则当活塞越过上止点时侧压力的作用方向发生改变，会使活塞敲击气缸壁面发出噪声，而如果把活塞销偏移布置，如图 4-19b 所示，则可使活塞较平稳地从压向气缸的一面过渡到另一面，而且过渡时刻早于达到最高燃烧压力的时刻，可以减轻活塞"敲缸"，减小噪声，改善发动机工作的平顺性。

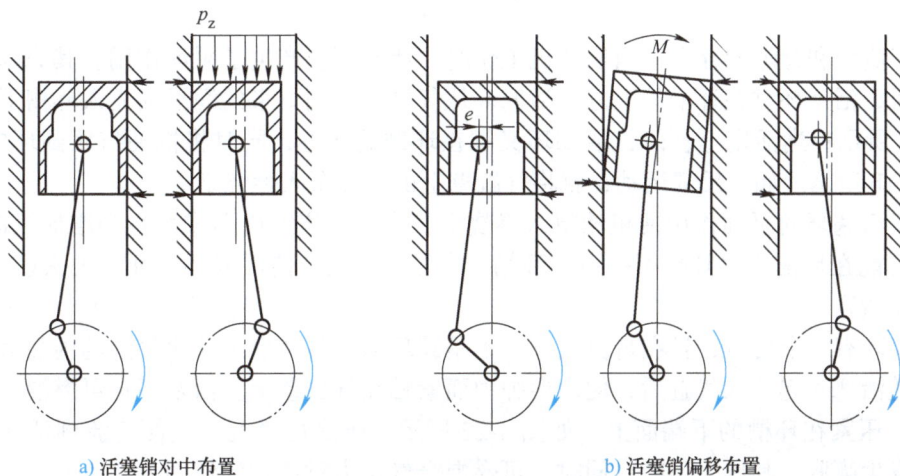

a) 活塞销对中布置   b) 活塞销偏移布置

图 4-19   活塞销偏置及其原理

2. 活塞环

活塞环分为气环和油环两种。

气环的作用是保证活塞与气缸壁间的密封，防止气缸中的高温、高压气体大量漏入曲轴箱，同时还将活塞顶部的大部分热量传导到气缸壁，再由冷却液或空气带走；油环的作用是刮去气缸壁上多余的机油，并在气缸壁面涂上一层均匀的机油膜，这样既可以防止机油窜入气缸燃烧，又可以减小活塞、活塞环与气缸壁的摩擦阻力和磨损。此外，油环也起到密封的辅助作用。

活塞环工作时受到气缸中高温、高压燃气的作用，其温度较高（尤其是第一道气环，温度可达 326℃）。活塞环在气缸内做高速运动，加上高温下机油出现变质，使环的润滑条件变坏，难以保证液体润滑，因此磨损严重。

活塞环会在发动机运转过程中与高温气体接触发生热膨胀现象，而周期性的往复运动又使其出现径向胀缩变形。因此，为了保证发动机正常的工作，活塞环在气缸内应该是具有三种间隙：端隙、侧隙和背隙，如图 4-20 所示。

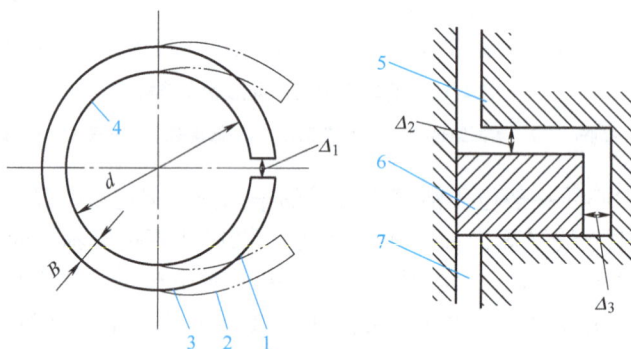

图 4-20　活塞环的间隙

1—活塞环处于工作状态时的形状　2—活塞环处于自由状态时的形状　3—工作面　4—内表面
5—活塞　6—活塞环　7—气缸　Δ_1—开口间隙　Δ_2—侧隙　Δ_3—背隙
d—活塞环内径　B—活塞环宽度

由于侧隙和背隙的存在，当发动机工作时，活塞环便产生了泵油作用。其原因是：活塞下行时，活塞环靠在环槽的上方，活塞从气缸壁上刮下来的润滑油充入环槽下方，如图 4-21a 所示；当活塞上行时，活塞环又靠在环槽的下方，同时将机油挤压到环槽上方，如图 4-21b 所示。如此反复运动，就将气缸壁上的机油泵入燃烧室。

由于活塞环的泵油作用使机油窜入燃烧室，会使燃烧室内形成积炭和增加机油消耗，并且还可能在环槽（尤其是第一道气环槽）中形成积炭，使活塞环卡死，失去密封作用，甚至折断活塞环。

活塞环有一个切口，且在自由状态下不是圆环形，其外形尺寸比气缸的内径大些，因此，它随活塞一起装入气缸后，便产生弹力而紧贴在气缸壁上。活塞环在可燃混合气压力作用下，压紧在环槽的下端面上，如图 4-22 所示。于是可燃混合气便绕流到活塞环的背面，并发生膨胀，其压力下降。同时，可燃混合气压力对环背的作用力使活塞环更紧地贴在气缸壁上。压力已有所降低的可燃混合气，从第一道气环的切口漏到第二道气环的上平面时，又把这道气环压贴在第二环槽的下端面上，于是，可燃混合气又绕流到这道活塞环的背面，再发生膨胀，其压力又进一步降低。如此继续进行下去，从最后一道气环漏出来的可燃混合气，其压力和流速已经大大减小，其泄漏的可燃混合气量也就很少了。因此，为数很少的几道切口相互错开的气环所构成的"迷宫式"封气装置，就足以对气缸中的高压燃气进行有效的密封。

气缸内的燃气漏入曲轴箱的主要通路是活塞环的切口，因此，切口的形状和装入气缸后的间隙大小对于漏入曲轴箱的燃气量有一定的影响。切口间隙过大，则漏气严重，使发动机功率减小；间隙过小，活塞环受热膨胀后就有可能卡死或折断。切口间隙值一般为 $0.25 \sim 0.80$mm。第一道气环的温度最高，因而其切口间隙最大。气环的切口形状如图 4-23 所示。直角形切口工艺性好，如图 4-23a 所示；阶梯形切口的密封性好，但工艺性较差，如图 4-23b 所示；图 4-23c 所示为斜切口，斜角一般为 30° 或 45°，其密封作用和工艺性均介于前两种之间，但其锐角部位在套装入活塞时容易折损；图 4-23d 所示为二冲程发动机活塞环的带防转销钉槽的切口。压配载活塞环槽中的销钉，是用来防止活塞环在工作中绕活塞中心线转动的。

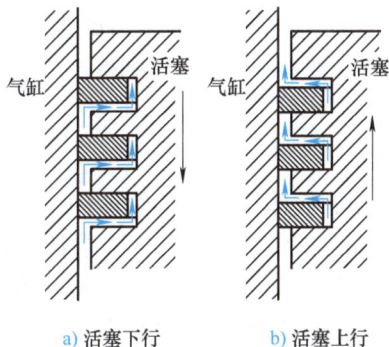

a) 活塞下行　　b) 活塞上行

图 4-21　活塞环的泵油作用

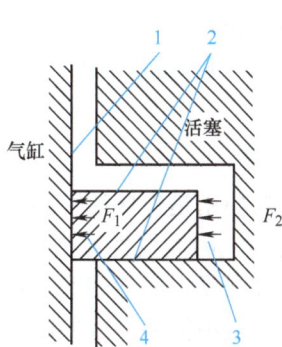

图 4-22　活塞环密封原理
1—第一道密封面　2—第二道密封面
3—背压力 F_2　4—活塞环自身弹力 F_1

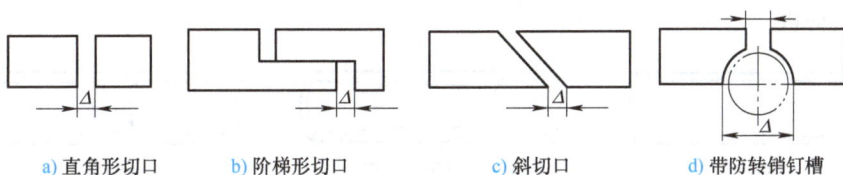

a) 直角形切口　　b) 阶梯形切口　　c) 斜切口　　d) 带防转销钉槽

图 4-23　气环的切口形状

气环断面形状主要有六种：矩形环、正扭曲内切环、反扭曲锥面环、锥形环、梯形环和桶面环，如图 4-24 所示。

注意：安装扭曲环时，内圆切槽向上，外圆切槽向下，不能装反。

油环可以分为两种：普通油环和组合油环，如图 4-25 所示。

无论活塞上行或下行，油环都能将气缸壁上多余的机油刮下来经活塞上的回油孔流回油底壳。油环的刮油作用如图 4-26 所示。

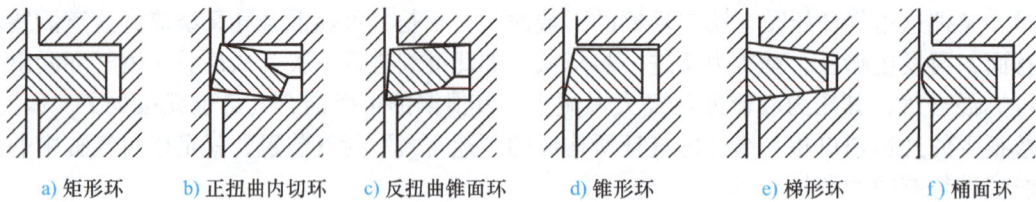

a) 矩形环   b) 正扭曲内切环   c) 反扭曲锥面环   d) 锥形环   e) 梯形环   f) 桶面环

图 4-24　气环的断面形状

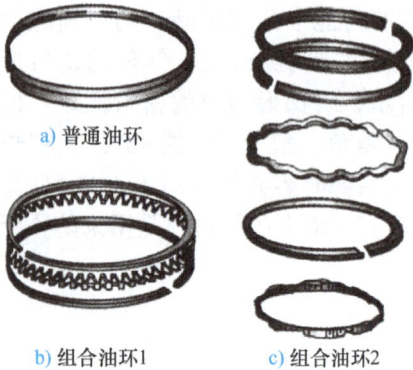

a) 普通油环

b) 组合油环1   c) 组合油环2

图 4-25　油环

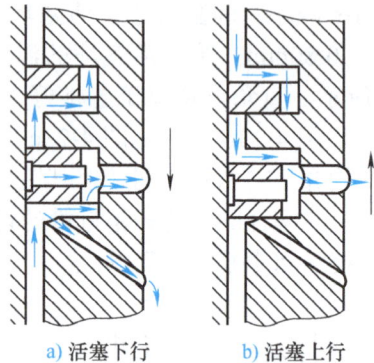

a) 活塞下行   b) 活塞上行

图 4-26　油环的刮油作用

3. 活塞销

活塞销的功用是连接活塞和连杆小头，将活塞承受的气体作用力传给连杆。活塞销在高温下承受很大的周期性冲击载荷，润滑条件较差（一般靠飞溅润滑），要求活塞销要有足够的刚度和强度，表面耐磨，重量尽可能轻。因此，活塞销通常制成空心圆柱体。

活塞销一般用低碳钢或低碳合金钢制造，先经表面渗碳处理，以提高表面硬度，并保证心部具有一定的冲击韧性，然后进行精磨和抛光。

如图 4-27 所示，活塞销的形状主要有两种：柱形孔和锥形孔，如图 4-27a、b 所示，重量较轻；中间或单侧封闭的活塞销，如图 4-27c、d 所示，适用于二冲程发动机；内部有塑料芯的钢套销，如图 4-27e 所示，用于要求不高的汽油机；成形销，如图 4-27f 所示，用于增压发动机。

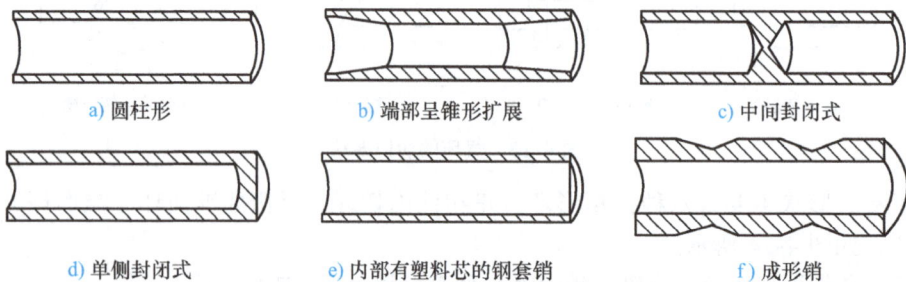

a) 圆柱形   b) 端部呈锥形扩展   c) 中间封闭式

d) 单侧封闭式   e) 内部有塑料芯的钢套销   f) 成形销

图 4-27　活塞销的形状

活塞销按照其与活塞销孔和连杆小头衬套孔的连接方式的不同，可分为两种：全浮式和半浮式，如图 4-28 所示。

4. 连杆

连杆的作用是将活塞承受的力传给曲轴，并把活塞的上下往复运动转变为曲轴的旋转运动。

连杆工作时，承受活塞顶部气体压力和惯性力的作用，而这些力矩的大小和方向都是周期性变化的。因此，连杆受到的是压缩、拉伸和弯曲等交变载荷。这就要求连杆强度高，刚度大，重量轻。连杆一般都采用中碳钢或合金钢经模锻或辊锻而成，然后再进行机加工和热处理。

如图4-29所示，连杆的结构主要包括连杆小头、连杆大头（包括连杆盖）、杆身三部分。

对全浮式活塞销，由于工作时小头孔与活塞销之间有相对转动，所以常常在连杆小头孔中压入减摩的青铜衬套。为了润滑活塞销与衬套，在小头与衬套上铣出集油槽或钻出集油孔以收集发动机运转时飞溅上来的润滑油用以润滑。有的发动机连杆小头采用压力润滑，在连杆杆身内钻有纵向的压力油通道。采用半浮式活塞销是与连杆小头过盈配合的，所以小头孔内不需要衬套，也不需要润滑。

连杆的杆身通常做成I字形断面，其抗弯强度好，重量轻，大圆弧过渡，且上小下大，采用压力法润滑的连杆，杆身中部都制有连通大、小头的油道。

连杆大头与曲轴的曲柄销相连，连杆大头的切口形式可以分为两种：平切口和斜切口。

为了便于安装，连杆大头一般做成剖分式，被分开的部分称为连杆盖，如图4-30所示，用连杆螺栓紧固在连杆大头上。连杆大头与连杆盖是组合镗孔的，为防止装配时配对错误，在同一侧刻有配对记号。

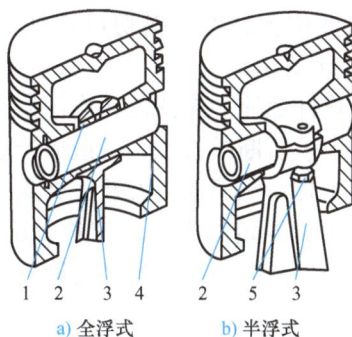

图4-28　活塞销的连接方式

1—连杆衬套　2—活塞销　3—连杆
4—活塞挡圈　5—紧固螺栓

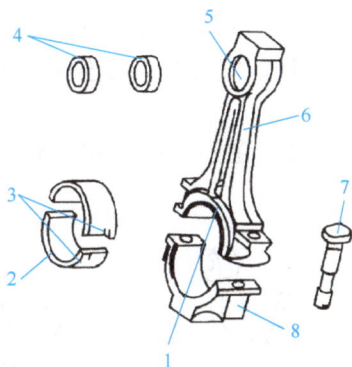

图4-29　连杆组件

1—连杆大头　2—连杆轴瓦　3—轴瓦上的凸键　4—衬套
5—连杆小头　6—杆身　7—连杆螺栓　8—连杆盖

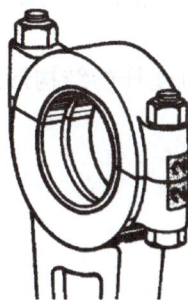

图4-30　连杆大头与连杆盖的配对记号

连杆与连杆盖在结构上采取了定位措施。平切口连杆盖与连杆的定位多采用连杆螺栓定位，利用连杆螺栓中部精加工的圆柱凸台或光圆柱部分，与经过精加工的螺纹孔来保证位置精度。斜切口连杆常用的定位方法有止口定位、套筒定位和锯齿定位，如图 4-31 所示。

连杆螺栓：连杆盖和连杆大头用连杆螺栓连在一起，连杆螺栓在工作中承受很大的冲击力，若折断或松脱，将造成严重事故。因此，连杆螺栓都采用优质合金钢，并由精加工和热处理特制而成。安装连杆盖拧紧连杆螺栓螺母时，要用力矩扳手分 2～3 次交替均匀地拧紧到规定的力矩，拧紧后还应可靠地锁紧。连杆螺栓损坏后绝不能用其他螺栓来代替，需要更换为相同规格的新件。

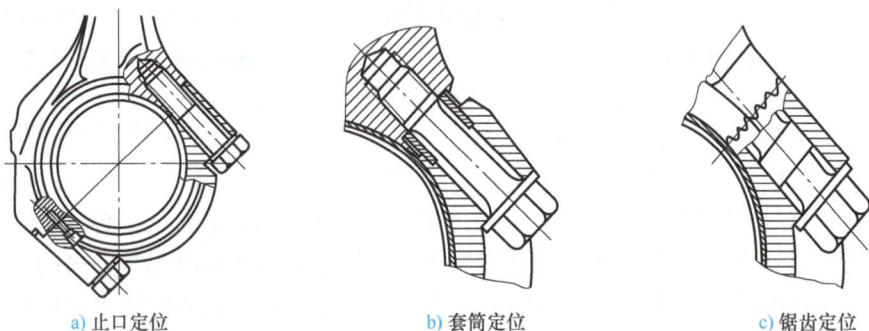

a) 止口定位　　　　　　　　b) 套筒定位　　　　　　　　c) 锯齿定位

图 4-31　斜切口连杆常用的定位方法

连杆轴瓦：为了减小摩擦阻力和曲轴连杆轴颈的磨损，连杆大头孔内装有瓦片式滑动轴承，简称连杆轴瓦。轴瓦分上、下两个半片，目前多采用钢背轴瓦，在其内表面浇铸有减摩合金层。减摩合金层具有质软，容易保持油膜，磨合性好，摩擦阻力小，不易磨损等特点。减摩合金层常采用的有巴氏合金、铜铝合金、高锡铝合金。连杆轴瓦的背面有很高的表面质量。半个轴瓦在自由状态下不是半圆形，当它们装入连杆大头孔内时，因有过盈，故能均匀地紧贴在大头孔壁上，具有很好的承受载荷和导热的能力，并可以提高其工作可靠性和延长使用寿命。

如图 4-32 所示，连杆轴瓦上制有定位凸键，供安装时嵌入连杆大头和连杆盖的定位凹槽中，以防轴瓦前后移动或转动，有的轴瓦上还制有油槽，安装时应与连杆上相应的油槽对齐。

V 形发动机连杆的结构形式一般有三种：并列式连杆、主副式连杆和叉形连杆，如图 4-33 所示。

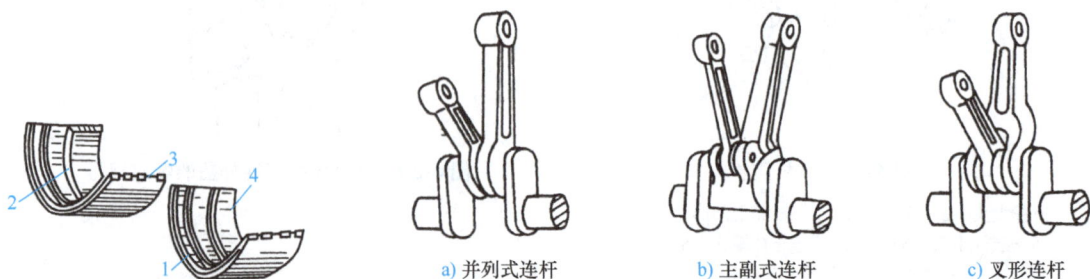

图 4-32　连杆轴瓦

1—钢背　2—油槽
3—定位凸键　4—减摩合金层

a) 并列式连杆　　　　b) 主副式连杆　　　　c) 叉形连杆

图 4-33　V 形发动机连杆结构示意图

子任务 4.1.3　曲轴飞轮组零部件认知

曲轴飞轮组主要由曲轴、飞轮、正时齿轮、曲轴扭转减振器、带轮等组成。图 4-34 所示为曲轴飞轮组件基本结构示意图。

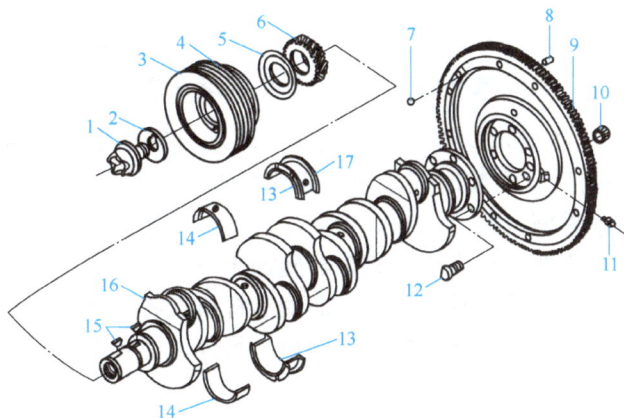

图 4-34　曲轴飞轮组件基本结构示意图

1—起动爪　2—起动爪锁紧垫片　3—扭转减振器　4—带轮　5—挡油片　6—正时齿轮
7—1、6 缸活塞在上止点时的记号　8—圆柱销　9—飞轮齿圈
10—螺母　11—润滑脂嘴　12—飞轮螺栓　13—中间主轴瓦
14—主轴承上下轴瓦　15—半圆键　16—曲轴　17—止推片

1. 曲轴

曲轴把活塞连杆组的传来的气体压力转变为转矩，然后通过飞轮传递到汽车底盘传动系统；另外，还用于驱动配气机构、水泵、发电机、空调压缩机、风扇等辅助装置工作。

曲轴一般用优质中碳钢或中碳合金钢（如铬镍钢、铬铝钢等）模锻而成，轴颈表面经高频淬火或渗氮处理，并经精磨加工而成，以抵御周期变化的气体压力、往复惯性力、离心力及转矩和弯矩的共同作用。

曲轴由主轴颈、曲柄销（连杆轴颈）、曲柄、平衡重等组成。

曲轴的支承方式，如图 4-35 所示。

全支承曲轴：曲轴的主轴颈的总数比气缸数目多一个，即每一个连杆轴颈两边都有一个主轴颈。

非全支承曲轴：曲轴的主轴颈的总数比气缸数目少或与气缸数目相等，主轴承载荷较大，但缩短了曲轴的总长度，使发动机的总体长度有所减小。

4 缸发动机的平衡如图 4-36 所示。一些高档发动机还采用加装平衡重的方法进行离心力、离心力矩和往复惯性力的平衡，使发动机运转更加平稳。

a) 全支承　　　　　　　　　　　b) 非全支承

图 4-35　曲轴的支承方式

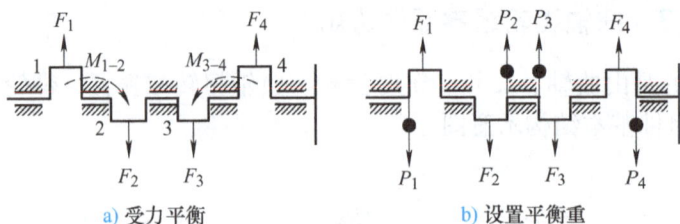

a) 受力平衡　　　　b) 设置平衡重

图 4-36　4 缸发动机的平衡示意图

曲轴前端：如图 4-37 所示，装有正时齿轮、驱动风扇和水泵的带轮及起动爪、甩油盘等。甩油盘外斜面向后，安装时应注意，否则会产生相反效果。在齿轮室盖上装有油封，防止机油沿曲轴颈外漏。

曲轴轴向定位：由于曲轴经常受到离合器施加于飞轮的轴向力作用，有的曲轴前端采用斜齿传动，使曲轴产生前后窜动，影响了曲柄连杆机构各零件的正确位置，增大了发动机磨损、异响和振动，故必须进行曲轴轴向定位。另外，曲轴工作时会受热膨胀，还必须留有膨胀的余地。

曲轴定位一般采用滑动止推轴承，安装在曲轴前端或中后部主轴承上。止推轴承有两种形式：翻边轴瓦的翻边部分或具有减摩合金层的止推片，磨损后可更换。

曲轴的后端：安装飞轮，在后轴颈与飞轮凸缘之间制成挡油凸缘与回油螺纹，以阻止机油向后窜漏。

曲轴油道：在轴颈上钻有油孔，并与斜油道相通，再与机体的主油道连通。

曲轴的形状取决于气缸数、气缸排列方式和发动机的点火顺序。多缸发动机的点火顺序应均匀分布在 720° 曲轴转角内，并且使连续做功的两缸相距尽可能远，以减轻主轴承的载荷，避免可能发生的进气重叠现象。

4 缸四冲程发动机曲拐布置及工作顺序：点火间隔角为 720°/4=180°，4 个曲拐布置在同一平面内，如图 4-38 所示。1—4 缸与 2—3 缸互相错开 180°，其点火顺序的排列有两种可能，即 1—3—4—2 或 1—2—4—3，其工作循环分别见表 4-1 和表 4-2。

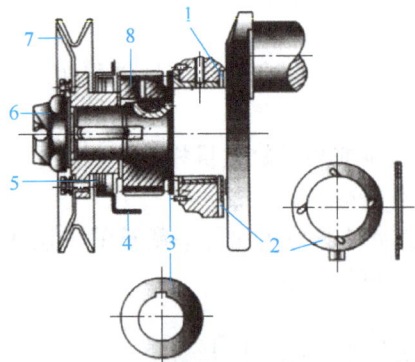

图 4-37　曲轴前端

1、2—止推片　3—甩油盘　4—挡油片　5—油封
6—起动爪　7—带轮　8—正时齿轮

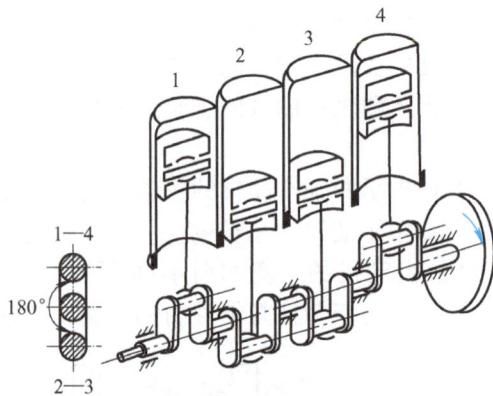

图 4-38　4 缸四冲程发动机曲拐布置及工作顺序

表 4-1　4 缸发动机工作循环（点火顺序 1—3—4—2）

曲轴转角 / (°)	1 缸	2 缸	3 缸	4 缸
0 ～ 180	做功	排气	压缩	进气
180 ～ 360	排气	进气	做功	压缩
360 ～ 540	进气	压缩	排气	做功
540 ～ 720	压缩	做功	进气	排气

表 4-2　4 缸发动机工作循环（点火顺序 1—2—4—3）

曲轴转角 / (°)	1 缸	2 缸	3 缸	4 缸
0 ～ 180	做功	压缩	排气	进气
180 ～ 360	排气	做功	进气	压缩
360 ～ 540	进气	排气	压缩	做功
540 ～ 720	压缩	进气	做功	排气

6 缸四冲程发动机曲拐布置及工作顺序：点火间隔角为 720°/6=120°，6 个曲拐分别布置在三个平面内，如图 4-39 所示。有两种点火顺序，1—5—3—6—2—4 和 1—4—2—6—3—5，国产汽车都采用前一种，其工作循环见表 4-3。

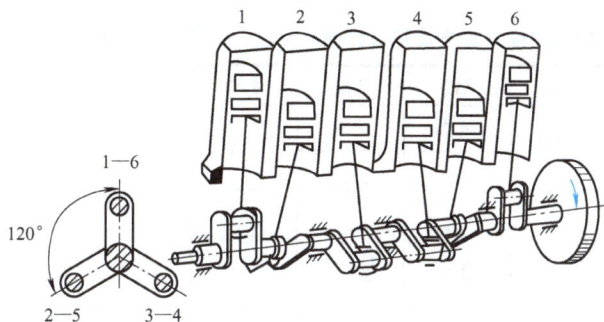

图 4-39　6 缸四冲程发动机曲拐布置及工作顺序

表 4-3　6 缸四冲程发动机工作循环（点火顺序 1—5—3—6—2—4）

曲轴转角 / (°)		1 缸	2 缸	3 缸	4 缸	5 缸	6 缸
0 ～ 180	0 ～ 60		排气	进气	做功	压缩	
	60 ～ 120	做功					进气
	120 ～ 180			压缩	排气		
180 ～ 360	180 ～ 240		进气			做功	
	240 ～ 300	排气					压缩
	300 ～ 360			做功	进气		
360 ～ 540	360 ～ 420		压缩			排气	
	420 ～ 480	进气					做功
	480 ～ 540			排气	压缩		
540 ～ 720	540 ～ 600		做功			进气	
	600 ～ 660	压缩		进气			排气
	660 ～ 720		排气		做功	压缩	

8缸四冲程V形发动机曲拐布置及工作顺序：点火间隔角为720°/8=90°，发动机左右两列对应的一对连杆共用一个曲拐，所以V形8缸发动机只有4个曲拐，如图4-40所示。曲拐布置可以与4缸发动机相同，4个曲拐布置在同一平面内，也可以布置在两个互相错开90°的空间内，使发动机得到更好的平衡。点火顺序为1—8—4—3—6—5—7—2，其工作循环见表4-4。

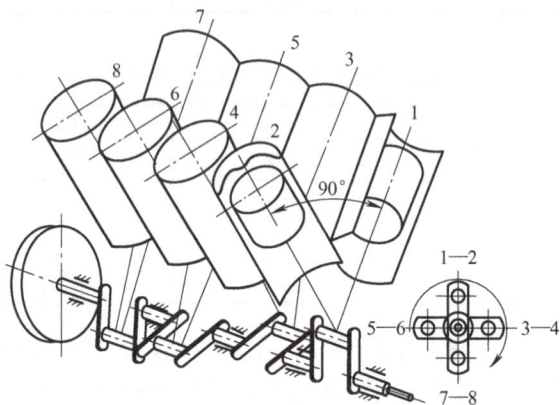

图4-40　8缸四冲程V形发动机曲拐布置及工作顺序

表4-4　8缸四冲程V形发动机工作循环（点火顺序1—8—4—3—6—5—7—2）

曲轴转角/(°)		1缸	2缸	3缸	4缸	5缸	6缸	7缸	8缸
0~180	0~90	做功	做功	进气	压缩	排气	进气	排气	压缩
	90~180	做功	排气	压缩	压缩	进气	进气	排气	做功
180~360	180~270	排气	排气	压缩	做功	进气	压缩	进气	做功
	270~360	排气	进气	做功	做功	压缩	压缩	进气	排气
360~540	360~450	进气	进气	做功	排气	压缩	做功	压缩	排气
	450~540	进气	压缩	排气	排气	做功	做功	压缩	进气
540~720	540~630	压缩	压缩	排气	进气	做功	排气	做功	进气
	630~720	压缩	做功	进气	进气	排气	排气	做功	压缩

2. 曲轴扭转减振器

扭转减振器的功用就是吸收曲轴扭转振动产生的能量，衰减扭转振动，避免发生强烈的共振及其引起的严重后果。

曲轴是一种扭转弹性系统，其本身具有一定的固有频率。在发动机工作过程中，经连杆传给连杆轴颈的作用力的大小和方向都是周期性变化的，所以曲轴各个曲拐的旋转速度也是忽快忽慢呈周期性变化。安装在曲轴后端的飞轮转动惯量最大，可以认为是匀速旋转，由此造成曲轴各曲拐的转动比飞轮的转动时快时慢，这种现象称之为曲轴的扭转振动。曲轴的扭转振动容易造成发动机的功率损失，引起曲轴扭曲变形，振动强烈时甚至会扭断曲轴。一般来说，低速发动机不易达到临界转速，但对于缸数多及转速高的发动机，由于其曲轴刚度小、旋转质量大，固有频率低，强迫振动频率高，容易达到临界转速而发生强烈的共振，所以加装扭转减振器就很有必要。

　　汽车发动机常用的扭转减振器为摩擦式扭转减振器，主要包括橡胶摩擦式扭转减振器和黏液摩擦式扭转减振器。

　　目前较多的是橡胶摩擦式扭转减振器，如图4-41所示。这种扭转减振器的带轮轮毂固定在曲轴前端，通过硫化橡胶层分别与带轮（前惯性盘）和后惯性盘连接。当曲轴发生扭转时，因后惯性盘及带轮惯性盘转动惯量大，角速度均匀，从而使橡胶体和橡胶垫产生很大的扭转变形，消耗了曲轴扭转能量，减轻了共振。如图4-42所示为奥迪（1.8L）4缸发动机的扭转减振器，这是一种典型的橡胶摩擦式扭转减振器。

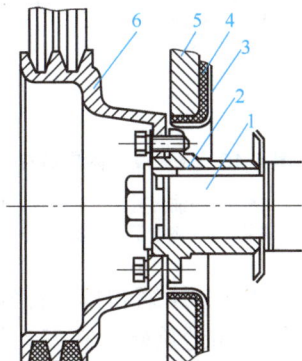

图4-41　橡胶摩擦式扭转减振器

1—曲轴前端　2—带轮轮毂　3—减振器圆盘
4—硫化橡胶层　5—惯性盘　6—带轮

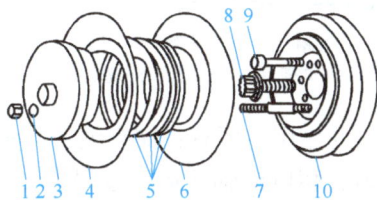

图4-42　奥迪（1.8L）4缸发动机的扭转减振器

1—螺母　2—垫片　3—带轮固定盘　4、6—带轮
5—调节垫片　7—双头螺栓　8—大螺栓
9—螺栓　10—带轮总成

3. 曲轴轴承

　　曲轴轴承按其承载方向可以分为径向轴承和轴向（推力）轴承两种。

　　径向轴承的作用是支撑曲轴，通常是剖分式的滑动轴承，如图4-43所示。轴承底座是在气缸体的曲轴箱部分直接加工出来，再由轴承盖、螺栓共同将滑动轴承进行径向定位、紧固。

a) 单层合金轴承　　　　b) 双层合金轴承　　　　c) 三层合金轴承

图4-43　曲轴滑动轴承

　　轴向（推力）轴承承受离合器传来的轴向力，用来限制曲轴的轴向窜动，保证曲轴连杆机构各零部件正确的相对位置。在曲轴受热膨胀时，要求其能够自由伸缩，因此曲轴只能有一处设置轴向定位装置。曲轴轴承还可以将径向轴承与推力轴承合二为一制成多层推力轴承，如图4-44所示。

4. 飞轮

飞轮在曲轴连杆机构里面属于一个大而重，具有很大的转动惯量的部件。图 4-45 所示是飞轮及其附属装置。

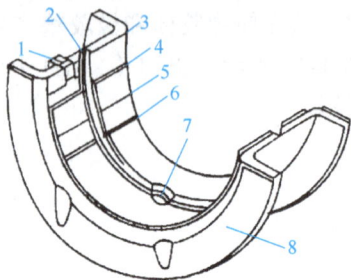

图 4-44　多层推力轴承

1—凸肩　2—油槽　3—钢质薄壁　4—基层
5—镍涂层　6—磨耗层　7—油孔　8—卷边

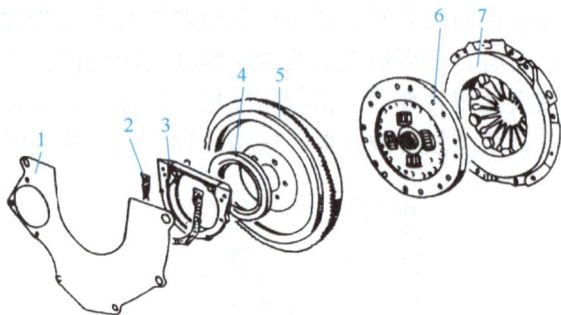

图 4-45　飞轮及其附属装置

1—中间支板　2—油封衬垫　3—后油封凸缘
4—后油封　5—飞轮　6—离合器从动盘　7—离合器压盘

飞轮的作用主要有：储存做功行程的能量，用于克服进气、压缩和排气行程的阻力和其他阻力；缓解曲轴在运动过程中受到的冲击，使曲轴能均匀地旋转；在发动机起动时，飞轮齿圈与起动机齿轮啮合，带动曲轴旋转起动；同时飞轮还可以利用本身惯性防止发动机熄火等。

飞轮外缘压有齿圈，与起动机的驱动齿轮啮合，供起动发动机用。

汽车离合器也装在飞轮上，利用飞轮后端面作为驱动件的摩擦面，用来对外传递动力。

在飞轮轮缘上标记有记号（刻线或销孔）供找 1 缸压缩上止点用。当飞轮上的记号与壳体上的记号对正时，正好是压缩上止点。有的还有进排气相位记号、供油（柴油机）或点火（汽油机）记号供安装和修理使用。

飞轮与曲轴在制造时一起进行过动平衡试验，在拆装时应严格按相对位置进行安装。由于飞轮紧固螺栓承受作用力大，所以应按规定力矩和正确方法拧紧。

【职业洗礼】"机油洗礼"仪式

汽车发动机的检查和维修工作是集智力、体力、耐心和服务意识于一体的工作。一名合格的汽车维修人员，必须具备良好的逻辑思维和条理性，同时需要拥有强健的体魄和坚韧不拔、不畏艰苦、不怕脏、不怕累的劳动品格。汽车维修工作当中不可避免地会接触许多脏污油泥，如不能正确对待机油污渍，那么很难成为一名合格的汽车维修技术人员。"机油洗礼"被称为汽车维修行业的"入门礼"，是每一位汽车维修技术人员都需要经历的过程。经过"机油洗礼"仪式，你才真正跨入汽车维修行业。具体操作如下。

准备物品：一盆废机油、一张海报纸、一瓶洗手液、一桶清水。

着装准备：穿着工装。

仪式流程：教师引导学生上前双手浸润入盆，让双手沾满机油并涂满手掌手背，蘸涂机油并在海报上签名。

礼毕：教师引导学生正确清洗手上的机油，并告知机油回收和环保的要求，引导学生正确看待和处理机油脏污。最后学生收拾并清洁工作场地的机油油污。

任务 4.2　曲柄连杆机构的拆装及调试

曲柄连杆机构的拆装及调试是关系到"做"的问题，做什么，如何做，做到什么程度？在动手之前就要了解清楚，在拆装曲柄连杆机构时一定要严格按照其拆装工艺进行，做的质量好坏关系到汽车发动机的工作性能和使用寿命，和造房子一样，仅有好的材料却没有好的技术和工艺也造不出好房子。即使曲柄连杆机构的所有零部件都是合格的，但若组装不到位，发动机也无法正常工作。

1. 曲柄连杆机构拆装要求

1）一些重要的螺钉、螺栓、螺母连接件，如气缸盖、主轴承、连杆轴承、飞轮等，安装时应按顺序，分多次（一般分三次）逐步拧紧到规定的力矩。拆卸时也应按顺序逐步均匀拧松，避免零件变形。平面接触（或长轴）的紧固件拆卸时一定要从对角（或两边）开始到中间，紧固时拧紧顺序，一般按先中间、后两旁、对角线交叉的原则进行，如气缸盖、气门室罩、油底壳、凸轮轴、曲轴轴瓦等，如图 4-46 所示。

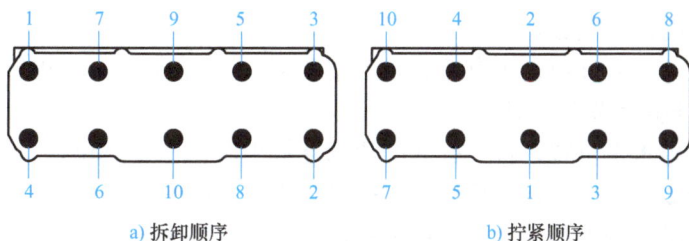

a) 拆卸顺序　　　　　　　　　　b) 拧紧顺序

图 4-46　气缸盖螺栓的拆装顺序

2）拆卸前，应对零件在制造时所做的记号加以核对和辨认，没有记号时，要在零件非工作面上做出记号。如正时齿轮、曲轴和飞轮、连杆和连杆轴承盖等。使用过的活塞、活塞销、活塞环、连杆轴瓦、主轴瓦、平衡重、气门等都没有互换性，拆卸时应注意标记相对应的缸数、配对记号。装配时必须按原位装复，不得错乱。

3）取出活塞前，须将气缸上边缘的积炭仔细擦净，连杆螺栓固定在连杆瓦座上的要用胶套套住螺纹段，以免取出活塞连杆时，刮伤活塞、活塞环或气缸。

4）推出活塞连杆时，只许用手或头部光圆的木棒轻轻推出，禁止敲击连杆大头，以免在瓦座表面和瓦盖接合面上产生击痕。

5）装活塞销前，应先将活塞放在水或机油中加热到 80 ~ 90℃。安装时应注意活塞与连杆的相对位置。

6）拆装活塞环、气缸套以及活塞连杆组向气缸安装时可使用专用工具。安装湿缸套时，必须更换新的橡胶密封圈。缸体和缸套上的环槽和支承台肩应清理干净。

7）注意活塞环安装位置与开口分布。如有镀锡环时，则为第一道气环，锥形环小端朝上，扭曲环内缺口朝上，外缺口朝下。活塞环开口位置应避开活塞销方向和活塞销的水平垂直方向一面安装，并相互错开180°或120°；油环是组合环时，装配的时候应先装径向衬环，再装下片环和轴向环，最后装上片环，片环的开口位置也应错开180°或120°。

8）同一台发动机的活塞连杆组重量差应符合出厂规定。

9）无机油泵，靠飞溅润滑的机型，连杆大头的油勺勿漏装或装反。

10）安装气缸垫时，应注意使其油道孔与缸体上油道对齐。

11）在装配过程中，应保持零部件和工具的清洁。各摩擦表面在装配前需涂抹清洁机油。

2. 曲柄连杆机构的拆卸

拆卸前，作为初学者一定本着先外围、再先上后下再中间多做记号的原则，看清楚、想清楚后才动手，拆卸曲柄连杆机构零部件时，应先放掉发动机的油、液，断电，拆卸连接导线和拉线及各种气管、水管，然后将发动机外部零部件拆卸，如分电器、发电机及曲轴带轮、水泵、汽油泵、起动机、机油滤清器、节气门体、燃油分配器及喷油嘴等。拆下齿形带护罩，转动曲轴使1缸活塞处于压宿行程上止点，检测正时记号，凸轮轴正时齿形带轮上标记必须与气门罩盖平面对齐，最后拆张紧装置，拆下齿形带。有条件的在工作台上由远到近按拆装顺序摆放。

（1）活塞连杆组在机体上的拆卸

1）拆发动机附件和气缸盖。

2）检查各缸活塞连杆组是否有标记（活塞顶部）。若有标记，则进行下一步；若无标记，则在活塞连杆组上做上标记。

3）把缸体放到水平位置，将要拆卸的活塞连杆组转到下止点位置。

4）用扳手分2～3次拧松连杆螺栓、螺母，拆下连杆轴承下盖。

5）用锤柄轻敲连杆上瓦接合面，使活塞连杆组从缸体上平面方向拆出。

6）将拆下的活塞连杆组配对装好，将活塞连杆组总成按顺序放好。

（2）拆下气缸盖

1）拧出气门罩盖的螺栓，取下气门罩盖和挡油罩。

2）拧下张紧轮螺母，取下张紧轮。

3）拆下进、排气歧管。

4）按要求顺序拧松气缸盖螺栓，并取下气缸盖和气缸盖衬垫。

5）拆下火花塞。

（3）气缸盖的拆卸

1）拆下发动机附近及气门室盖，若气门室盖被胶粘住，可用螺丝刀或其他工具撬动。

2）按规定的次序将缸盖螺栓分2～3次拧松，每次拧松一些，然后拆下。

注意：若没有按照次序拆卸螺栓，可能会使气缸盖变形，拆卸最好在常温下进行。

3）如果气缸盖及气缸体平面附着密封垫材料，可使用密封垫刮刀刮净，并用软质刷子与溶剂清洗，再用压缩空气吹净。

（4）拆下并分解曲柄连杆机构

1）拆下油底壳、机油滤网、浮子和机油泵。

2）拆下曲轴带轮。

3）拧下曲轴正时带轮固定螺栓，取下曲轴正时带轮。

4）拧下中间轴齿带轮的固定螺栓，取下中间齿带轮；拆卸密封凸缘，取出中间轴。

5）拆卸前油封和前油封凸缘。

6）拆卸离合器压盘总成及飞轮总成，为保证其动平衡，应在飞轮与离合器壳体上做配对记号。

7）拆下活塞连杆组件：拆下活塞连杆组件前，应检测连杆大端的轴向间隙，找出车型极限间隙值一般为 0.25～0.35mm，大于此值应更换连杆。拆下连杆轴承盖，将活塞连杆组从气缸中抽出；拆下活塞连杆组后，注意连杆、连杆大头盖和活塞上的记号应与气缸的序号一致，若无记号，则应重新打刻。

8）检测曲轴轴向间隙，极限轴向间隙一般为 0.25mm，超过此值，应更换止推片。

9）按规定顺序拧开主轴承盖螺栓，拆下主轴承盖，取下曲轴。

10）分解活塞连杆组件。

3. 曲柄连杆机构的装配

曲柄连杆机构的装配质量关系到汽车发动机的工作性能、工作质量及使用寿命。

（1）装配时应注意下列事项

1）各零部件应彻底清洗，用压缩空气吹干，油道、油孔保持畅通。

2）对于一些配合工作面（如气缸壁、活塞、活塞环、轴颈和轴承、挺杆等），装配前要涂以润滑油（机油）。

3）对于有位置、方向和平衡要求的零部件，必须注意装配记号和平衡记号，确保安装关系正确和动平衡要求，如正时链条、链轮、活塞、飞轮和离合器总成等。

4）螺栓、螺母必须按规定的力矩分次按顺序拧紧。螺栓、螺母、垫片等应齐全，以满足其完整性和完好性。

5）尽可能使用专用工具。

（2）曲柄连杆机构的装配

安装顺序一般和拆卸顺序相反，先拆的后装。一定要注意对准记号、确定螺栓的紧固力矩和装配顺序，才能保证发动机的装配质量。

1）活塞连杆组的装合。

① 将同一缸号的活塞和连杆放在一起，如果连杆无缸号标记，应在连杆杆身上标记所属缸号。

② 将活塞顶部的朝前"箭头"标记和连杆杆身上的朝前"浇铸"标记对准。

③ 将涂有机油的活塞销，用大拇指压入活塞销孔和连杆铜套中，如果压不进去，可用热装合法装配。

④ 活塞销装上后，要保证其与铜套的配合间隙为 0.003～0.008mm，经验检验法是用手晃动活塞销与活塞销孔内铜套，无间隙感；活塞销垂直向下时，不会从活塞销孔或铜套中滑出（注意铜套与连杆油孔对正）。

⑤ 安装活塞销卡环。

⑥ 用活塞环专用工具安装活塞环，先装油环，再装第二道气环，最后装第一道气环，气环的上下面不能装错，标记"TOP"朝向活塞顶。

⑦ 检测活塞环的侧隙、端隙。

2）曲轴的安装。

① 将有油槽的上轴瓦装入缸体，使轴承上油槽与缸体上轴承座上的油道口对正。注意上、下轴承不能装反，一般有一道轴承为推力轴承，注意止推片的安装，然后将各道轴承涂上少许润滑油。

② 将曲轴平稳地放入缸体轴承孔。

③ 注意止推片上、下不能装错，有开口的用于气缸体且开口必须朝轴承。

④ 按轴承盖上打印的 1、2、3、4、5 标记，由前向后顺序安装。

⑤ 曲轴轴承盖螺栓应由中间向两边交叉、对称、分三次拧紧，紧固力矩符合车型规定要求，一般最后紧固力矩为 60 ~ 80N·m。轴承盖紧固后，曲轴转动应平滑自如。轴向间隙一般为 0.07 ~ 0.17mm，径向间隙应为 0.03 ~ 0.08mm。

⑥ 安装带轮端曲轴油封和飞轮端曲轴油封。

⑦ 有中间轴的按要求装入中间轴。

⑧ 安装飞轮，使用涂有防松胶的螺栓紧固，紧固力矩符合车型规定要求，一般为 75 ~ 90N·m。

3）活塞连杆组装入气缸。

① 将活塞环开口错开 120°。

② 用活塞环卡箍收紧各道活塞环，将活塞连杆组平稳、小心地装入气缸，装配时注意活塞顶部的箭头应朝向发动机前端。

③ 安装轴承及轴承盖。轴承安装时应注意其定位及安装位置；连杆盖安装时也应注意其安装标记和缸号不能装错，然后交替拧紧连杆螺栓，紧固力矩一般为 30 ~ 50N·m，紧固后再转动 180°。

④ 检测连杆大头的轴向间隙，应在 0.08 ~ 0.24mm 之间。

4）气缸盖的安装。

① 安装气门、凸轮轴和油封等。

② 安放气缸衬垫时，应检测其技术状况，注意安装方向，标有"OPEN TOP"字样的应朝向气缸盖。

③ 将定位螺栓拧入定位孔。

④ 放好气缸盖，用手拧入其余螺栓，再拧出两个定位螺栓。

⑤ 按顺序由中间向两边交叉对称分三到四次拧紧螺栓。

⑥ 安装气缸盖时，曲轴不可置于上止点（否则可能会损伤气门或活塞顶部），应在曲轴任何一个连杆轴颈处于上止点后，再倒转 1/4 圈。

⑦ 安装气门罩盖，其紧固力矩为 10 ~ 15N·m。

工作页 4　机体组的认知与装调

任务名称	工作页 4　机体组的认知与装调				
班级		姓名	学号		日期	

任务描述	1. 在发动机拆装台架上，按维修手册要求拆卸发动机气缸盖螺栓并取下气缸盖，识别机体组各零部件。 2. 在工作台上对气缸盖下平面的平面度进行检测，根据检测结果提出维修方案。 3. 用抹布和风枪清洁后将气缸盖装配到发动机缸体上，按规定力矩拧紧气缸盖螺栓。 4. 要求熟悉机体组的拆装方法及技术要求，能规范拆装机体组零件，熟悉各零部件的名称、作用和结构特点；能规范使用工量具完成作业内容。 5. 按要求完成工作任务，任务完成过程遵循安全文明操作规程，任务完成后进行 7S 管理。

任务载体	每组工位配备一套：发动机拆装台架、工具车、力矩扳手、气缸盖螺栓拆装专用套筒、刀口形直尺、塞尺（0.02mm）、游标卡尺、组合套筒工具组、风枪、棉布、维修手册、工单、清洁卫生工具。	实训场地	发动机实训室

	序号	项目	情况记录
准备工作	1	发动机拆装台架	□是　□否
	2	工具车	□是　□否
	3	力矩扳手	□是　□否
	4	气缸盖螺栓拆装专用套筒	□是　□否
	5	刀口形直尺	□是　□否
	6	塞尺	□是　□否
	7	游标卡尺	□是　□否
	8	组合套筒工具组	□是　□否
	9	风枪	□是　□否
	10	棉布	□是　□否
	11	维修手册	□是　□否
	12	工单	□是　□否
	13	清洁卫生工具	□是　□否

一、机体组结构的认识
根据右图的指示，将组成气缸体各部分的名称填入表中。

序号	名称
1	
2	
3	
4	
5	
6	
7	

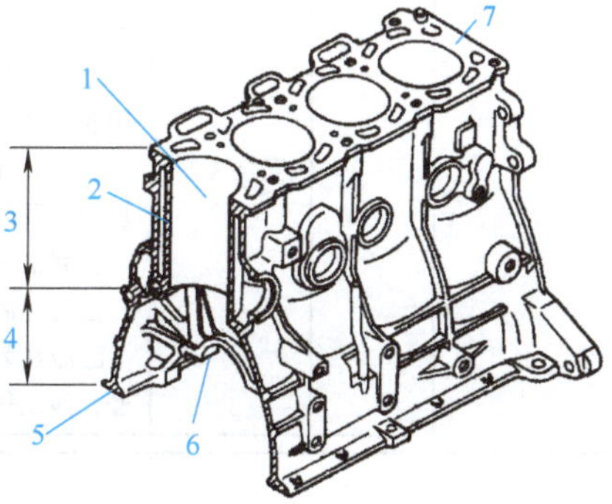

任务实施

任务名称			工作页 4　机体组的认知与装调				
班级		姓名		学号		日期	

<table>
<tr><td rowspan="1">任务实施</td><td>

二、气缸盖的拆装步骤及要领

1. 记录拆装气缸盖的步骤。

2. 在下图中标出气缸盖螺栓的拆装顺序。

a) 气缸盖螺栓拆卸顺序　　　　b) 气缸盖螺栓拧紧顺序

3. 气缸体与气缸盖连接螺栓的拧紧力矩是_____。

三、工作场地 7S 管理

</td></tr>
</table>

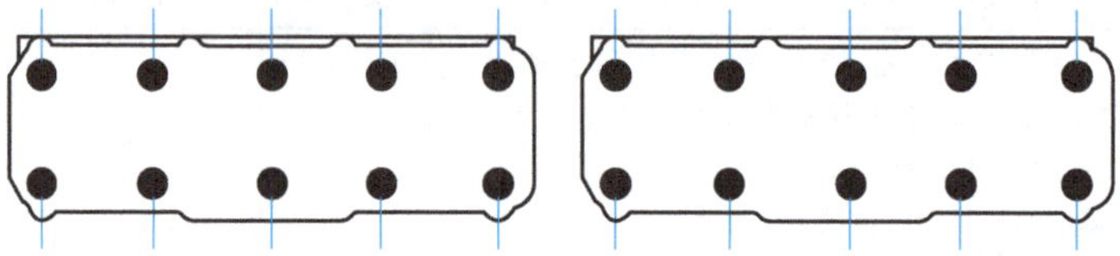

检查评价

1. 评分细则

序号	评价项目	评价标准（每项累计扣分不超过配分）	配分	自评	互评	师评
1	安全文明否决	□造成人身、设备重大事故，或恶意顶撞教师、严重扰乱课堂秩序，立即终止实训，此评价表计 0 分				
2	工作计划制定	□能正确列出需使用的工量具，缺一个要点扣 0.5 分 □能正确查阅维修手册，缺一个要点扣 1 分 □能正确列出操作计划，缺一个要点扣 1 分 □能正确列出操作注意事项，缺一个要点扣 1 分	10 分			
3	安全文明生产	□能正确穿工作服、工作鞋，戴工作帽，缺一项扣 1 分 □工量具与零件摆放整齐，不混放，不随意摆放在地上，未达标每次每处扣 1 分 □油、水洒落在地面或零部件表面或车漆表面应及时清理，未达标每次扣 1 分 □完工后清理工量具，缺一个要点扣 1 分 □完工后清理实训场地，缺一个要点扣 2 分 □服从教师和班组长的课堂要求，不出言不逊，违反每次扣 3 分	15 分			

任务名称			工作页 4　机体组的认知与装调					
班级		姓名		学号			日期	

序号	评价项目	评价标准（每项累计扣分不超过配分）	配分	自评	互评	师评
4	工具准备	□能准备好需使用的工具，每少准备一件扣1分 □恰当选择工具进行装调，选错一次扣2分	10分			
5	维修手册使用	□能对照维修手册正确查找数据及相关信息，每查错一个数据或漏查一个数据扣5分	20分			
6	拆装机体组件	□能规范使用力矩扳手，不规范扣3分 □能正确选用工具，错一个扣3分 □按顺序进行缸盖螺栓的拆装，错一次扣1分 □零件按顺序摆放整齐，没按顺序或顺序错误扣3分 □按规范抬起气缸盖并摆放到气缸体上或零件台上，操作不规范扣5分	25分			
7	认识机体组结构	□能正确说出每个零部件的名称、作用和结构特点，错一个扣2分	10分			
8	工单记录	□维修记录字迹工整，潦草扣2分 □内容填写完整，缺一项扣1分	5分			
9	职业素养	□语言表达能力，酌情赋分 □适应团队合作，酌情赋分	5分			
合计			100分			

2. 任务成绩（自我评价、组间互评、教师评价三者成绩加权得到，系数根据实际情况而定）

自我评价	组间互评	教师评价	任务成绩

反思改进

请根据任务完成情况，对自己及小组工作进行反思，提出改进意见或措施。

_____

_____

_____

检查评价

项目四

任务名称	工作页 5　活塞连杆组的认知与装调					
班级		姓名		学号		日期	

任务描述	1. 在发动机拆装台架上，按维修手册要求拆卸活塞连杆组，识别活塞连杆组各零部件。 2. 用抹布和风枪清洁后，将活塞连杆组装配到发动机缸体上。 3. 要求熟悉活塞连杆组的拆装方法及技术要求，能规范拆装活塞连杆组的零部件，熟悉各零部件的名称、作用、结构特点及拆装摆放顺序；能规范使用工量具完成作业内容。 4. 按要求完成工作任务，任务完成过程遵循安全文明操作规程，任务完成后进行 7S 管理。

任务载体	每组工位配备一套：发动机拆装台架、工具车、力矩扳手、气缸盖螺栓拆装专用套筒、刀口形直尺、塞尺、游标卡尺、组合套筒工具组、风枪、棉布、维修手册、工单、清洁卫生工具。	实训场地	发动机实训室

准备工作

序号	项目	情况记录
1	发动机拆装台架	□是　□否
2	工具车	□是　□否
3	力矩扳手	□是　□否
4	活塞环套	□是　□否
5	活塞环拆装钳	□是　□否
6	橡胶锤	□是　□否
7	连杆螺栓保护套	□是　□否
8	维修手册	□是　□否
9	零件盆	□是　□否
10	机油枪	□是　□否
11	工作台	□是　□否
12	机油	□是　□否
13	记号笔	□是　□否
14	抹布	□是　□否
15	清洁卫生工具	□是　□否

任务实施

一、活塞连杆组结构的认识

根据右图的指示，将活塞连杆组的名称填入表中。

序号	名称
1	
2	
3	
4	
5	
6	
7	
8	
9	

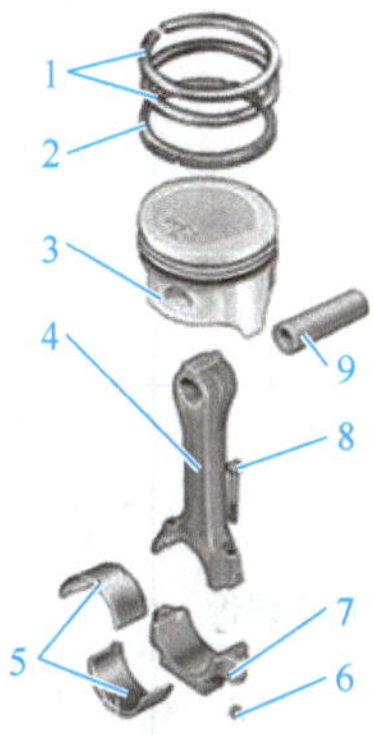

任务名称	工作页 5 活塞连杆组的认知与装调					
班级		姓名		学号		日期	

任务实施	**二、活塞连杆组的拆装** 1.写出拆装活塞连杆组的步骤。 2.根据观察，写出活塞、活塞环、连杆、连杆盖上有哪些装配标记。 3.活塞环在安装时，其开口应该如下。 1）第一道气环的开口位置： 2）第二道气环的开口位置： 3）第三道气环的开口位置： 4）油环的开口位置： 4.技艺难点讨论。 安装活塞连杆组时，最容易碰到返工的地方在哪儿，有什么方法可以避免返工？请记录下来。 **三、工作场地 7S 管理**

检查评价	1.评分细则

1.评分细则

序号	评价项目	评价标准（每项累计扣分不超过配分）	配分	自评	互评	师评
1	安全文明否决	□造成人身、设备重大事故，或恶意顶撞教师、严重扰乱课堂秩序，立即终止实训，此评价表计 0 分				

任务名称	工作页 5　活塞连杆组的认知与装调						
班级		姓名		学号		日期	

	序号	评价项目	评价标准（每项累计扣分不超过配分）	配分	自评	互评	师评
检查评价	2	工作计划制定	□能正确列出需使用的工量具，缺一个要点扣 0.5 分 □能正确查阅维修手册，缺一个要点扣 1 分 □能正确列出操作计划，缺一个要点扣 1 分 □能正确列出操作注意事项，缺一个要点扣 1 分	10 分			
	3	安全文明生产	□能正确穿工作服、工作鞋，戴工作帽，缺一项扣 1 分 □工量具与零件摆放整齐，不混放，不随意摆放在地上，未达标每次每一处扣 1 分 □油、水洒落在地面或零部件表面或车漆表面应及时清理，未达标每次扣 1 分 □完工后清理工量具，缺一个要点扣 1 分 □完工后清理实训场地，缺一个要点扣 2 分 □服从教师和班组长的课堂要求，不出言不逊，违反每次扣 3 分	15 分			
	4	工具准备	□能准备好需使用的工具，每少准备一件扣 1 分 □恰当选择工具进行装调，选错一次扣 2 分	10 分			
	5	维修手册使用	□能对照维修手册正确查找数据及相关信息，每查错一个数据或漏查一个数据扣 5 分	10 分			
	6	拆解活塞连杆组件	□未将缸体侧置或倒置扣 1 分，未锁紧翻转架扣 1 分 □未将待拆活塞连杆组转至下止点扣 1 分，未安装曲轴前端螺栓旋转曲轴扣 1 分，用扳手卡曲轴其他部位转动扣 1 分 □未检查连杆大头上配合标记扣 2 分，未做缸号标记扣 2 分 □未逐次交替均匀地拧松连杆螺栓扣 2 分，未安装连杆螺栓保护套扣 2 分 □拆出零件时未用手扶正连杆扣 1 分，活塞卡在缸内扣 2 分，连杆钩住气缸下沿扣 2 分，轴瓦脱落扣 2 分，零件落地扣 2 分 □工具使用错误一次扣 2 分，零件未摆放在零件盆扣 2 分，未将活塞连杆组组合扣 2 分，活塞环拆卸时断裂扣 2 分	20 分			
	7	清洁活塞连杆组结构	未清洁活塞扣 1 分，未清洁连杆扣 1 分，未清洁轴瓦扣 1 分，轴瓦上下顺序装错扣 2 分	5 分			

项目四

（续）

任务名称			工作页5 活塞连杆组的认知与装调				
班级		姓名		学号		日期	

（续）

序号	评价项目	评价标准（每项累计扣分不超过配分）	配分	自评	互评	师评
8	安装活塞连杆组	□活塞环装反扣2分，活塞环装错环槽扣2分，气环开口位置调整错误扣2分，油环开口位置调整错误扣2分，活塞环套压缩时转动扣2分 □未安装连杆螺栓保护套扣1分，活塞环未涂机油扣2分，活塞销未涂机油扣1分，轴瓦未涂机油扣1分 □活塞环套未拧紧扣2分，没有用橡胶锤敲平活塞环套扣1分，活塞未能一次推入气缸扣1分，活塞装反扣2分，轴瓦掉落扣2分 □连杆大头没有对准轴颈扣1分，轴颈损伤扣2分，轴瓦与轴瓦盖上端面、轴瓦与连杆大头下端面没有平齐各扣1分，连杆轴承盖装反扣2分 □连杆螺栓未涂机油扣2分，未按维修手册要求拧紧连杆螺栓扣2分 □未检查安装状况扣2分，未转动曲轴扣2分 □工具使用错误一次扣2分	20分			
9	工单记录	□维修记录字迹工整，潦草扣2分 □内容填写完整，缺一项扣1分	5分			
10	职业素养	□语言表达能力，酌情赋分 □适应团队合作，酌情赋分	5分			
	合计		100分			

2.任务成绩（自我评价、组间互评、教师评价三者成绩加权得到，系数根据实际情况而定）

自我评价	组间互评	教师评价	任务成绩

反思改进

请根据任务完成情况，对自己及小组工作进行反思，提出改进意见或措施。
_____
_____
_____

检查评价

工作页 6 曲轴飞轮组的认知与装调

任务名称	工作页 6 曲轴飞轮组的认知与装调						
班级		姓名		学号		日期	
任务描述	1. 在发动机拆装台架上，按维修手册要求拆卸曲轴轴承座并取下曲轴，识别曲轴飞轮组各零部件。 2. 用风枪清洁并在曲轴主轴承座上刷润滑油后，将曲轴装配到缸体上并按规定力矩拧紧主轴承盖螺栓。 3. 要求熟悉曲轴飞轮组的拆装方法及技术要求，能规范拆装曲轴飞轮组零件，熟悉各零部件的名称、作用和结构特点；能规范使用工量具完成作业内容。 4. 按要求完成工作任务，任务完成过程遵循安全文明操作规程，任务完成后进行 7S 管理。						
任务载体	每组工位配备一套：带曲轴的缸体或台架、工具车、力矩扳手、主轴承盖螺栓拆装专用套筒、机油枪、风枪、棉布、维修手册、工单、清洁卫生工具。				实训场地	发动机实训室	

准备工作

序号	项目	情况记录
1	带曲轴的缸体或台架	□是 □否
2	工具车	□是 □否
3	力矩扳手	□是 □否
4	主轴承盖螺栓拆装专用套筒	□是 □否
5	机油枪	□是 □否
6	风枪	□是 □否
7	棉布	□是 □否
8	维修手册	□是 □否
9	工单	□是 □否
10	清洁卫生工具	□是 □否

任务实施

一、曲轴飞轮组结构的认识

根据左图的指示，将曲轴飞轮组零件的名称填入表中。

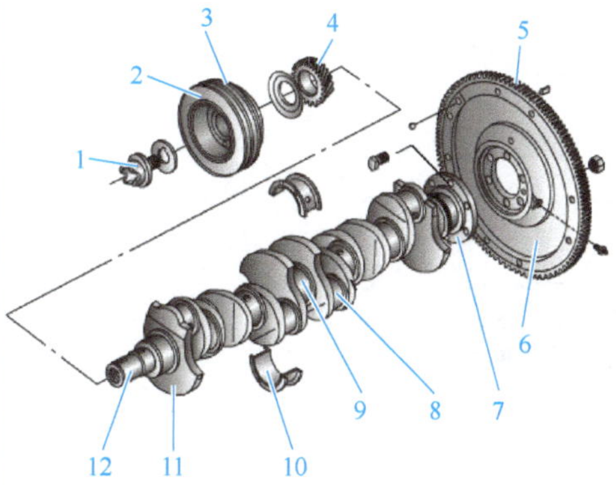

序号	名称
1	
2	
3	
4	
5	
6	
7	
8	
9	
10	
11	
12	

任务名称	工作页 6　曲轴飞轮组的认知与装调					
班级		姓名		学号		日期

二、完成发动机工作循环表

已知 6 缸发动机点火顺序为 1—5—3—6—2—4，请完成下表。

曲轴转角 / (°)		1 缸	2 缸	3 缸	4 缸	5 缸	6 缸
0 ～ 180	0 ～ 60						
	60 ～ 120						
	120 ～ 180						
180 ～ 360	180 ～ 240						
	240 ～ 300						
	300 ～ 360						
360 ～ 540	360 ～ 420						
	420 ～ 480						
	480 ～ 540						
540 ～ 720	540 ～ 600						
	600 ～ 660						
	660 ～ 720						

（任务实施）

三、曲轴飞轮组的拆装

1. 写出拆装曲轴飞轮组的步骤。

2. 根据你的观察，回答下列问题。

1）该曲轴的轴向定位在什么位置：_____。

2）该发动机曲轴采用的支承方式是：_____。

3）曲轴主轴承螺栓拧紧力矩是：_____ N·m。

四、工作场地 7S 管理

任务名称				工作页 6 曲轴飞轮组的认知与装调					
班级		姓名		学号			日期		

检查评价

1. 评分细则

序号	评价项目	评价标准（每项累计扣分不超过配分）	配分	自评	互评	师评
1	安全文明否决	□造成人身、设备重大事故，或恶意顶撞教师、严重扰乱课堂秩序，立即终止实训，此评价表计 0 分				
2	工作计划制定	□能正确列出需使用的工量具，缺一个要点扣 0.5 分 □能正确查阅维修手册，缺一个要点扣 1 分 □能正确列出操作计划，缺一个要点扣 1 分 □能正确列出操作注意事项，缺一个要点扣 1 分	10 分			
3	安全文明生产	□能正确穿工作服、工作鞋，戴工作帽，缺一项扣 1 分 □工量具与零件摆放整齐，不混放，不随意摆放在地上，未达标每次每处扣 1 分 □油、水洒落在地面或零部件表面或车漆表面应及时清理，未达标每次扣 1 分 □完工后清理工量具，缺一个要点扣 1 分 □完工后清理实训场地，缺一个要点扣 2 分 □服从教师和班组长的课堂要求，不出言不逊，违反每次扣 3 分	15 分			
4	工具准备	□能准备好需使用的工具，每少准备一件扣 1 分 □恰当选择工具进行装调，选错一次扣 2 分	10 分			
5	维修手册使用	□能对照维修手册正确查找数据及相关信息，每查错一个数据或漏查一个数据扣 5 分	20 分			
6	拆卸曲轴	□未使用力矩扳手拆装主轴承盖螺栓扣 1 分 □主轴承盖拆装顺序不正确，每个扣 1 分 □未查看或标记零件记号，每个扣 1 分 □未按维修手册规定力矩拧紧螺栓扣 2 分 □零件摆放不整齐扣 1 分	10 分			
7	认识曲轴飞轮组结构	□能正确说出每个零部件的名称、作用和结构特点，错一个扣 2 分	10 分			

任务名称			工作页 6　曲轴飞轮组的认知与装调					
班级		姓名		学号			日期	

	序号	评价项目	评价标准（每项累计扣分不超过配分）	配分	自评	互评	师评
检查评价	8	安装曲轴	□未清洁曲轴扣 1 分，轴颈未涂机油扣 1 分 □未清洁轴瓦盖、轴瓦扣 1 分，未涂机油扣 1 分 □未查看或未按零件记号正确安装扣 2 分 □未用手将螺栓拧入至少 5 圈以上扣 2 分 □未逐次均匀地将螺栓拧紧扣 2 分 □未按从中间向两边的顺序拧紧螺栓扣 2 分 □未按维修手册规定力矩拧紧螺栓扣 2 分 □未旋转检查曲轴扣 2 分	15 分			
	9	工单记录	□维修记录字迹工整，潦草扣 2 分 □内容填写完整，缺一项扣 1 分	5 分			
	10	职业素养	□语言表达能力，酌情赋分 □适应团队合作，酌情赋分	5 分			
		合计		100 分			

2.任务成绩（自我评价、组间互评、教师评价三者成绩加权得到，系数根据实际情况而定）

自我评价	组间互评	教师评价	任务成绩

反思改进	请根据任务完成情况，对自己及小组工作进行反思，提出改进意见或措施。 _____ _____ _____

任务 4.3 曲柄连杆机构的检修及数据处理

曲柄连杆机构的检测及数据处理是曲柄连杆机构修复的关键，是维修技师动手的依据，这就是"汽车医生"还是"汽车护士"的区别点，科学修车要以数据说话，检测时首先要懂得合理、正确地使用相关量具和检测设备，看哪里，怎么看，看出了什么？测哪里，怎么测，测出来的数据是多少，有什么用？在检测时方法要得当，读数要准确，标准要清楚；其次要会分析和处理检测数据，找到正确的修理方法。

子任务 4.3.1 机体组的检修及数据处理

1. 气缸盖与气缸体常见损伤形式

气缸盖和气缸体常见的机械损伤形式主要有：磨损、变形、裂纹。

（1）磨损

机体组内气缸的磨损是无法避免的普遍现象，气缸的磨损程度通常作为一台发动机是否需要大修的重要依据。在正常磨损状态下，气缸磨损的特点是由活塞环运动区域呈上大下小的不规则锥形不均匀磨损。实践证明，气缸磨损最大的部位是活塞运动到上止点时第一道气环相对应的气缸壁区域。气缸磨损的原因主要是气缸在润滑不良、高温、高压、交变负荷和腐蚀性物质作用的恶劣条件下工作，加之活塞在气缸中的高速往复运动，进一步加剧了气缸磨损。

（2）变形

气缸盖的变形是指在与气缸体结合平面处发生翘曲变形，主要由拆装气缸盖时操作不当以及未按气缸盖螺栓规定的装配顺序和拧紧力矩操作所致。

气缸体变形主要有以下 3 种形式。

1）气缸体与气缸盖结合平面处发生翘曲变形，拆装气缸盖时拧紧力矩过大或不均匀，或没按规定顺序拧紧螺栓以及在高温下拆卸气缸盖所致。

2）气缸体上下平面在螺纹孔周围发生凸起，通常由于装配时拧紧力矩过大，或装配螺纹孔时未清洗干净以及螺栓变形所致。

3）气缸体内部发生变形，主要由于曲轴轴承座孔同轴度偏差较大、曲轴轴承座孔处厚度不均匀，铸造时造成残余应力不均匀所引起。

气缸体和气缸盖发生变形，致使气缸体和气缸盖平面度误差加大，引起气缸密封不严、漏水、漏气，甚至燃气冲坏气缸垫，从而影响发动机的工作质量。

（3）裂纹

气缸盖的裂纹发生的常见位置是进排气门座之间的过梁处，这是由于气门座或气门导管配合过盈量较大与镶嵌工艺不当引起；冬天的时候，裂纹也可能发生在水套壁较薄处，这是由于冷却液在低温下结冰膨胀所致。

气缸体产生裂纹的原因如下。

1）曲轴在高速转动时产生振动，增加了气缸体的负荷，在气缸体薄弱部位发生裂纹。

2）镶换气缸套时，过盈量过大或者压装工艺不当会造成气缸体局部裂纹。

3）装配螺栓时拧紧力矩过大，或者镶套修复损坏的螺纹孔时，其过盈量选择过大会使原螺纹孔开裂。

4）发动机高温时突然加入大量冷水或水垢积聚过多而导致散热不良，使水套壁产生裂纹。

5）冬天及寒冷地区未加注防冻液的车辆，停驶时间较长而未及时防水，导致水套冻裂。

2. 机体组的检测及数据处理

以直列发动机机体组的检测为例，其检测步骤如下。

（1）气缸盖的外观检测内容

1）检测气缸盖有无裂纹、机械损伤、化学腐蚀及变形。如果发现有造成漏水、漏气的裂纹或损伤，则应及时修理或更换气缸盖。

2）检测气缸盖排气门、燃烧室和气门座处的积炭情况。根据情况清除干净，以保持发动机不致因积炭严重而发生过热现象。

（2）检测气缸盖的裂纹

气缸盖裂纹一般发生在气门座附近或水套薄壁处。对裂纹的检测可采用目测或机械液压试验等方式。

在气缸盖和气缸体的水套中，加入足够的水，用 294～392kPa 的压力保持 5min 以上，应无任何渗漏；或者用汽油或煤油注入气缸体和气缸盖的水套内，30min 后，观察有无渗漏。

（3）检测气缸盖接合平面

1）气缸盖下平面。气缸盖下平面与气缸垫相接合处，通过气缸盖连接螺栓与气缸体连接、紧固，并防止燃气外漏。

①气缸盖下平面的平面度误差极限值为 0.05mm。

②气缸盖下平面的平面度的检测方法。用刀口形直尺（或光轴）和塞尺对气缸盖的 6个方向进行检测，取塞尺测量的间隙最大值为平面度误差，检测任何部位的平面度误差极限值均应小于 0.05mm，如图 4-47 所示。

2）气缸盖与排气歧管接合平面的检测。

①气缸盖与排气歧管接合平面的平面度误差极限值为 0.10mm。

②气缸盖与排气歧管接合平面的平面度的检测方法。用刀口形直尺和塞尺按图 4-48所示的方法检测气缸盖与排气歧管接合平面的平面度。

3）气缸盖与进气歧管接合平面的检测。

①气缸盖与进气歧管接合平面的平面度误差极限值为 0.10mm。

②气缸盖与进气歧管接合平面的平面度的检测方法。用刀口形直尺和塞尺按图 4-48所示的方法检测气缸盖与进气歧管接合平面的平面度。

（4）检测气缸盖轴孔

1）凸轮轴安装孔。

①凸轮轴安装孔的结构与尺寸：凸轮轴安装孔由气缸盖前端（曲轴带轮侧）至气缸盖尾端（分电器安装侧）共有 4 个轴承孔，其直径尺寸必须符合标准尺寸，对气缸盖上凸轮轴安装孔进行检测，结合测量的凸轮轴轴颈尺寸计算凸轮轴轴颈与凸轮轴孔的配合间隙。

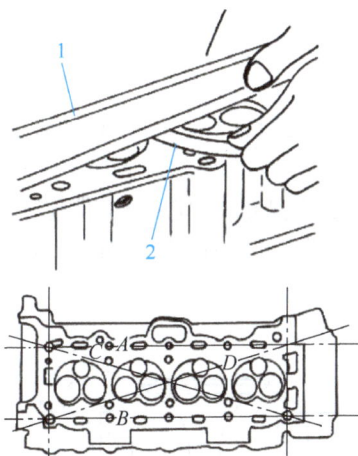

图 4-47　气缸盖平面度的检测

1—刀口形直尺　2—塞尺

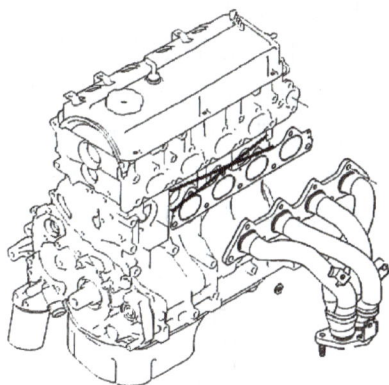

图 4-48　气缸盖与排气歧管接合平面的
平面度检测方法示意图

② 凸轮轴安装孔尺寸用内径百分表进行检测。检测时，在每个孔的两个部位互相垂直的两个方向上进行检测。

③ 凸轮轴安装孔检测结果的处理。在对凸轮轴安装孔进行检测之后，每个安装孔测得 4 个数据，结合凸轮轴相应部位测得的数据，进行间隙计算。其间隙要求：标准值为 0.050 ～ 0.091mm，极限值为 0.15mm。计算出的任一径向间隙，如果超过规定的极限值，则首先更换凸轮轴来满足间隙的要求，若更换凸轮轴满足不了径向间隙的要求，则应更换气缸盖。

2）气门导管孔与气门杆间隙的检测。

① 气门导管的安装位置与内孔尺寸。气门导管分为进气门导管和排气门导管，每个气缸燃烧室各两个，3 个燃烧室共 6 个气门导管，分别装在进气侧和排气侧，进、排气门导管外径尺寸相同，安装要求也一样。

② 气门导管内径的检测方法。气门导管的内径检测方法有两种：内径百分表检测法和用百分表检测气门杆端的偏差法。

内径百分表检测法：用内径百分表在上、中、下 3 个部位互相垂直的两个方向上测量气门导管的内径。

百分表检测气门杆端的偏差法：用磁性表座固定百分表来检测气门杆端的偏差是否在规定的极限值内，以判定气门导管是否可用。气门杆偏差极限值：进气门为 0.12mm，排气门为 0.16mm。

③ 气门导管内径测量值的判定处理。在气门导管内径测出后，结合对进、排气门杆的测量，来计算气门导管与气门杆的间隙，以决定更换哪个零件。气门导管与气门杆的间隙值如下（图 4-49）。

进气门：标准值为 0.020 ～ 0.050mm，极限值为 0.070mm。

排气门：标准值为 0.030 ～ 0.060mm，极限值为 0.090mm。

项目四　曲柄连杆机构检修　099

若气门杆与气门导管的间隙超过极限值，应先更换进（排）气门来调整气门杆与气门导管的间隙；当不能满足要求，应更换气门导管。

（5）检测气门座

气门座接触面的检测：

① 检测气门座接触面时，气门必须完全符合要求，气门杆和气门导管的配合间隙符合要求时，才能进行气门接触面的检测。

② 气门头部工作面接触印痕标准配合间隙及状况的规定：标准配合间隙为 $1.3 \sim 1.5$mm，印痕状况为连续无间断环形印痕（进、排气门的规定相同）。气门头部接触印痕间隙部位如图 4-50 所示。

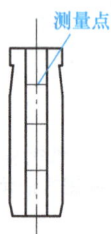

图 4-49　气门导管与气门杆间隙检测

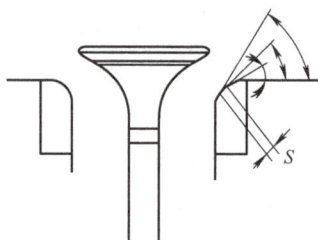

图 4-50　气门头部接触印痕间隙

③ 检测方法：一般是在气门座上均匀地涂上一层红丹油，使用气门研磨工具（或合格的进、排气门）使气门座与气门头部旋转研配，就能得到各气门的接触印痕。各气门配合面得到的接触印痕必须符合规定。

④ 气门座位置尺寸的检测。气门座位置尺寸的检测方法：在气门座中放入合格的进、排气门，用外径千分尺测量气门最高部位距气缸盖下平面的距离，应保持在规定极限值内。该极限值的规定按制造厂的技术文件规定执行。

（6）检测缸盖水套口

目测水套口是否被腐蚀，若有严重腐蚀，则应修理。

（7）气缸体外观的检测内容

图 4-51 所示为比亚迪唐的 4 缸发动机机体。气缸体观测主要是检测气缸体各部位有无机械损伤或化学腐蚀，有无裂纹、气孔、砂眼等造成的漏油、漏水问题。

（8）检测气缸体接合平面

气缸体上平面的平面度误差标准值为 0.03mm，极限值为 0.05mm。其检测及修理方法与气缸盖下平面的检修方法相同，如图 4-52 所示。

图 4-51　比亚迪唐的 4 缸发动机机体

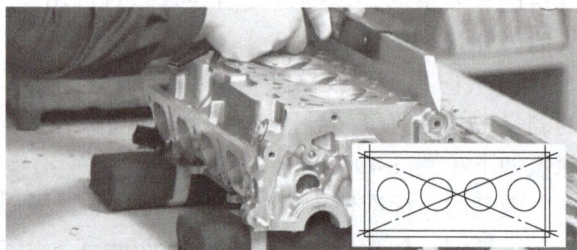

图 4-52　气缸体上平面的平面度检测示意图

（9）检测气缸体缸径

1）气缸体缸径尺寸应符合标准规定。项目标准极限值如下。

标准缸径：ϕ68.55mm；

第一修理尺寸：ϕ68.80mm；

第二修理尺寸：ϕ69.05mm；

气缸体与活塞的间隙：0.045～0.055mm；

三个气缸体缸径差值：0.030～0.050mm。

2）气缸体缸径的测量如图4-53a所示。

① 气缸体缸径的测量部位。根据气缸体的磨损规律，测量缸径时，应在气缸轴向三个截面、两个方位上测量，如图4-53b所示的a、b、c截面，A、B方位。截面a在气缸体的上部，相当于活塞在行程上止点时第一道气环所在的位置，距缸顶10～15mm；截面b在气缸体的中部；截面c在气缸体的下部接近下边缘处，距缸底10～15mm。其中，A方位为发动机的纵向；B方位为发动机的横向。

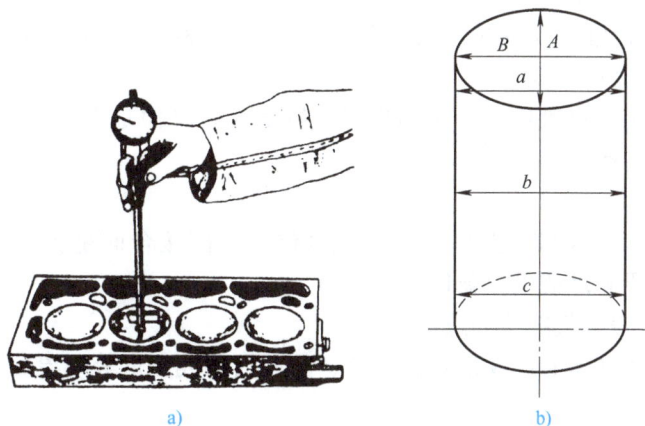

a)　　　　　　　　　　　　　　b)

图 4-53　气缸体的测量示意图

② 调整量缸表测量接杆的长度。根据被测气缸的直径选择合适的测量接杆及固定螺母拧入表杆下端。调整接杆长度，使其与活动测杆的总长度与被测气缸直径相适合，即其测量范围能包含该缸的最大和最小磨损缸径。

③ 测取最小磨损缸径。最小磨损缸径在气缸的下部，因此将量缸表的测杆伸入到接近气缸孔下边缘处，如图4-53b所示的截面c处的平面内A、B方位，找到该处气缸的最小直径作为最小磨损缸径。

注意：用量缸表测量缸径时，应使其下面的测杆位于垂直气缸轴线的位置。为此测某一位置缸径时，应在该直径所在的纵平面内摆动量缸表，如图4-53所示。表盘指针顺时针摆转到极限位置刚要回动时，即表明测杆已垂直于气缸轴线。

④ 测取最大磨损缸径。测取最大磨损缸径应在截面a的B方位及截面b的B方位上测量，即将量缸表的测杆伸入到上述两截面的两个方位即可测取到最大磨损缸径。

⑤ 测量圆度和圆柱度误差。测取最大磨损缸径后即测取同一横截面内的最小缸径。为快捷起见，通常测取与最大磨损直径相垂直的缸径作为该平面内的最小磨损缸径。用上述步骤测得值即可计算出该缸的圆度和圆柱度误差，即

$$圆度误差 = （最大磨损缸径 D_{max} - 最小磨损缸径 D_{min}）/2$$

$$圆柱度误差 = （最大磨损缸径 D_{max} - 最小磨损缸径 D_{min}）/2$$

3）气缸体缸径测量结果的处理。

① 将测量的缸孔直径值进行记录。

② 根据所测得的最大磨损缸径及圆度、圆柱度误差值，与规定极限值比较，确定是否对气缸进行修理。

③ 在气缸体各缸测量出的缸径数据中，用各缸径的最大值计算出气缸与活塞的间隙，看是否超过间隙的规定范围，若超过应对气缸进行修理。

④ 各个气缸间的最大与最小缸径之差不应大于 0.05mm，否则应对气缸进行修理。

⑤ 单个气缸的缸壁上有严重的拉伤或损伤时，应对气缸进行修理。

（10）检测缸体裂纹

1）水压试验。当缸体或缸盖水腔内的水压加到 30 ~ 40kPa 时保持 5min，有裂纹和砂眼的地方就会有水渗出。

2）渗漏法。将汽油或煤油注入水腔内，经过 20 ~ 30min，观察是否有油渗出。

（11）检测气缸盖罩总成

目测气缸盖罩是否有裂纹、凸凹损伤或气缸盖接合平面是否有严重翘曲变形等现象。如有，则应修整或更换新件。

（12）检修油底壳

目测油底壳是否有裂纹、凸凹损伤或气缸体下平面接合面是否有严重翘曲变形等现象。如有，根据需要修理或更换新件。

（13）检测气缸盖、气缸体的螺纹

目测气缸盖、气缸体的螺纹是否有裂纹、凸凹损伤或变形等现象。如有，根据需要修理或更换新件。

工作页 7　机体组的检修

任务名称			工作页 7　机体组的检修			
班级		姓名		学号		日期	

任务描述	1. 对已拆除附件的机体组零部件（气缸体和气缸盖）按要求进行检测，记录数据，并根据检测结果提出维修方案。 2. 要求熟悉机体组零部件的检测方法及主要技术要求；会查阅维修手册；能规范使用工量具检测机体组零部件，正确判断零部件是否正常；能根据检测结果提出合理维修方案。 3. 按要求完成工作任务，任务完成过程遵循安全文明操作规程，任务完成后进行 7S 管理。

任务载体	每组工位配备一套：发动机拆装台架、工具车、力矩扳手、气缸盖螺栓拆装专用套筒、刀口形直尺、塞尺（0.02mm）、游标卡尺、组合套筒工具组、风枪、棉布、维修手册、工单、清洁卫生工具。	实训场地	发动机实训室

准备工作	项目	情况记录
	（1）被测零部件准备	□是　□否
	（2）工具及仪器设备准备	□是　□否
	（3）维修手册准备	□是　□否

任务实施

一、校验量具

记录：

二、检查缸盖积炭

如有积炭应当进行积炭处理。

三、查询机体组零部件尺寸标准值

查阅维修手册，该发动机气缸盖最大翘曲变形量是_____。

四、机体组零部件的检修

1. 气缸盖下平面的平面度检查。根据维修手册要求检查气缸盖磨损情况，并将检查结果填入下表中。

气缸盖下平面的平面度误差 /mm	第 1 次	第 2 次	第 3 次	第 4 次	第 5 次	第 6 次	最终测量结果
维修方案							

任务名称			工作页 7　机体组的检修				
班级		姓名		学号		日期	

任务实施

2.气缸体上平面的平面度检查。根据维修手册要求检查气门弹簧损伤情况，并将检查结果填入下表中。

气缸体上平面的平面度误差 /mm	第1次	第2次	第3次	第4次	第5次	第6次	最终测量结果
维修方案							

五、如何保证气缸盖的密封?

六、工作场地 7S 管理

检查评价

1. 评分细则

序号	评价项目	评价标准（每项累计扣分不超过配分）	配分	自评	互评	师评
1	安全文明否决	□造成人身、设备重大事故，或恶意顶撞教师、严重扰乱课堂秩序，立即终止实训，此评分表计 0 分				
2	工作计划制定	□能正确列出需使用的工量具，缺一个要点扣 0.5 分 □能正确查阅维修手册，缺一个要点扣 1 分 □能正确列出操作计划，缺一个要点扣 1 分 □能正确列出操作注意事项，缺一个要点扣 1 分	10 分			
3	安全文明生产	□能正确穿工作服、工作鞋，戴工作帽，缺一项扣 1 分 □工量具与零部件摆放整齐，不混放，不随意摆放在地上，未达标每次每处扣 1 分 □油、水洒落在地面或零部件表面或车漆表面应及时清理，未达标每次扣 1 分 □完工后清理工量具，缺一个要点扣 1 分 □完工后清理实训场地，缺一个要点扣 1 分 □服从教师和班组长的课堂要求，不出言不逊，违反每次扣 2 分	15 分			

任务名称			工作页 7　机体组的检修				
班级		姓名		学号		日期	

（续）

序号	评价项目	评价标准（每项累计扣分不超过配分）	配分	自评	互评	师评
4	工具准备和拆装准备	□能独立准备好需使用的工具，每少准备一件扣1分 □恰当选择工具进行检修，选错一次扣2分 □规范拆卸和安装气缸盖，拆装不规范扣5分	25分			
5	维修手册使用	□能对照维修手册正确查找零部件标准尺寸及检修要点，每查错一个数据或漏查一个要点扣1分	10分			
6	气缸盖和气缸体平面度检查	□未清洁检测部位扣1分 □检测点不正确每个位置扣1分 □量具未清洁扣1分 □塞尺使用不规范扣2分 □测量数据不正确每个测点扣1分 □最终结果不正确扣2分 □不能判断检测结果扣4分	25分			
7	工单记录	□维修记录字迹工整，潦草扣2分 □内容填写完整，缺一项扣1分	10分			
8	职业素养	□认真细致，精益求精，酌情赋分 □适应团队合作，酌情赋分	5分			
9		合计	100分			

检查评价

2. 任务成绩（自我评价、组间互评、教师评价三者成绩加权得到，系数根据实际情况而定）

自我评价	组间互评	教师评价	任务成绩

反思改进

请根据任务完成情况，对自己及小组工作进行反思，提出改进意见或措施。

_____

_____

_____

项目四

子任务 4.3.2 活塞连杆组的检修及数据处理

活塞连杆组的检测和数据处理过程如下。

1. 活塞的检测及数据处理

（1）活塞圆度的检测

许多活塞都制成椭圆形，其短轴在活塞销轴线方向上。活塞圆度的检验，应在圆度检验仪上进行。其圆度公差为 0.40mm。

（2）检测活塞直径

用千分尺在距活塞裙部下边缘约 10mm 处与活塞销垂直方向测量，如图 4-54 所示，测量值与标准尺寸的偏差最大为 0.04mm。

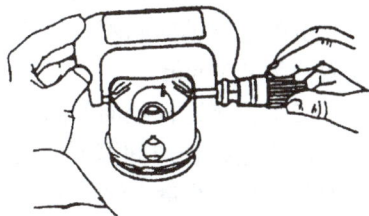

图 4-54　检测活塞直径

2. 活塞环的检测及数据处理

用塞尺检测活塞环与环槽的侧隙，新装活塞环的侧隙为 0.02 ~ 0.05mm，当该值达到 0.15mm 时必须更换；再用塞尺检测活塞环的端隙，将活塞环平压进气缸，使其离气缸顶面 15mm。新活塞环：第一道气环为 0.03 ~ 0.45mm，第二道气环为 0.25 ~ 0.40mm，油环为 0.15 ~ 0.50mm，磨损极限值为 1.00mm。

（1）检测活塞环端隙

将活塞环从气缸体上端压入气缸，距气缸边缘约 15mm。用塞尺测量活塞环的端隙，如图 4-55 所示，活塞环端隙标准见表 4-5。

（2）检测活塞环侧隙

检测之前清洁环槽，用塞尺检测活塞环的侧隙，如图 4-56 所示，活塞环侧隙标准值见表 4-5。

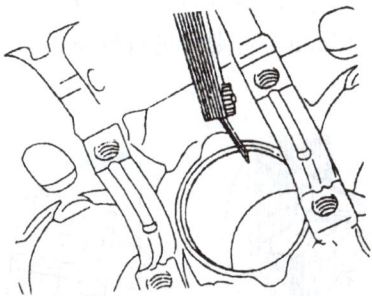

图 4-55　检测活塞环端隙

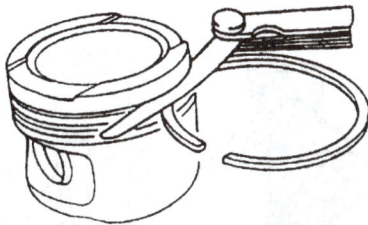

图 4-56　检测活塞环侧隙

表 4-5　活塞环端隙和侧隙标准值　　　　　（单位：mm）

间隙	活塞环名称	新活塞环	磨损极限值
活塞环端隙	第一道气环	0.20 ~ 0.40	0.80
	第二道气环	0.20 ~ 0.40	0.80
	油环	0.25 ~ 0.45	0.80

间隙	活塞环名称	新活塞环	磨损极限值
活塞环侧隙	第一道气环	0.06～0.09	0.20
	第二道气环	0.06～0.09	0.20
	油环	0.03～0.06	0.15

3. 连杆的检测及数据处理

（1）检测连杆轴向间隙

检测连杆轴向间隙，如图4-57所示。连杆的轴向间隙磨损极限值为0.37mm。

（2）检测连杆径向间隙

检测连杆径向间隙时，可用塑料间隙规对装好的发动机进行检测。具体测量方法如下。

1）拆下连杆轴承盖，清洁连杆轴承和轴颈。

2）将塑料间隙规沿着轴向置于轴颈和轴承上。

图4-57　检测连杆轴向间隙

3）装上连杆轴承盖，并用65N·m力矩紧固螺栓，不要转动曲轴。

4）拆下连杆轴承盖，测量压扁后塑料间隙规的厚度，与规定值相比较。连杆径向间隙应为0.024～0.048mm，磨损极限值为0.12mm。

5）径向间隙在装配完毕的发动机上进行检测，则螺栓允许重复使用一次，但须在螺栓头部打标记，有此记号的螺栓下次必须更换。

6）安装轴承盖时，在轴承盖螺母接触面涂机油，并用65N·m的力矩紧固，接着再转动180°进行紧固防松。

（3）检测连杆的弯曲量和扭曲量

使用连杆检验器，把活塞销试装到连杆上，再把连杆大头装到连杆检验器上。如图4-58所示，测量连杆的弯曲量。如图4-59所示，测量连杆的扭曲量。在100mm长度上，连杆弯曲量不得大于0.05mm，连杆扭曲量不得大于0.15mm，否则应进行校正。

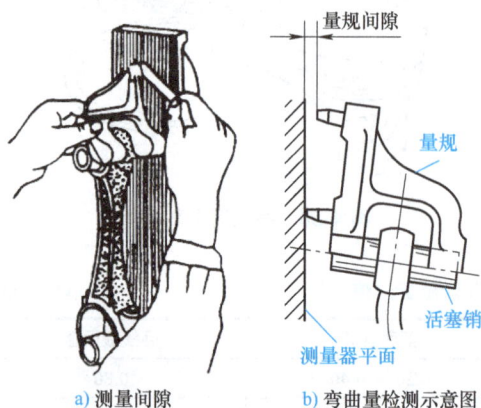

a) 测量间隙　　b) 弯曲量检测示意图

图4-58　检测连杆弯曲量示意图

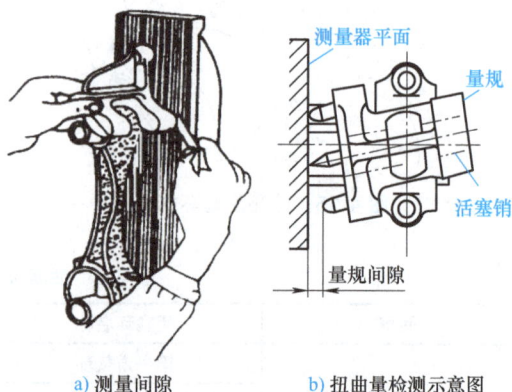

a) 测量间隙　　b) 扭曲量检测示意图

图4-59　检测连杆扭曲量示意图

工作页 8 活塞连杆组的检修

任务名称	工作页 8 活塞连杆组的检修				
班级		姓名	学号		日期

任务描述	1. 对已拆除附件的活塞连杆组零部件以及其装配间隙按要求进行检测，记录数据，并根据检测结果提出维修方案。 2. 要求熟悉活塞连杆组零部件的检测方法及主要技术要求；会查阅维修手册；能规范使用工量具检测活塞环的间隙和气缸间隙是否正常；能根据检测结果提出合理维修方案。 3. 按要求完成工作任务，任务完成过程遵循安全文明操作规程，任务完成后进行 7S 管理。

任务载体	每组工位配备一套：活塞连杆组、气缸体、工具车、千分尺（75～100mm）、量缸表（0～160mm）、游标卡尺（0～125mm）、风枪、直尺、棉布、维修手册、工单、清洁卫生工具	实训场地	发动机实训室

准备工作	项目	情况记录
	（1）被测零部件准备	□是　□否
	（2）工具及仪器设备准备	□是　□否
	（3）维修手册准备	□是　□否

任务实施

一、校验量具

记录：

二、检查活塞积炭

如有积炭应当进行积炭处理。

三、查询活塞连杆组零部件尺寸标准值

1. 查阅维修手册，确认该型号发动机的端隙和侧隙的标准值。

（单位：mm）

活塞环名称	端隙	侧隙
	标准值	标准值
第一道气环		
第二道气环		
油环		

2. 查阅维修手册，该型号发动机的气缸间隙标准值为：_____。

四、对活塞连杆组进行检测

1. 活塞环"三隙"的检测

对照标准要求，检测"三隙"，并将检测结果填入下表中。

项目四

任务名称			工作页 8　活塞连杆组的检修				
班级		姓名		学号		日期	

活塞环间隙检测数据记录表　（单位：mm）

活塞环名称	端隙		侧隙		背隙	
	标准值	测量值	标准值	测量值	标准值	测量值
第一道气环						
第二道气环						
油环						
是否需要修理			修理方案			

任务实施

2. 气缸间隙的检测

对照标准要求，检测气缸间隙，并将检测结果填入下表中。

气缸间隙检测数据记录表　（单位：mm）

（　）缸	活塞裙部直径	气缸直径	气缸间隙
测量数据			
标准气缸间隙		判断是否需要修理	

五、描述你拆装的活塞连杆组有何特点？（活塞结构、活塞环特点、连杆结构、连杆与活塞连接的特点等）

六、工作场地 7S 管理

检查评价

1. 评分细则

序号	评价项目	评价标准（每项累计扣分不超过配分）	配分	自评	互评	师评
1	安全文明否决	□造成人身、设备重大事故，或恶意顶撞教师、严重扰乱课堂秩序，立即终止实训，此评分表计 0 分				
2	工作计划制定	□能正确列出需使用的工量具，缺一个要点扣 0.5 分 □能正确查阅维修手册，缺一个要点扣 1 分 □能正确列出操作计划，缺一个要点扣 1 分 □能正确列出操作注意事项，缺一个要点扣 1 分	10 分			

任务名称			工作页 8　活塞连杆组的检修					
班级		姓名		学号			日期	

	序号	评价项目	评价标准（每项累计扣分不超过配分）	配分	自评	互评	师评
检查评价	3	安全文明生产	□能正确穿工作服、工作鞋，戴工作帽，缺一项扣 1 分 □工量具与零部件摆放整齐，不混放，不随意摆放在地上，未达标每次每处扣 1 分 □油、水洒落在地面或零部件表面或车漆表面应及时清理，未达标每次扣 1 分 □完工后清理工量具，缺一个要点扣 1 分 □完工后清理实训场地，缺一个要点扣 1 分 □服从教师和班组长的课堂要求，不出言不逊，违反每次扣 2 分	15 分			
	4	工具准备和拆装准备	□能独立准备好需使用的工具，每少准备一件扣 1 分 □恰当选择工具进行检修，选错一次扣 2 分 □规范拆卸和安装气缸盖，拆装不规范扣 5 分	10 分			
	5	维修手册使用	□能对照维修手册正确查找零件标准尺寸及检修要点，每查错一个数据或漏查一个要点扣 1 分	10 分			
	6	活塞环间隙的测量	□规范安装活塞环进行测量，未规范安装此项扣 10 分	10 分			
	7	活塞裙部直径测量	□未使用千分尺测量此项不得分 □未清洁活塞裙部扣 3 分 □未清洁量具扣 3 分 □测量部位不正确扣 3 分 □量具使用错误扣 3 分 □测量数据不正确扣 3 分	15 分			
	8	气缸直径测量	□未清洁被测气缸扣 3 分 □未清洁量具扣 2 分 □不按被测气缸标准直径选择测量杆扣 3 分 □安装量缸表时未使用千分尺扣 2 分；量缸表在千分尺上校零时未留预压量扣 3 分 □测量部位不正确扣 3 分 □不能找到气缸直径位置扣 3 分 □测量数据不正确扣 3 分 □结果判定不正确扣 3 分	15 分			

任务名称	工作页 8　活塞连杆组的检修							
班级		姓名		学号		日期		

检查评价	序号	评价项目	评价标准（每项累计扣分不超过配分）	配分	自评	互评	师评
	9	气缸间隙的计算	□计算错误扣 5 分	5 分			
	10	工单记录	□维修记录字迹工整，潦草扣 2 分 □内容填写完整，缺一项扣 1 分	5 分			
	11	职业素养	□认真细致，精益求精，酌情赋分 □适应团队合作，酌情赋分	5 分			
	合计			100 分			

2.任务成绩（自我评价、组间互评、教师评价三者成绩加权得到，系数根据实际情况而定）

自我评价	组间互评	教师评价	任务成绩

反思改进	请根据任务完成情况，对自己及小组工作进行反思，提出改进意见或措施。 _____ _____ _____

子任务 4.3.3　曲轴飞轮组的检修及数据处理

1. 曲轴的检测及数据处理

（1）检测曲轴的弯曲量

如图 4-60 所示，用 V 形铁将曲轴两端水平支承在平台上，使百分表的测量伸缩杆垂直顶压到第三道主轴颈上。转动曲轴一周，百分表指针所指示的最大和最小读数差值的一半即为曲轴的直线度误差，其值应不大于 0.03mm，否则应进行校正或更换曲轴。

（2）检测曲轴的磨损量

如图 4-61 所示，用外径千分尺测量曲轴主轴颈和连杆轴颈的圆度和圆柱度，其标准值为 0.01mm，磨损极限值为 0.02mm。超过标准值要求时，可用曲轴磨床按修理尺寸法对曲轴轴颈进行修磨，曲轴磨损后磨削数据见表 4-6。

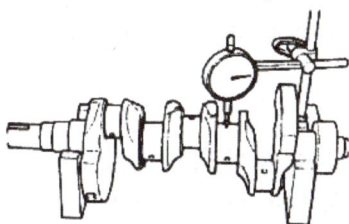

图 4-60　检测曲轴的弯曲量

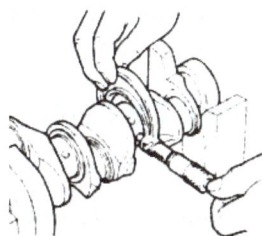

图 4-61　检测曲轴的磨损量

表 4-6　曲轴磨损后磨削数据　　　　　　　　　　（单位：mm）

尺寸	曲轴主轴承轴颈	连杆轴颈
标准尺寸	$54.00^{-0.022}_{-0.042}$	$47.80^{-0.022}_{-0.042}$
第一次缩小尺寸	$53.75^{-0.022}_{-0.042}$	$47.55^{-0.022}_{-0.042}$
第二次缩小尺寸	$53.50^{-0.022}_{-0.042}$	$47.30^{-0.022}_{-0.042}$
第三次缩小尺寸	$53.25^{-0.022}_{-0.042}$	$47.05^{-0.022}_{-0.042}$

（3）检测曲轴轴向间隙

将曲轴朝轴向撬向一端，用塞尺检测第三道主轴承的轴向间隙（配合间隙），如图 4-62 所示。新的轴承轴向间隙为 0.07 ~ 0.17mm，磨损极限为 0.25mm。轴向间隙超过极限值时，应更换第三道主轴承两侧的半圆止推片。

（4）检测曲轴径向间隙

已装好的发动机可用塑料间隙规检测径向间隙。塑料间隙规的测量范围见表 4-7。

表 4-7　塑料间隙规的测量范围

测量范围 /mm	色别	型号
0.025 ~ 0.076	绿	FG-1
0.050 ~ 0.150	红	PR-1
0.100 ~ 0.230	蓝	PB-1

1）拆下曲轴轴承盖，清洁曲轴轴承和曲轴轴颈。

2）将塑料间隙规放在轴颈或轴承上，如图 4-63 所示。

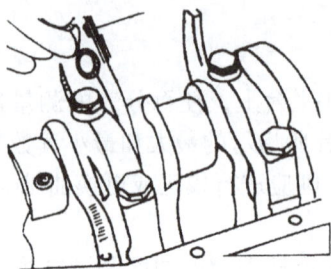

图 4-62　检测曲轴轴向间隙示意图

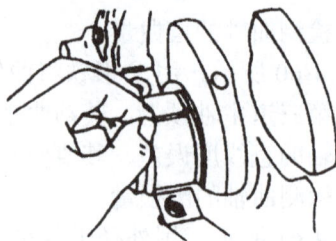

图 4-63　在曲轴轴颈上放置塑料间隙规

3）装上曲轴主轴承盖，并用 65N·m 力矩紧固，不得使曲轴转动。

4）拆下曲轴主轴承盖，用测量尺测量挤压过的塑料间隙规的厚度。新轴承径向间隙应为 0.03 ～ 0.08mm，磨损极限值为 0.17mm。超过磨损极限时，应对相应轴承进行更换。

2. 飞轮的检测及数据处理

检测飞轮工作表面是否有明显的划伤沟槽，用直尺、塞尺或百分表检测飞轮的平面度，若大于 0.20mm，应更换飞轮。飞轮齿圈轮齿磨损严重或出现裂纹时，应更换齿圈。更换齿圈后，必须对飞轮进行静平衡试验，不平衡量不得超过 10g·cm。

工作页 9 曲轴飞轮组的检修

任务名称	工作页 9 曲轴飞轮组的检修				
班级		姓名		学号		日期	

任务描述	1. 对已拆除附件的曲轴飞轮组零部件按要求进行检测，记录数据，并根据检测结果提出维修方案。 2. 要求熟悉曲轴飞轮组零部件的检测方法及主要技术要求；会查阅维修手册；能规范使用工量具检测曲轴的轴向间隙、径向间隙和曲轴的轴颈是否正常；能根据检测结果提出合理维修方案。 3. 按要求完成工作任务，任务完成过程遵循安全文明操作规程，任务完成后进行 7S 管理。		
任务载体	带曲轴的缸体或台架、工具车、千分尺（25～50mm/50～75mm）、力矩扳手、主轴承盖螺栓拆装专用套筒、磁性表座/百分表、塑料间隙规、机油枪、风枪、棉布、维修手册、工单、清洁卫生工具。	实训场地	发动机实训室

	项目	情况记录
准备工作	（1）被测零件准备	□是　□否
	（2）工具及仪器设备准备	□是　□否
	（3）维修手册准备	□是　□否

任务实施	一、校验量具 记录： 二、查阅维修手册 1. 该曲轴第一道主轴颈直径标准值为_____，磨损极限值为_____；第一道连杆轴颈直径标准值为_____，磨损极限值为_____。 2. 曲轴的轴向间隙标准值为_____，径向间隙为_____。 **三、对曲轴进行外观检查并进行清洁。** 观察曲轴各轴颈是否有明显弯曲、磨损、刮痕或裂纹，如有异常，请记录下来。 **四、对曲轴飞轮组进行检测** 1. 曲轴轴颈磨损的检测。 将测量结果填入下表中。

任务名称		工作页 9　曲轴飞轮组的检修					
班级		姓名		学号		日期	

任务实施

曲轴轴颈磨损测量数据表 （单位：mm）

第（　）道	第一截面		第二截面		圆度误差	圆柱度误差
主轴颈						
连杆轴颈						
主轴颈标准直径			主轴颈修理标准			
连杆轴颈标准直径			连杆轴颈修理标准			
修理方案						

2. 曲轴径向和轴向间隙的检测。

检测曲轴的径向和轴向间隙，将检测结果填入下表中。

曲轴径向和轴向间隙数据表 （单位：mm）

检测内容	径向间隙	轴向间隙
测量数据		
标准值	0.024～0.034	0.098～0.26
磨损极限		
修理方案		

五、工作场地 7S 管理

检查评价

1. 评分细则

序号	评价项目	评价标准（每项累计扣分不超过配分）	配分	自评	互评	师评
1	安全文明否决	□造成人身、设备重大事故，或恶意顶撞教师、严重扰乱课堂秩序，立即终止实训，此评价表计 0 分				
2	工作计划制定	□能正确列出需使用的工量具，缺一个要点扣 0.5 分 □能正确查阅维修手册，缺一个要点扣 1 分 □能正确列出操作计划，缺一个要点扣 1 分 □能正确列出操作注意事项，缺一个要点扣 1 分	10 分			

任务名称				工作页 9　曲轴飞轮组的检修					
班级		姓名		学号			日期		

（续）

	序号	评价项目	评价标准（每项累计扣分不超过配分）	配分	自评	互评	师评
检查评价	3	安全文明生产	□能正确穿工作服、工作鞋，戴工作帽，缺一项扣 1 分 □工量具与零件摆放整齐，不混放，不随意摆放在地上，未达标每次每处扣 1 分 □油、水洒落在地面或零部件表面或车漆表面应及时清理，未达标每次扣 1 分 □完工后清理工量具，缺一个要点扣 1 分 □完工后清理实训场地，缺一个要点扣 1 分 □服从教师和班组长的课堂要求，不出言不逊，违反每次扣 2 分	15 分			
	4	工具准备和拆装准备	□能独立准备好需使用的工具，每少准备一件扣 1 分 □恰当选择工具进行检修，选错一次扣 2 分 □规范拆卸和安装气缸盖，拆装不规范扣 5 分	10 分			
	5	维修手册使用	□能对照维修手册正确查找零部件标准尺寸及检修要点，每查错一个数据或漏查一个要点扣 1 分	10 分			
	6	检查主轴颈和连杆轴颈磨损情况	□未选用千分尺测量扣 3 分 □未清洁零部件扣 1 分；未清洁工量具扣 1 分 □未在圆周两个相互垂直的方向进行测量和每少测一个方向扣 2 分 □未避开油孔位置测量扣 3 分 □工量具使用不正确扣 3 分 □测量数据不正确扣 2 分	15 分			
	7	检查曲轴轴向间隙	□未能正确安装曲轴轴承，每个扣 1 分 □曲轴止推片安装方向错误，每片扣 1 分 □主轴承盖安装顺序不正确扣 2 分 □主轴承盖螺栓未达规定转矩扣 1 分 □磁性百分表安装不正确扣 2 分 □百分表未顶在曲轴前端精加工面扣 2 分 □检测数据不正确扣 2 分 □结果判断不正确扣 3 分	15			
	8	检查曲轴的径向间隙	□未获得塞尺的压痕扣 5 分 □未规范安装主轴承盖，每个扣 1 分	10			

项目四

任务名称			工作页 9　曲轴飞轮组的检修					
班级		姓名		学号			日期	

<table>
<tr><td rowspan="6">检查评价</td><td>序号</td><td>评价项目</td><td>评价标准（每项累计扣分不超过配分）</td><td>配分</td><td>自评</td><td>互评</td><td>师评</td></tr>
<tr><td>9</td><td>工单记录</td><td>□维修记录字迹工整，潦草扣 2 分
□内容填写完整，缺一项扣 1 分</td><td>10 分</td><td></td><td></td><td></td></tr>
<tr><td>10</td><td>职业素养</td><td>□认真细致，精益求精，酌情赋分
□适应团队合作，酌情赋分</td><td>5 分</td><td></td><td></td><td></td></tr>
<tr><td colspan="3">合计</td><td>100 分</td><td></td><td></td><td></td></tr>
</table>

2.任务成绩（自我评价、组间互评、教师评价三者成绩加权得到，系数根据实际情况而定）

自我评价	组间互评	教师评价	任务成绩

反思改进	请根据任务完成情况，对自己及小组工作进行反思，提出改进意见或措施。 _____ _____ _____

任务 4.4 曲柄连杆机构的常见故障

子任务 4.4.1 机体组的常见故障

1. 发动机拉缸

（1）故障现象

新车或大修车在磨合期容易产生"拉缸"现象。发动机拉缸后，怠速运转时有"嘎嘎嘎"的响声，而温度升高后，响声不但不消失，反而更重一些，并且发动机有轻微抖动现象。怠速时，从加润滑油口可听到近似敲缸的响声。

（2）故障原因

1）发动机装配时，气缸内和活塞连杆组部件清洁不良。

2）活塞与缸壁配合间隙过小。

3）活塞与活塞销配合过紧而变形。

（3）检查方法

1）在发动机运转中，用逐缸断火的方法辨别响声产生在哪个缸。

2）拆下产生异响气缸的火花塞，往气缸内注入少量机油，装回火花塞，起动发动机，响声应无变化。

3）拆下气缸盖，检查气缸壁拉伤的情况，查清拉伤原因，视情况进行修理。

2. 气缸压缩压力不足

（1）故障现象

气缸压缩压力不足，会使发动机起动困难，汽车行驶无力，燃油消耗增加。

（2）故障原因

1）气缸垫损坏。

2）进气门和排气门的气门间隙调整不当。

3）进气门和排气门与气门座密封不严。

4）活塞环安装不正确，没有按原厂规定安装。

5）活塞环和气缸严重磨损。若向气缸内倒入少量机油可增加压缩压力，说明活塞环和气缸磨损严重。

（3）检查方法

1）发动机温度应为 70 ～ 80℃，蓄电池放电程度不得低于 50%，以使发动机最低转速超过 250r/min。

2）吹净火花塞外部的尘土，拆下各缸火花塞，将节气门完全打开。

3）排出气缸内的废气，将气缸压力表放在火花塞孔座上，如图 4-64 所示。

4）用起动机带动曲轴，记下压力表所示的压力数，连续试验两次以上，依次检测各缸压缩压力值。

图 4-64 检查气缸压力示意图

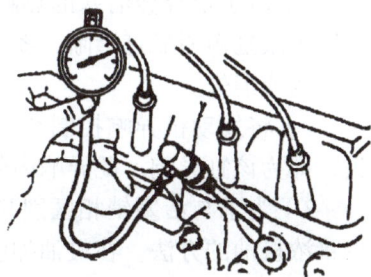

轿车气缸压力标准值≥1200kPa，使用限度为980kPa。

（4）排除方法

1）更换气缸垫。

2）正确调整气门间隙。

3）研磨气门或更换新品。

4）正确安装活塞。

5）清洗、检修活塞环，或更换活塞环。必要时镗磨气缸，更换活塞或活塞环。

子任务 4.4.2 活塞连杆组的常见故障

1. 活塞敲缸

（1）故障现象

1）在发动机怠速运转时，在气缸上部能听到连续不断的"嗒嗒嗒"金属敲击声。

2）发动机温度低时响声大，温度升高后响声减小或消失。

3）单缸断火，响声减弱或消失。

4）发动机发火一次，响声出现两次。

（2）故障原因

1）活塞与缸壁因磨损导致间隙过大，活塞在气缸内摆动，撞击气缸壁发出响声。

2）连杆弯曲。

3）活塞销装配过紧引起变形。

4）连杆轴承装配过紧。

（3）检查方法

1）在发动机低转速时，进行逐缸断火试验，断火后响声减弱或消失，即为该缸异响。

2）怠速时，敲缸声明显且清晰；随着发动机温度升高或转速在中速以上时，响声减弱或消失。

3）卸下火花塞，从火花塞孔往气缸内加注少量机油，机油注入后，用起动机带动曲轴旋转数圈，使活塞与气缸壁间隙充满润滑油膜，而后起动发动机，若在起动后的瞬间响声明显减弱或消失，但随着油膜的流失或烧蚀，响声又很快出现，即可证明是该缸敲缸。

4）用金属棒或长柄螺丝刀抵在发动机的一侧导音听，响声明显，并略有振动感。

（4）故障诊断与排除

1）由于铝合金活塞的热膨胀系数大，所以发动机在低温、怠速运转时，从加机油口位置听敲缸声明显且清晰，随着发动机温度的升高或发动机转速升至中速以上，响声会逐渐减弱或消失。

2）将发动机异响控制在最明显的转速下，进行逐缸断火试验，断火后响声减弱或消失，即为该缸异响。此异响内外查听一致，但初试者外听感觉更明显。

3）为了与活塞销相区别和确定异响来源的气缸，可以采用从火花塞孔往气缸内加注少量浓机油的方法。在机油加注后，用起动机带动曲轴转动数圈，使活塞与气缸壁之间产生充分的油膜，而后起动发动机，若在起动后的瞬间响声明显减弱或消失，却随着油膜的流失和烧蚀，响声又很快出现，即可证明是该缸异响。

4）由于连杆铜套和活塞销座孔铰偏、连杆弯扭、曲轴主轴颈和连杆轴颈的轴线不平行、镗缸时纵向倾斜等引起的敲缸声，一般在发动机高温高转速时，响声才较为明显。断火试验，响声无明显变化。

5）在发动机外部的一侧导音听，响声明显并略有振动感，尤其是活塞顶部撞击气缸垫发出的响声，用螺丝刀等触及缸盖时振动感更明显。当发动机温度低时（45℃以下）出现活塞敲缸声，而温度升高后（一般在70℃以上）响声消失，这种程度的敲击声是允许存在的，可不予排除。当发动机工作温度正常后仍有明显的敲缸声问题，则应及时查明原因并予以排除。敲缸声会增加燃油和润滑油的消耗，严重时还会造成"捣缸"等事故。

2. 活塞销异响

（1）故障现象

活塞销异响是一种尖锐而清脆的金属敲击声，在发动机转速稍高于怠速时比较明显清晰。当发动机温度升高后，响声不但不减弱，有时响声反而更为明显些。

（2）故障原因

1）活塞销与连杆铜套磨损严重导致松旷。

2）活塞销与活塞销座孔配合松旷。

3）活塞销锁环脱落，活塞销窜动。

（3）检查方法

1）将发动机控制在响声最明显的转速，进行逐缸断火试验，若断火时，响声消失或减弱，当螺丝刀离开火花塞时，响声会明显增大。

2）将发动机转速升至中速，并在此范围内轻踩加速踏板，在发动机转速升高的瞬间会发出有节奏的清脆响声。

3）用螺丝刀抵触在发动机的侧壁试听，活塞销响声在气缸壁上部要比下部更加明显。若响声不明显，可以略提早点火时间；如果响声较明显，即为活塞销异响。

3. 连杆轴承异响

（1）故障现象

连杆轴承异响是一种较重而短促的金属敲击声。中速时响声明显，高速时因其他噪声干扰等原因而使异响更加明显。

（2）故障原因

1）连杆轴承盖的螺栓松动或折断。

2）连杆轴承磨损严重，径向间隙过大。

3）轴承合金脱落或烧蚀。

（3）检查方法

1）中速运转时，轻踩加速踏板有连续的敲击声，响声随着转速的升高而变大，随着转速降低而变小。当异响严重时，在发动机周围可以听到"嗒嗒嗒"的响声。

2）将转速控制在响声明显的位置，进行逐缸断火试验。响声随着断火立即减弱或消失，即为该缸连杆轴承异响。

3）冷车时，响声清晰；热车时，润滑油稀薄，响声变大；改变发动机转速响声明显。

项目四

4）在增加发动机负荷时，响声会随着发动机负荷的增加而加剧。

子任务 4.4.3　曲轴飞轮组的常见故障

1. 曲轴轴承异响

（1）故障现象

1）当发动机转速突然变化时，会听到明显而沉重的连续"噹噹"响声，并伴随有发动机抖动现象。

2）发动机转速升高，响声增大。

3）发动机负荷变化时，响声明显。

（2）故障原因

1）曲轴轴承盖的螺栓松动。

2）轴承间隙过大。

3）轴承合金烧蚀或脱落。

（3）检查方法

1）提高发动机转速，在踩加速踏板时，响声会随着转速升高而变大，改变转速的同时在轴承部位导音听，其响声较大，出现沉重的"噹噹"响声，发动机有抖动问题。

2）当轴承间隙过大时，机油的压力会显著下降。

3）发动机刚起动时，因轴承与轴颈之间的油膜黏度较大，所以响声较小；随着温度升高、油膜黏度降低，响声随之增大。

2. 正时链条异响

（1）故障现象

正时链条未被张紧或错位，多数可能是链条张紧器卡滞或压力油道被堵塞等原因造成的；正时链条响声连续且均匀，发出轻微的"嘎啦、嘎啦"响声，中速时更为明显，高速时则响声杂乱；此响声不受温度和逐缸断火试验的影响。

（2）检查方法

1）改变发动机转速，在发动机前面响声明显。

2）用金属棒抵触在正时链条盖上试听，若响声反应比较强，可判断是正时链条异响。

3）在进行断火试验时，响声无变化也不受温度影响。

4）调整链条张紧器或更换链条。

【操作提醒】查阅汽车维修手册

汽车维修手册反映了具体车型的具体结构、参数及检查维修方法，是维修人员在进行车辆维修时必须要遵循的操作规范。在实际维修工作中，所有关于零件磨损、变形和间隙的标准，都要以所属车型的维修手册为准。汽车发动机的很多拆装及检修细节，也都要按照维修手册的说明来进行。汽车学习者应当明确汽车维修手册的重要性并熟悉汽车维修手册的使用方法。

项目五　配气机构检修

- 学习气门传动组、气门组、配气机构控制系统的结构及工作原理。
- 学习配气机构的拆装与调试。
- 了解气门传动组、气门组、配气机构控制系统的检测及数据处理。
- 学习气门传动组、气门组、配气机构控制系统的故障排除。

　　由于可燃混合气或新鲜空气被吸入气缸的越多，则发动机可能输出的功率就越大，这就要求发动机的充气效率要高。然而影响发动机充气效率的因素有很多，如进气系统对气流的阻力造成了在进气终了时气缸内的压力下降，上一循环的残留废气及燃烧室、活塞顶、气门等高温零件对进入气缸内的新鲜气体进行加热，使进气终了时气体的温度升高，导致实际充入气缸的可燃混合气质量总是小于在进气状态下充满气缸工作容积的新鲜气体的质量，即充气效率总是小于 1（一般为 $0.8 \sim 0.9$）。

　　因此对于配气机构而言，要使充气效率提高，就应尽量减小进、排气阻力，合理设置进、排气门的开启和关闭时间，使进气和排气都尽可能充分。

任务 5.1　配气机构的认知

子任务 5.1.1　配气机构整体认知

1. 配气机构作用和组成

（1）配气机构的作用

　　配气机构的作用是按照发动机每一气缸的工作循环和点火顺序的要求，在规定的时间内开启和关闭各气缸的进、排气门，使新鲜的可燃混合气或空气（柴油机仅为空气）及时进入气缸，并使废气及时且尽可能多的排出气缸，以确保发动机各种工作状况对换气质量的要求。配气机构对于发动机转速的提高、性能的改进有着重要的意义。

（2）配气机构的组成

　　发动机配气机构基本可分成两部分：气门组和气门传动组。如图 5-1 所示，气门组用来开启或封闭进、排气门，主要零件包括气门、气门座、气门弹簧、气门导管、气门锁夹等。气门组的组成与配气机构的形式基本无关。

气门传动组是从曲轴正时齿轮开始至推动气门动作的所有零件，作用是使气门定时开起和关闭，组成因配气机构的形式不同而异，主要零件包括正时齿轮（正时链轮和链条，或正时带轮和正时同步带）、凸轮轴、挺柱、推杆、摇臂轴和摇臂等。

发动机工作时，曲轴通过正时齿轮驱动凸轮轴旋转，使凸轮轴上的凸轮凸起部分通过挺柱和推杆推动摇臂绕摇臂轴摆转，摇臂的另一端便向下推开气门并使气门弹簧进一步压缩。

当凸轮的顶点转过挺柱后，气门在气门弹簧的弹力作用下，开度开始逐渐减小，直至最后关闭。

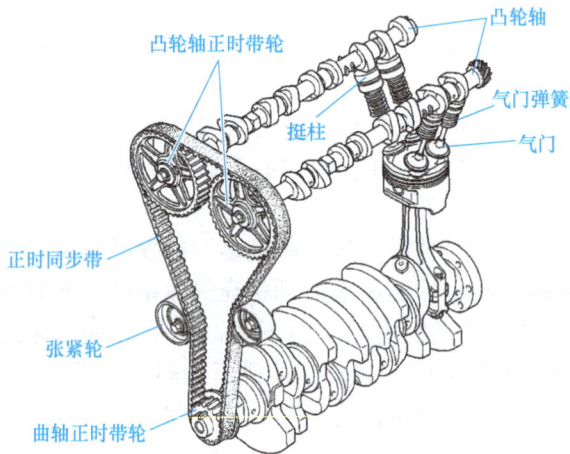

图 5-1　配气机构组成

2. 配气机构的分类

各种配气机构一般在气门布置形式和数量、凸轮轴的布置位置、凸轮轴传动方式、气门的驱动方式上有所不同。

（1）按气门的布置形式分类

配气机构按气门的布置位置不同，可分为气门侧置式配气机构和气门顶置式配气机构两大类。

气门位于气缸体侧面的称为气门侧置式配气机构，由凸轮、挺柱、气门、气门弹簧等组成，省去了推杆、摇臂等零件，简化了结构。因为它的进、排气门在气缸的一侧，压缩比受到限制，进、排气门阻力较大，发动机的动力性和高速性均较差。气门侧置式配气机构仅在小型发动机中使用。

气门顶置式配气机构的进气门和排气门都倒挂在气缸顶上，具有进气阻力小，燃烧室结构紧凑，气流搅动大，能达到较高的压缩比等特点。目前汽车发动机主要采用气门顶置式配气机构。

（2）按凸轮轴的布置位置分类

根据凸轮轴在配气机构中布置位置的不同可分为三种形式：顶置凸轮轴式（凸轮轴上置式）、凸轮轴下置式和凸轮轴中置式。

① 顶置凸轮轴式（凸轮轴上置式）

顶置凸轮轴安装在气缸盖顶部，凸轮轴直接驱动摇臂和气门或挺杆和气门，而不需要摇臂和推杆或挺杆和推杆，如图 5-2 所示。其优点是运动件少，凸轮轴直接或通过摇臂来驱动气门，使往复运动的质量大大减小，整个机构的刚度大，适合于高速运转的发动机。轿车发动机一般采用单顶置凸轮式结构，如图 5-2 所示。凸轮轴安装在顶部，由曲轴正时链轮或曲轴正时带轮来驱动，采用这种结构形式使往复运动的零件质量大大减轻，惯性力减少，有利于配气机构高速时精确地打开和关闭气门。曲轴正时带轮传动与曲轴正时链轮传动相比，噪声小，但使用寿命低。

顶置双凸轮轴式在气缸盖顶部装有两个凸轮轴，一个用来操纵进气门，一个用来操纵排气门。其结构特点是：采用凸轮轴直接开、闭气门，而不用摇臂，减轻了运动件的质量，可以高速精确地开、闭气门，顶置双凸轮轴式如图 5-3 所示。顶置单凸轮轴式（图 5-4）应用较少，目前多气门发动机上主要采用顶置双凸轮轴式布置。

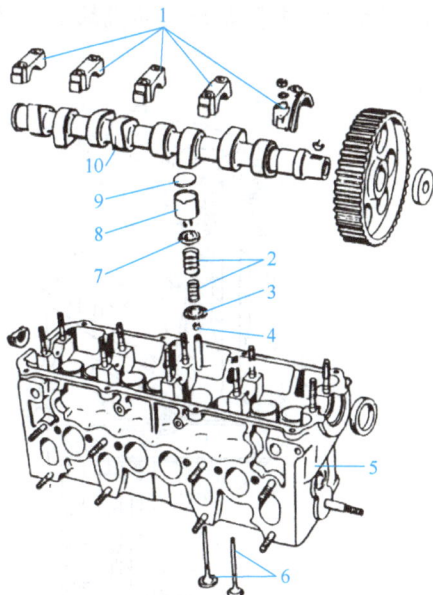

图 5-2　奥迪轿车配气机构的零件组成

1—轴承盖　2—气门弹簧　3、7—气门弹簧座
4—气门油封　5—气缸盖　6—气门
8—气门推杆　9—调整垫片　10—凸轮轴

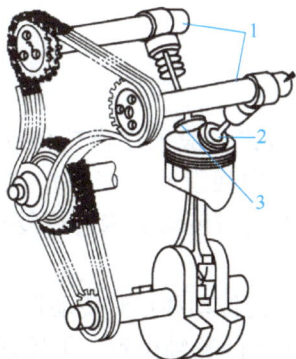

图 5-3　顶置双凸轮轴式

1—凸轮轴　2—进气门　3—排气门

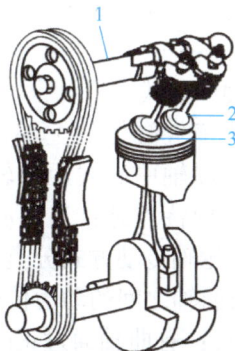

图 5-4　顶置单凸轮轴式

1—凸轮轴　2—进气门　3—排气门

② 凸轮轴下置式

凸轮轴装在曲轴箱的内部，如图 5-5 所示。其结构特点是：由于气门与凸轮轴相距较远，因此气门是通过挺柱、推杆、摇臂传递动力，因传动环节多、路线较长，在高速运动时，整个系统刚性变差，影响气门运动规律和气门开闭的准确性，所以它不适合高速运转的发动机。

如图 5-6 所示，凸轮轴置于曲轴箱内且布置在曲轴一侧，由于曲轴和凸轮轴位置靠近，只用一对正时齿轮传动，使得曲轴和凸轮轴之间的动力传递比较简单。目前，大多数货车和大、中型客车发动机都采用这种布置方式。

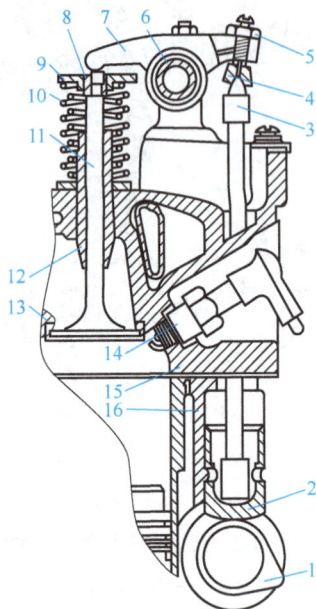

图 5-5 凸轮轴下置式配气机构

1—凸轮轴 2—挺柱 3—推杆 4—调整螺钉
5—锁紧螺母 6—摇臂轴 7—摇臂 8—气门锁夹
9—气门弹簧座 10—气门弹簧 11—气门 12—气门导管
13—气门座圈 14—火花塞 15—气缸盖 16—气缸体

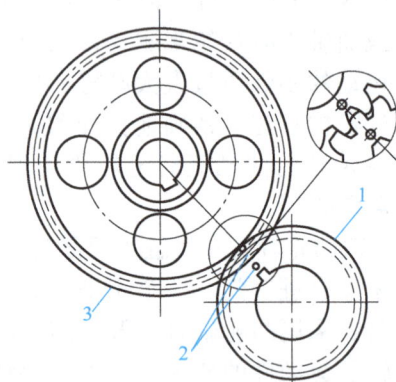

图 5-6 凸轮轴下置式齿轮传动配气机构

1—曲轴正时齿轮 2—正时标记
3—凸轮轴正时齿轮

③凸轮轴中置式

凸轮轴位于气缸体的上部，如图 5-7 所示。这种形式一般采用齿轮传动，由于凸轮轴中心线与曲轴中心线距离较远，所以一般加装一个中间齿轮（惰轮），常用于柴油发动机。其结构特点是：当发动机转速较高时，减小了气门传动机构的往复运动质量。

（3）按凸轮轴传动方式分类

凸轮轴与曲轴之间的动力传递方式有三种：齿轮式、链传动和正时传动带式。

1）齿轮式：有曲轴通过正时齿轮驱动凸轮轴，常用于凸轮轴中置、下置式的配气机构。下置式凸轮轴配气机构采用一对齿轮传动，而凸轮轴中置式配气机构则在一对齿轮中间加装了一个中间齿轮（惰轮）。为了保证配气正时，齿轮上都设有正时记号，装配时应对齐，如图 5-8 所示。为了使齿轮啮合平顺，减小噪声和磨损，配对正时齿轮多用斜齿轮，并用不同的材料制成（曲轴正时齿轮采用钢制，凸轮轴正时齿轮采用铸铁或夹布胶木制造），特点是传动准确、可靠，但噪声很大，需要润滑。

2）链传动：由曲轴通过链轮或链条驱动凸轮轴，常用于凸轮轴上置、中置式的配气机构。为了防止链条磨损后松动而产生松旷和噪声，提高传动效率，在链条侧面设有链条张紧器和张紧器导板，如图 5-9 所示。在链轮和链条上制有正时记号，以保证配气正时。特点是传动可靠性好，使用寿命长，但噪声较大，需要润滑和定期张紧。

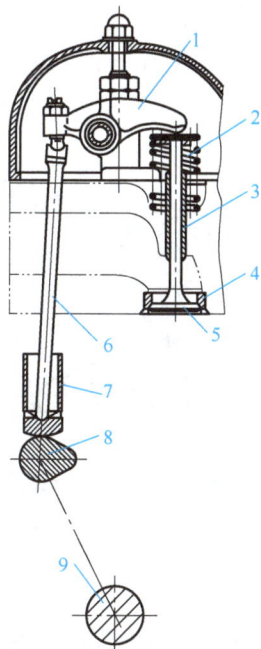

图 5-7　凸轮轴中置式配气机构

1—摇臂　2—气门弹簧　3—气门导管　4—气门座
5—气门　6—推杆　7—挺柱　8—凸轮轴　9—曲轴

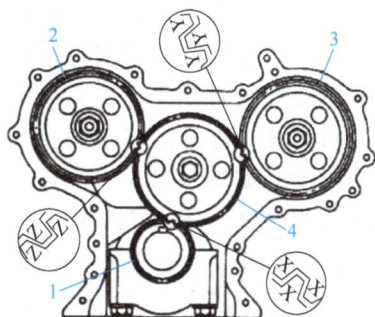

图 5-8　配气正时同步齿轮上的正时记号

1—曲轴正时同步齿轮　2—惰轮　3—喷油泵齿轮
4—凸轮轴正时同步齿轮

3）正时传动带式：由曲轴通过齿形带轮和齿形同步带驱动凸轮轴，也用于凸轮轴上置、中置式的配气机构，如图 5-10 所示。是用氯丁橡胶（中间夹有玻璃纤维和尼龙织物）齿形传动带代替链条传动，它的优点是噪声更小、质量更轻、包角更大、啮合量更大、工作更可靠且不需要润滑、松紧度更便于调整，但是使用寿命较短。

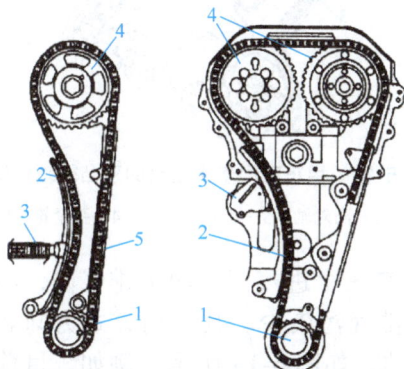

图 5-9　正时同步链条传动配气机构

1—曲轴正时同步链轮　2—导链板　3—链条张紧器
4—凸轮轴正时同步链轮　5—链条

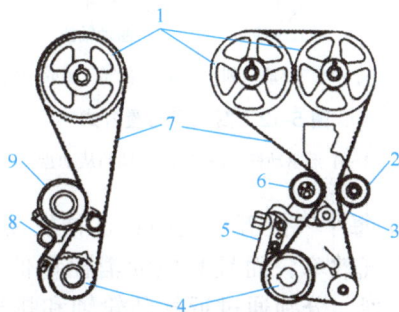

图 5-10　正时同步带传动配气机构

1—凸轮轴正时同步带轮　2—右张紧轮
3—张紧轮支架　4—曲轴正时同步带轮　5—张紧器
6—左张紧轮　7—正时同步带　8—张紧器弹簧　9—张紧轮

（4）按气门数量分类

1）每个气缸两个气门：大多数发动机一般采用每个气缸两个气门（一进一排）。其进、排气门沿气缸盖的纵向排成一列，相邻两缸的同名气门可合用一个气道。而柴油发动机的进、排气门一般分置于气缸盖的两则，以避免排气对进气加热。

2）每个气缸三个气门：这种发动机每个气缸有两个进气门。两进一排，进、排气门各排成一列，如图5-11所示。

3）每个气缸四个气门：这种发动机每个气缸有两个进气门，两个排气门，其排列方案有两种：如图5-12a所示，将同名气门沿气缸盖纵向排成两列，由于一个凸轮通过T形驱动杆同时驱动，并且所有气门都可以由一根凸轮轴驱动；另一种是同名气门排在同一列，一般用两根凸轮轴驱动，如图5-12b、图5-13所示。其突出的优点是气门总的通过面积增大，进、排气充分，进气量增加，发动机转矩和功率提高；其次是每缸四个气门，每

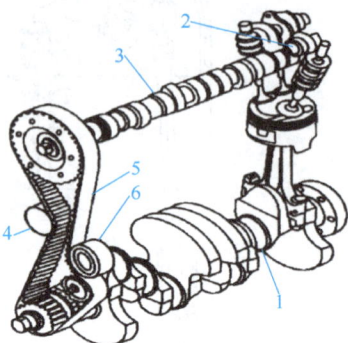

图 5-11　每缸三气门的布置及其驱动

1—曲轴　2—摇臂轴　3—凸轮轴
4—张紧轮　5—正时同步带　6—惰轮

个气门的头部直径较小，每个气门的重量减轻，惯性减小，有利于提高发动机转速；最后，四气门发动机多采用篷形燃烧室，火花塞布置在燃烧室中央，有利于燃烧。

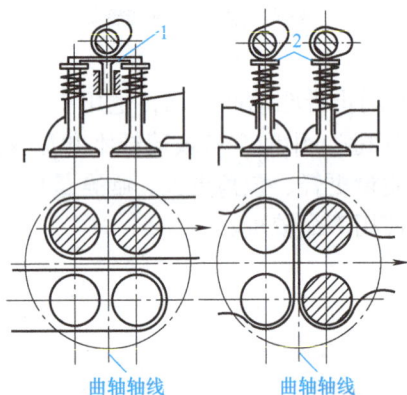

a) 同名气门排成两列　　b) 同名气门排成一列

图 5-12　四气门布置方式

1—T形驱动杆　2—气门尾端的从动盘

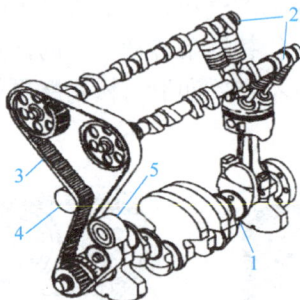

图 5-13　用正时同步带驱动的双凸轮轴机构

1—曲轴　2—凸轮轴　3—正时同步带　4—张紧轮　5—惰轮

4）每个气缸五个气门：这种发动机每个气缸有三个进气门，两个排气门，不仅可提高充气效率，而且其燃油消耗量低、转矩大、排气污染少。其排列方式为同名气门排成一列，分别通过近气凸轮轴和排气凸轮轴驱动，如图5-14所示。例如，目前新型轿车中的奥迪V形6缸五气门发动机和捷达EA113 4缸五气门发动机均采用了五气门技术。

注意：凡是进气门和排气门数量相同，进气门头部直径总比排气门大，进气门头部直径比排气门大15%～30%。

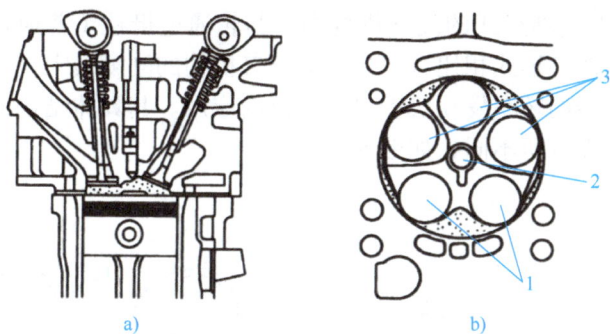

图 5-14　每缸五气门的布置及其驱动

1—排气门　2—火花塞　3—进气门

（5）按气门驱动形式分类

按气门驱动形式，可分为三种：摇臂驱动、摆臂驱动和直接驱动。

1）摇臂驱动。常见的有三种，第一种是凸轮通过挺柱推动推杆，由推杆推动摇臂，再由摇臂驱动气门，该种形式多与凸轮轴下置式配合使用，如图 5-15a 所示；第二种省去了推杆，凸轮推动挺柱，由挺柱推动摇臂，摇臂再驱动气门，该种形式可与凸轮轴中置式配合使用，也用于可变配气机构中，但此时的挺柱为液压挺柱，长度是可控的（由 ECU 控制）；第三种是凸轮直接驱动摇臂，摇臂再驱动气门，如图 5-15b 所示，该种形式用于凸轮轴上置，为减少凸轮与摇臂运动接触面的磨损，可在摇臂上加装滚轮，如图 5-15c 所示。

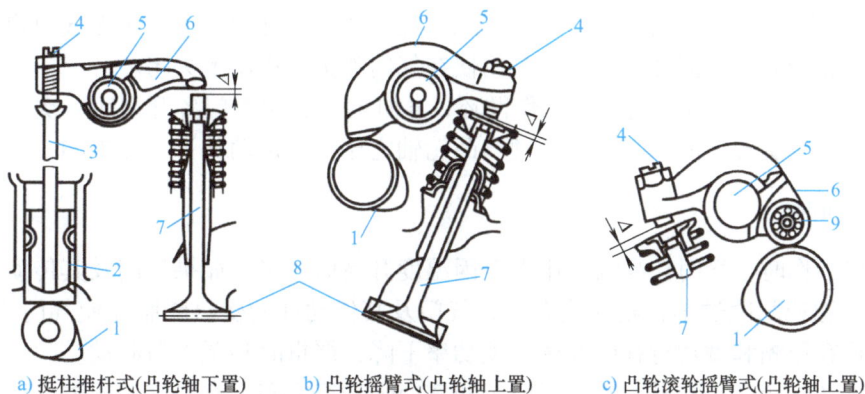

a) 挺柱推杆式(凸轮轴下置)　　b) 凸轮摇臂式(凸轮轴上置)　　c) 凸轮滚轮摇臂式(凸轮轴上置)

图 5-15　常见摇臂驱动气门的形式

1—凸轮　2—挺柱　3—推杆　4—气门间隙调整螺钉　5—摇臂轴　6—摇臂
7—气门　8—气门座　9—滚轮　⊿—气门间隙

2）摆臂驱动。摆臂驱动气门的配气机构比摇臂驱动的刚度更好，更有利于高转速发动机，因此摆臂驱动在轿车发动机上的应用比较广泛。如图 5-16a 所示的支座为固定式，通过气门间隙调整螺钉来调整气门间隙。如图 5-16b 所示的支座为液压式，可自动补偿因热胀冷缩和零件磨损而造成的气门间隙变化，属于零气门间隙结构形式，此外，在摇臂上还装有滚轮，以减小凸轮和摇臂之间的摩擦。

3）直接驱动。在这种形式的配气机构中，凸轮通过挺柱（普通挺柱或液压挺柱）直接驱动气门。与其他两种形式相比，直接驱动配气机构的刚度最大，驱动气门的能量损失最小，因此在高速运转的轿车发动机上得到广泛的应用。其具体结构形式根据气门间隙的调整部位和调整方法而有所不同，如图 5-17 所示。

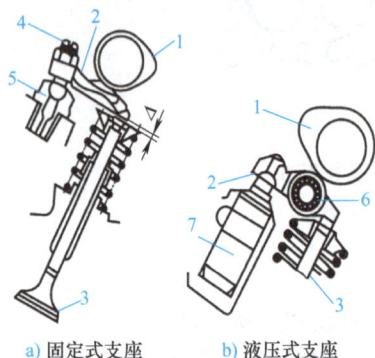

a）固定式支座   b）液压式支座

图 5-16 常见摆臂驱动气门形式

1—凸轮 2—摆臂 3—气门
4—气门间隙调整螺钉 5—摆臂固定支座
6—滚轮 7—液压式摆臂支座 ⊿—气门间隙

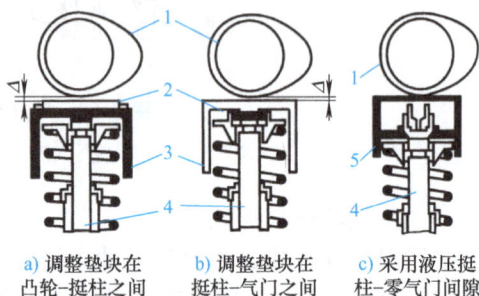

a）调整垫块在   b）调整垫块在   c）采用液压挺
凸轮-挺柱之间   挺柱-气门之间   柱-零气门间隙

图 5-17 常见凸轮 – 挺柱直接驱动气门形式

1—凸轮 2—调整垫块 3—普通挺柱 4—气门
5—液压挺柱 ⊿—气门间隙

3. 配气机构的工作原理

发动机工作时，曲轴通过正时齿轮（或同步带）驱动凸轮轴旋转。当凸轮轴转到凸轮的凸起部分顶起挺柱时，通过推杆和调整螺钉使摇臂绕摇臂轴摆动，压缩气门弹簧，气门开启。当凸轮凸起部分离开挺柱后，气门便在气门弹簧力作用下关闭。

4 缸四冲程发动机每完成一个工作循环，各缸的进、排气门各开、闭一次，曲轴旋转两周，凸轮轴只旋转一周。因此，曲轴与凸轮轴之比（即传动比）应为 2∶1。

4. 气门间隙

发动机工作时，气门在高温作用下会因温度升高而膨胀，如果气门及其传动件之间在冷态时无间隙或间隙过小，则在热态下，气门及其传动件的受热膨胀而使气门关闭不严，导致发动机在压缩和做功行程中漏气，使功率下降，严重时甚至不易起动。

因此发动机冷态装配时，常在气门组和气门传动组之间留有一定的间隙，以补偿气门受热后的膨胀量，这一间隙称为气门间隙。

在一般冷态时，进气门间隙为 0.25 ～ 0.30mm，排气门间隙为 0.30 ～ 0.35mm（排气温度高，间隙大一些）。如果气门间隙过大，将产生撞击声，而且会加速磨损。

5. 配气相位

配气相位即以曲轴转角表示进、排气门开闭时刻及其开启的持续时间。

通常将进、排气门的实际开闭时刻，用曲轴转角的环形图来表示，这种图形称为配气相位，如图 5-18 所示。

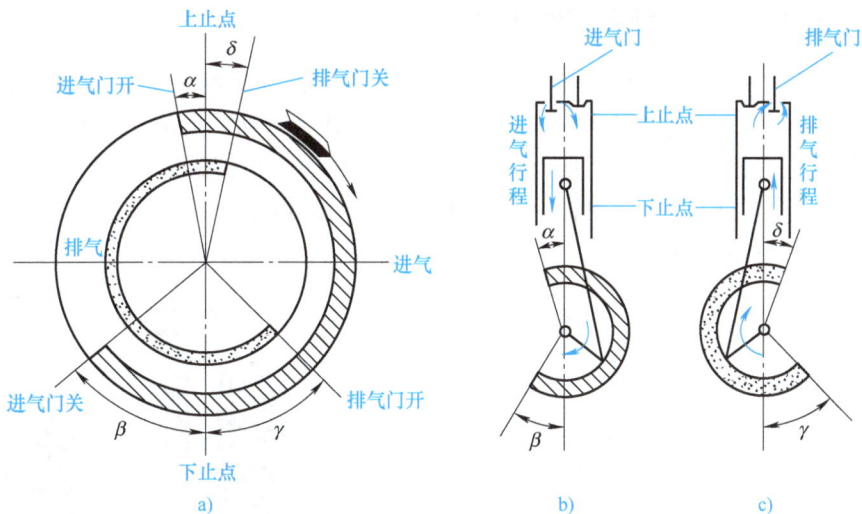

图 5-18　配气相位

由于目前高速发动机转速很高，活塞的每一行程经历的时间十分短促。例如，桑塔纳一个行程大概 5.7ms，这么短的时间会使发动机进气不足或排气不净，从而使发动机功率下降，所以为了使进气充分、排气彻底，目前发动机采用的方法是延长进、排气时间。

（1）进气门的配气相位

进气门早开，为了当活塞到达上止点时，进气门已经开大，使进气行程开始时新鲜气体能顺利进入气缸。进气提前角 α 为 10°～30°。

进气门晚关，利用进气行程终了时缸内压力仍低于大气压所形成的压力差和气流惯性继续进气。进气延迟角 β 为 40°～80°。

进气门早开晚关，实际开启时间，180°+α+β 为进气持续角。

（2）排气门的配气相位

排气门早开是利用做功行程接近终了时，气缸内余压 0.3～0.4MPa，对活塞做功无多大意义，此时可进行自然排气，使大部分废气迅速排出，减小活塞上行时的强制排气阻力，高温废气的迅速排出，还可以防止发动机过热。排气提前角 γ 为 40°～80°。

排气门晚关为了利用排气行程终了时燃烧室的废气压力仍高于大气压力，使废气在压力差和气流惯性的作用下继续排气，使废气排放得更干净。排气延迟角 δ 为 10°～30°。

排气门早开晚关，实际开启时间，180°+γ+δ 为排气持续角。

（3）气门重叠与气门重叠角

同一时间内，进气门和排气门同时开启的现象，称为气门重叠或气门叠开。气门重叠角为 α+δ。

重叠时期的曲轴转角称为气门重叠角。气门重叠角选择适当，有利于换气而不会造成废气倒流入进气管和新鲜气体随同废气排出的可能性。

配气相位由发动机制造商根据发动机结构、转速高低及工作条件不同，通过反复测试确定。目前一些发动机上的配气相位只有一个预先确定的值，工作中是不能改变的。但随着技术的发展，一些高性能发动机采用了可变配气相位和气门升程机构来改善发动机在气门重叠区工作的性能。例如，本田的 VTEC、丰田的 VVT-i 等，均为可变配气机构。

子任务 5.1.2　气门组零部件认知

气门组的作用是使新鲜气体通过进气门进入气缸，并将废气通过排气门排出气缸，并保证气门头部与气门座能紧密贴合，气门能上下灵活运动。同时气门弹簧应保证气门头部在气门座上的正确位置，不偏不斜，气门弹簧也应有足够的刚度和安装预紧力。

气门组一般由气门、气门导管、气门弹簧、气门弹簧座、气门锁片（锁夹）、气门油封等组成，如图 5-19 所示。

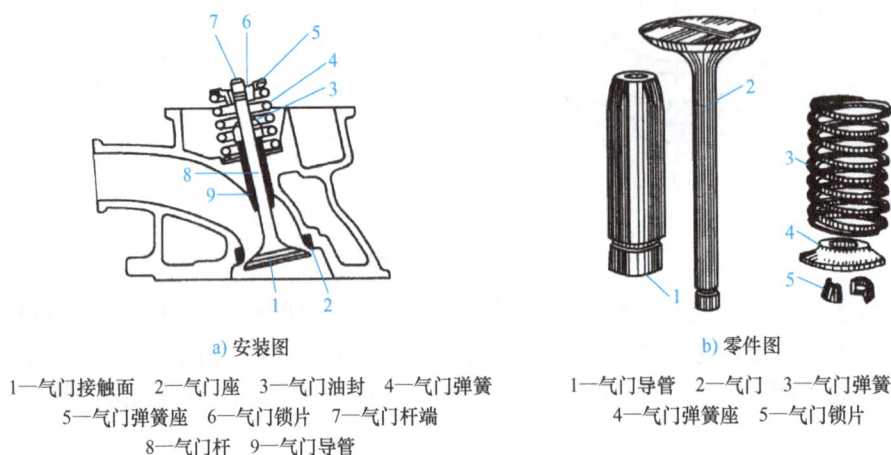

a) 安装图　　　　　　　　　b) 零件图

1—气门接触面　2—气门座　3—气门油封　4—气门弹簧
5—气门弹簧座　6—气门锁片　7—气门杆端
8—气门杆　9—气门导管

1—气门导管　2—气门　3—气门弹簧
4—气门弹簧座　5—气门锁片

图 5-19　气门组零件及安装

1. 气门

气门（又称气阀），分为进气门和排气门两种，由圆形且带有锥面的头部和圆柱形的杆部组成，如图 5-20 所示。气门头部的锥面用来与气门座的内锥面配合，以保证密封；气门杆部同气门导管配合，气门导管对气门运动起导向作用。

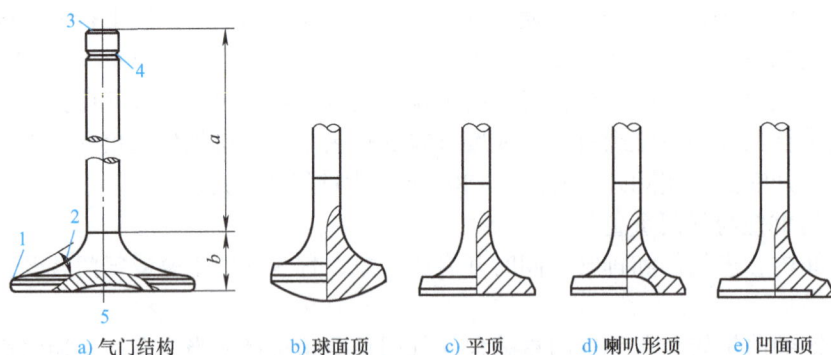

a) 气门结构　　　b) 球面顶　　　c) 平顶　　　d) 喇叭形顶　　　e) 凹面顶

图 5-20　气门结构及头部形状

1—气门密封锥面　2—气门锥角　3—气门尾端面　4—气门锁夹片槽　5—气门顶面
a—气门杆　b—气门头部

气门工作的条件非常恶劣。一是气门直接与高温燃气接触，受热严重，而散热困难，因此气门温度很高；二是气门承受气体和气门弹簧力的作用，以及配气机构运动件的惯性力使气门落座时受到冲击；三是气门在润滑条件很差的情况下以极高的速度开闭并在气门导管内做高速往复运动；四是气门由于与高温燃气中具有腐蚀性的气体接触而受到腐蚀。

汽车发动机的进、排气门均为菌形气门，由气门头部和气门杆部两部分构成，如图 5-20a 所示。气门球面顶、平顶、喇叭形顶和凹面顶的等形状，如图 5-20b ~ e 所示。凹面顶重量轻、惯性小，头部与杆部有较大的过渡圆弧，使气流阻力减小，具有较大的弹性，对气门座的适应性好，容易获得较好的磨合，但受热面积大，易存废气，容易过热且受热易变性，所以仅用作进气门。球面顶的刚度大，受热面积也大，主要用作排气门。目前应用最多的是平顶气门，其机构简单，制造方便，吸热面积小，进、排气门都可采用。气门与气门座之间靠锥面密封。

气门密封锥面是与杆身同轴的圆锥面，它与气门座密封锥面配合，起到密封气道的作用。密封锥面的密封性和导热性较好；气门落座时，有自定位作用；同时，可以避免气流拐弯过大而降低流速；能挤掉接触面的沉淀物，起到自洁作用。

2. 气门座

进、排气门直接与气门密封锥面接触的部位称气门座，如图 5-21 所示。其功用是与气门配合，使气缸密封。

气门座与气门头部密封面配合密封气缸，气门头部的热量亦经过气门座外传。气门座可以在缸盖或缸体上直接镗出，也可以采用镶嵌式结构。直接在气缸盖上镗出的气门座散热效果好，使用中不存在气门座脱落的事故，但不耐高温，不耐磨损，不便于修理更换。气门座用耐热合金钢或耐热合金铸铁制成（合金铸铁、奥氏体钢等），镶嵌在气缸盖上，具有耐高温、耐磨损和耐冲击、使用寿命，而且易于更换等特点；缺点是导热性差，加工精度高，气门座与缸盖上的座孔配合精度不当，有可能发生气门座全脱落事故。因气门座热负荷大，温差变化大，由于受到气门落座时的冲击，为保证良好散热和防止气门座脱落，气门座与座孔之间应有较高的加工精度、较低的粗糙度和较大的配合过盈量。镶装气门座时，应根据配合过盈量采用温差法、压力法，即压装前先将气门座冷冻、或将气门座孔局部加热或直接将气门座压入座孔。

为保证气门与气门座可靠密封，气门座上加工有与气门相适应的锥面，气门座的锥面包括三部分，如图 5-22 所示。

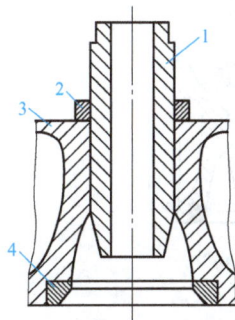

图 5-21　气门座的结构

1—气门导管　2—卡环　3—气缸盖　4—气门座

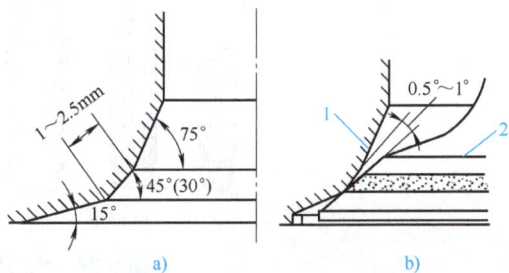

图 5-22　气门座的锥面

1—气门座　2—气门

如图 5-23 所示，气门密封锥面与气门顶平面之间的夹角，称为气门锥角，用 α 表示，气门锥角一般有 45°、30° 两种。排气门温度高，导热要求也高，其锥角大多为 45°。在气门升程相同的情况下，减小气门锥角小，可以使较大的气流通过截面，较小进气阻力。但气门锥角过小，其头部边缘变薄，刚度降低，致使气门头部与气门座的密封性和导热性均变差。

气门头部边缘与气门密封锥面之间的厚度，一般为 1～3mm，以防止在工作中受冲击损坏或被高温气体烧坏。为了减小进气阻力，提高气缸的充气效率，多数发动机进气门的头部直径比排气门的大。为保证良好的密封，装配前应将气门头部与气门座二者的密封锥面互相研磨，研磨好的零件不能互换。

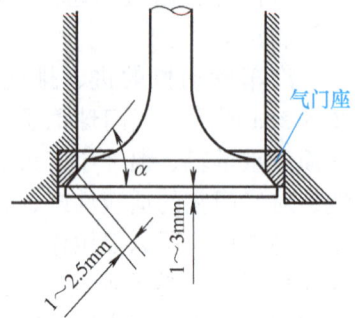

图 5-23　气门密封锥面

3. 气门导管

气门导管的作用是保证气门能沿其本身轴线做上下运动，此外，气门导管还具有导热作用，帮助气门散发热量。

为了保证气门能沿其本身轴线做上下运动，气门导管应有一定的长度。气门导管的工作条件较差。当气门杆在导管中运动时，温度可高达约 200℃。气门导管和气门的润滑是靠配气机构飞溅出来的机油进行润滑的，因此易磨损。为了改善气门导管的润滑性能，气门导管一般用含石墨较多的灰铸铁或铁基粉末冶金制成。

气门导管的外形及安装，如图 5-24 所示。它为圆柱形管，其外表面有较高的加工精度、较低的粗糙度，与缸盖（体）的配合有一定的过盈量，以保证良好地传热和防止松脱。

气门导管的内孔是在气门导管被压入气缸盖（气缸体）后再精铰，以保证气门与气门导管的精度配合间隙。

为了防止过多的机油进入导管，导管上端面内孔处不应倒角，外侧面带有一定锥度，以防止积油。另外为了防止气门导管在使用过程中脱落，有的发动机对气门导管用卡环定位，这样气门导管的配合过盈量可以小一些。

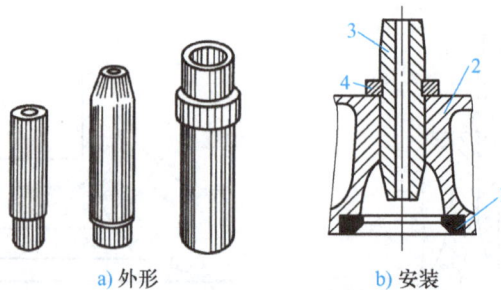

a) 外形　　　　b) 安装

图 5-24　气门导管的外形及安装

1—气门座　2—气缸盖　3—气门导管　4—卡环

4. 气门弹簧

气门弹簧一般为圆柱形螺旋弹簧，如图 5-25a 所示。气门弹簧用高碳锰钢或铬钒钢等冷拔钢丝卷制而成，其作用是克服气门关闭过程中气门及传动件的惯性力，保证气门迅速回位。气门关闭时，气门弹簧保证气门与气门座之间的密封；气门开启时，气门弹簧保证不因运动时产生的惯性而脱离凸轮。

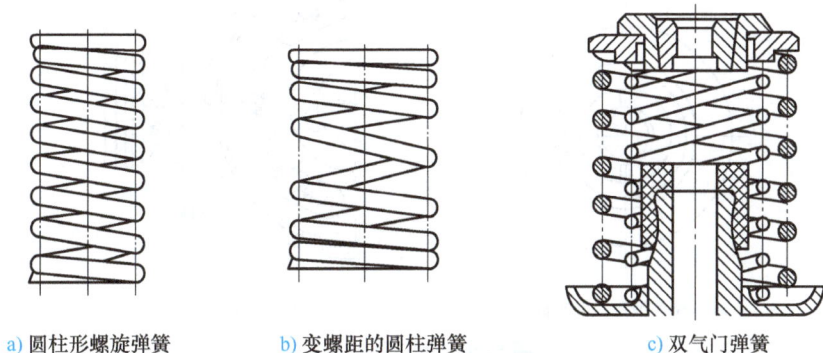

a) 圆柱形螺旋弹簧　　　b) 变螺距的圆柱弹簧　　　c) 双气门弹簧

图 5-25　气门弹簧

气门弹簧的一端支承在气缸盖上，另一端则压靠在气门杆端的弹簧座上，弹簧座用锁片或锁夹固定在气门杆的末端。气门弹簧在工作时，当其工作频率与自然振动频率相等或成整数倍时，将会产生共振。为了防止这一现象的发生，可采取以下措施：

1）提高气门弹簧的自然振动频率或弹簧自身刚度。

2）采用变螺距的圆柱弹簧，如图 5-25b 所示。这种弹簧在工作时，螺距小的一端逐渐叠合，有效圈数逐渐减少，自然频率逐渐提高，从而避免共振发生。变螺距的圆柱弹簧在安装时，螺距小的一端应朝向气门头部。

3）采用双气门弹簧，如图 5-25c 所示。在一些高速发动机上，通常一个气门上会同心安装两个直径不同、螺旋方向相反的内外弹簧，这样能提高气门弹簧的工作可靠性，防止产生共振。而且工作过程中，当一根弹簧折断时，另一根还可维持工作，不致使气门落入气缸中。

为了改善气门和气门座密封面的工作条件，可设法使气门在工作中能相对气门座缓慢旋转，如图 5-26 所示。如图 5-26a 所示，气门锁片并不直接与弹簧座接触，而是装在一个锥形套筒中，后者的下端支承在弹簧平面上，套筒端部与弹簧座接触面上的摩擦力不大，而且在发动机运转振动力作用下，在某一短时间内可能为零，这就使气门有可能自由地做不规则运动。

有的发动机采用如图 5-26b 所示的强制旋转机构，这种机构使气门每开起一次便转过一定的角度。工作原理为：在旋转机构壳体中，有 6 个变深度的槽，槽中装有带回位弹簧的钢球。当气门关闭时，气门弹簧的力通过支承与碟形弹簧直接传到旋转机构壳体上。当气门升起时，不断增大的气门弹簧力将碟形弹簧压平而迫使钢球沿着凹槽的斜面滚动，带着碟形弹簧、气门弹簧和气门一起转过 $\Delta\alpha$ 角。在气门关闭过程中，碟形弹簧的载荷减小而恢复原状，钢球即在回位弹簧的作用下回到原来的位置。

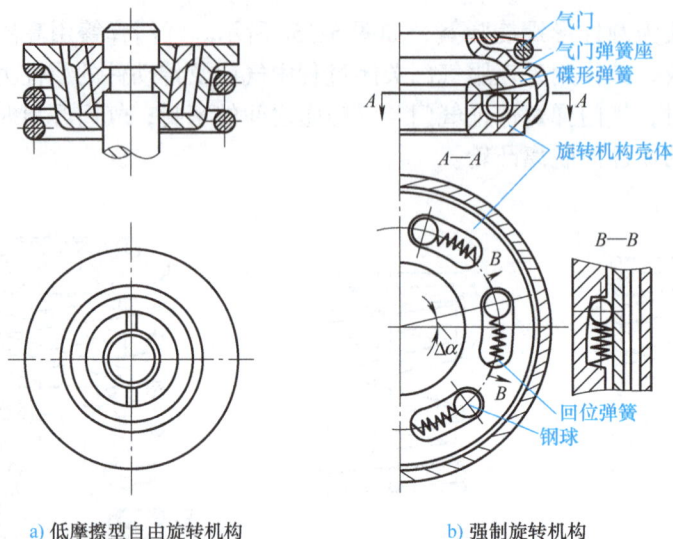

气门弹簧座
碟形弹簧
旋转机构壳体
回位弹簧
钢球

a) 低摩擦型自由旋转机构　　　　b) 强制旋转机构

图 5-26　气门旋转机构

子任务 5.1.3　气门传动组零部件认知

气门传动组的作用是按照规定的配气相位定时驱动气门开闭，并保证气门有足够的开度和适当的气门间隙。气门传动组是指从正时齿轮开始至驱动气门之间动作的所有零件，它主要包括凸轮轴、凸轮轴正时齿轮、挺柱等。有的发动机采用摇臂机构，所以气门传动组中还包括推杆、摇臂、摇臂轴等。

1. 凸轮轴

凸轮轴是发动机曲轴驱动，用以驱动和控制各缸气门的开闭，使其符合发动机的工作次序、配气相位及气门开度变换规律等要求。有些汽油机还同时兼有驱动分电器、机油泵和汽油泵的作用。凸轮轴的构造如图 5-27 所示。

凸轮轴一般由优质钢模锻而成，也可采用合金铸铁或球墨铸铁铸成。凸轮轴受到气门间歇性开启的周期性冲击载荷。凸轮与其相接触的传动件（例如，挺柱和摇臂等）之间的接触应力很大，相对滑动速度也很高，凸轮表面的磨损比较严重，所以凸轮和各轴径的工作表面一般要在经热处理后精磨，以改善其耐磨性。凸轮轴是通过凸轮轴的轴颈支承在凸轮轴的轴承孔内，若支承不好，工作时将会发生弯曲变形影响配气正时。因此凸轮轴也要有足够的韧性和刚度。

如图 5-27 所示，凸轮和轴颈是凸轮轴的基本组成部分。凸轮是用来驱动气门开启，并通过其轮廓形状控制气门开启和关闭的规律，轴颈则是用来支承凸轮轴的。凸轮轴上的偏心轮用来驱动汽油泵，螺旋齿轮则是用来驱动机油泵和分电器，有些发动机的凸轮轴上没有偏心轮和螺旋齿轮。凸轮轴的前端用以安装正时齿轮（正时链轮或正时带轮）。

凸轮的轮廓形状决定了气门的最大升程、气门开启和关闭时的运动规律及持续时间。凸轮的轮廓形状由制造厂根据发动机工作的需要而确定。

2. 挺柱

挺柱是凸轮的从动件，其功用是将来凸轮的运动和作用力传给推杆或气门杆，同时还承受凸轮轴旋转时所施加的侧向力，并将其传给机体或气缸盖。挺柱的底面与凸轮、挺柱的圆柱面与挺柱导向孔之间均为滑动摩擦，受到的摩擦力都较大。

（1）普通挺柱

常见的普通挺柱有筒式和滚轮式两种，如图5-28所示。筒式挺柱重量较轻，其下端设有油孔，以便将漏入挺柱内的润滑油引到凸轮上进行润滑，在中、小型发动机中应用比较广泛。滚轮式挺柱可以减小摩擦所造成的对挺柱的侧向力，但结构复杂、重量较大，一般多用在大缸径柴油机或赛车上。挺柱常用镍铬合金铸铁或冷激合金铸铁制造，其摩擦表面应经热处理后研磨。

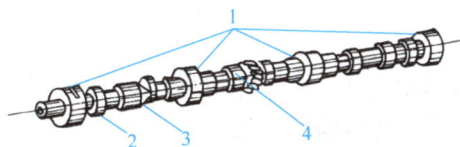

图 5-27　凸轮轴的构造

1—轴颈　2—凸轮　3—驱动汽油泵的偏心轮
4—驱动分电器等的螺旋齿轮

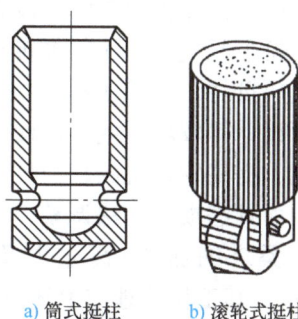

a) 筒式挺柱　　　b) 滚轮式挺柱

图 5-28　普通挺柱

有些发动机的挺柱直接装在气缸体或气缸盖上镗出的导向孔中，而有的发动机挺柱装在可拆装式的挺柱导向体中，导向体固定在气缸体上，如图5-29所示。

挺柱工作时，由于受凸轮侧向推力的作用，会稍有倾斜，并且由于侧向推力方向是一定的，这样就会引起挺柱与导管之间单面磨损，同时挺柱与凸轮固定不变的在一处接触，也会造成磨损不均匀。为了避免这种现象的产生，有些汽车发动机挺柱底部的工作面都制成球面，而且把凸轮面制成带锥度的形状。

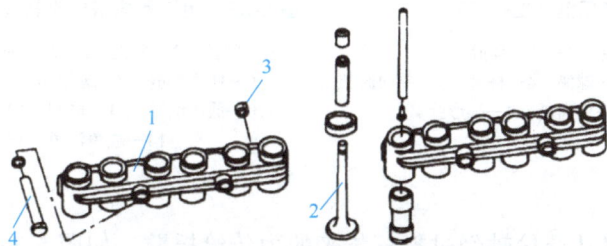

图 5-29　可拆装式挺柱导向体

1—挺柱导向体　2—气门　3—定位环　4—螺栓

（2）液压挺柱

具有气门间隙的配气机构，在发动机工作时会发生撞击而产生噪声。为了解决这一问题，有些发动机采用了液压挺柱，如图 5-30 所示。

如图 5-31 所示，当气门关闭时，机油经挺柱体和柱塞上的油孔压进柱塞腔内，并推开单向阀充入挺柱体腔内。柱塞便在挺柱体腔内油压及弹簧的作用下上行，把气门推杆压紧，整个配气机构不存在间隙。单向阀在弹簧的作用下关闭。

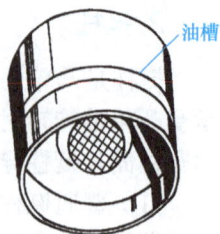

图 5-30　液压挺柱

当凸轮转到工作面使挺柱体下推时，柱塞弹簧张力便通过推杆作用在柱塞上，由于单向阀已关闭，而且液体有不可压缩性，挺柱便像一个刚体一样推动气门开启。当凸轮转到非工作面时，解除了对推杆的推力，使挺柱腔内油压降低。于是，主油道的油压将再次推开单向阀，向挺柱体腔内充油，以补充工作时的泄油，并且此油压又和弹簧一起使柱塞上推，始终保持了配气机构无间隙传动。

采用液压挺柱，消除了配气机构中的间隙，减小了各零件的冲击载荷和噪声。同时，凸轮轮廓可设计得较陡一些，以便气门开启和关闭更快，减小进、排气阻力，改善发动机的换气性能，提高发动机的动力性能，特别是高速性能。但液压挺柱结构复杂，加工精度要求较高，而且磨损后无法调整，只能更换。

奥迪、桑塔纳捷达/高尔夫及红旗 CA7220 等轿车的发动机均采用液压挺柱，如图 5-32 所示。其工作原理与上述液压挺柱基本相同，其结构特点是：

1）采用倒置的液压挺柱，直接推动气门的开启。

2）挺柱体是由上盖和圆筒经加工后，再用激光焊接成一体的薄壁零件。

3）单向阀采用钢球，弹簧式结构。

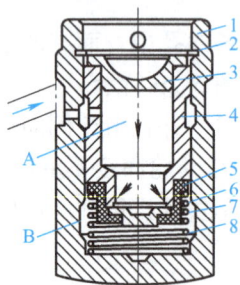

图 5-31　液压挺柱工作示意

A—柱塞腔　B—挺柱体腔
1—挺柱体　2—卡环　3—球座　4—柱塞　5—单向阀架
6—柱塞弹簧　7—单向阀　8—碟形弹簧

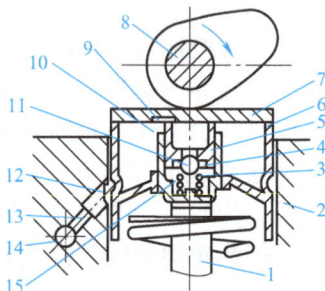

图 5-32　奥迪和桑塔纳等轿车发动机均采用液压挺柱

1—气门杆　2—缸盖　3—补偿弹簧　4—液压缸　5—柱塞
6—柱塞焊缝　7—挺柱体　8—凸轮轴　9—键形槽
10—低压油腔　11—球阀　12—斜油孔　13—量油孔
14—缸盖油道　15—高压油腔

（3）推杆

推杆的作用是将从凸轮轴经过挺杆传来的力传给摇臂，如图 5-33 所示为推杆，凸轮轴下置式配气机构采用。推杆是配气机构中最容易发生弯曲变形的零件，所以为了减小质量并保证有足够的刚度，推杆通常采用冷拔无缝钢管制成，对于缸体和缸盖都是铝合金制造的发动机，其推杆最好用硬铝制造。在动载荷较大的发动机中，推杆应尽量做得短些。推杆的两端焊接成压配有不同形状的支承，下支承通常是圆球形，以使与挺柱的凹球形支座相适应；上支承制成凹球形，以便与摇臂上的气门间隙调整螺钉的球头相适应。推杆可以是实心，也可以是空心。

（4）摇臂

摇臂是将推杆或凸轮传来的力改变方向（180°），作用到气门杆端以推开气门，如图 5-34 所示。摇臂实际上是一个中间有圆孔两边不等长的双臂杠杆，摇臂的两端臂长的比值（称为摇臂比）为 1.2 ～ 1.8，其中长臂一端是推动气门的。摇臂端头的工作表面一般制成圆柱形，当摇臂摆动时可沿气门杆端面滚滑，这样可使两者之间的力尽可能沿气门轴线作用。在摇臂的短臂一端装有调节气门间隙的调整螺钉以锁紧螺母。为了防止摇臂的窜动，在摇臂轴上每两个摇臂之间都装有定位弹簧 1，如图 5-35 所示。有些顶置凸轮轴式发动机完全取消了摇臂，由凸轮轴上的凸轮直接驱动气门运动。

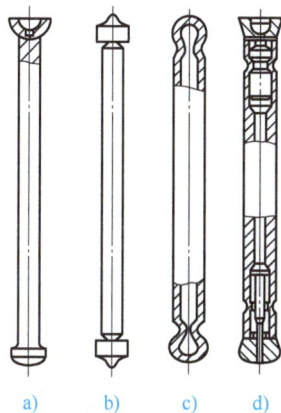

图 5-33 推杆

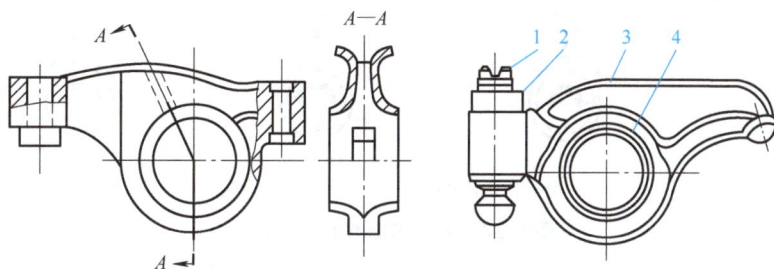

图 5-34 摇臂

1—气门间隙调整螺钉　2—锁紧螺母　3—摇臂　4—摇臂轴承

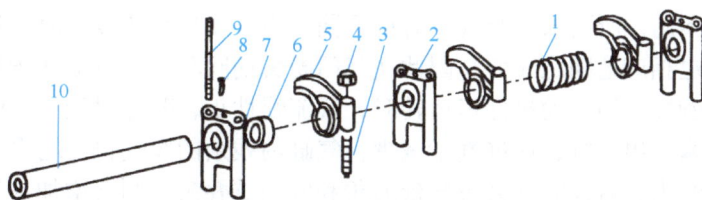

图 5-35 摇臂支架

1—定位弹簧　2、7—摇臂轴座　3—气门调整螺钉　4—锁紧螺母　5—摇臂　6—衬套
8—锁紧螺钉　9—固定螺柱　10—摇臂轴

在国外还有一种无噪声的摇臂，其组成零件如图 5-36 所示。其中，凸环的作用是消除气门和摇臂之间的间隙，从而消除由此产生的冲击噪声。无噪声摇臂的工作过程如图 5-37 所示。凸环以摇臂的一端为支点，并靠在气门杆部的断面上，当气门处于关闭位置时，在弹簧的作用下，柱塞推动凸环向外摆动，消除了气门间隙。当气门开启时，推杆便向上推动摇臂，由于摇臂已经通过凸环和气门杆部处在接触状态，因而不会产生冲击噪声。

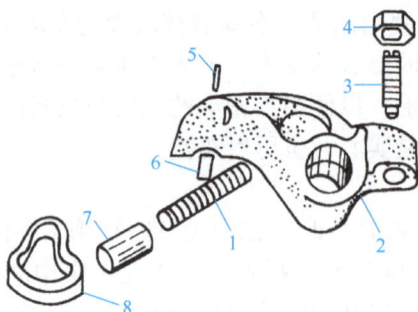

图 5-36　无噪声摇臂

1—弹簧　2—摇臂　3—调整螺钉　4—锁紧螺母　5—销　6—凸环支承弹簧　7—柱塞　8—凸环

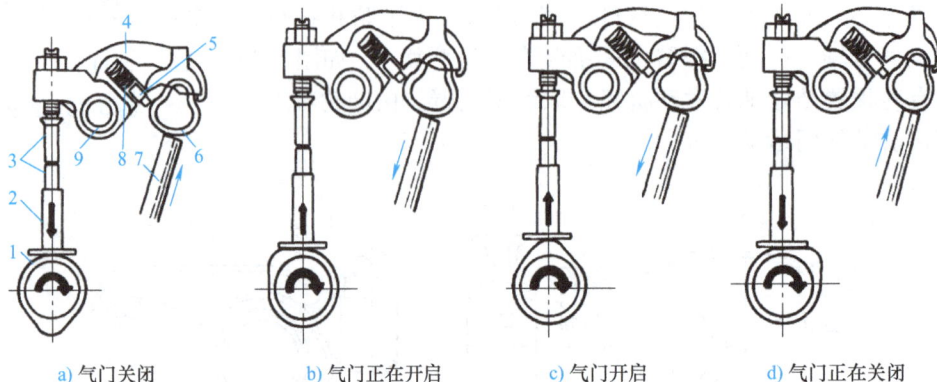

a) 气门关闭　　　　b) 气门正在开启　　　　c) 气门开启　　　　d) 气门正在关闭

图 5-37　无噪声摇臂的工作过程

1—凸轮轴　2—挺柱　3—推杆　4—摇臂　5—柱塞　6—凸环　7—气门　8—弹簧　9—摇臂轴

子任务 5.1.4　可变配气相位控制机构的认知

发动机转速不同，所要求的配气正时也不同。当发动机转速改变时，进气流速和强制排气的废气流速也相应地随之改变，因此在气门晚关期间利用气流惯性增加和促进排气的效果将会不同。例如，当发动机低速运转时，气流惯性小，若此时配气正时保持不变，则部分进气将被活塞推出气缸，使进气量减少，气缸内残余的废气也会增多；当发动机高速运转时，气流惯性大，若此时增大进气延迟角和气门重叠角，则会增加进气量和减少残余的废气量，使发动机的换气过程趋于完善。总之，四冲程发动机的升程也能随发动机转速的升高而增加，这样将更有利于获得良好的发动机高速性能。

目前轿车发动机可变配气包括两种技术：可变配气正时（气门开启时刻）和可变气门升程（气门打开大小）。它们主要是根据发动机的工况实时改变进气门（有的进、排气门均可）开启时刻的开度大小，以达到最佳的进、排气量和精确地控制喷油量，有利于燃油的充分燃烧，最终实现减少排放和节油的目的。发动机上的气门可变驱动机构可以通过两种形式来实现，一种是凸轮轴和凸轮的可变系统，就是通过凸轮轴或者凸轮的变换来改变配气相位和气门升程；另一种是气门挺杆的可变系统，工作时凸轮轴和凸轮不变，气门挺杆、摇臂或拉杆靠机械力或者液压力的作用而改变，从而改变配气相位和气门升程。

目前具有代表性的可变配气技术是本田的 VTEC（可同时改变开启时刻和节气门开度大小，但不连续）、i–VTEC（可同时改变开启时刻和节气门开度大小，时刻连续，大小不连续）；丰田的 VVT–i（只改变开启时刻）、VVTL–i（可同时改变开启时刻和节气门开度大小，时刻连续，大小不连续）；宝马的 Double VANOS（只改变开启时刻）、Valvetronic（可同时改变开启时刻和节气门开度大小，均连续）；日产的 CVTC（只改变开启时刻）；大众的 VVT（只改变开启时刻）等。

1. 本田 VTEC

（1）VTEC 机构组成

装有 VTEC 机构的发动机每个气缸和常规的高速发动机一样，都配置有两个进气门和排气门。但是，它的两个进气门是有主次之分的，即主进气门和次进气门。每个进气门都是由单独的凸轮通过摇臂来驱动。驱动主、次进气门的凸轮叫低速凸轮。与主、次进气门相接触的摇臂分别叫主摇臂、次摇臂。主摇臂和次摇臂之间设有一个特殊的中摇臂，它不与任何气门直接接触。三个摇臂并列一起，均可在摇臂轴上转动。在主摇臂、次摇臂和中摇臂相对应的凸轮轴上铸有三个不同升程的凸轮，它们分别称为低速凸轮和高速凸轮。

其中，高速凸轮的升程是最大的，它是按发动机双进、双排气门工作最佳输出功率的要求而设计的。低速凸轮升程小于高速凸轮，它是按照发动机低速工作时单气门开闭要求设计的。低速凸轮的升程最小，最高处只是稍微高于基圆，其作用只是在发动机怠速运行时，通过次摇臂稍微打开次气门，避免燃油积聚在次进气门口。中摇臂的一端和高速凸轮相接触，另一端在低速的时刻自由活动。三个摇臂在靠近气门的一端均有一个油缸孔。油缸孔中都放置有靠油压控制的柱塞，它们依次为正时柱塞、主同步柱塞、中间同步柱塞和次同步柱塞，如图 5-38 所示。

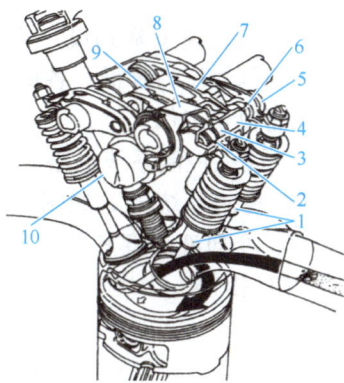

图 5-38　VTEC 机构

1—进气门　2—正时柱塞　3—同步柱塞 A
4—同步柱塞 B　5—次摇臂　6—中摇臂　7—凸轮
8—正时板　9—主摇臂　10—凸轮轴

（2）工作原理

可变配气相位控制系统的功能是：根据发动机的转速、负荷等变化来控制 VTEC 机构工作，同时改变驱动同一气缸两进气门工作的凸轮，以调整进气门的配气相位及升程，并实现单进气门工作和双进气门工作的切换。

发动机低速运转时，VTEC 机构的电磁阀不通电，使油道关闭，机油压力不能作用在正时柱塞上，在次摇臂液压缸孔内的弹簧和阻挡柱塞作用下，正时柱塞和同步柱塞 A 回到主摇臂液压缸孔内，与中摇臂等宽的同步柱塞 B 则停留在中摇臂的液压缸孔内，三个摇臂彼此分离，如图 5-39 所示。此时，低速凸轮通过主摇臂驱动主进气门，中间凸轮驱动中间摇臂空摆；低速凸轮的升程非常小，通过次摇臂驱动次进气门的微量开启，其目的是防止次进气门附近积聚燃油。配气机构处于单进、双排气门的工作状态，单进气门由低速凸轮驱动。

发动机高速运转时，且发动机的转速、负荷、冷却液温度及车速达到设定值时，计算机控制电路向 VTEC 机构电磁阀供电，使电磁阀开启，来自润滑油道的机油压力作用在正时柱塞一侧，由正时柱塞推动两同步柱塞和阻挡柱塞移动，两同步柱塞分别将主摇臂与中摇臂、次摇臂与中摇臂锁成一体，成为一个同步工作的组合摇臂，如图 5-40 所示。此时，由于高速凸轮的升程最大，组合摇臂受高速凸轮驱动，两个进气门同步工作，进气门的配气相位和升程与发动机在低速时相比，其升程、提前开启角和延迟关闭角均增大。

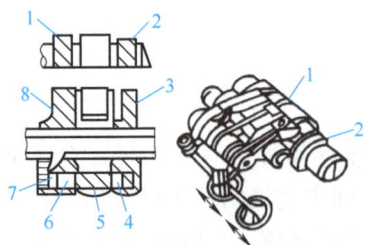

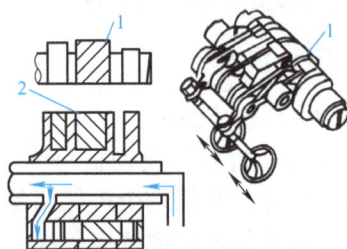

图 5-39　发动机低速运转时 VTEC 机构的工作原理

1、2—低速凸轮　3—次摇臂　4—阻挡柱塞
5—同步柱塞 B　6—同步柱塞 A
7—正时柱塞　8—主摇臂

图 5-40　发动机高速运转时 VTEC 机构的工作原理

1—高速凸轮　2—中摇臂

当发动机转速下降到设定值时，ECU 控制电路切断 VTEC 机构电磁阀的电流，正时柱塞一侧的机油压力降低，各摇臂液压缸孔内的柱塞在回位弹簧作用下回位，三个摇臂又彼此分离而独立工作。

（3）VTEC 控制系统电路

VTEC 控制系统电路如图 5-41 所示。发动机电子控制单元（ECU）根据发动机的转速、负荷、冷却液温度和车速信号控制 VTEC 机构电磁阀。电磁阀在通电后，通过压力开关给 ECU 提供一个反馈信号，以便监控系统工作。

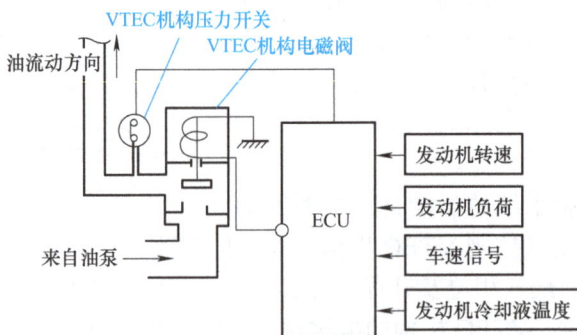

图 5-41　VTEC 控制系统电路

2. 丰田 VVT-i

VVT 的全称是"Variable Valve Timing"。VVT-i 是一种控制进气凸轮轴气门正时的装置，它是通过调整凸轮轴转角来使配气正时进行优化，从而提高发动机在所有转速范围

内的动力性、燃油经济性，减少尾气排放。

（1）构造与组成

如图 5-42 所示，VVT-i 系统主要由传感器、ECU 和凸轮轴正时液压控制阀、控制器等部分组成。ECU 储存了最佳气门正时的参数值，根据发动机曲轴位置传感器、空气流量传感器（或进气歧管绝对压力传感器）、节气门位置传感器、冷却液温度传感器和凸轮轴位置传感器等反馈信息，与预定的参数值进行对比计算，计算出各个行驶条件下的最佳气门正时，得出修正参数，并发出指令到控制凸轮轴正时的液压控制阀。控制阀根据 ECU 的指令，改变液压流向及流量，把提前、延迟、维持不变等指令选择输送至 VVT-i 控制器的不同油道上，使进气凸轮轴在 60° 范围内保持最佳的气门正时，从而能有效提高汽车的功率与性能，尽量减少耗油量和废气排放，以提高发动机性能。

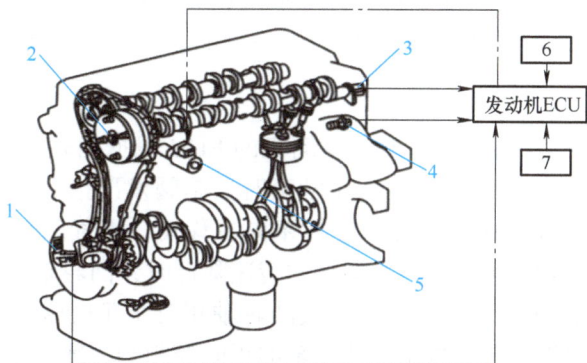

图 5-42　VVT-i 系统组成

1—曲轴位置传感器　2—VVT-i 控制器　3—凸轮轴位置传感器　4—冷却液温度传感器
5—凸轮轴正时液压控制阀　6—节气门位置传感器　7—空气流量传感器

1）VVT-i 控制器：如图 5-43 所示，它由包括正时同步带驱动的外齿轮和与进气凸轮轴刚性连接的内齿轮，以及内、外齿轮之间的可动活塞组成。活塞的内、外表面有螺旋花键，分别与内、外齿轮相啮合。当活塞缓慢地沿轴向移动时，即可改变内、外齿轮的相对位置。VVT-i 外壳通过安装在其后部的梯形齿轮驱动排气凸轮轴。可动活塞的轴向移动由凸轮轴正时控制阀根据 ECU 的指令控制，活塞内、外表面的螺旋花键使凸轮轴相对于正时带轮旋转，使配气正时提前或推迟，从而使进气门的正时连续变化。

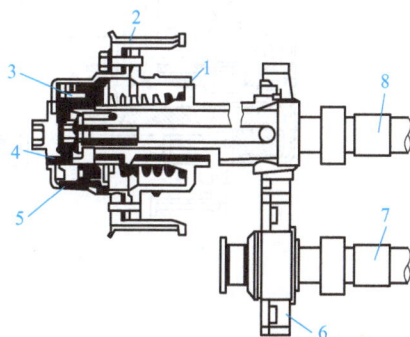

图 5-43　VVT-i 控制器结构

1—VVT-i 外壳　2—正时带轮　3—可动活塞
4—内齿轮　5—外齿轮　6—梯形齿轮
7—排气凸轮轴　8—进气凸轮轴

当油压施加在提前侧油腔时，沿提前的方向转动进气凸轮轴；当油压施加在延迟侧油腔时，沿延迟的方向转动进气凸轮轴；当发动机停机时，进气凸轮轴将位于最大的延迟状态，以保证起动性能。在发动机刚起动时，机油压力不能立即作用 VVT-i 控制器，这时，锁止锁锁止 VVT-i 控制器，以防止撞击噪声。

2）凸轮轴正时液压控制阀：如图 5-44 所示，由弹簧、滑芯、控制杆和线圈等组成。凸轮轴正时液压控制阀在发动机 ECU 的控制下，改变或停止流向 VVT-i 控制器的润滑油。

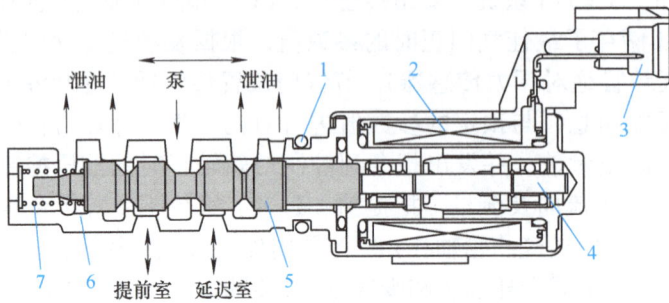

图 5-44　凸轮轴正时液压控制阀

1—O 形密封圈　2—线圈　3—线束接头　4—控制杆　5—滑芯　6—套筒　7—弹簧

（2）工作原理

如图 5-45 所示。在发动机工作时，发动机的 ECU 根据曲轴位置传感器、VVT 传感器、凸轮轴位置传感器等的信号，向凸轮轴正时控制阀发出指令，凸轮轴的正时控制阀将液压油施加在柱塞（活塞）的左侧，使柱塞向右移动，进气凸轮轴相对于正时带轮要提前某一角度，如图 5-45a 所示。当发动机的转速降低时，凸轮轴的正时控制阀将液压油施加在柱塞的右侧，使柱塞向左移动，进气凸轮轴相对于正时带轮要延迟一定角度，如图 5-45b 所示。若发动机的转速恒定，凸轮轴的正时控制阀关闭油道，柱塞两侧的压力保持平衡，配气相位维持在某一特定范围内，从而达到理想的配气正时。在发动机停机时，凸轮轴正时控制阀使配气相位处于最佳位置。

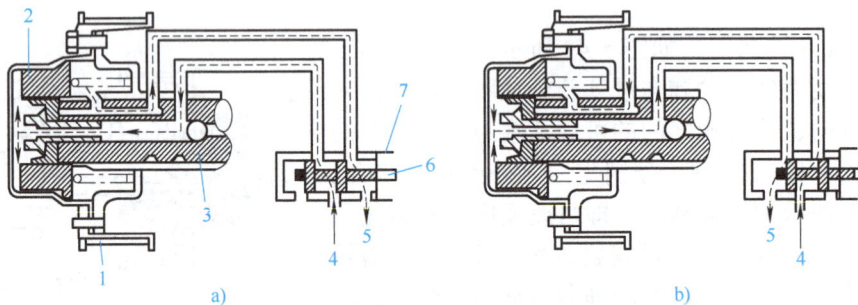

图 5-45　VVT-i 工作原理

1—正时带轮　2—可动活塞　3—进气凸轮轴　4—压力油　5—出油口　6—阀轴　7—凸轮轴正时控制阀

子任务 5.1.5　阿特金森循环与米勒循环的认知

1. 阿特金森循环

汽车发动机多为标准的四冲程发动机，包括进气、压缩、做功和排气四个行程。在进气行程中油气混合物被吸入气缸，当活塞下行到达下止点时，进气门关闭，油气混合物被封闭在气缸中，在压缩行程中被压缩。当活塞在做功行程上行到上止点时，排气门打开，气缸里废气被排到缸外，活塞到达上止点时，排气门关闭。这样，活塞压缩行程和做功行程几乎相等，膨胀比等于压缩比。1876 年，这种循环由德国工程师尼古拉斯·奥托最先实现工程化，发明了基于此循环技术的发动机，并将凸轮轴、正时带轮注册了专利，如图 5-46 所示。奥托循环发动机做功行程完成后，封闭在气缸内的气体气压仍然有 3 ～ 5 个大气压，温度高达 926 ～ 1326℃，局限发动机固有行程，活塞无法继续下行，这部分气体不能对外做功。在排气行程中，这部分气体直接排放到大气中，造成了能量的浪费，发动机热效率比较低。

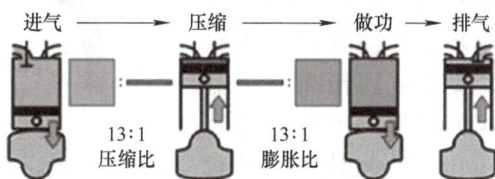

图 5-46　奥托循环发动机示意图

1882 年，英国工程师詹姆斯·阿特金森在四冲程发动机的基础上，通过一套复杂的连杆机构，使发动机的做功行程大于压缩行程，如图 5-47a 所示。这种巧妙的设计，不仅改善了发动机的进气效率，也使得发动机的膨胀比大于压缩比，可以更有效地利用燃烧后的废气能量，提高了发动机的能量利用率。这种发动机的工作循环被称为阿特金森循环，如图 5-47b 所示。

该循环在结构实现上有很大的难度，需要采用全新的曲柄连杆机构，结构复杂、体积过大，最佳转速区间较窄，发动机低 / 高速时动力不足、油耗高。因此人们选择了机械结构更简单的奥托循环，需要复杂连杆机构来实现的阿特金森循环并未真正意义上得到运用。

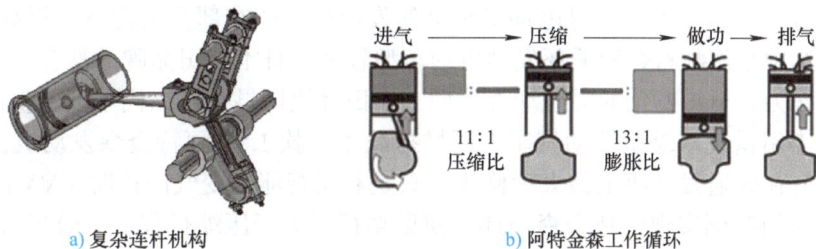

a) 复杂连杆机构　　　　　　　　　　　b) 阿特金森工作循环

图 5-47　阿特金森循环发动机

2. 米勒循环

1947 年美国工程师拉尔夫·米勒在四冲程发动机的基础上也实现了高燃油效率的发动机循环。此时，奥托循环的专利已过期，Miller 不需要像 James Atkinson 那样，依靠复杂机械结构实现做功行程大于压缩行程，而是通过进气门延迟关闭，在活塞上行时把吸入气缸的油气混合物部分推出气缸。某款米勒循环发动机配气相位如图 5-48 所示，进气门延迟关闭过程包括惯性进气（30°A）和进气反流（45°A）两个阶段，进气在反流阶段被推出缸外流入进气歧管，增加了进气歧管压力，减小了泵气损失，且实际压缩行程减少导致压缩功耗减小，压缩终点缸内温度降低，发动机热效率提高，爆燃倾向减小。但由于实际被压缩的空气减少了，在空燃比一定的条件下，喷油减少导致发动机动力性下降。马自达 KJ-ZEM 发动机（排量 2.3L，布置方式 V6）是世界上首台量产的米勒循环汽油机，为了弥补动力不足的缺陷，马自达借助机械增压装置，让反向推出的混合气再次进入燃烧室，最终实现膨胀比更大的效果。

在实际运用中，米勒循环中的进气门关闭时机，均可通过可变配气正时（VVT）技术选择提前关闭（EIVC）或延迟关闭（LIVC）。Miller 认为进气门提前关闭后，活塞下行使缸内气体膨胀，会进一步冷却进气，实现缸内最高燃烧温度的降低，可有效减低 NO_x 排放，他称此之为"内部冷却"（Internal Cooling）。现代发动机上运用的阿特金森循环本质上是米勒循环，它和阿特金森循环一样达到膨胀比大于压缩比的效果，由于制造厂商规避专利，就多命名为阿特金森循环。

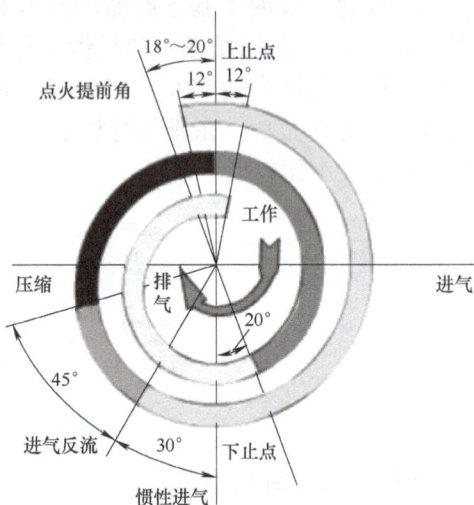

图 5-48 某款米勒循环发动机配气相位

3. 阿特金森循环发动机的应用

节能环保已经成为当今世界的重要主题之一，各国都出台了日益严格的油耗和排放法规。汽车作为油耗和排放大户，理应承担起节能减排的责任，为我国实现碳达峰、碳中和目标做出贡献，传统发动机厂商应进一步应用先进技术，大幅度实现节能减排的目标。

阿特金森循环在发动机部分负荷工况时具有出色的燃油经济性，因此它正被越来越多地应用在混合动力汽车上，通过电动机辅助使发动机工作在部分负荷下，提高系统效率。混合动力汽车中采用阿特金森循环发动机的车型较多，日本丰田品牌的混合动力汽车最具有代表性。作为全球最畅销的混合动力车型，丰田普锐斯早在第二代车型上就使用了阿特金森循环，丰田雷凌双擎版混动汽车上同样搭载了一款 1.8L 阿特金森发动机，如图 5-49 所示。它没有在普通发动机上做太大修改，只是利用智能可变气门正时（VVT-i）系统来延迟进气门关闭时刻实现阿特金森循环，使做功行程大于压缩行程，有效提升燃烧效率。通过电动机的辅助使发动机工作在部分负荷下，提高燃烧效率。

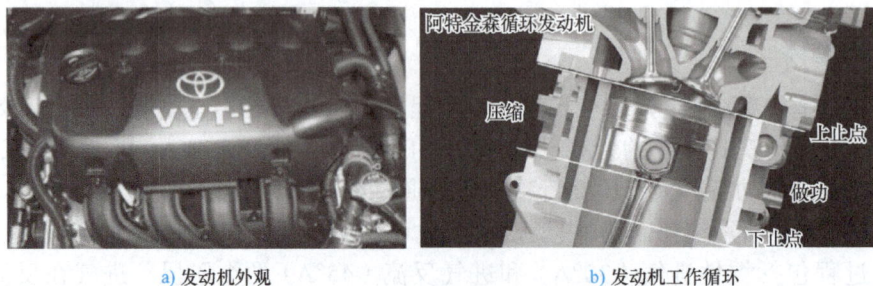

a) 发动机外观   b) 发动机工作循环

图 5-49 雷凌双擎版阿特金森循环发动机

对于采用发动机作为增程器的串联式混合动力汽车，发动机与车轮机械连接解耦，不直接为驱动轮提供动力，不同车速下轮速与发动机转速不再关联，因此这种形式的增程器动力总成在车辆集成方面更加灵活，同一款发动机增程器可以用于整备质量相差很大的车型。在发动机发电机驱动模式下，动力蓄电池能量不足，汽车无法纯电行驶，发动机被唤醒，通过驱动发电机发电，一部分电能输送至动力蓄电池组，一部分电能输送给电动机驱动系统，实现边充电边行驶，如图 5-50 所示。经研究表明，对于采用发动机作为增程器的电动汽车，增程器主要工作在 1600 ～ 4000r/min 转速下的中高负荷区域，对应燃油消耗率较低的区域，增程器常见运行区间与等油耗线的关系如图 5-51 所示。在这种应用场景下，发动机以热效率优化为主要开发方向，发动机不必追求最高功率和最大转矩，低速或急加速等工况下由电动机提供驱动力，这样既可以弥补阿特金森发动机低速动力不足、油耗高的缺点，又能实现混动系统燃油经济性和排放性能的平衡。从目前技术趋势来看，采用阿特金森循环实现高膨胀比的发动机更符合增程器发动机所要求的技术特点，用于匹配串联式混动汽车可得到较好的性能。

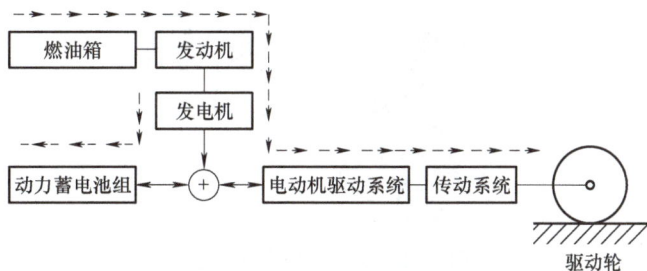

图 5-50 串联式混动汽车发动机发电机驱动模式

在现有奥托循环机械结构上，结合可变配气正时技术，发动机可实现奥托和阿特金森双循环的灵活切换，这样对于普通汽油车型的意义就很大了。低转速和急加速大负荷工况，使用出力更好的奥托循环；而中高转速部分负荷工况，则可使用经济性更佳的阿特金森循环：通过增大节气门开度来降低气流损失，采用排气门提前关闭策略，避免较大气门重叠角造成的混合气扫气、混合气能量浪费以及排放尾气中存在过量未燃混合气等问题，长的做功行程又可以充分利用燃烧气体的做功，减少废气带走的能

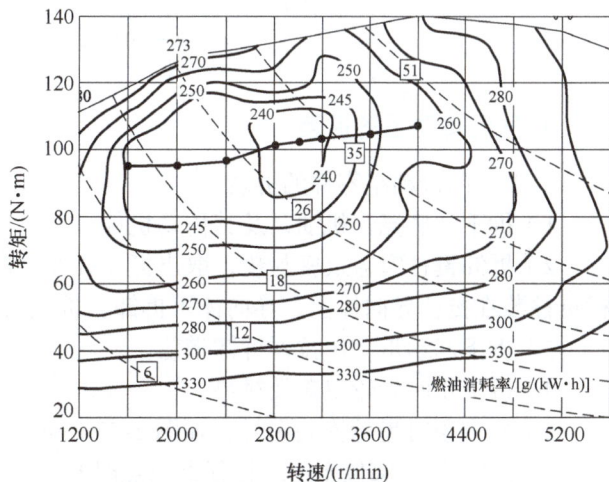

图 5-51 增程器运行区间与等油耗线关系

量，进一步提高发动机热效率。双循环技术在丰田发动机上被称为 VVT-iW，在雷克萨斯 NX200t、新一代凯美瑞 2.0L 车型上都已经得到了应用。

任务 5.2　配气机构的拆装及调试

配气机构能按照发动机每一气缸内所进行的工作循环和点火顺序的要求，定时开启和关闭各气缸的进、排气门，使新鲜的可燃混合气及时进入气缸，使废气及时从气缸排出。

配气机构一般由气门组（进、排气门，气门座，气门导管，气门弹簧，气门锁片及气门油封等）和气门传动组（凸轮轴、液压挺杆组件、凸轮轴正时带轮及正时同步带等）组成。其在气缸盖上的配置关系如图 5-52 所示。

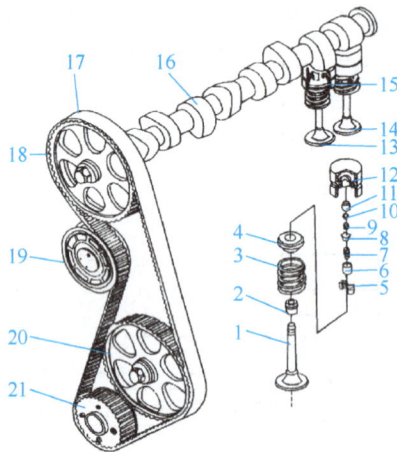

图 5-52　配气机构立体示意

1—气门　2—气门油封　3—气门弹簧　4—上气门弹簧座　5—气门锁片　6—油缸　7—回位弹簧
8—托架　9—小弹簧　10—止回阀钢球　11—柱塞　12—挺柱体　13—进气门　14—排气门
15—液压挺杆组件　16—凸轮轴　17—正时同步带　18—凸轮轴正时带轮
19—张紧轮　20—中间轴正时带轮　21—曲轴正时带轮

1. 气门传动组的拆装

（1）气门传动组零件的拆装

1）拆下油底壳、机油泵及其传动机件。

2）拆卸挺柱室盖及密封垫，取出挺柱并按顺序放置，以便对号安装（CA6102 型发动机挺柱装在挺柱导向体上，导向体可拆卸，拆装时须注意装配标记）。

3）拆下起动爪，用拉器拆卸带轮。

4）拆下正时齿轮室盖及衬垫。

5）检查正时齿轮安装记号，如图 5-53 所示，如果无记号或记号不清，应做出相应的装配记号（1 缸活塞位于压缩行程上止点时）。

6）拆下凸轮轴定位凸缘板固定螺钉，平稳地将凸轮轴抽出（正时齿轮可不拆卸）。

（2）气门传动组零件的清洗

将零件用清洗液清洗干净，然后用压缩空气吹干。

（3）气门传动组零件的安装

1）安装前，各零部件应保持清洁并按顺序放好。

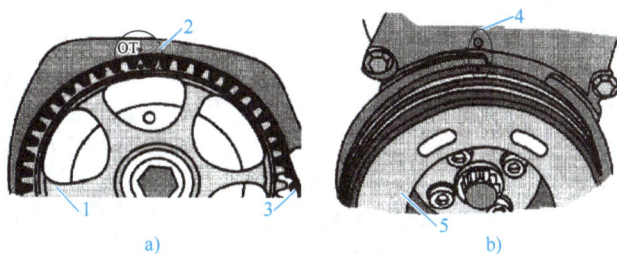

图 5-53　正时齿轮安装记号

1—凸轮轴带轮　2—凸轮轴带轮正时标记　3—正时同步带
4—1 缸上止点标记　5—曲轴带轮

2）安装凸轮轴：先装上正时齿轮室盖板，润滑凸轮轴轴颈和轴承，转动曲轴，在 1 缸压缩上止点时，对准凸轮轴正时齿轮和曲轴正时齿轮上的啮合记号，平稳地将凸轮轴装入轴承孔内，紧固推力凸缘螺钉，再转动曲轴，复查正时齿轮啮合情况并检查凸轮轴轴向间隙，如图 5-54 所示。

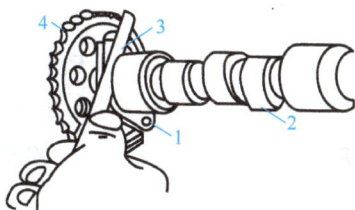

图 5-54　凸轮轴轴向间隙检查

1—定位凸缘板　2—凸轮轴　3—塞尺　4—链轮

3）安装气门挺柱。
4）装复正时齿轮室盖、曲轴带轮及起动爪。
5）装复机油泵及其附件，装复油底壳。
6）装配气门组。
7）安装气缸盖。
8）装配摇臂机构。

2. 气门杆油封的拆装

更换气门杆油封（在已装好的气缸盖上进行）的步骤如下。
1）拆下凸轮轴和液压挺杆。
2）拧下火花塞，拉紧驻车制动器。
3）将气门座调整到直立螺栓的高度。
4）将压缩空气管拧进火花塞孔螺纹内，并送入至少 0.6MPa 的气压。
5）拆下气门弹簧。用锤子轻击装配夹具的手柄，松动压得很紧的气门锥头。
6）拔出气门杆油封。
7）装入气门杆油封。气门导管应插上塑料套 A，气门杆油封 B 涂油并用 10-204 顶棒小心地压入导管，如图 5-55 所示。为了防止损坏气门杆，装配时原则上要使用塑料套。

项目五

3. 气门弹簧的拆装

1）拆下凸轮轴，拆卸时在液压挺杆上做标记，液压挺杆不可互换。

2）用专用工具 VW2037 将气门弹簧座压下，取下气门锁夹（锁片），拆出气门弹簧，如图 5-56 所示。气门弹簧座锥形孔下沿口非常锋利，可能会损伤气门杆（拉毛等）。损伤的气门更换新件，必要时在安装前去除气门座毛边。

3）用专用工具 3047 拆下弹簧座，如图 5-57 所示。

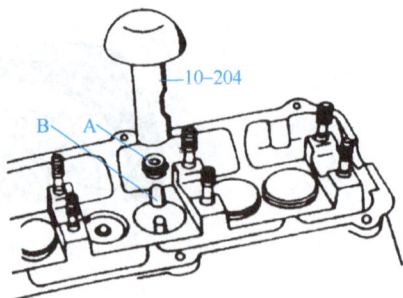

图 5-55　压装气门杆油封

A—塑料套　B—油封

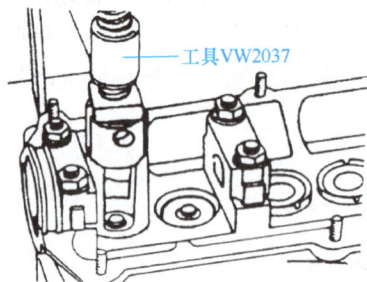

图 5-56　拆卸气门弹簧

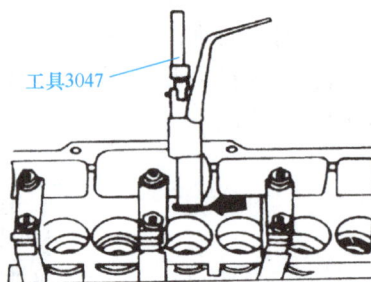

图 5-57　拆卸气门弹簧下座

4. 气门导管的拆装

如果磨损超过极限值，则应更换气门导管。

把磨损的气门导管从凸轮轴端压出（带肩的气门导管在修理时从燃烧室端压出）。新气门导管涂油后用专用工具 10–206 从凸轮轴端压入冷的气缸盖，如图 5-58 所示。放上带肩的气门导管后，压力不可大于 9.5kN，否则将使凸肩断裂。

把新气门装入导管。因为气门挺杆的直径不同，所以进气门只能与进气门导管、排气门只能与排气门导管配合使用。

5. 凸轮轴的拆装

（1）拆装过程

凸轮轴的拆装步骤如下：

1）拆下空气滤清器。

2）拆下正时同步带上护罩，再拆下气门罩盖。

3）将曲轴置于 1 缸上止点位置。

4）放松并取下正时同步带，拆下凸轮轴正时带轮。

5）先拆奇数号轴承盖，然后对角交替拧松偶数号轴承盖。

凸轮轴安装的步骤如下：

1）安装凸轮轴时，1 缸凸轮必须朝上。安装前放上轴承盖，确定安装位置（注意孔的上下两半部要对准，图 5-59）。凸轮轴转动时，曲轴不可置于上止点位置，否则会损坏气门和活塞顶部。

2）先对角交替拧紧偶数号轴承盖螺栓，拧紧力矩为 20N·m。

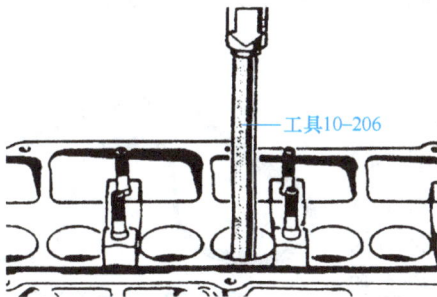

图 5-58　安装气门导管

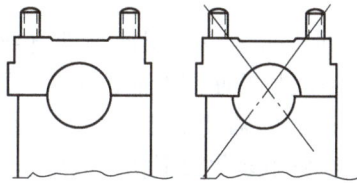

图 5-59　凸轮轴轴承盖安装位置

3）装上奇数号轴承盖螺栓，拧紧力矩为 20N·m。

4）装入凸轮轴正时齿轮并紧固，拧紧力矩为 80N·m。

（2）更换凸轮轴油封

1）拆下 V 带和正时同步带防护罩。

2）将曲轴置于 1 缸上止点位置。

3）松开张紧轮，拆下正时同步带，拆下凸轮轴正时带轮。

4）把凸轮轴正时同步带固定螺栓套上垫圈拧入凸轮轴，拧紧。

5）将油封取出器内件从外件拧出两圈（约 3mm），并用滚花螺钉锁紧。

6）将油封取出器的螺纹头涂油后拧入机油封，然后用力沿着如图 5-60 箭头所示的方向，尽可能深地旋入密封圈。

7）拧松滚花螺钉，将内件对着凸轮轴旋转，直至油封取出。

8）用虎钳夹取出器，用钳子取下密封圈。

9）安装油封时，在密封圈唇边和外圈涂薄层机油，将油封放入工具 VW10-203。

10）将油封平整压入，如图 5-61 所示。注意不要压到头，否则会堵塞回油孔。

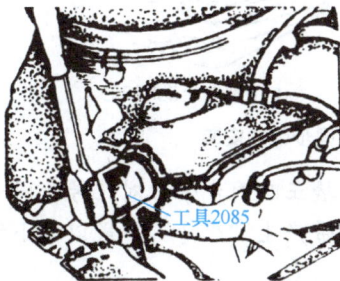

图 5-60　将油封取出器拧入密封圈

图 5-61　压入油封

安全注意事项：

1）安装凸轮轴时，注意不要将手指挤压在凸轮轴和缸体座孔中间。

2）在对凸轮轴和气门传动组进行作业时，一定要确保所有工具都是干净的，没有灰尘和油脂。拆卸凸轮轴所有螺栓，重新装配时都必须使用正确的拧紧力矩。

3）在对齐发动机的凸轮轴和曲轴正时标记时，不要让齿轮划破手指。不要让手指被传动带和齿轮夹到。

4）在维修车间作业时，所有电动工具必须正确接地，在潮湿的地方绝对不能使用电动工具。

6. 正时同步带的拆装

正时同步带为帘布层或玻璃纤维层结构，如图 5-62 所示，具有较长的使用寿命，正常情况下，一般在汽车行驶 10 万 km 时才需要更换。正时同步带经过一段时间的使用后，会发生老化或损伤，因此使用中应该经常检查和维护，避免发生折断、滑齿，造成活塞与进、排气门相撞，

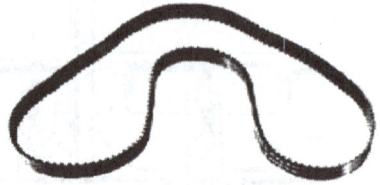

图 5-62 正时同步带

从而使活塞与气门损坏，严重时还会造成气门摇臂、摇臂轴、凸轮轴、气缸盖的损坏。

（1）拆卸正时同步带

将曲轴按旋转方向摇转至 1 缸压缩上止点位置。松开张紧轮固定螺母，取下正时同步带。若要继续使用，应在正时同步带上标明旋转方向，以免装反加剧正时同步带的磨损，降低使用寿命。有些正时同步带张紧装置上设有高压活塞，必须先用螺栓拉紧高压活塞，再用安全销固定住高压活塞，使张紧轮不再压紧正时同步带后，才能取下。

（2）安装正时同步带

若拆卸正时同步带前，已将曲轴按旋转方向摇转至 1 缸压缩上止点位置，可直接安装（旧带应注意旋转方向）。否则应先将凸轮轴正时同步带轮上的正时标记与气缸盖上的正时记号对准，同时转动曲轴使曲轴带轮上的记号与正时同步带护罩上的正时标记对正，才能安装，如图 5-63 所示。

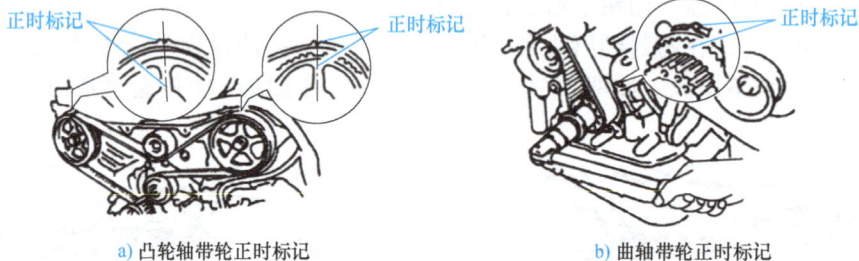

a) 凸轮轴带轮正时标记   b) 曲轴带轮正时标记

图 5-63 丰田 1MZ-FE 发动机正时同步带的安装

注意：安装正时同步带时要用手操作，忌用螺丝刀撬正时同步带来对记号，同时注意同步带不得粘有机油、黄油或其他化学用品，不得使同步带产生"死弯"，或以很小的半径急剧弯曲正时同步带。

（3）安装正时同步带张紧装置

将张紧轮压紧正时同步带，保持适当张紧力后紧固张紧轮固定螺母，检查张紧度应调整至合适。拧紧螺母时不要用手去推张紧器，而要靠弹簧自然张紧，张紧力不足将会增加正时同步带滑齿的可能，因此应仔细安装正时同步带张紧器，使正时同步带张紧力达到最佳状态，将有助于延长正时同步带的使用寿命。

工作页 10 气门组的认知与装调

<table>
<tr><td>任务名称</td><td colspan="7">工作页 10　气门组的认知与装调</td></tr>
<tr><td>班级</td><td></td><td>姓名</td><td></td><td>学号</td><td></td><td>日期</td><td></td></tr>
<tr><td>任务描述</td><td colspan="7">1. 从已拆除气门传动组零件的气缸盖上拆卸 1 个进气门和 1 个排气门，识别气门组零件，用抹布和风枪清洁后再装复，并填写操作工单。
2. 要求熟悉气门组的拆装方法及技术要求，能规范拆装气门组零件，熟悉各零件的名称、作用和结构特点；能规范使用拆装工具完成作业内容。
3. 按要求完成工作任务，任务完成过程遵循安全文明操作规程，任务完成后进行 7S 管理。</td></tr>
<tr><td>任务载体</td><td colspan="4">每组工位配备一套：常用工具车、气门弹簧拆装钳、发动机气缸盖总成、风枪、棉布、黄油、配套维修手册。</td><td>实训场地</td><td colspan="2">发动机实训室</td></tr>
<tr><td>准备工作</td><td colspan="7"><table><tr><th>项目</th><th>情况记录</th></tr><tr><td>（1）发动机型号</td><td></td></tr><tr><td>（2）工具及仪器设备准备</td><td>□是　□否</td></tr><tr><td>（3）维修手册准备</td><td>□是　□否</td></tr><tr><td>（4）固定发动机拆装台架</td><td>□是　□否</td></tr></table></td></tr>
<tr><td>任务实施</td><td colspan="7">一、完成配气相位图
根据下图和右表所给出的配气相位和点火时刻，完成以下任务。
1）在下图中标出配气相位角和四个行程。
2）计算气门重叠角并填入表中。
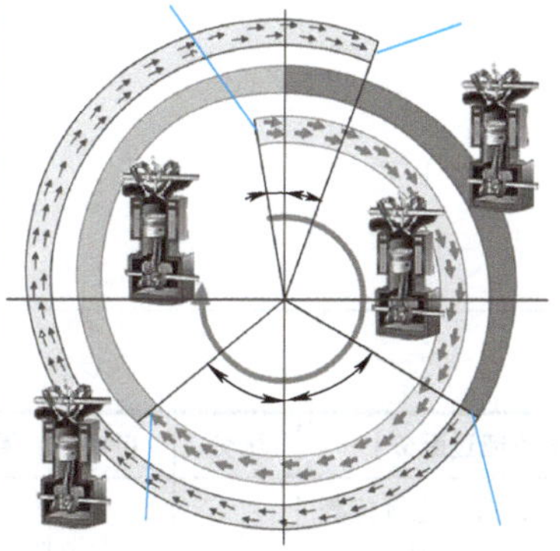
<table><tr><th>项目</th><th>内容</th></tr><tr><td>进气门打开 α</td><td>活塞上止点前</td></tr><tr><td>进气门关闭 β</td><td>活塞下止点后</td></tr><tr><td>点火时刻 Z_Z</td><td>活塞上止点前</td></tr><tr><td>排气门打开 γ</td><td>活塞下止点前</td></tr><tr><td>排气门关闭 δ</td><td>活塞上止点前</td></tr><tr><td>气门重叠角</td><td></td></tr></table>
二、拆卸气门组件
拆卸步骤及要领：</td></tr>
</table>

任务名称	工作页 10　气门组的认知与装调					
班级		姓名		学号		日期

三、认识气门组结构

根据下图的标示，对照气门组零件实物，把零件的名称填入右表中。

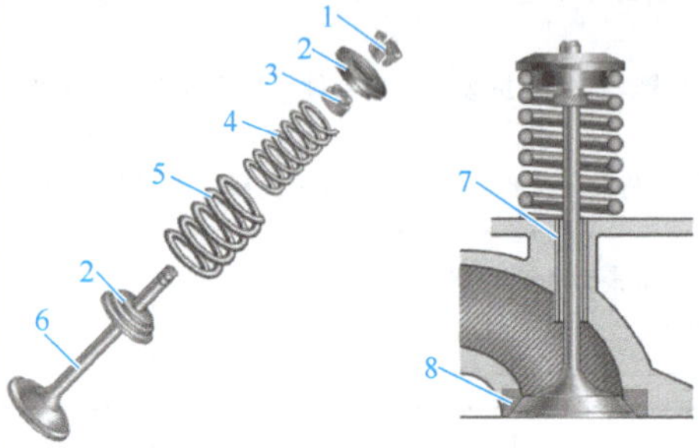

序号	名称
1	
2	
3	
4	
5	
6	
7	
8	

四、装配气门组件

装配步骤及要领：

五、工作场地 7S 管理

任务实施

检查评价

1. 评分细则

序号	评价项目	评价标准（每项累计扣分不超过配分）	配分	自评	互评	师评
1	安全文明否决	□造成人身、设备重大事故，或恶意顶撞教师、严重扰乱课堂秩序，立即终止实训，此评价表计 0 分				
2	工作计划制定	□能正确列出需使用的工具，缺一个要点扣 0.5 分 □能正确查阅维修手册，缺一个要点扣 1 分 □能正确列出操作计划，缺一个要点扣 1 分 □能正确列出操作注意事项，缺一个要点扣 1 分	10 分			

任务名称			工作页 10　气门组的认知与装调					
班级		姓名		学号			日期	

（续）

	序号	评价项目	评价标准（每项累计扣分不超过配分）	配分	自评	互评	师评
检查评价	3	安全文明生产	□能正确穿工作服、工作鞋，戴工作帽，缺一项扣1分 □工具与零件摆放整齐，不混放，不随意摆放在地上，未达标每次每处扣1分 □油、水洒落在地面或零部件表面或车漆表面应及时清理，未达标每次扣1分 □完工后清理工具，缺一个要点扣1分 □完工后清理实训场地，缺一个要点扣2分 □服从教师和班组长的课堂要求，不出言不逊，违反每次扣3分	15分			
	4	工具准备	□能准备好需使用的工具，每少准备一件扣1分 □恰当选择工具进行装调，选错一次扣2分	5分			
	5	维修手册使用	□能对照维修手册正确查找数据及相关信息，每查错一个数据或漏查一个数据扣3分	10分			
	6	完成配气相位图	□能在图中正确分辨配气相位角和四个行程，缺一个或错一个扣1分 □能正确计算气门重叠角，错误扣2分	10分			
	7	拆卸气门组件	□能规范使用气门拆装钳拆卸气门，不规范扣3分 □能正确使用工具，错一个扣3分 □正确标记气门，错一个扣1分 □零件按顺序摆放整齐，没按顺序或顺序错误扣3分 □规范拆卸气门杆油封，不规范扣3分	15分			
	8	认识气门组结构	□能正确说出每个零件的名称、作用和结构特点，错一个扣2分	10分			
	9	装配气门组件	□正确装入气门杆油封，不正确扣3分 □确保气门位置正确，装错扣3分 □正确使用专用工具压缩气门弹簧，不正确扣3分 □正确安装气门弹簧，注意方向，错误扣3分 □正确使用工具，不正确扣3分 □零件落地每次扣2分	15分			

任务名称			工作页 10　气门组的认知与装调						
班级		姓名		学号			日期		

（续）

<table>
<tr><td rowspan="5">检查评价</td><td>序号</td><td>评价项目</td><td>评价标准（每项累计扣分不超过配分）</td><td>配分</td><td>自评</td><td>互评</td><td>师评</td></tr>
<tr><td>10</td><td>工单记录</td><td>□字迹工整，潦草扣 2 分
□内容填写完整，缺一项扣 1 分</td><td>5 分</td><td></td><td></td><td></td></tr>
<tr><td>11</td><td>职业素养</td><td>□动手操作能力，酌情赋分
□适应团队合作，酌情赋分</td><td>5 分</td><td></td><td></td><td></td></tr>
<tr><td colspan="3">合计</td><td>100 分</td><td></td><td></td><td></td></tr>
</table>

2. 任务成绩（自我评价、组间互评、教师评价三者成绩加权得到，系数根据实际情况而定）

自我评价	组间互评	教师评价	任务成绩

反思改进	请根据任务完成情况，对自己及小组工作进行反思，提出改进意见或措施。 _____ _____ _____

工作页 11　气门传动组的认知与装调

任务名称	工作页 11　气门传动组的认知与装调					
班级		姓名		学号		日期	

任务描述	1. 从已拆除气缸盖罩、正时齿轮室盖的气缸盖和缸体上识别气门传动组零件，拆卸气门传动组，用抹布和风枪清洁后再装复，并填写操作工单。 2. 要求熟悉气门传动组的拆装方法及技术要求，能规范拆装气门传动组零件，熟悉各零件的名称、作用和结构特点；能规范使用拆装工具完成作业内容。 3. 按要求完成工作任务，任务完成过程遵循安全文明操作规程，任务完成后进行 7S 管理。

任务载体	每组工位配备一套：常用工具车、发动机总成、风枪、棉布、黄油、配套维修手册。	实训场地	发动机实训室

准备工作	项目	情况记录
	（1）发动机型号	
	（2）工具及仪器设备准备	□是　□否
	（3）维修手册准备	□是　□否
	（4）固定发动机拆装台架	□是　□否

一、认识气门传动组结构

对照气门传动组实物，将表中气门零件的序号填到右图中的正确位置。

序号	名称
1	凸轮轴
2	半圆键
3	张紧轮
4	凸轮轴正时齿轮
5	凸轮轴油封
6	水泵齿形轮
7	正时同步带
8	曲轴正时带轮

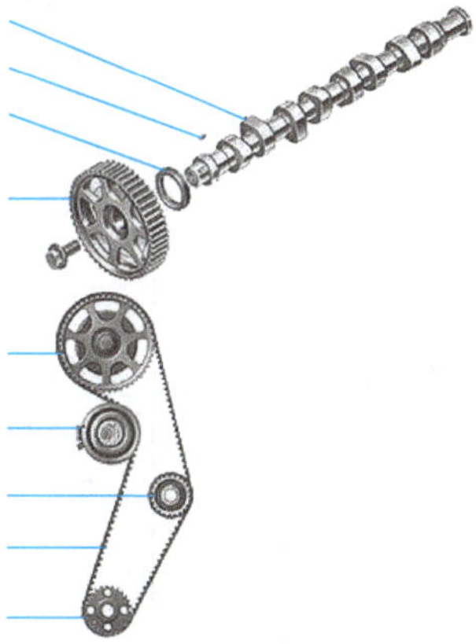

二、拆卸气门传动组件

1. 拆卸正时同步带（正时链条）时，应将曲轴按旋转方向摇至_____。
2. 拆卸步骤及要领：

三、装配气门传动组件

1. 凸轮轴盖螺栓规格：_____；拧紧力矩：_____。
2. 安装正时同步带（正时链条）时，同步带（链条）上的三处正时标记分别与_____、_____、_____上的正时标记对齐。

任务名称	工作页 11　气门传动组的认知与装调					
班级		姓名		学号		日期	

任务实施	3.装配步骤及要领： **四、工作场地 7S 管理**

检查评价	1.评分细则

序号	评价项目	评价标准（每项累计扣分不超过配分）	配分	自评	互评	师评
1	安全文明否决	□造成人身、设备重大事故，或恶意顶撞教师、严重扰乱课堂秩序，立即终止实训，此评价表计 0 分				
2	工作计划制定	□能正确列出需使用的工具，缺一个要点扣 0.5 分 □能正确查阅维修手册，缺一个要点扣 1 分 □能正确列出操作计划，缺一个要点扣 1 分 □能正确列出操作注意事项，缺一个要点扣 1 分	10 分			
3	安全文明生产	□能正确穿工作服、工作鞋，戴工作帽，缺一项扣 1 分 □工具与零件摆放整齐，不混放，不随意摆放在地上，未达标每次每处扣 1 分 □油、水洒落在地面或零部件表面或车漆表面应及时清理，未达标每次扣 1 分 □完工后清理工具，缺一个要点扣 1 分 □完工后清理实训场地，缺一个要点扣 2 分 □服从教师和班组长的课堂要求，不出言不逊，违反每次扣 3 分	15 分			
4	工具准备	□能准备好需使用的工具，每少准备一件扣 1 分 □恰当选择工具进行装调，选错一次扣 2 分	5 分			
5	维修手册使用	□能对照维修手册正确找拆装步骤及相关信息，每查错一个数据或漏查一个数据扣 3 分	10 分			
6	认识气门传动组结构	□能正确指认各个零件，说出名称、作用和结构特点，错一个扣 2 分	15 分			

任务名称				工作页 11　气门传动组的认知与装调				
班级		姓名		学号			日期	

	序号	评价项目	评价标准（每项累计扣分不超过配分）	配分	自评	互评	师评
检查评价	7	拆卸气门传动组件	□正确选择套筒和扳手，错一次扣 1 分 □正确选择零件拆卸顺序，错一次扣 2 分 □规范拆卸正时同步带（链条），不规范扣 5 分 □规范拆卸凸轮轴，不规范扣 5 分 □正确标记凸轮轴盖，错一个扣 1 分	20 分			
	8	装配气门传动组件	□正确装入凸轮轴，选择合适的螺栓拧紧力矩和顺序，错一个扣 1 分 □确保凸轮轴端盖位置正确，错一个扣 1 分 □正确安装正时同步带（正时链条），注意正时三点对齐，错误扣 5 分 □正确选用装配套筒和扳手，错一次扣 1 分 □零件落地每次扣 2 分	15 分			
	9	工单记录	□字迹工整，潦草扣 2 分 □内容填写完整，缺一项扣 1 分	5 分			
	10	职业素养	□动手操作能力，酌情赋分 □资料检索能力，酌情赋分 □适应团队合作，酌情赋分	5 分			
			合计	100 分			

2. 任务成绩（自我评价、组间互评、教师评价三者成绩加权得到，系数根据实际情况而定）

自我评价	组间互评	教师评价	任务成绩

反思改进	请根据任务完成情况，对自己及小组工作进行反思，提出改进意见或措施。

项目五

任务 5.3　配气机构的检修及数据处理

子任务 5.3.1　气门组的检修及数据处理

气门组件常见的耗损有：气门和气门座工作面起槽、变宽，甚至烧蚀后出现斑点和凹陷，气门杆及尾部的磨损，气门杆的弯曲变形，气门导管的磨损，气门弹簧自由长度的变化、弹力衰减、弯曲变形、折断等。

1. 气门的检测及数据处理

气门常见的耗损有：气门杆部及尾部的磨损，气门杆的弯曲变形，气门工作锥面磨损与烧蚀等。

（1）气门杆部及尾部的磨损

1）用外径千分尺检测气门杆及尾部的磨损，测量部位如图 5-64 所示。通常气门杆部与气门杆尾部未磨损部分进行对比测量，若轿车气门杆的磨损量大于 0.05mm，货车气门杆的磨损量大于 0.10mm，或用手触摸有明显的阶梯形磨损时，应更换气门。

2）气门杆尾部的磨损大于 0.5mm 时，应更换气门。

（2）气门杆的弯曲变形

气门杆的弯曲变形可如图 5-65 所示进行检查，当气门杆的直线误差大于 0.05mm 时，应更换或校正，校正后的直线度误差不得大于 0.02mm。

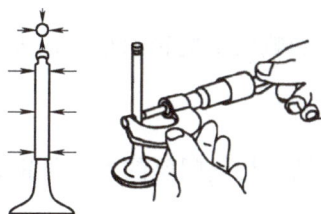

图 5-64　气门杆直径的检测

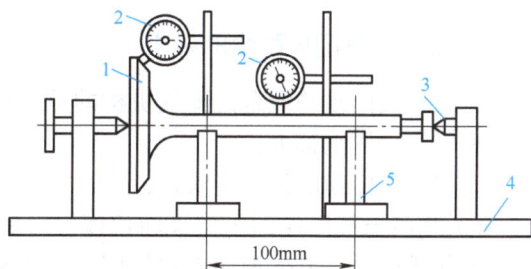

图 5-65　气门杆弯曲变形的检测

1—气门　2—百分表　3—顶尖　4—底板　5—V 形架

（3）气门工作锥面的检查

当气门工作锥面磨损起槽或烧蚀出现斑点，应进行光磨修复。气门光磨石在气门光磨机上进行的，光磨后气门工作锥面的径向圆跳动误差一般应不大于 0.01mm，表面粗糙度应小于 0.25μm。

（4）部分发动机气门的维修参数见表 5-1。

表 5-1　部分发动机气门的维修参数

发动机型号	气门杆直径 /mm		头部锥角 / (°)	头部边缘厚度限度 /mm		气门长度 /mm		接触带宽度 /mm
	进气门	排气门		进气门	排气门	标准值	极限值	
奥迪 100 1.8L	7.97	7.97	45	0.5	0.5	98.7	—	—

发动机型号	气门杆直径 /mm		头部锥角 / (°)	头部边缘厚度限度 /mm		气门长度 /mm		接触带宽度 /mm
	进气门	排气门		进气门	排气门	标准值	极限值	
现代	6.599	6.599	45	—	—	—	—	—
丰田皇冠 MS122 5M	7.985 ~ 7.995	7.970 ~ 7.985	44.5	0.6	1.0	进气门：116.3 排气门：113.3	进气门：115.8 排气门：112.8	1.2 ~ 1.6
本田 F22A1	5.515 ~ 5.530	5.515 ~ 5.530	45	—	—	—	—	—

2. 气门座的检测及数据处理

检查气门座的工作锥面，若气门座工作锥面过度磨损、烧蚀、出现严重斑点或凹坑，应通过铰削、修磨等工艺恢复其工作性能；如气门座有裂纹、松动和严重烧伤时，则应重新镶配气门座。具体应根据厂家要求而定。

若气门座损坏、严重烧蚀、松动或下沉 2mm 以上，应更换气门座。若气门座是在气缸盖上直接加工的，则必须更换气缸盖。

气门座与座孔配合的过盈量较大（0.08 ~ 0.12mm），而且两气门座孔之间的距离又比较小，强度比较弱，在压镶气门座时，容易引起此处胀裂。

座孔磨损后采用修理尺寸法修复，修理尺寸有两级，级差为 0.20mm。

3. 气门与气门座配合的要求

气门与气门座的配合是配气机构的重要环节，它会影响气缸的密封性，对发动机的动力性和经济性影响极大。

气门与气门座的配合要求是：

1）气门与气门座的工作锥面角度应一致。为改善气门与气门座的磨合性能，磨削气门的工作锥面时，其锥面角度比气门座小 0.5° ~ 1°。

2）气门与气门座的密封带位置在中部靠内侧。过于靠外，会使气门的强度降低；过于靠内，会造成气门与气门座接触不良。

3）气门与气门座的密封带宽度应符合原设计规定，一般为 1 ~ 2.5mm。排气门大于进气门的宽度；柴油机大于汽油机的宽度。密封带宽度过小，将使气门磨损加剧；宽度过大，容易烧蚀气门。

4）气门工作锥面与杆部的同轴度误差应不大于 0.05mm。

5）气门杆与导管的配合间隙应符合原厂规定。

4. 气门导管的检测及数据处理

气门导管常见的耗损有：气门导管与气缸盖座孔过盈量过小，或气门导管磨损严重，气门杆与气门导管的配合间隙超过限度等。

1）检查气门导管磨损程度，如图 5-66 所示。气缸盖倒放在工作台上，将气门升至高出气门座约 10mm 左右，安装百分表，使百分表的探头触及气门杆尾部，侧向推动气门尾部，同时观看百分表上指针的摆动，其摆动量即为实测的近似间隙。磨损极限是进气门摆动量不得超过 1.00mm，排气门摆动量不得超过 1.30mm，否则应更换气门导管。

注意：如换上新气门，其间隙仍超过允许值，则更换气门导管。

2）气门导管与气门杆配合间隙的检测方法，如图 5-67 所示。将气门杆和单管孔擦干净，在气门杆上涂一层机油，放入气门导管内，上下拉动几次，然后气门能借本身重量缓慢下降，则认为配合适当。若间隙超过极限值，应更换气门导管。

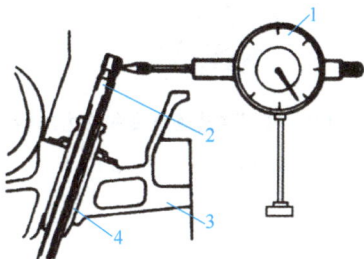

图 5-66　检查气门导管磨损情况

1—百分表　2—气门杆　3—缸盖　4—气门导管

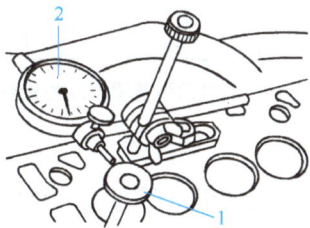

图 5-67　气门杆与气门导管配合间隙的检测

1—气门　2—百分表

常见车型发动机进、排气门杆与气门导管配合间隙见表 5-2。

表 5-2　常见车型发动机进、排气门杆与气门导管配合间隙　　　　　　　（单位：mm）

车型	气门	配合间隙	使用极限间隙
桑塔纳	进气门	+0.035 ～ +0.070	+1.00
	排气门	+0.035 ～ +0.070	+1.30
捷达	进气门	+0.035 ～ +0.065	+1.02
	排气门	+0.035 ～ +0.065	+1.30
别克	进气门	+0.026 ～ +0.068	—
	排气门	+0.026 ～ +0.068	—

3）新气门导管与气门杆配合的检查。新气门导管的选择，要求气门导管的内径应与气门杆的尺寸相适应，其外径与气门导管支承座孔的配合应有一定的过盈，通常其过盈量为导管外径的 2% ～ 3%；导管的过盈量可用旧导管对比进行测量。新气门导管比旧导管大 0.01 ～ 0.02mm 为适当。

5. 气门弹簧的检测及数据处理

气门弹簧经长期使用后会出现下列耗损：断裂、歪斜、弹力衰减。

对气门弹簧的检查主要是：观察有无裂纹或折断，测量弹簧自由长度和垂直度，测量弹簧弹力。气门弹簧不能维修，必要时只能更换新件。

1）气门弹簧的自由长度可用游标卡尺进行测量。气门弹簧垂直度的检查如图 5-68 所示，气门弹簧的垂直度一般应不大于 1.5 ～ 2.0mm。若气门弹簧的自由长度或垂直度不符合标准要求，应更换气门弹簧。

2）气门弹簧垂直度和弹力的检查如图 5-69 所示，用检验仪对气门弹簧施加压力，在规定压力下的气门弹簧高度（或规定气门弹簧高度下的压力）应符合标准要求，否则应更换气门弹簧。

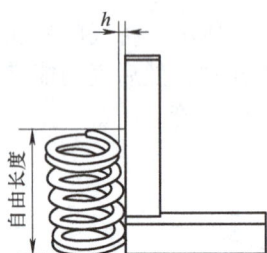

图 5-68　气门弹簧垂直度的检查

h—垂直度

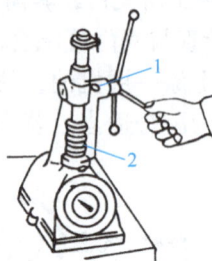

图 5-69　气门弹簧垂直度和弹力的检查

1—弹簧检验仪　2—气门弹簧

3）部分发动机气门弹簧维修参数见表 5-3。

表 5-3　部分发动机气门弹簧维修参数

发动机型号	垂直度（弹簧与直角尺间的最大间隙 /mm）	自由长度 /mm	安装长度 /mm	安装负荷 /N	
				标准值	使用限度
红旗 CA488-3	≤0.2	—	41.2～42.7	480～534	—
丰田皇冠 MS122 5M	1.6	外：46.9 内：44.9	外：41.4 内：37.9	外：171～211 内：64～78	外：147 内：58.8
马自达 626	1.51	外：52.4 内：45.7	—	—	—
现代	—	—	30.1	—	—

工作页 12 气门组的检修

任务名称	工作页 12 气门组的检修				
班级		姓名		学号	日期

任务描述	1. 对已拆除气门组零件（2 个气门，1 个气门弹簧）按要求进行检测，记录数据，并根据检测结果提出维修方案。 2. 要求熟悉气门组零件的检测方法及主要技术要求；会查阅维修手册；能规范使用工量具检测气门组零件，正确判断零件是否正常；能根据检测结果提出合理维修方案。 3. 按要求完成工作任务，任务完成过程遵循安全文明操作规程，任务完成后进行 7S 管理。

任务载体	每组工位配备一套：常用工具车、外径千分尺（0～25mm）、游标卡尺（0～125mm）、V 形块（架）、百分表、风枪、棉布、配套维修手册。	实训场地	发动机实训室

准备工作

项目	情况记录
（1）被测零件准备	□是　□否
（2）工具及仪器设备准备	□是　□否
（3）维修手册准备	□是　□否

任务实施

一、校验量具

记录：

二、查询气门组零件尺寸标准值

气门组零件尺寸标准值　　　　　（单位：mm）

	气门杆直径	气门全长	气门边缘厚度	气门杆最大弯曲值	气门弹簧自由长度	气门弹簧偏斜量
进气						
排气						

三、检修气门组零件

1. 检查气门磨损情况。

根据维修手册要求检查气门磨损情况，并将检查结果填入下表中。

	气门杆实测直径 /mm			气门杆最大磨损处直径 /mm	气门杆弯曲值 /mm	是否超差
	上部	中部	下部			
进气						
排气						
维修方案						

（续）

任务名称			工作页 12　气门组的检修				
班级		姓名		学号		日期	

<table>
<tr><td rowspan="5"></td><td></td><td>气门边缘实测
厚度 /mm</td><td>气门实测全长 /mm</td><td>气门尾部磨损情况</td><td>是否超差</td></tr>
<tr><td>进气</td><td></td><td></td><td></td><td></td></tr>
<tr><td>排气</td><td></td><td></td><td></td><td></td></tr>
<tr><td>维修方案</td><td colspan="4"></td></tr>
</table>

2. 检查气门弹簧损伤情况。
根据维修手册要求检查气门弹簧损伤情况，并将检查结果填入下表中。

	气门弹簧 自由长度 /mm	气门弹簧 偏斜量 /mm	是否超差
进气			
排气			
维修方案			

任务实施

四、气门密封性检查有几种方法？

五、如何保证气门与气门座的密合性？

六、工作场地 7S 管理

检查评价

1. 评分细则

序号	评价项目	评价标准（每项累计扣分不超过配分）	配分	自评	互评	师评
1	安全文明否决	□造成人身、设备重大事故，或恶意顶撞教师、严重扰乱课堂秩序，立即终止实训，此评价表计 0 分				

任务名称		工作页 12　气门组的检修					
班级		姓名		学号		日期	

	序号	评价项目		评价标准（每项累计扣分不超过配分）	配分	自评	互评	师评
检查评价	2	工作计划制定		□能正确列出需使用的工量具，缺一个要点扣 0.5 分 □能正确查阅维修手册，缺一个要点扣 1 分 □能正确列出操作计划，缺一个要点扣 1 分 □能正确列出操作注意事项，缺一个要点扣 1 分	10 分			
	3	安全文明生产		□能正确穿工作服、工作鞋，戴工作帽，缺一项扣 1 分 □工量具与零件摆放整齐，不混放，不随意摆放在地上，未达标每次每处扣 1 分 □油、水洒落在地面或零部件表面或车漆表面应及时清理，未达标每次扣 1 分 □完工后清理工量具，缺一个要点扣 1 分 □完工后清理实训场地，缺一个要点扣 1 分 □服从教师和班组长的课堂要求，不出言不逊，违反每次扣 2 分	10 分			
	4	工具准备		□能独立准备好需使用的测量工具，每少准备一件扣 1 分	5 分			
	5	维修手册使用		□能对照维修手册正确查找零件标准尺寸及检修要点，每查错一个数据或漏查一个要点扣 1 分	10 分			
	6	气门的检修	气门杆磨损检测	□能正确使用量具，不正确每次扣 2 分 □能正确选择测量位置，不正确每次扣 2 分 □能正确测量数据，误差若大于 0.02mm，每次扣 2 分	10 分			
			气门尾部磨损检测	□能正确使用量具，不正确每次扣 2 分 □能正确选择测量位置，不正确每次扣 2 分 □能正确测量数据，误差若大于 0.02mm，每次扣 2 分	10 分			

项目五

任务名称			工作页 12　气门组的检修					
班级		姓名		学号			日期	

	序号	评价项目		评价标准（每项累计扣分不超过配分）	配分	自评	互评	师评
检查评价	6	气门的检修	气门杆垂直度检测	□能正确使用量具，不正确每次扣2分 □能正确放置V形架，位置不正确扣2分 □能正确安装百分表，安装不正确扣2分 □能正确测量数据，误差若大于0.02mm，每次扣2分 □能提出合理气门维修方案，否则扣3分	10分			
	7	气门弹簧的检修		□能正确使用量具，不正确每次扣2分 □能使用正确方法检测气门弹簧偏斜量，方法不正确扣2分 □能正确检测气门弹簧偏斜量，数据不正确扣2分 □能正确测量气门弹簧自由长度，数据不正确扣2分 □能正确判断气门弹簧是否超差，无法判断扣1分 □能提出合理气门弹簧维修方案，否则扣3分	15分			
	8	气门气密性检查		□能清楚阐述气门气密性检查常见的三种方法，缺少一种扣2分	5分			
	9	气门与气门座的密封性		□能清楚阐述保证气门与气门座密封性的措施，缺少一个要点扣1分	5分			
	10	工单记录		□字迹工整，潦草扣2分 □内容填写完整，缺一项扣1分	5分			
	11	职业素养		□认真细致，精益求精，酌情赋分 □适应团队合作，酌情赋分	5分			
		合计			100分			

2.任务成绩（自我评价、组间互评、教师评价三者成绩加权得到，系数根据实际情况而定）

自我评价	组间互评	教师评价	任务成绩

反思改进	请根据任务完成情况，对自己及小组工作进行反思，提出改进意见或措施。

子任务 5.3.2　气门传动组的检修及数据处理

1. 凸轮轴及轴承的检测及数据处理

凸轮轴常见的损伤有：凸轮轴的弯曲变形、凸轮轮廓磨损、支承轴颈表面的磨损以及正时齿轮驱动件的损耗等。

（1）凸轮轴的弯曲变形

凸轮轴的弯曲变形是以凸轮轴中间轴颈对两端轴颈的径向圆跳动误差来衡量的，检测方法如图 5-70 所示。将凸轮轴放置在 V 形架上，V 形架和百分表支架放置在底板上，使百分表触头与凸轮轴中间轴颈垂直接触。转动凸轮轴，观察百分表表针的摆差即为凸轮轴的弯曲度。凸轮轴径向圆跳动一般为 0.01 ～ 0.03mm，允许极限一般为 0.05 ～ 0.10mm。若超过极限值，可对凸轮轴进行冷压校正，必要时应更换新件。

（2）凸轮轴的磨损

凸轮轴常见的损伤有表面磨损、擦伤或麻点剥落等，其中以磨损最为常见。凸轮轴的磨损是不均匀的，一般在凸轮顶尖附近磨损较严重。凸轮磨损后，凸轮高度降低，会使气门的最大升程减小，影响发动机工作时的进、排气阻力。因此凸轮最大升程的减小值是凸轮检测分类的主要依据。当凸轮最大升程减小值大于 0.40mm 或凸轮表面累积磨损量超过 0.80mm 时，应更换凸轮轴；当凸轮表面累积磨损量小于 0.80mm 时，可在凸轮轴磨床上修磨凸轮。但是，目前汽车发动机凸轮轴的凸轮均为组合线型，由于对加工精度的要求极高，修理成本高，所以目前损伤后极少修复，一般直接更换凸轮轴。凸轮轴最大升程 H 的检查可在 V 形架上用百分表检测，也可用外径千分尺进行检测，如图 5-71 所示。

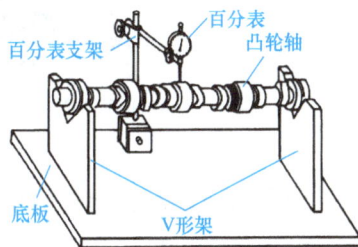

图 5-70　凸轮轴弯曲变形的检测

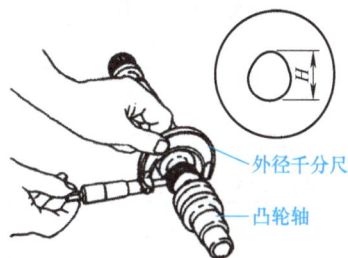

图 5-71　检测凸轮轴的磨损

（3）凸轮轴轴颈及轴承的磨损

凸轮轴轴颈及轴承的磨损情况可通过测量其配合间隙来检测，凸轮轴轴承间隙可参照曲轴轴承间隙检查方法进行检查。凸轮轴轴承间隙一般为 0.02 ～ 0.10mm，允许极限一般为 0.10 ～ 0.20mm。

用外径千分尺测量凸轮轴轴颈的圆度误差和圆柱度误差。凸轮轴轴颈的圆度误差不得大于 0.015mm，各轴颈的圆柱度误差不得超过 0.05mm，否则应按修理尺寸法进行修理。

有些发动机的凸轮轴轴颈允许修磨，当凸轮轴轴承间隙超过允许极限时，可磨削凸轮轴轴颈，并选配同级修理尺寸的凸轮轴轴承。

多数发动机凸轮轴轴颈和轴承无修理尺寸，当轴承间隙超过其允许极限时，必需更换凸轮轴或凸轮轴轴承，必要时两者一起更换。目前也有不少凸轮轴是无凸轮轴轴承的，对无凸轮轴轴承的，若凸轮轴座孔磨损严重，只能更换气缸体或气缸盖。

（4）凸轮轴轴向间隙的检测调整

采用止推凸缘进行轴向定位的发动机在检测轴向间隙时，用塞尺插入凸轮轴第一道轴颈前端面与止推凸缘之间，或正时齿轮轮毂端面与止推凸缘之间，如图 5-72b 所示。塞尺的厚度值即为凸轮轴轴向间隙，一般为 0.05 ～ 0.20mm，最大极限为 0.25mm，如果间隙不符合要求，可用增、减止推凸缘的厚度进行调整。

采用轴承翻边进行轴向定位的发动机在检测轴向间隙时，要在不装液压挺柱的情况下进行（可只装第 1、第 5 道轴承盖），用百分表触头顶在凸轮轴前端，轴向推拉凸轮轴，百分表的摆动量即视为凸轮轴的轴向间隙，如图 5-72a 所示。当桑塔纳 2000 型轿车发动机轴向间隙超出使用极限 0.25mm 时，则更换新件。

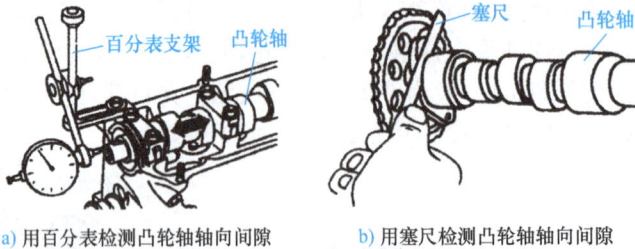

a) 用百分表检测凸轮轴轴向间隙　　　b) 用塞尺检测凸轮轴轴向间隙

图 5-72　凸轮轴轴向间隙的检查

（5）部分发动机凸轮轴维修参数见表 5-4。

表 5-4　部分发动机凸轮轴维修参数

发动机型号	凸轮高度 /mm				轴向间隙 /mm		轴承间隙 /mm		轴承盖螺栓拧紧力矩 /（N·m）
	标准值		磨损极限		标准值	使用限度	标准值	使用限度	
	进气	排气	进气	排气					
红旗 CA488-3	—	—	0.5	0.5	0.13 ～ 0.33	0.33	—	—	24
丰田皇冠 MS122 5M	43.487	43.550	0.407	0.400	0.08 ～ 0.18	0.3	0.017 ～ 0.057	0.1	11.8 ～ 17.8
现代	38.913	38.964	—	—	0.10 ～ 0.20		0.051 ～ 0.089		—

2. 气门挺柱的检测及数据处理

气门挺柱常见的损伤形式有：底部出现剥落、裂纹、擦伤划痕，挺柱与导孔配合间隙过大等。用冷激铸铁材料制成的筒式挺柱，其缺点是底面的冷激层极易产生疲劳磨损；此外，因挺柱运动的特殊性，加之润滑条件较差或其他原因引起的挺柱运动阻滞，易造成挺柱底部出现不均匀磨损，加剧挺柱底部对凸轮的反磨效应，在较短的行驶里程内就可能出现凸轮磨损而需报废。

（1）普通挺柱

1）当挺柱底部出现疲劳剥落时，更换新件。

2）挺柱底部出现环形光环，说明挺柱磨损不均匀，应尽早更换新件。

3）挺柱底部出现擦伤划痕时，应更换新件，如图 5-73 所示。

4）挺柱圆柱部分与导孔的配合间隙一般为 0.03 ～ 0.10mm。当超过 0.12mm 时，应视情况更换挺柱或导孔支架。装有衬套的结构，可更换衬套。

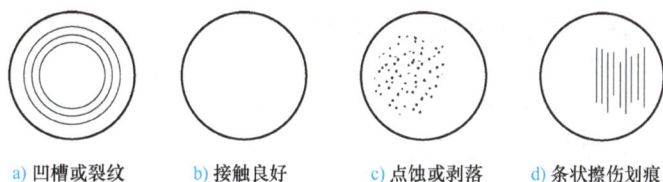

| a）凹槽或裂纹 | b）接触良好 | c）点蚀或剥落 | d）条状擦伤划痕 |

图 5-73　气门挺柱工作面的技术状况

（2）液压挺柱

液压挺柱会因机械磨损或挺柱内部渗入空气等原因导致出现异响等故障。一般认为，液压挺柱异响均是由挺柱故障导致，应通过正确的检修予以排除。

1）液压挺柱工况的精要检测。起动发动机并达到正常工作温度（以电控风扇运转为标准），将发动机转速提高到 2500r/min，运转 2min，如果挺柱部位一直有异响，则应熄火停机。拆下气门室罩，检查所有凸轮顶尖向上（指气门处在关闭状态）的气门挺柱，用木棒下压挺柱，在气门打开之前，挺柱自由行程不得大于 0.1mm；否则，应更换挺柱。当凸轮顶尖下压挺柱时，可转动曲轴到凸轮顶尖向上，再按上述方法逐个检查。

2）挺柱体与凸轮接触工作面的磨损。挺柱体与凸轮接触的工作面如有轻微的凹坑、麻点等，可将挺柱体用磨床磨平。当上述现象较严重时，应更换挺柱。

3）挺柱体圆柱工作面机械磨损。当挺柱体的圆柱工作面磨损严重或起沟槽时，应更换新挺柱。检查时，还应注意挺柱体在其导孔内应能上下自由滑动，不得出现卡滞现象；否则，应更换挺柱。

4）挺柱体与导孔配合间隙检测。可用外径千分尺测量挺柱体外径，用内径千分尺测量导孔内径，两者之差即为挺柱体与导孔的配合间隙，其极限值不得超过 0.1mm，间隙过大时应更换挺柱。

5）挺柱柱塞与柱塞套密封性能的检测。先将清洗后的液压挺柱浸泡在汽油中，用力压缩柱塞套若干次，以排出腔体内的空气。将排净空气后的挺柱放置在泄漏回降试验台上，在手柄上施加 200N 的压力，先使柱塞套下降 2mm，然后再测它下降 1mm 所需的时间，应在 7 ～ 10s 的标准内。若小于 7s，说明柱塞与柱塞套配合间隙过大；若大于 10s，说明有卡滞现象，均应更换挺柱。

注意：挺柱不可互换，应按原位装回；当拆解清洗或更换挺柱后，装复时应排净空气，否则将会引起异响。

3. 气门推杆的检测及数据处理

气门推杆一般是空心细长杆，工作时易发生弯曲，直线度误差应不大于 0.30mm，如 EQ6100-1 型发动机为 0.40mm。推杆应身影平直，不得有锈蚀和裂纹。上端凹球面和下端凸球面半径磨损应控制在 -0.01 ～ 0.03mm 之间。若气门推杆发生弯曲，应进行校直。

4. 摇臂和摇臂轴的检测及数据处理

摇臂的损伤主要是摇臂头部的磨损和衬套的磨损，摇臂轴的损伤主要是轴颈的磨损和弯曲变形。

（1）外观检查

检查摇臂长端和摇臂轴工作面有无缺口、凹陷、沟槽、麻点、划损等缺陷，若有，则需修磨或予以更换新件；若存在裂纹、机械损伤或严重磨损，则应更换新件。

摇臂弹簧如发生折断变形，应更换新件。检查、疏通摇臂组件润滑油孔。检查气门间隙调整螺钉的螺纹是否完好，若损坏需更换。当调整螺钉的尖端磨损严重时，也应更换新件。

摇臂常见的损伤主要是摇臂头部的磨损。检查时，摇臂头部应光洁无损。修理后的凹陷应不大于0.50mm。如超过规定数值，则可用堆焊修磨修复；摇臂与摇臂轴的配合间隙超过规定数值，则应更换衬垫，并按轴的尺寸进行铰削或镗削修理。

注意： 镶套时，要使衬套油孔与摇臂上的油孔对准，以免影响润滑。

（2）轴孔配合检查

用手感检查摇臂与摇臂轴的配合情况，在单独装配的情况下推拉或摇摆摇臂，如有间隙，说明摇臂与摇臂轴之间存在磨损。用外径千分尺和内径千分尺检查摇臂和摇臂轴的尺寸，然后计算出配合间隙。摇臂轴轴颈的磨损量大于0.02mm或摇臂轴与摇臂承孔的配合间隙超过规定值时，可电镀修复或更换新件。但衬套油孔与摇臂上的油孔要重合，以保证机油流动畅通。若修复后不能保证使用要求，则必须更换新件。

（3）摇臂轴弯曲变形检查

同凸轮轴的弯曲变形检测方法一样，超过使用限度时，可用木锤矫正变形或更换新件。摇臂轴弯曲应冷压后校直，在100mm长度上使其直线度误差不大于0.03mm。

5. 正时链轮和链条的检测及数据处理

采用凸轮轴上置式配气机构的发动机在工作中，正时传动机构会因正时链条的磨损，造成节距变长，严重时会使配气正时失准。因此，在维修中应认真检查。

（1）正时链条

测量全链长，对链条施以一定的拉力后测量其长度，如图5-74a所示。测量时的拉力可定为50N，如丰田2Y、3Y发动机的链条长度应不超过291.4mm，如果长度超过此值，应更换新链条。

（2）正时链轮

测量最小的链轮直径，将链条分别包住凸轮轴正时链轮和曲轴正时齿轮，用游标卡尺测量其直径，如图5-74b所示，其直径不得小于允许值。例如，丰田2Y、3Y发动机正时链轮最小的允许值：凸轮轴正时齿轮为114mm，曲轴正时链轮为59mm；若小于此值，应更换正时链条和链轮。

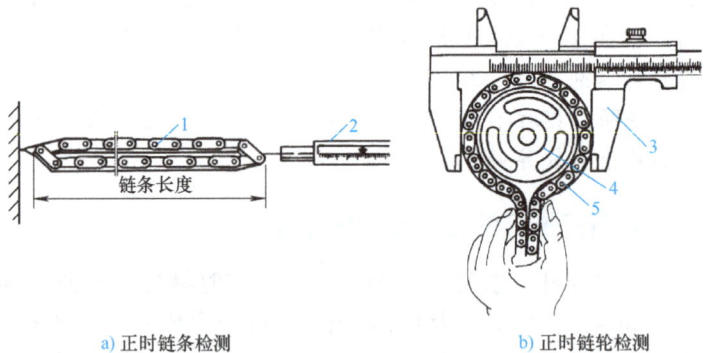

a）正时链条检测   b）正时链轮检测

图5-74　正时链条和链轮的检测

1、5—链条　2—弹簧秤　3—游标卡尺　4—链轮

工作页 13　气门传动组的检修

任务名称			工作页 13　气门传动组的检修				
班级		姓名		学号		日期	

任务描述	1. 对已拆除气门传动组零件（1 根凸轮轴，1 根正时链条，1 个正时链轮）按要求进行检测，检测完后装配凸轮轴，测量凸轮轴向间隙和径向间隙，记录数据，并根据检测结果提出维修方案。 2. 要求熟悉气门传动组零件的检测方法及主要技术要求；会查阅维修手册；能规范使用工量具检测气门传动组零件，正确判断零件是否正常；能根据检测结果提出维修方案。 3. 按要求完成工作任务，任务完成过程遵循安全文明操作规程，任务完成后进行 7S 管理。

任务载体	每组工位配备一套：常用工具车、外径千分尺（0～50mm）、游标卡尺（0～125mm）、塞尺、直角尺、V 形架、百分表、风枪、棉布、配套维修手册。	实训场地	发动机实训室

准备工作

项目	情况记录
（1）被测零件准备	□是　□否
（2）工具及仪器设备准备	□是　□否
（3）维修手册准备	□是　□否

任务实施

一、校验量具
记录：

二、查询气门传动组零件尺寸标准值
气门传动组零件尺寸标准值，将查询结果填入下表中。

（单位：mm）

	轴颈直径	最大弯曲度	最大圆度	凸轮高度	轴向间隙	径向间隙（气门间隙）
进气凸轮轴						
排气凸轮轴						

正时链条最大允许长度：_____；凸轮轴正时齿轮最小直径：_____；曲轴正时链轮最小直径：_____。

三、检修气门传动组
1. 检查凸轮轴轴颈磨损情况。
根据维修手册要求检查凸轮轴轴颈磨损情况，并将检查结果填入下表中。

	第一道轴颈直径 / mm	第二道轴颈直径 / mm	第三道轴颈直径 / mm	第四道轴颈直径 / mm	第五道轴颈直径 / mm	凸轮高度 / mm	是否超差
进气凸轮轴							
排气凸轮轴							
维修方案							

（续）

任务名称	工作页 13　气门传动组的检修				
班级		姓名		学号	日期

任务实施

2. 检查凸轮轴变形情况。

根据维修手册要求检查凸轮轴变形情况，并将检查结果填入下表中。

第__道轴颈	第一截面直径/mm	第二截面直径/mm	圆度/mm	圆柱度/mm	弯曲度/mm	是否超差
进气凸轮轴						
排气凸轮轴						
维修方案						

3. 检查凸轮轴径向和轴向间隙。

根据维修手册要求检查凸轮轴径向和轴向间隙情况，并将检查结果填入下表中。

	径向间隙/mm	轴向间隙/mm	是否超差
进气凸轮轴			
排气凸轮轴			
维修方案			

4. 检查正时链条和链轮。

根据维修手册要求检查正时链条和链轮尺寸，并将检查结果填入表中。

（单位：mm）

	正时链条长度	凸轮轴正时齿轮直径	曲轴正时齿轮直径
测量值			
是否超差			
维修方案			

四、工作场地 7S 管理

检查评价

1. 评分细则

序号	评价项目	评价标准（每项累计扣分不超过配分）	配分	自评	互评	师评
1	安全文明否决	□造成人身、设备重大事故，或恶意顶撞教师、严重扰乱课堂秩序，立即终止实训，此评价表计 0 分				

174　汽车发动机构造与维修

任务名称				工作页 13　气门传动组的检修				
班级		姓名		学号			日期	

	序号	评价项目		评价标准（每项累计扣分不超过配分）	配分	自评	互评	师评
检查评价	2	工作计划制定		□能正确列出需使用的工量具，缺一个要点扣 0.5 分 □能正确查阅维修手册，缺一个要点扣 1 分 □能正确列出操作计划，缺一个要点扣 1 分 □能正确列出操作注意事项，缺一个要点扣 1 分	10 分			
	3	安全文明生产		□能正确穿工作服、工作鞋，戴工作帽，缺一项扣 1 分 □工量具与零件摆放整齐，不混放，不随意摆放在地上，未达标每次每处扣 1 分 □油、水洒落在地面或零部件表面或车漆表面应及时清理，未达标每次扣 1 分 □完工后清理工量具，缺一个要点扣 1 分 □完工后清理实训场地，缺一个要点扣 1 分 □服从教师和班组长的课堂要求，不出言不逊，违反每次扣 2 分	10 分			
	4	工具准备		□能独立准备好需使用的测量工具，每少准备一件扣 1 分	5 分			
	5	维修手册使用		□能对照维修手册正确查找零件标准尺寸及检修要点，每查错一个数据或漏查一个要点扣 1 分	15 分			
	6	凸轮轴的检修	凸轮轴磨损检测	□能正确使用外径千分尺等量具，不正确每次扣 2 分 □能正确选择测量位置，不正确每次扣 2 分 □能正确测量各轴颈直径及凸轮高度，误差若大于 0.02mm，每次扣 2 分 □能合理提出凸轮轴维修方案，否则扣 3 分	15 分			
			凸轮轴变形检测	□能正确使用千分尺等量具，不正确每次扣 1 分 □能正确放置 V 形铁，位置不正确扣 2 分 □能正确安装百分表，安装不正确扣 2 分 □能正确测量各截面直径及弯曲度，误差若大于 0.02mm，每次扣 1 分 □能正确计算各形状公差，不正确每次扣 2 分 □能合理提出凸轮轴维修方案，否则扣 3 分	15 分			

项目五

任务名称				工作页 13　气门传动组的检修					
班级		姓名		学号			日期		

检查评价	序号	评价项目		评价标准（每项累计扣分不超过配分）	配分	自评	互评	师评
	6	凸轮轴的检修	凸轮轴间隙检测	□能正确使用塞尺和百分表，不正确每次扣2分 □能正确测量各间隙，误差若大于 0.02mm 每次扣 2 分 □能合理提出凸轮轴维修方案，否则扣 3 分	10 分			
	7	正时链条和链轮的检修		□能正确使用直角尺和游标卡尺，不正确每次扣 1 分 □能正确检测正时链条长度，不正确扣 2 分 □能正确检测凸轮轴正时齿轮直径，不正确扣 2 分 □能正确测量曲轴正时齿轮直径，不正确扣2 分 □能正确判断链条和链轮是否超差，无法判断各扣 1 分 □能提出合理维修方案，否则扣 3 分	10 分			
	8	工单记录		□字迹工整，潦草扣 2 分 □内容填写完整，缺一项扣 1 分	5 分			
	9	职业素养		□认真细致，精益求精，酌情赋分 □适应团队合作，酌情赋分	5 分			
	合计				100 分			

2. 任务成绩（自我评价、组间互评、教师评价三者成绩加权得到，系数根据实际情况而定）

自我评价	组间互评	教师评价	任务成绩

反思改进	请根据任务完成情况，对自己及小组工作进行反思，提出改进意见或措施。

子任务 5.3.3 配气机构控制系统的检修及数据处理

拆下本田 VTEC 电磁阀总成后，检查电磁阀滤清器，若滤清器有堵塞现象，应更换滤清器和机油。电磁阀密封垫一经拆下，必须更换新件。拆开 VTEC 电磁阀，用手指检查电磁阀的运动是否自如，若有卡滞现象，应更换电磁阀。

发动机不工作时，拆下气门室罩，转动曲轴分别使各缸处于压缩上止点位置，用手按压中摇臂，应能与主摇臂和次摇臂分离单独运动。

在使用中，本田车型若出现故障码"21"，说明 VTEC 电磁阀或电路有故障，按以下步骤进行排查。

1）清除故障码，并重新起动发动机，必要时进行路试，再重新调取故障码。若发动机不再出现故障码"21"，说明 VTEC 机构存在间歇性故障，应检查 VTEC 电磁阀电路是否接触不良。

2）关闭点火开关，拆开 VTEC 电磁阀线束连接器，测量电磁阀线圈电阻。标准电阻应为 14 ~ 30Ω，否则应更换电磁阀。

3）若电磁阀电阻符合标准，则检查 VTEC 电磁阀与 ECU 之间的接线是否发生断路。

4）起动发动机，达到正常工作温度后，检查发动机在转速分别为 1000r/min、2000r/min 和 4000r/min 时的机油压力。若机油压力均高于 49kPa，则说明不能开启电磁阀，必要时应更换电磁阀。

若上述检测机油压力均低于 49kPa，则关闭点火开关，拆开 VTEC 电磁阀插头，用蓄电池直接给电磁阀通电，然后起动发动机，测量转速在 3000r/min 时的机油压力。如果机油压力没有超过 250kPa，则说明机油泵工作不良或润滑系统有泄漏问题。

5）用换件法检查 ECU 是否有故障，必要时应更换 ECU。

任务 5.4 配气机构的常见故障

子任务 5.4.1 气门组的常见故障

1. 气门脚异响

（1）故障现象

1）发动机怠速时，会发出有节奏的"嗒嗒嗒"响声。

2）在转速增高时，响声也随会之增高。

3）发动机的温度发生变化或做断火试验，响声不变。

（2）故障原因

1）气门杆顶部和摇臂之间磨损或调整不当，气门间隙过大产生撞击。

2）气门间隙的调整螺钉磨损或偏斜。

3）气门弹簧座脱落。

4）气门杆与气门导管之间的间隙过大。

5）凸轮磨损过量，在运转中挺柱发生跳动。

（3）故障诊断与排除

1）在气门室罩一侧察听，响声频率随发动机转速的高低而增减。当发动机温度发生变化或进行断火试验时，响声不随之变化，可诊断为气门脚异响。

2）拆下气门室罩，并逐个检查气门的间隙。在气门室的一侧察听，响声较清晰，为查明是哪个气门脚响，可将气门室盖拆下，在怠速时用手提起挺柱，或用适当的塞尺插入可疑的气门脚与调整螺钉之间，响声随之消失，即为该气门脚异响。如果在塞尺插入后，气门没有间隙，响声减轻但没有消除，需要用螺丝刀撬开气门杆；若响声消除，则说明存在气门杆与导管磨损过度或气门弹簧座脱落问题。

3）如果气门被咬住，可以看出气门与挺柱之间有一段距离。若响声很明显，可调整气门间隙或在大修时修复凸轮等。

2. 气门座异响

（1）故障现象

1）冷车起动时，响声容易出现。

2）响声与转速没有必然的关系，在运转期间偶尔发出清脆的气门响声，而且很快就消失。严重时，此响声将会频繁出现。

3）响声出现时，会伴随着出现个别气缸不工作的情况。但当响声消失时，气缸的工作又会恢复正常。

4）火花塞每跳火 1 次，则异响 1 次。

（2）故障原因

1）选用的气门座材料热膨胀系数过小。

2）气门座与缸体镶配过盈量过小。

（3）故障诊断与排除

1）当响声出现时，个别气缸不工作；响声消失，发动机恢复正常，则可诊断为不工作气缸的气门座发生松脱。

2）利用气缸压力表逐缸测量气缸压力，压力低的气缸为异响缸。

3. 气门弹簧异响

（1）故障现象

1）怠速时有明显的"嚓嚓"响声。

2）各种转速均有清脆的响声，在拆下气门室盖后更为明显；气缸不工作，加速困难，机体振动严重。

（2）故障原因

气门弹簧过软或折断诊断。

（3）故障诊断与排除

1）将气门室盖拆下来检查，找出某缸后，用螺丝刀撬住气门弹簧，若弹簧发生折断，很明显就可以被发现。

2）若气门弹簧过软，响声消失，应更换新件。

子任务 5.4.2　气门传动组的常见故障

1. 凸轮轴轴承产生敲击声

（1）故障现象

1）凸轮轴轴承产生的敲击声是一种发闷的响声，但比主轴承松旷敲击声较尖锐。

2）用螺丝刀的头部抵触在气缸体凸轮轴轴承附近，将耳朵贴在螺丝刀手柄上听，在发动机转速发生变化时，会有振动感。

3）若凸轮轴弯曲或轴颈磨偏时，会发出"嗒、嗒"的异响，这跟气门挺杆与导管松旷的敲击声相似。

4）若气门挺杆与导管不松旷，可以断定是凸轮轴发出的敲击声。

（2）故障原因

1）凸轮轴轴颈与轴承的配合间隙过大。

2）轴承合金配合间隙不当、机油压力不足、机油油质不佳或散热差等导致凸轮轴轴承烧毁或脱落。

3）凸轮轴轴承外颈与座孔之间配合松旷。

4）凸轮轴的轴向间隙调整不当。

5）凸轮轴弯曲或轴颈偏磨，使轴颈中心线不在轴的中心线上，轴颈与轴承的间隙发生变化导致发生故障。

（3）故障诊断与排除

1）凸轮轴的轴承多做成衬套压入整体式座孔内，加工后与轴颈配合。在加工中，各轴承孔中心线要同轴且与各自的轴承外径配合适当。

2）在镗削凸轮轴各轴承之前，首先应校直凸轮轴，并且检查各轴承座孔的同轴度。精心加工各轴承，使其与轴颈配合的间隙符合要求。

3）当凸轮轴轴颈磨损异常时，可先校直凸轮轴，然后在磨床上磨削轴颈或更换新轴。

4）对于凸轮轴轴承没有衬套的结构，可先修气缸盖上的凸轮轴轴承孔，在车床上车削 1～2mm 的金属厚度，用电焊堆焊轴颈，最后再进行磨削。

5）行车中，驾驶人应注意机油压力表上的油压值，同时还要防止机油发生油温过高的现象。

2. 凸轮轴弯曲

（1）故障现象

由于凸轮轴长且细，在工作时承受气门弹簧的张力和传动件的惯性力，这些力将引起凸轮轴产生弯曲、扭转变形，影响配气机构工作的准确性。

（2）故障原因

1）凸轮轴轴承（套）因磨损或安装松旷，使凸轮轴发生弯曲。凸轮轴弯曲后将促使机油泵传动齿轮、正时齿轮、分电器轴传动齿轮、凸轮轴轴颈和轴承（套）磨损，或正时齿轮损坏及产生噪声。

2）当凸轮轴的凸轮推动挺杆向上抵抗气门弹簧力时，凸轮轴产生了一个向后的扭转力，凸轮经过其最高点后，挺杆滑过凸轮的另一侧往下移动，引起一个向前的扭转力，这种交替的扭转力，在凸轮轴强度不足时，将使其产生扭转和弯曲。

3）气门弹簧的弹力过强，或气门弹簧因加垫圈致使压缩时没有间隙，造成凸轮轴负荷过大而产生弯扭。

4）气门导管装配不当，未压到位或导管长度预留过长，致使气门弹簧座在气门开启时碰触到了导管；或推杆未放正使推杆变"长"，造成凸轮轴负荷加大。

5）凸轮或凸轮轴润滑不良，加大了凸轮轴的转动阻力，或气门挺杆球面转动不灵，上下运动受阻，均会使凸轮轴产生弯曲。

（3）故障诊断与排除

1）保持润滑系统正常工作，使气门挺杆、凸轮轴转动灵活不受阻；另外，在维修时应按技术规范，使凸轮轴各轴承孔与轴同轴，配合间隙适当。

2）检查气门弹簧的弹力，使其符合要求，对于弹力不足而需要添加衬垫时，应检查其压缩后的弹簧螺距。在安装气门导管时，不能有深有浅。

3）发动机在装配完毕后，用手摇柄摇转曲轴，检查配气机构有关零件的运转情况。

4）对弯曲了的凸轮轴要校直，其方法是：在平板上用 V 形架支撑起两端轴颈，用百分表测量靠近中间的轴颈摆差，弯曲方向上做好标记。手动压床校正，校正后的摆差应在 0.05mm 以下。

3. 液压挺柱产生异响

（1）故障现象

在发动机运转时，出现有节奏的"嗒、嗒"响声，怠速时尤其较为明显，但响声在中速以上时会减弱或消失。

（2）故障原因

1）发动机曲轴箱的机油油面过高或过低，致使有气泡的机油进入液压挺柱中，形成弹性体而产生噪声。

2）机油泵、集滤器损坏或破裂，使空气吸入机油中去。

3）机油的压力过低；气门导管磨损过大。

4）液压挺柱失效。

5）气门口工作面的多次铰削，使气门杆往上移动后，造成液压挺柱油孔与气缸盖油槽的偏移，最后导致进油量与油压降低，由于润滑不良而产生异响。

（3）故障诊断与排除

1）检查机油的油面和机油的压力，使它们达到规定范围。

2）进、排气门导管的磨损极限分别不应超过 0.1mm 和 1.3mm。若超过，应更换气门导管。

3）若机油泵和机油集滤器损坏、破裂或性能不良，应更换或焊接修复。

4）让发动机在 2500r/min 转速下工作约 2min，若液压挺柱有异响，或用木棒、塑料棒压下挺柱，在气门打开其自由行程超过 0.1mm，则均应更换液压挺柱。

5）用砂轮磨去气门杆端因铰削气门座而造成的下移量，使挺柱的油孔与缸盖的油槽重合。

6）液压挺柱经修理后，在安装前应排空液压挺柱内的空气；若发生排气困难，可通过分解检查，清洗液压挺柱予以解决。

7）当液压挺柱的外部拉毛和出现明显磨损时，应整组更换新件（不可互换或单独换一个）。

8）在更新液压挺柱后，发动机在 30min 内不能运转，且在刚起动发动机时产生的响声为正常现象。

9）在装配液压挺柱时，应在挺柱表面涂上机油。

4. 正时齿轮异响

（1）故障现象

1）发动机在急速时发出有节奏轻微的"嘎啦、嘎啦"响声，中速时显得突出，高速时声音变得杂乱，急减速时响声尾随出现。

2）新车大修或更换正时齿轮后，如果发动机发出一种连续不断的"嗷、嗷"声，发动机的转速越高响声越大。

3）齿轮啮合不良引起的响声，类似"呼啸"声，响声的大小随发动机转速的变化而变化。

4）发动机在急速运转时，发出有节奏的"哽、哽"响声，当发动机转速提高时，响声随之增大。

5）随发动机运转而产生有节奏的清晰撞击声，有时伴随响声会发生正时齿轮室盖振动现象。

6）在进行发动机单缸断火试验时，响声无变化。

7）响声有时受温度影响，高温时响声更明显。

（2）故障原因

1）正时齿轮啮合的间隙过大或过小。

2）曲轴和凸轮轴的中心线不平行，造成齿轮啮合失常。

3）更换曲轴或凸轮轴的轴承后，改变了齿轮的啮合位置。

4）凸轮轴正时齿轮的固定螺母发生松旷。

5）凸轮轴正时齿轮存在折损。

（3）故障诊断与排除

1）若发动机在急速运转时发出有节奏的"嘎啦、嘎啦"声，中速时突出，高速时杂乱，用螺丝刀触及正时齿轮室盖部听诊，若响声更加明显，则可诊断为正时齿轮啮合间隙过大。

2）发动机转速变化，响声随之变化，且响声类似"呼啸"声，可诊断为正时齿轮啮合不良。

3）若发动机急速运转时，发出有节奏的"哽、哽"响声，随着发动机转速的提高，响声随之加大，可诊断为正时齿轮啮合不均匀。

4）将发动机的转速提升到某一较高转速时，若突然发出强烈而杂乱的响声，而急减速时同样会发出一声"嘎"的响声（正时齿轮室盖有振动感），随后消失，则可诊断为凸轮轴正时齿轮松旷。

5）新车或更换正时齿轮后出现连续不断的"呜、呜"声，转速越高响声越明显，则可诊断为齿轮啮合间隙过小。

项目六 冷却系统检修

学习要点：

- 学习冷却系统的结构及工作原理。
- 学习冷却系统的拆装与调试。
- 了解冷却系统的检修与数据处理。
- 熟悉冷却系统的常见故障。
- 学习冷却系统故障案例分析。

冷却系统的作用是调节发动机工作温度。发动机工作时，气缸内的气体温度高达 2000～2500℃，这些热量中的一部分被气缸盖、气缸壁和活塞吸收，若不及时冷却，将造成发动机零部件因温度过高而导致发动机性能下降；机油高温变质或零部件被破坏；尤其是直接与高温气体接触的零件，会因受热膨胀而破坏正常的配合间隙，导致运动件运动受阻甚至卡死。发动机冷却系统的功用包括对高温条件下工作的发动机零部件进行冷却，保证发动机在最适宜的温度下工作。

任务 6.1 冷却系统的认知

1. 冷却系统的功用

冷却系统的功用是把发动机受热零件吸收的部分热量及时散发出去，使发动机在各种工况下都保持最适宜的工作温度；在发动机起动后，要保证发动机迅速升温，在短时间内达到正常的工作温度。

冷却系统既要防止发动机过热，也要防止冬季发动机过冷。

发动机过热将会导致发动机充气量下降而影响发动机功率输出，甚至会造成早燃、爆燃和表面点火等不正常燃烧，同时高温接触的零件强度降低、磨损加剧，从而造成发动机动力性、经济性和使用寿命降低。若发动机温度过低，则热量损失增多，发动机动力性、燃油经济性下降，机油黏度增大，运动件间的摩擦阻力增大，加剧磨损。

在采用水冷却系统的发动机当中，冷却液的工作温度一般为 85～105℃。

2. 冷却系统的冷却方式

根据所用冷却介质不同，冷却系统可分为水冷式和风冷式两种类型。大多数轿车发动机采用水冷式冷却系统。某些特种车、雪地用车、摩托车等的发动机多采用风冷式冷却系统。

（1）水冷式冷却系统

水冷式冷却系统是以冷却液（水和添加剂的混合液）作为冷却介质，通过冷却液在发动机水套中循环流动而吸收多余热量，再将热量散入大气而进行冷却的一系列装置。

该系统因具有冷却强度大、均匀、易调节、运转噪声小、便于冬季起动而广泛用于汽车发动机上，如图6-1所示为水冷式冷却系统示意图。

水冷系统冷却均匀，工作可靠，冷却效果好，被广泛应用于轿车发动机上。水冷系统一般由散热器、水泵、水管、水套、节温器、百叶窗、补偿水桶、水温表和冷却风扇等组成。

水冷系统一般都由水泵强制给水（或冷却液）在冷却系统中进行循环流动，故称为强制循环式水冷系统。水冷发动机的气缸盖和气缸体中都铸造出储水、连通的包裹在气缸壁外或气门组附近夹层空间的水套，其作用是让冷却液接近受热的高温零件，并可在其中循环流动。水泵持续转动将冷却液加压并泵入气缸水套，冷却液流经气缸壁带走热量后通过气缸盖与缸体结合处的水孔，自气缸体流入气缸盖水套，再次带走气缸盖上的热量后，沿发动机的散热器进水软管进入到散热器。在流经散热器时，与高速流经散热器的空气进行热交换后，冷却液温度下降并被转动的水泵抽吸进入发动机散热器出水软管后再次进入水泵，如此不断循环，使得发动机中的高温零件可以得到持续冷却，保证发动机的工作温度正常。

注意： 在采用水冷式冷却系统时，气缸盖内的冷却液温度应保持在80～90℃范围内，气缸壁温度则不超过200～300℃。

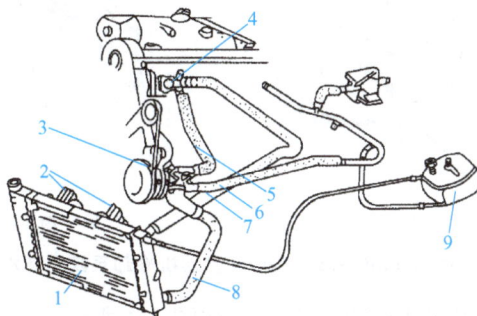

图 6-1　水冷式冷却系统示意图

1—散热器　2—风扇　3—水泵　4—散热器进水软管　5—旁通水管　6—暖风机进水软管
7—暖风机出水软管　8—散热器出水软管　9—补偿水桶

（2）风冷式冷却系统

风冷式冷却系统是利用高速空气流把发动机中高温零件的热量直接散入大气而进行冷却的装置。该系统结构简单、使用和维修方便，但是冷却效果不高，冷却强度不容易调节和控制，噪声较大、风扇消耗功率大，仅在小型汽油机和一些大型柴油机上使用，如图6-2所示为风冷式冷却系统示意图。

注意： 在采用风冷式冷却系统时，气缸盖和气缸体的允许温度分别为90～100℃及150～180℃。

3.冷却系统的循环水路

为了保证发动机在不同负荷、转速和气候条件下保持正常的工作温度，冷却液的循环路线是不同的。桑塔纳 2000GSi 轿车 AJR 发动机冷却系统布置图如图 6-3 所示，冷却液轴向进入水泵后，经水泵叶轮径向直接流进发动机机体水套，吸收机体热量。此后，冷却液分两路循环，一路为大循环，一路为小循环。

当冷却液温度较高时，冷却液进行大循环，即冷却液流经散热器冷却后，进入装在机体水泵进口处的节温器，此时节温器主阀门打开，副阀门关闭，冷却液流向水泵进水口，达到迅速降低冷却液温度、增强冷却的效果。

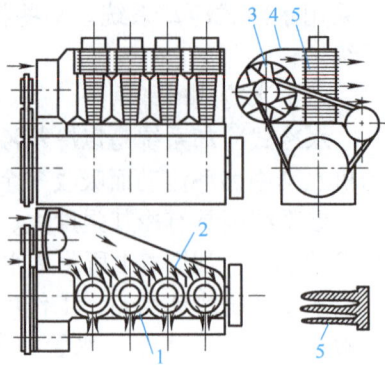

图 6-2　风冷式冷却系统示意图

1—气缸导流罩　2—分流板　3—风扇
4—导流罩　5—散热片

当冷却液温度较低时，冷却液进行小循环，此时节温器主阀门关闭，副阀门打开，冷却液直接进入节温器后的水泵进水口，不经散热器冷却，以使发动机冷却液温度迅速升高到正常工作温度。

当桑塔纳 2000GSi 轿车 AJR 发动机冷却液温度低于 85℃时，进行小循环；当冷却液温度达到 85℃时，部分冷却液进行大循环；当冷却液温度达到 105℃时，全部冷却液参加大循环。

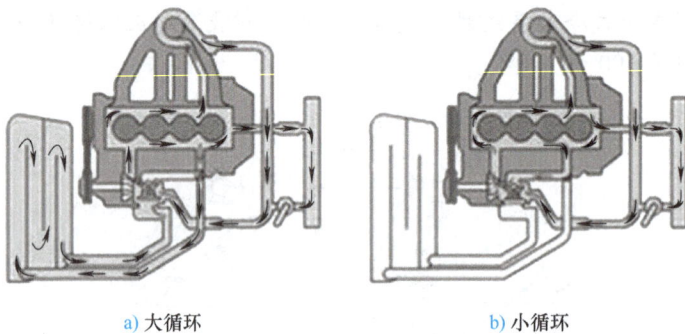

a) 大循环　　　　　　　　b) 小循环

图 6-3　桑塔纳 2000GSi 轿车 AJR 发动机冷却系统循环水路示意图

日产 MR20 发动机采用双通道冷却系统，如图 6-4 所示。其特点是：在水泵入水口处布置了节温器，在缸体出水口有一个水控制阀，当水温低于 82℃时，水控制阀可调节水路，让冷却液仅经过气缸盖，不经过气缸体，从而使其冷起动时较之传统的冷却系统升温更迅速。

4.冷却液

冷却液是发动机冷却系统中的冷却介质、汽车常用的冷却液有水及加有防冻剂的冷却液。防冻冷却液中含有特殊添加剂，能起到冷却、防冻、防锈和防积水垢等作用，被目前主流轿车发动机普遍采用。

（1）防冻冷却液的种类

防冻冷却液主要由冷冻剂与水按一定比例混合而成。按冷冻剂的种类不同、防冻冷却液分为乙醇型、甘油型和乙二醇型三种，前两种已被淘汰。

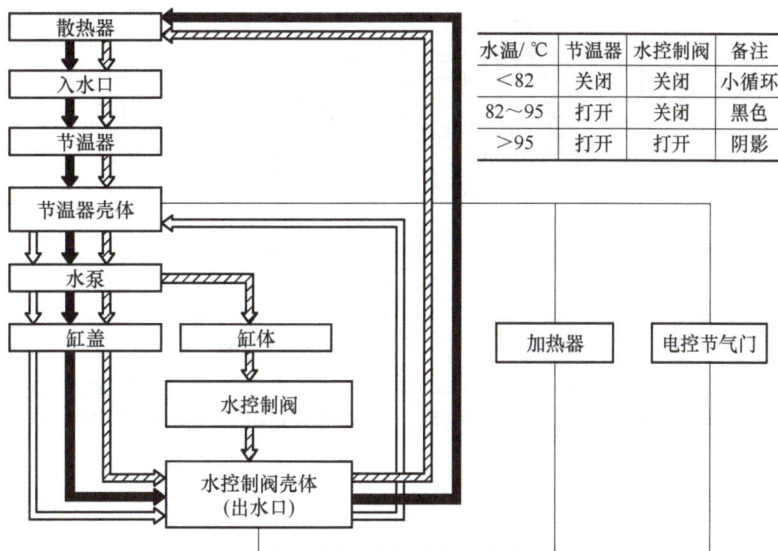

水温/℃	节温器	水控制阀	备注
<82	关闭	关闭	小循环
82～95	打开	关闭	黑色
>95	打开	打开	阴影

图 6-4　日产 MR20 发动机双通道冷却系统

乙二醇是一种无色黏稠液体，能与水以一定比例混合，沸点为 197.4℃，冰点 –11.5℃，与水混合后还可使防冻冷却液的冰点显著降低。乙二醇型防冻冷却液是用乙二醇作为防冻剂，与水、防锈剂、泡沫抑制剂和着色剂等多种添加剂配制而成。用不同比例的乙二醇和水混合，可配制成不同冰点的防冻冷却液。这类防冻冷却液的优点是沸点高、冰点低、冷却效率高，已被广泛使用。

（2）乙二醇型防冻冷却液的牌号

乙二醇型防冻冷却液有防冻冷却液和防冻浓缩液两大类。防冻冷却液按其冰点不同分为 –10 号、–20 号、–30 号、–40 号、–50 号、–60 号等共 6 个牌号，可直接加入车中使用。防冻浓缩液是为了便于储运，使用时应根据产品说明书规定的比例，用蒸馏水或去离子水稀释，如防冻浓缩液与蒸馏水各以 1：1 比例混合，制成的防冻冷却液冰点约为 –35.5℃。

目前，我国进口比较多的是日本 TCL 防冻液和荷兰壳牌防冻液，它们都随冷却液浓度的增加而降低冰点，使用时必须严格按照包装上对应的浓度配比使用。

（3）乙二醇型防冻冷却液的选用

乙二醇型防冻冷却液的牌号是按冰点来划分的，选用时应根据车辆使用地区冬季的最低气温来选择合适的牌号。一般选用的防冻冷却液的冰点应比最低气温低 5 ～ 10℃左右。

大众系列轿车使用大众公司推荐的含 G12 添加剂的防冻冷却液，它是由含防冻剂的乙二醇与水混合而成的，其乙二醇的含量配比有 40% 和 60% 两种。

任务 6.2　水冷式冷却系统主要零部件认知

水冷式冷却系统主要由水泵、散热器、补偿水桶、发动机水套、水管等组成，如图 6-5 所示。同时由节温器、温控开关和冷却风扇等实现对发动机冷却强度的调节，由冷却液温度传感器和冷却液温度警告灯等实现对发动机冷却液温度的检测和报警等功能。

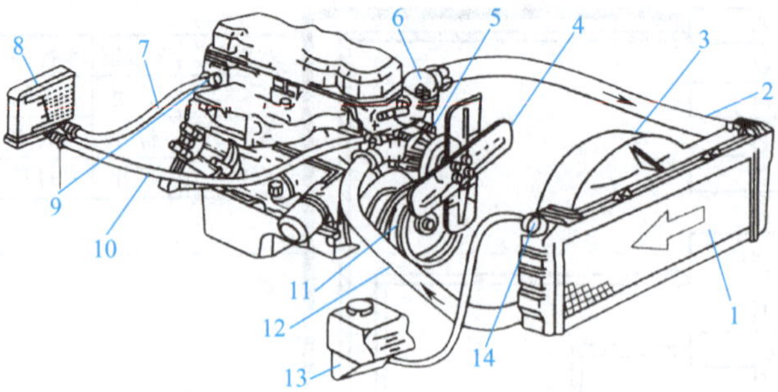

图 6-5 水冷式冷却系统结构示意图

1—散热器 2—散热器进水软管 3—导风罩 4—冷却风扇 5—水泵 6—节温器 7—暖风机进水软管 8—暖风机芯
9—管箍 10—暖风机出水软管 11—风扇传动器 12—散热器出水软管 13—补偿水桶 14—散热器盖

1. 水泵

水泵的作用是对冷却液加压，使冷却液在冷却系统中进行循环，保持冷却系统工作可靠。水泵一般安装在发动机机体和散热器之间的气缸体前端，由曲轴前端 V 带驱动。目前，主流发动机上均采用的是离心式水泵，离心式水泵具有结构简单、体积小、出水量大、维修方便的优点，因此获得了广泛应用。

（1）离心式水泵的构造

离心式水泵主要由水泵壳体、叶轮、水泵轴、轴承、水封等组成，如图 6-6 所示。

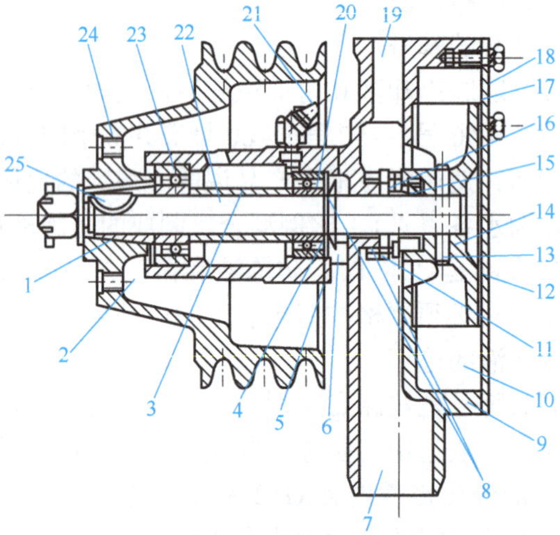

图 6-6 离心式水泵的构造（1）

1—锥形套 2、8—锁环 3—隔离套 4—油封 5—抛水圈 6—泄水孔 7—进水口 9—水泵壳体 10—出水口
11—水封密封垫 12—水封皮碗 13—锁销 14—叶轮 15—水封弹簧 16—夹布胶木密封垫圈 17—衬垫
18—水泵盖 19—旁通口 20、23—轴承 21—油嘴 22—水泵轴 24—传动带轮 25—半圆键

水泵壳体的前端分为水泵轴的轴承座孔，后半部分为叶轮工作室，水泵壳体上设有大循环进水口和小循环水管接头。水泵盖和衬垫用螺钉安装在水泵壳体后面，用来封闭叶轮工作室。在水泵盖上设置有出水孔，水泵安装后出水孔与位于气缸体水套内的分水管相通。

水泵壳体一般用螺栓固定在发动机前端，水泵轴由两个滚珠轴承支承在水泵壳体上。水泵轴的一端铣削成平面与水泵叶轮相配合，并通过螺栓固紧，以防叶轮轴向窜动；水泵轴的另一端用半圆键与凸缘盘连接，并用槽形螺母锁紧。凸缘盘用来安装风扇带轮。

注意： 进口汽车发动机装用的水泵、水泵轴与轴承多数为不可分解的整体结构。国产汽车发动机装用的水泵、水泵轴一般采用两个滚珠轴承，两轴承间用隔离套定位。

叶轮的前端为水封装置，用于防止叶轮工作室内的水漏出。水封主要由水封密封垫、水封皮碗、水封弹簧组成。带有两凸缘的夹布胶木密封垫圈卡于水泵壳体的两槽内，以防止其转动；弹簧通过水封将水封皮碗的一端压在水封座圈上，而另一端压向夹布胶木密封垫圈上。为了防止水泵内腔的水沿水泵轴向前渗漏，夹布胶木密封垫圈又压在水泵叶轮毂的端面上。在支承轴后面的水泵轴上装有挡水圈，以防止水封漏水时浸湿轴承而破坏其润滑，漏出的水被挡水圈挡住后可由泄水孔漏出，如图 6-7 所示。如果停车时，仍从泄水孔中渗漏不止，则需要卸下水泵检修水封。

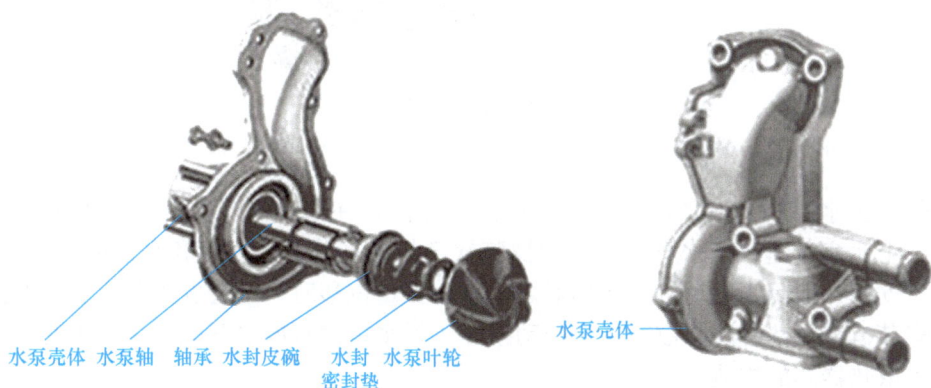

水泵壳体　水泵轴　轴承　水封皮碗　水封　水泵叶轮　　水泵壳体
　　　　　　　　　　　　　　　　密封垫

图 6-7　离心式水泵的构造（2）

（2）离心式水泵的工作原理

离心式水泵的工作原理如图 6-8 所示。当发动机工作时带动水泵叶轮旋转，水泵中的冷却液被叶轮带动一起旋转，在离心力的作用下被甩向水泵壳体的边缘，经与叶轮成切线方向的出水管压送到发动机水套内。与此同时，叶轮中心处形成一定负压而将水从进水管吸入，如此连续地运转，使冷却液在水路中不断循环。

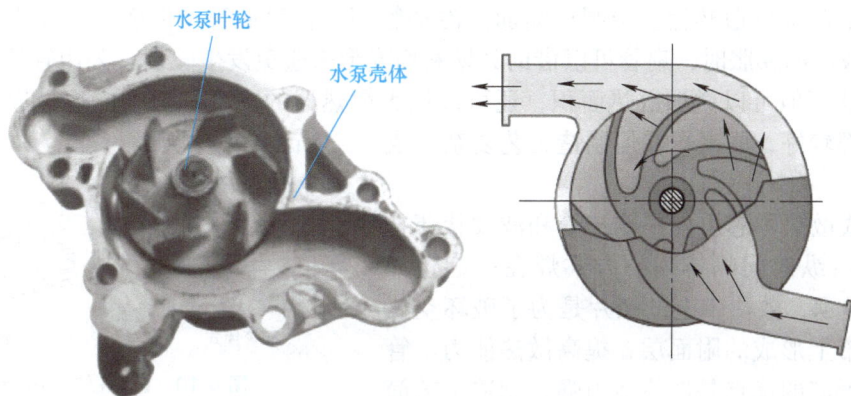

水泵叶轮

水泵壳体

图 6-8　离心式水泵的工作原理

2. 散热器

散热器俗称水箱，通常置于车辆前端横梁上，装在风扇前面。其功用是将冷却液从水套内吸收的热量传给外界空气，使冷却液降温，并为冷却系统储存一定量的冷却液，为实现集中风向、加速气流流动、提高散热的效果，通常在散热器的后部加装导风罩。

（1）散热器的构造

散热器的构造，如图6-9所示，散热器由上水室、散热器芯和下水室等组成。

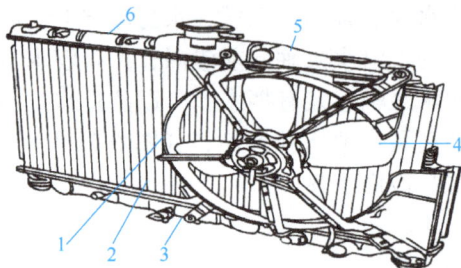

图6-9　散热器的构造

1—导风罩　2—散热器芯　3—散热器下水室　4—冷却风扇　5—散热器上水室　6—散热器

散热器上水室顶部有加水口，以便加注冷却液，在通常情况下加水口用散热器盖封闭。上、下水室的进、出水管，分别用橡胶软管与气缸盖的出水管和水泵的进水管相连。这样便于安装，而且当发动机和散热器之间产生少量位移时，不会发生漏水。在散热器下面一般安装有减振垫，防止散热器受振动损坏。下水室设有放水开关，供放水时使用。

（2）散热器芯的构造

散热器芯多采用散热性、焊接性和耐腐蚀性均好的黄铜制造。为减小质量，节约铜材，铝制散热器芯目前广泛用于许多使用条件较好的轿车上。部分汽车发动机的散热器芯，其冷却管仍用黄铜，而散热片则改用铝锰合金材料制成。

为了增大散热器的散热面积和传递速率，散热器芯均由铜或铝制冷却管和散热片组成。散热器芯的构成形式有多种，常用的形式有两种：管片式和管带式。

管片式散热器芯的散热管，其断面呈扁形，如图6-10a所示，它连通上、下储水室，是冷却液的通道。也有使用圆管的，如上海桑塔纳轿车和南京依维柯轻型汽车就采用了全铝合金圆形冷却管散热器。与圆形断面的冷却管相比，扁形管不但散热面积大，而且当管内冷却液结冰膨胀时，扁管可以借助其横断面变形来避免发生破裂。采用管片式散热器芯的散热器不但可以增加散热面积，还可以增大散热器的刚度和强度。这种散热器芯刚度和强度都较好，耐高压，但制造工艺复杂，成本高。

管带式散热器芯由扁平冷却管和波纹状薄金属散热带沿纵向间隔排列的方式焊在一起，如图6-10b所示，散热带上的鳍片是为了破坏空气流在散热带上形成的附面层，提高散热能力。管带式散热器芯的优点是散热能力强、制造工艺简单、质量小、成本低，但结构刚度比管片式差，

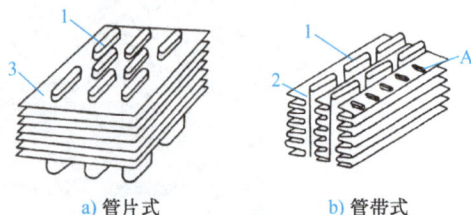

a) 管片式　　　b) 管带式

图6-10　散热器芯的构造

1—散热管　2—散热带　3—散热片　A—鳍片

一般多被轿车发动机所采用，近年来在一些中型车辆上也开始被应用。

散热器一般为纵流式，即冷却水从顶部流向底部。为降低汽车发动机罩轮廓的高度，有些轿车采用了横流式散热器，即冷却液从一侧的进水口进入水箱，然后水平横向流动到另一侧的出水口。

（3）散热器盖的构造

目前汽车发动机主要采用封闭式水冷却系统，这种冷却系统的散热器盖具有自动阀门。发动机热态工作正常时，阀门关闭，将冷却系统与大气隔开。防止水蒸气逸出，使冷却系统内的压力稍高于大气压力，从而可提高冷却液的沸点，减少冷却液损失。当温度过高，冷却系统内压力过高时，压力阀开启，防止散热器（水箱）被胀裂。当水温下降时，冷却系统中产生一定的真空度（0.01～0.02MPa），真空阀开启，空气进入冷却系统，防止水管及储水室被大气压力压坏。

目前封闭式水冷却系统广泛采用具有空气–压力阀的散热器盖，如图6-11所示。当散热器中压力升高到一定值（0.026～0.037MPa）时，压力阀开启，水温下降；当冷却系统中产生的真空度达到一定值（0.01～0.02MPa）时，真空阀开启。

很多轿车的散热器盖的阀门开启压力可达0.1MPa，而冷却液的沸点可升高到120℃左右。这时散热器与环境空气温差大，故散热能力较强。

注意： 在发动机热机状态下开起散热器盖时，应缓慢拧开，使冷却系统内的压力逐渐降低，以免被喷出的高温冷却液烫伤。

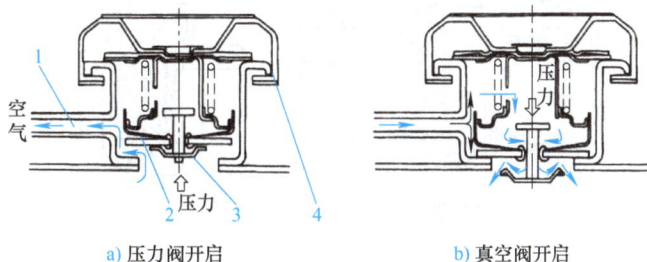

a) 压力阀开启   b) 真空阀开启

图6-11 具有空气–压力阀的散热器盖

1—溢流管 2—压力阀 3—真空阀 4—散热器盖

3. 补偿水桶

对于加注防锈剂、防冻液的汽车发动机，为了减少冷却液的损失，保证冷却系统的正常工作，采用"散热器＋副水箱（补偿水桶）"结构，如图6-12所示。副水箱一根软管通大气，另一根软管与散热器的溢流管相连。当散热器内蒸气压力升高到某一值时，其盖上的压力阀打开，冷却液通过压力阀经溢流管进入副水箱；当温度下降时，冷却液又从副水箱通过真空阀流回到散热器内部，这样可以

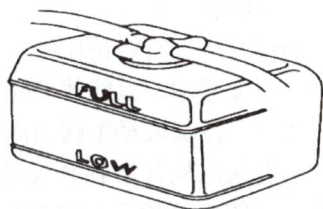

图6-12 补偿水桶冷却液液面高度

防止冷却液溢失。副水箱内部印有两条液面高度标记线，副水箱内的液面高度应位于这两条标记线之间。当发动机工作时，散热器和水套内产生的蒸气通过出气管进入副水箱后冷

凝成液体，及时做到了水汽分离，避免产生"穴蚀"。

注意： 发动机的冷水液量为：当水温在50℃以下时，液面应不低于最低标记线，低于最低标记线应添加冷却液。添加时，液面不超过最高标记线。

4. 节温器

节温器的功用是控制通过散热器的冷却液流量，使冷却液在散热器与水套之间进行大循环或小循环，调节冷却强度，保证发动机稳定工作在最适宜的温度下。

目前，汽车发动机上较多采用的是蜡式节温器，其安装在水泵的进水口或气缸盖出水口处，图6-13所示为蜡式节温器结构示意图。它主要由主阀门、副阀门、推杆、节温器壳体和石蜡等组成。推杆的上端固定于上支架，下端插入感温体内胶管的中心孔内。胶管与感温体外壳之间的环形内腔充满精制石蜡。节温器外壳上端装有主阀门，下端套装有副阀门，弹簧位于主阀门与下支架底部之间。蜡式节温器具有对水压影响不敏感、工作性能稳定、水流阻力小、结构坚固和使用寿命长等优点。

低温时，石蜡呈固态，弹簧将主阀门压在阀座上，处于关闭状态的副阀门开启，冷却液进行小循环。来自发动机水套的冷却液经副阀门、小循环水管直接进入水泵，水泵返回到发动机水套内。

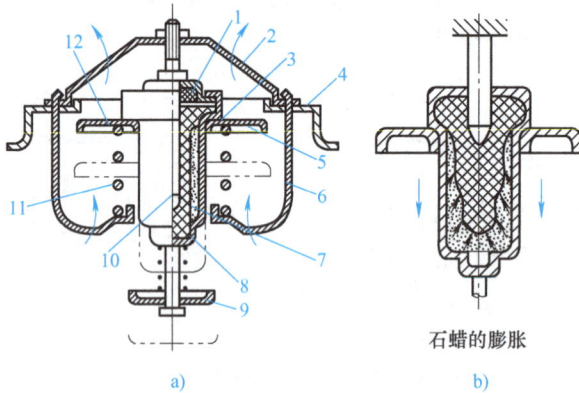

石蜡的膨胀

a)   b)

图6-13 蜡式节温器

1—盖和密封垫 2—上支架 3—胶管 4—阀座 5—通气孔 6—下支架 7—石蜡
8—感温体 9—副阀门 10—推杆 11—弹簧 12—主阀门

当温度升高时，节温器外壳中的石蜡由固态变为液态，体积膨胀，在外壳容积不能增大的情况下，石蜡挤压胶管，胶管收缩而对中心杆锥状端头产生推力，因中心杆固定在支架上不能移动，只能使外壳压缩弹簧向下移动并带动阀门下行。这时，主阀门打开，副阀门关闭，冷却液经主阀门流入散热器，进行大循环。

主阀门从开启到开到最大时的温度随不同的车型而不同，如桑塔纳V形发动机节温器，主阀门开始开启温度应为85℃，完全开启时的温度应为105℃。一般货车发动机节温器的开启温度较低。

5. 冷却风扇

冷却风扇一般安装在散热器和发动机之间，并与水泵同轴驱动。其功用是提高流经散热器的空气流量和流速，以提高冷却强度，同时对发动机其他附件也有一定的冷却作用。

目前轿车发动机的风扇由电动机驱动，风扇的转动和转速可根据发动机的工作状态由温控开关或 ECU 进行控制。

转速相同的情况下，风扇的扇风量主要与风扇直径、转速、叶片形状、叶片安装角和叶片数目有关。

在水冷式冷却系统中，常用风扇的结构及类型如图 6-14 所示。一般发动机冷却风扇都采用塑料树脂复合材料的叶片，风扇的叶片数目一般为 4、5、6 或 7 片。为减小叶片旋转时的振动和噪声，叶片之间的夹角一般不相等。叶片相对风扇旋转平面有一定的旋转角度（30° ～ 45°），从叶根到叶尖旋转角度逐渐减小，有些风扇叶片的旋转角度是可调的。

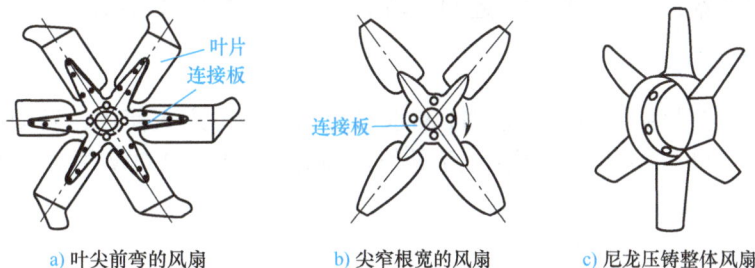

a）叶尖前弯的风扇　　　　　b）尖窄根宽的风扇　　　　　c）尼龙压铸整体风扇

图 6-14　冷却风扇的类型

为了提高风扇的效率，可以在风扇外围装设一个导风罩，使通过散热器芯的气流分布得更均匀，减少空气回流现象，如图 6-15 所示。

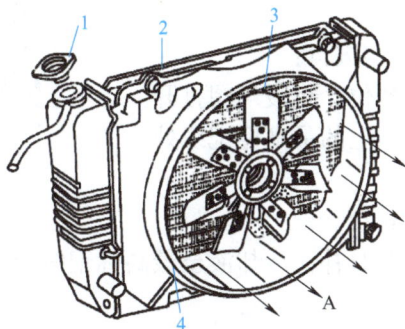

图 6-15　冷却风扇与导风罩的构造

1—散热器盖　2—散热器　3—冷却风扇　4—导风罩　A—空气流

任务 6.3　冷却系统的零部件拆装及维护

1. 水泵的拆装及调试

（1）水泵的拆卸

1）把水泵壳体夹紧固定在夹具中或虎钳上。

2）排放冷却液，拆下散热器。

3）拆卸风扇 V 带和冷却风扇。

4）拆下正时同步带防护罩盖。

5）拆下水泵固定螺栓，拆下水泵。

（2）水泵的安装

1）清洁待安装的 O 形密封圈的表面。

2）用冷却液浸湿新的 O 形密封圈。

3）安装水泵，拧紧水泵螺栓至 15N·m。

4）安装正时同步带防护罩盖。

5）安装风扇 V 带和导风罩。

6）安装散热器，加注冷却液。起动发动机，检查是否有漏水部位。

2. 冷却液的更换

发动机冷却液是由专用冷却液 G11 和水混合而成，可永久使用，发动机冷却液容量（带补偿水桶）为 6L。冷却液液面应位于补偿水桶的 FULL 与 LOW 两标记线之间。

（1）排放冷却液

排放冷却液时，按以下步骤进行：

1）将冷暖风的开关拨至热档位，将暖气阀全开。

2）打开散热器盖。

3）图 6-16 所示为拆下管道上的管箍，拉出冷却液软管，放出冷却液。用容器收集冷却液，以便以后使用。

（2）添加冷却液

添加冷却液时，按以下步骤进行：

1）冷暖气的开关拨到热档位，将暖气阀打开。

2）添加冷却液至膨胀水箱上的最高标记线处。

3）拧紧散热器盖。

4）使发动机运转至风扇转动。

5）检查冷却液液面，必要时补充冷却液至最高标记线处。

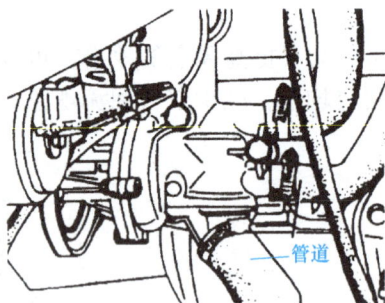

——管道

图 6-16　拆下管道上的管箍

3. 节温器的拆装及调试

（1）节温器的拆卸

1）使发动机前端置于维修工作台上，排空冷却液。

2）从连接体上拆下冷却液管，松开螺栓，取出节温器盖、O 形密封圈和节温器。

（2）节温器的安装

1）清洁待安装的 O 形密封圈的密封表面。安装节温器，注意节温器的感温体必须在气缸体内。

2）用冷却液浸湿新的 O 形密封圈。

3）拧紧节温器盖螺栓，装好冷却水管。

4）添加冷却液，检查是否有漏冷却液的现象。

蜡式节温器的使用寿命一般为 5 万 km。因其使用寿命较短，而且失效后无法修复，因此要求其按照使用寿命定期更换。

工作页 14　冷却系统的认知与装调

任务名称				工作页 14　冷却系统的认知与装调			
班级		姓名		学号		日期	
任务描述	1. 能识别冷却系统组成部件，理解冷却系统各组成部件的作用和原理，并填写操作工单。 2. 根据汽车维护操作要求，按照标准流程进行车辆冷却液更换作业，要求熟悉冷却液更换的方法；能规范使用工量具完成作业内容。 3. 按要求完成工作任务，任务完成过程遵循安全文明操作规程，任务完成后进行 7S 管理，具有环境保护与节能减排意识及相关举措。						
任务载体	每组工位配备一套：车辆、常用工具、冷却液、工作灯、三角木、防护套、尾排装置、冷却液回收装置、抹布、配套维修手册。			实训场地		实训车间	

准备工作

项目	情况记录
（1）车型	
（2）工具及仪器设备准备	□是　□否
（3）维修手册准备	□是　□否
（4）耗材准备	□是　□否

任务实施

一、冷却系统结构的认识

1. 把右表的零件名称填入下图中的正确位置。

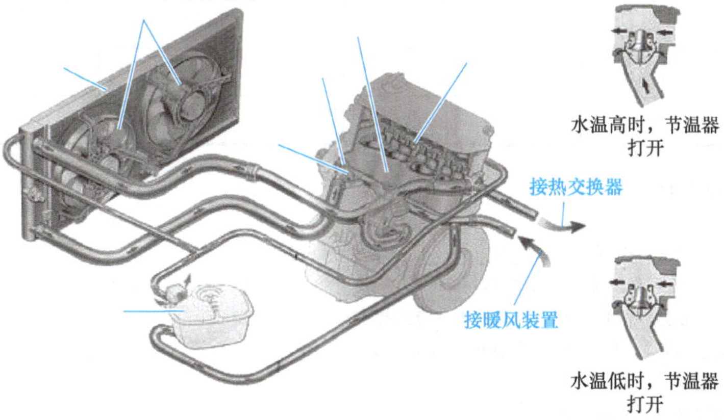

水温高时，节温器打开

接热交换器

接暖风装置

水温低时，节温器打开

序号	名称
1	散热器
2	冷却风扇
3	水泵
4	气缸体水套
5	气缸盖水套
6	节温器
7	补偿水桶

2. 对照上图，请写出冷却系统的大、小循环路线。

大循环：

小循环：

任务名称	工作页 14　冷却系统的认知与装调				
班级		姓名		学号	日期

任务实施

3. 根据下图的标识，填表写出节温器各零件的名称。

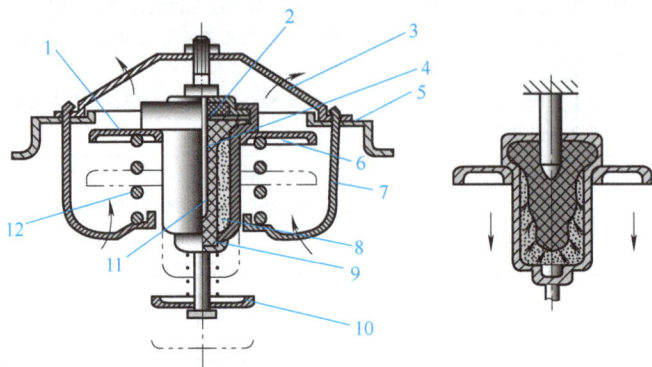

序号	名称	序号	名称
1		7	
2		8	
3		9	
4		10	
5		11	
6		12	

二、冷却液更换

1. 冷却液的选择。

冷却液的选用主要根据＿＿＿＿＿＿和＿＿＿＿＿＿的规定进行选择。

冷却液的冰点是冷却液最重要的指标之一。一般情况下冷却液的冰点应选择比当地气温低＿＿＿＿＿＿℃，如当地最低气温为 –30℃，则冷却液的冰点应选择在＿＿＿＿＿＿℃左右。

冷却液除了具有防结冰的重要作用外，还应兼顾防锈、＿＿＿＿＿＿及＿＿＿＿＿＿等作用。

2. 冷却液检查。

（1）冷却液液位和质量检查

检查储液罐内冷却液液面高度是否在上限（FULL）和下限（LOW）标记线之间

观察冷却液系统是否出现了乳化现象或者明显的油渍　　　　　　　　　　　　　□是　□否

使用冰点测试仪测量冷却液的冰点值　　　　　　　　　　　　　　　　　冰点值：＿＿＿＿＿＿

（2）冷却液泄漏检查

检查水泵装配面是否有泄漏　　　　　　　　　　　　　　　　　　　　　　□是　□否

检查节温器周边管路是否有泄漏　　　　　　　　　　　　　　　　　　　　□是　□否

检查散热器及周边管路是否有泄漏　　　　　　　　　　　　　　　　　　　□是　□否

检查暖风管路是否有泄漏　　　　　　　　　　　　　　　　　　　　　　　□是　□否

检查中冷器（带涡轮增压的车型）及周边管路是否有泄漏　　　　　　　　　□是　□否

检查电动机（混动车型）及周边管路是否有泄漏　　　　　　　　　　　　　□是　□否

检查蓄电池（混动车型）及周边管路是否有泄漏　　　　　　　　　　　　　□是　□否

检查机油散热器及周边管路是否有泄漏　　　　　　　　　　　　　　　　　□是　□否

任务名称			工作页 14　冷却系统的认知与装调					
班级		姓名		学号			日期	

任务实施	3.冷却液的更换步骤及要领了。 **三、工作场地 7S 管理**

检查评价	1.评分细则

序号	评价项目	评价标准（每项累计扣分不超过配分）	配分	自评	互评	师评
1	安全文明否决	□造成人身、设备重大事故，或恶意顶撞教师、严重扰乱课堂秩序，立即终止实训，此评价表计 0 分				
2	工作计划制定	□能正确列出需使用的工量具，缺一个要点扣 0.5 分 □能正确查阅维修手册，缺一个要点扣 1 分 □能正确列出操作计划，缺一个要点扣 1 分 □能正确列出操作注意事项，缺一个要点扣 1 分	10分			
3	安全文明生产	□能正确穿工作服、工作鞋，戴工作帽，缺一项扣 1 分 □工量具与零件摆放整齐，不混放，不随意摆放在地上，未达标每次每处扣 1 分 □油、水洒落在地面或零部件表面或车漆表面应及时清理，未达标每次扣 1 分 □完工后清理工量具，缺一个要点扣 1 分 □完工后清理实训场地，缺一个要点扣 2 分 □服从教师和班组长的课堂要求，不出言不逊，违反每次扣 3 分	15分			
4	工具准备	□能准备好需使用的工量具，每少准备一件扣 1 分 □恰当选择工量具进行装调，选错一次扣 2 分	5分			
5	维修手册使用	□能对照维修手册正确查找数据及相关信息，每查错一个数据或漏查一个数据扣 3 分	10分			
6	冷却系统的结构认识	□能正确标出冷却系统每个零件的正确位置，错一个扣 2 分，扣完为止。 □能正确写出大、小循环的路线，如顺序错误，每错一个扣 3 分，扣完为止。 □能正确标出节温器零件部位名称，错一个扣 2 分，扣完为止。 □以上扣分累计，扣完此项配分为止	20分			

任务名称			工作页 14　冷却系统的认知与装调					
班级		姓名		学号			日期	

	序号	评价项目	评价标准（每项累计扣分不超过配分）	配分	自评	互评	师评
检查评价	7	冷却液的更换	□冷却液选择，每错一处扣 2 分 □冷却液液位和质量检查，每缺一项扣 2 分 □冷却液冰点的检查，每缺一项扣 2 分 □冷却液泄漏检查，每缺一项扣 2 分 □起动发动机，没有起动直接排放扣 5 分 □发动机运行至正常温度，不正确扣 5 分 □打开储液盖，打开方式错误扣 3 分 □拧开气缸体和散热器放液开关，拧开方式不正确扣 3 分 □排放冷却液，没有环保措施扣 3 分 □拧紧气缸体和散热器放液开关，拧紧方式不正确扣 3 分 □添加冷却液，添加方式错误扣 3 分 □正确拧紧储液盖，不正确扣 3 分 □起动发动机，没有起动扣 3 分 □发动机运行至正常温度，不正确扣 5 分 □检查储液罐液面高度，没有及时加注冷却液扣 5 分 □正确使用工具，不正确扣 3 分 □零件落地每次扣 2 分 □以上扣分累计，扣完此项配分为止	30 分			
	8	工单记录	□维修记录字迹工整，潦草扣 2 分 □内容填写完整，缺一项扣 1 分	5 分			
	9	职业素养	□语言表达能力，酌情赋分 □适应团队合作，酌情赋分	5 分			
	10		合计	100 分			

2.任务成绩（自我评价、组间互评、教师评价三者成绩加权得到，系数根据实际情况而定）

自我评价	组间互评	教师评价	任务成绩

反思改进	请根据任务完成情况，对自己及小组工作进行反思，提出改进意见或措施。 _____ _____ _____

任务 6.4　冷却系统的检修及数据处理

1. 水泵的检修及数据处理

水泵常见的损伤形式有：水泵壳体、卡环槽及叶轮破裂；带轮凸缘盘配合孔松动；水封变形、老化及损坏；水泵轴磨损、弯曲；轴承磨损等。目前汽车发动机水泵有很多是不可分解的，当检测到水泵故障时，则应该更换水泵总成。

1）检查水泵有无裂纹和破裂，螺纹孔、螺纹有无损坏，前后轴承孔是否磨损过度，与止推垫圈的接触面有无擦痕或磨损不平，分离平面有无挠曲变形。

水泵破裂可以用生铁焊条氧焊修理；螺纹孔、螺纹损坏可以扩大孔径，再攻螺纹，也可焊补后再钻孔攻丝；轴承松旷超过规定值（轴向间隙不超过 0.03mm，径向间隙不超过 0.15mm）时应该更换；轴承孔磨损超过 0.03mm 时，可用镶套法修复。套和孔配合过盈量为 0.025 ～ 0.050mm；止推垫圈接触平面有擦痕，止推垫圈座有麻点、沟槽或不平时，可用铰刀修整；水泵壳体与盖连接平面如挠曲变形超过 0.05mm 时，应修复。

2）检查水泵轴有无弯曲及轴颈的磨损程度，轴端螺纹有无磨损。水泵轴弯曲大于 0.05mm 的应冷压校直。水泵轴一般用中碳钢制造，轴颈工作时经常发生磨损，轴颈磨损用镀铬法进行修复。

3）检查水泵叶轮上的叶片有无破碎，装水泵轴的孔径是否磨损过度。叶轮叶片破损的应焊修或更换，水泵轴孔磨损过度的可进行镶套修复。

4）检查水封、夹布胶木密封垫圈、弹簧等零件的磨损及损伤程度，如不适用应更换新件。

5）检查带轮轮毂与水泵轴的配合情况。装水泵轴的孔径若磨损过度，可用镶套修复或更换。

6）检查水泵轴及带轮键槽的磨损情况，可以补焊后修整表面，也可以在与旧键槽相隔 90° ～ 180° 的位置上铣出新的键槽。键槽和销子已磨损到不适用时，应更换新件。

7）水泵组装后的试验。水泵组装后，首先，用手转动带轮，泵轴转动应无卡滞现象，且水泵叶轮与水泵壳体应无碰撞摩擦现象。然后，装于水泵试验台上进行试验。当水泵轴以 1000r/min 的速度运转时，每分钟的排水量不应低于规定的数值，在 10min 的试验中不应出现金属摩擦声或漏水问题。

2. 散热器的检修及数据处理

散热器常见的损伤现象有：散热器积聚水垢、铁锈等杂质，形成管道淤塞，阻碍水流；芯部冷却管与上、下水室焊接部位松脱漏水或冷却管破裂漏水；上、下水室出现腐蚀斑点、小孔或裂缝；因外部损坏而漏水。

（1）散热器的清洗

散热器的清洗即清洗散热器中的水垢，一般采用化学法，利用酸或碱类物质与水垢发生化学反应，生成可溶于水的物质，而将水垢清洗除去。

清洗时，一般采用循环法，即先用酸性溶液洗涤，再用碱性溶液冲洗中和，清洗时除垢剂以一定的压力（一般为 10kPa）在气缸体水套或散热器内循环，一般经 3 ～ 5min 后即可清洗完毕。

若散热器内水垢积累严重时，应拆去上、下水室，用通条疏通。

（2）散热器渗漏的检验

散热器渗漏可用压力表来检验，如图 6-17 所示。

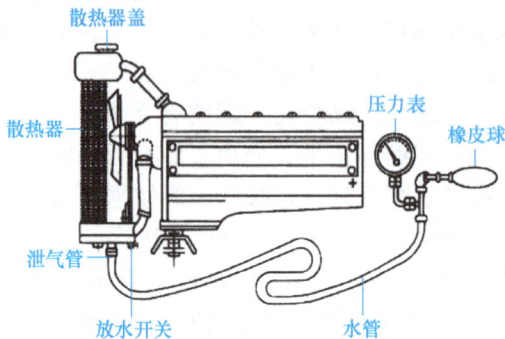

图 6-17　散热器渗漏的检验

先向散热器内注满水，盖上散热器盖，将水管接至放水开关，并打开放水开关，捏动橡皮球，向散热器中的水加压，当散热器泄气管放出空气时，压力表上的读数应在 27 ～ 37kPa 的范围内变动。然后关闭放水开关，将试验水管接在泄气管上，加压至50kPa，检查散热器有无渗漏现象。例如，压力表读数不能在 50kPa 稳定保持且压力不下降时，则应更换散热器。

（3）用压缩空气法检查散热器

对于清除水垢后的散热器的渗漏检验，可以将散热器的进水管用膨胀式橡皮塞堵住，如图 6-18 所示，然后放入清水池内，再向散热器注入压缩空气。例如，散热器各处冒气，形成气泡，则说明散热器已严重腐蚀；若冒气地点不多，说明散热器渗漏不严重。

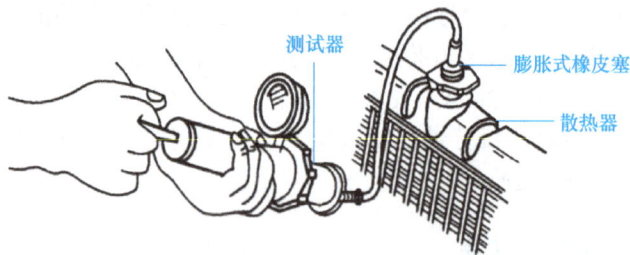

图 6-18　用压缩空气方法检查散热器的密封性

3. 风扇的检修及数据处理

（1）风扇叶片的检修

风扇叶片如果出现变形、弯曲、破损后，应及时更换。由于风扇连接板强度不足或其他原因，使风扇叶片向前弯曲或旋转变形，破坏了风扇叶片原设计的角度，使其丧失平衡性能，不但会影响通过散热器的空气流速和流量，降低散热器的冷却能力，甚至会"打坏"散热器，加剧水泵轴承、水封的损坏，还会大幅度增大风扇的噪声。

（2）风扇离合器的检修

检修时，把点火开关拧到"ON"档位，并使风扇离合器脱离节温器的控制，风扇应转动平衡，工作电流应符合要求，否则应予以更换。

（3）硅油风扇离合器的检修

将汽车提前放置约 12h 后，在发动机起动前用手指拨动风扇叶片，应感到有明显的转动阻力。

发动机起动后，运转 1 ~ 2min 后熄火，此时拨转风扇叶片，若感到转动阻力明显减小，可以认为硅油风扇离合器工作正常，否则应予以更换。

（4）风扇传动带的检修

检查风扇传动带的松紧度，以免工作过程中传动带打滑或断裂，检修时可依照说明书进行调整。传动带开裂或变形需及时更换。

4. 节温器的检修及数据处理

节温器的检修方法，一般是将节温器卸下放在装有热冷却液的容器中，如图 6-19 所示，逐渐将水加热，注意不要让节温器接触到容器底部，用温度计分别测量出节温器阀门开始开启温度和完全开启温度。检查节温器最大工作升程，节温器的最大工作升程应为 8 ~ 10mm。如果不符合要求，则说明节温器损坏，应予以更换。

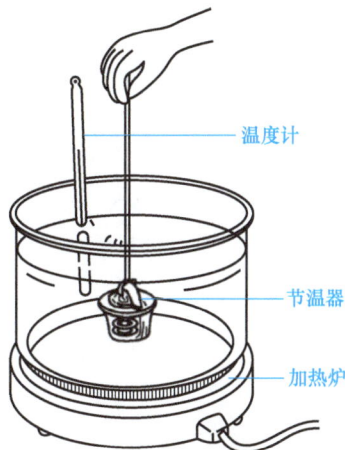

图 6-19　节温器的检修

5. 冷却液的检查

冷却液的耗损通常表明冷却系统有渗漏，应检查散热器及软管，并排除渗漏故障。

封闭的冷却系统在冷却液过热或温度超过其沸点时会发生耗损。驾驶方式不当或冷却气流受阻也会引起冷却液过热。

一般引起冷却液过热的原因有以下 3 种。

1）冷却空气流量减少。如果散热器损坏，或在散热器护栅上装了附加的灯光装置，都会使冷却空气流量减少。

2）冷却风扇不工作，或工作不正常，或风扇传动带过松。

3）车辆行驶在陡坡上档位太低，或行驶在长坡上，或环境温度过高。

任务名称	工作页 15　冷却系统的检修					
班级		姓名		学号		日期	

任务描述	1.按照维修手册要求从发动机机台架上拆卸节温器并对其进行检测，记录数据后用抹布和风枪清洁后将零件装复，根据检测结果提出维修方案。 2.按照维修手册要求从发动机机台架上拆卸水泵并对其进行检查，记录工单，用抹布和风枪清洁后将零件装复，根据检测结果提出维修方案。 3.按要求完成工作任务，任务完成过程遵循安全文明操作规程，任务完成后进行 7S 管理，具有环境保护与节能减排意识及相关举措。

任务载体	每组工位配备一套：发动机台架、常用工具车、烧杯/电炉、温度计、风枪、棉布、配套维修手册。	实训场地	发动机实训室

准备工作	项目	情况记录
	（1）发动机型号	
	（2）被测零件准备	□是　□否
	（3）工具及仪器设备准备	□是　□否
	（4）维修手册准备	□是　□否

一、节温器的拆装与检测

阀门关闭　　　　　　　　　阀门开启

1.拆卸。
1）排放冷却液。
2）拆卸散热器下水管及附件。
3）拧出螺栓取出节温器盖、节温器_____。
2.检测。
1）加热烧杯/电炉。
2）节温器阀门的开启温度为：_____。
3）节温器阀门的全开温度为：_____。
4）节温器阀门的最大升程为：_____。
3.安装。
1）清洁节温器安装密封圈的密封表面。
2）安装节温器。
3）拧紧节温器盖螺栓_____。
4）连接水管及附件。
5）添加冷却液。

项目六

任务名称	工作页 15　冷却系统的检修						
班级		姓名		学号		日期	

任务实施	二、水泵的拆装与检查 1.拆卸。 1）拆卸发电机传动带、转向助力泵传动带。 2）拆卸气门室盖分总成。 3）拆卸传动带轮罩分总成。 4）拆卸水泵总成。 2.检查。 1）检查水泵轴承是否松旷：□是　　□否 2）检查水泵叶轮是否锈蚀：□是　　□否 3）检查水泵水封是否老化：□是　　□否 4）检查水泵壳体是否腐蚀：□是　　□否 3.安装。 1）清洁水泵装配的密封表面。 2）更换水泵密封垫。 3）按规范均匀涂抹密封胶安装水泵总成。 4）安装带轮罩分总成。 5）安装气门室盖分总成。 6）安装发电机带轮、转向助力泵带轮，调整带轮张紧力。 **三、工作场地 7S 管理**

检查评价

1.评分细则

序号	评价项目	评价标准（每项累计扣分不超过配分）	配分	自评	互评	师评
1	安全文明否决	□造成人身、设备重大事故，或恶意顶撞教师、严重扰乱课堂秩序，立即终止实训，此评价表计 0 分				
2	工作计划制定	□能正确列出需使用的工量具，缺一个要点扣 0.5 分 □能正确查阅维修手册，缺一个要点扣 1 分 □能正确列出操作计划，缺一个要点扣 1 分 □能正确列出操作注意事项，缺一个要点扣 1 分	10 分			
3	安全文明生产	□能正确穿工作服、工作鞋，戴工作帽，缺一项扣 1 分 □工量具与零件摆放整齐，不混放，不随意摆放在地上，未达标每次每处扣 1 分 □油、水洒落在地面或零部件表面或车漆表面应及时清理，未达标每次扣 1 分 □完工后清理工量具，缺一个要点扣 1 分 □完工后清理实训场地，缺一个要点扣 1 分 □服从教师和班组长的课堂要求，不出言不逊，违反每次扣 2 分	10 分			

任务名称			工作页 15　冷却系统的检修				
班级		姓名		学号		日期	

	序号	评价项目		评价标准（每项累计扣分不超过配分）	配分	自评	互评	师评
检查评价	4	工具准备		□能独立准备好需使用的工具，每少准备一件扣 1 分 □恰当选择工具进行检修，选错一次扣 2 分	5 分			
	5	维修手册使用		□能对照维修手册正确查找零件标准尺寸及检修要点，每查错一个数据或漏查一个要点扣 1 分	5 分			
	6	节温器的拆装与检测	拆卸	□没有排放冷却液扣 2 分 □没有先拆卸进水管、传感器插头各扣 2 分 □拆卸进水软管、传感器插头方法错误各扣 2 分 □没有交替拧松节温器盖螺栓扣 2 分 □节温器取出方法错误扣 2 分 □零件落地扣 2 分 □工具使用错误一次扣 2 分 □零件未整齐摆放在零件盆扣 2 分	10 分			
			检测	□没有测量节温器开启温度扣 5 分 □没有测量节温器全开温度扣 5 分 □没有测量节温器最大开启行程扣 5 分 □将温度计放置于烧杯底部扣 5 分 □节温器未完全放入水中扣 5 分	10 分			
			安装	□没有清洁安装密封圈的密封表面扣 3 分 □没有清洁节温器盖扣 2 分 □节温器方向装反扣 5 分 □进水软管安装方法错误扣 2 分 □水管管箍未装到位扣 2 分 □传感器插头未可靠连接扣 2 分 □螺栓未按正确力矩安装扣 2 分 □未检查安装状况扣 2 分 □安装节温器后漏水扣 5 分	10 分			
	7	水泵的拆装与检查	拆卸	□没有按维修手册要求拆卸发电机传动带、转向助力泵传动带扣 5 分 □没有按维修手册要求拆卸气门室盖扣 5 分 □没有按维修手册要求拆卸水泵带轮扣 5 分 □没有按维修手册要求拆卸水泵扣 6 分，零件落地扣 2 分 □工具使用错误一次扣 2 分，零件未摆放在零件盆内扣 2 分	10 分			
			检查	□没有检查水泵轴承松旷情况扣 5 分 □没有检查水泵叶轮锈蚀情况扣 3 分 □没有检查水泵水封是否老化扣 4 分 □没有检查水泵壳体腐蚀情况扣 3 分	10 分			

项目六

任务名称				工作页 15　冷却系统的检修					
班级		姓名		学号				日期	

	序号	评价项目		评价标准（每项累计扣分不超过配分）	配分	自评	互评	师评
检查评价	7	水泵的拆装与检查	安装	□没有更换水泵密封圈扣 2 分 □没有涂密封胶扣 2 分 □没有清洁水泵与缸体安装座孔扣 3 分 □安装水泵后未检查水泵的安装状况扣 5 分 □没有正确安装气门室盖总成扣 4 分 □没有正确安装转向助力泵传动带扣 3 分 □没有调整转向助力泵传动带张紧力扣 2 分 □没有正确安装发电机传动带扣 3 分 □没有调整发电机传动带张紧力扣 2 分 □工具使用错误一次扣 2 分 □零件落地扣 2 分	10 分			
	8	工单记录		□维修记录字迹工整，潦草扣 2 分 □内容填写完整，缺一项扣 1 分	5 分			
	9	职业素养		□认真细致，精益求精，酌情赋分 □适应团队合作，酌情赋分	5 分			
	10	合计			100 分			

2. 任务成绩（自我评价、组间互评、教师评价三者成绩加权得到，系数根据实际情况而定）

自我评价	组间互评	教师评价	任务成绩

反思改进	请根据任务完成情况，对自己及小组工作进行反思，提出改进意见或措施。

任务 6.5　冷却系统的常见故障

要维持发动机稳定工作在最适宜的工作温度下，冷却系统的技术状况必须保持良好。经长期使用后，冷却系统的技术状况将发生变化，再加上使用不慎、操作不当或零件损坏等，发动机会出现温度过高、工作温度过低、升温过慢、漏水或冷却液消耗异常等常见故障。

1. 发动机温度过高

冷却液沸腾（俗称"开锅"）即发动机过热。

（1）故障现象

冷却液量符合标准，汽车在行驶中动力不足，冷却液温度一直超过90℃（轿车超过100℃），直至沸腾；或运行中冷却液在90℃以上，如果一停车，冷却液就会立刻沸腾。

（2）故障原因

冷却系统温度过高的主要原因有两个方面：一是冷却系统的散热能力下降，二是发动机产生的热量过多。

冷却系统本身的故障原因如下。

1）百叶窗不能开启或开度不足。

2）风扇传动带太松或因油污而发生打滑。

3）散热器的出水软管老化或内壁因脱层而发生堵塞。

4）冷却风扇装反、扇叶的角度变小或风扇规格不对。

5）电动风扇不转，或风扇离合器损坏，使风扇不转或转速过低。

6）节温器失效，致使冷却液大循环受阻。

7）冷却液的液位过低或水套水垢沉积过多，或分水管堵塞引起分流不畅。

8）散热器内芯管路堵塞，或散热片倾倒过多。

9）水泵损坏。

10）气缸垫烧穿或气缸盖出现裂缝，导致高温气体进入到冷却系统。

其他系统的原因如下。

1）点火时间过迟。

2）混合气过浓或过稀。

3）燃烧室的积炭过多。

4）机油量不足或机油散热器工作不良。

5）受汽车使用条件的影响（如道路、气候、风向或车辆负荷等）。

注意：如果只是冷却液温度表指示的温度过高，而发动机并无其他异常现象，应检查冷却液温度传感器或冷却液温度表是否有故障。

（3）故障诊断与排除

1）检查百叶窗的开度、冷却液的液量是否足够，否则就需要调整百叶窗的开度或添加冷却液。

2）检查风扇传动带的松紧度是否符合标准要求，若皮带磨损严重应予以更换。

3）检查风扇离合器或电磁风扇及温控开关的技术状况，必要时应予以更换。

4）若散热器温度低，发动机温度高，说明冷却液循环不良。检查散热器出水软管是否被吸瘪，若被吸瘪，应予以更换。

5）拆下发动机气缸盖出水软管，起动发动机，观察冷却液排出是否有力，如果排出无力则说明水泵或节温器可能有故障。

6）拆下节温器，再进行上述试验，观察冷却液排出是否有力，若是说明节温器有故障，应予以更换；否则说明水泵有故障，应予以更换。

7）检查散热器各部分温度是否均匀，否则说明散热器内芯管路堵塞或凹瘪，应予以修理。

8）小心拆下散热器盖，观察散热器加注口处是否涌出气体或排气管是否有水蒸气排出，若是则说明气缸垫被烧穿，应予以更换；否则需排查其他项目，如点火时间、混合气浓度、燃烧室积炭等是否符合要求等。

2. 发动机工作温度过低或升温过慢

（1）故障现象

在汽车行驶中，水温表指针经常指在75℃以下（水温过低）；或在发动机工作时，水温表指针长时间达不到90～100℃的正常位置（升温缓慢），即可判定为发动机工作温度过低。对一般的发动机而言，很少出现因发动机故障导致冷却强度增大或传热损失降低，从而使发动机工作温度过低的现象。

（2）故障原因

1）水温表或温度传感器损坏，指示出现错误。

2）节温器漏装或阀门黏结不能闭合。

3）风扇离合器或温控开关接合过早。

4）冷车或怠速时，发动机的温度调整过慢。

（3）故障诊断与排除

1）检查水温表、传感器及线路是否正常。

2）检查风扇控制装置是否失效。如果冷却系统装有风扇离合器或装有电动风扇，则可在发动机工作温度较低时，通过观察风扇的运转状态来确定风扇控制装置是否失效。

3）检查节温器是否正常。当发动机工作温度较低时，通过触碰散热器壳体的温度来判断冷却液是否进行大循环，以诊断节温器是否正常工作，如损坏应予以更换。

3. 发动机漏水

（1）故障现象

1）停车后可明显看到发动机上有冷却液滴落地面。

2）冷却液每日的消耗量较大。

（2）故障原因

1）放水开关关闭不严。

2）橡胶软管破裂或管箍松动。

3）散热器上下水室、芯管破裂或脱落。

4）机体上的水封堵水不严。

5）水套侧盖的衬垫损坏、螺栓松动或螺栓未按规定顺序拧紧。

6）气缸盖的螺栓松动或未按规定顺序拧紧。

7）气缸衬垫损坏。

8）水泵的衬垫损坏、螺栓松动或水封失效。

9）湿缸套下端封水不佳或密封条损坏。

10）缸盖、缸体变形或裂纹。

（3）故障诊断与排除

1）目测机体、水泵、散热器及水管连接处有无渗漏现象，必要时对冷却系统进行加压检查；或用荧光检漏仪检测，若有渗漏应检修。

2）拔出油标尺，观察机油中是否有冷却液，若有应检修。

3）如果发动机行驶无力且排气管冒白烟，则应检查发动机的气缸衬垫是否被损坏。若被损坏，检修发动机。

4. 冷却液消耗异常

（1）故障现象

冷却液消耗过多是指发动机冷却系统的冷却液液面下降较快，有时还伴随着排气管漏水滴，油底壳液面升高等现象。

（2）故障原因

1）冷却液外漏。

2）气缸衬垫损坏。

3）气缸套阻水圈损坏。

4）气缸体出现裂纹或穴蚀穿孔。

5）装有水冷式机油散热器的散热器芯损坏。

6）在低温季节，散热器的冷却液在停车时未排尽水而结冰。

（3）故障诊断与排除

1）检查散热器盖及密封垫是否有漏冷却液现象，若存在应予以更换。

2）检查冷却系统外部各部位是否有渗漏现象，如水泵泄漏，若存在应修复或予以更换；软管破裂渗漏，应予以更换；散热器芯渗漏，应修复或予以更换。

3）检查发动机气缸盖螺栓的紧固情况是否良好，若有松动，则需按规定转矩拧紧气缸盖螺栓。

4）检查气缸衬垫，若气缸衬垫损坏应予以更换。

5）检查气缸盖和气缸体是否有变形或裂纹，若有应修复或予以更换。

【技术自主】中国"心"比亚迪"骁云"混合动力发动机

在过去很长一段时期内，发动机技术在我国汽车工业发展进程中都处于被国外企业"卡脖子"的状态，国内很多汽车品牌都是靠直接购买国外产品来支撑产能，因为技术垄断的原因，国产品牌的发展一直很艰难。时过境迁，现在全球汽车产业正面临着百年未有之大变局，通过国家多年以来的资金投入，以及众多民族汽车企业的不懈努力，很多国产品牌都在发动机、变速器等核心部件上具备独立研发的能力。作为全球新能源汽车技术的引领者，我国的比亚迪一直在发动机技术领域深耕，秉承着技术为王、创新为本，比亚迪之所以能在新能源汽车市场上取得如日中天的发展，与其拥有自主知识产权的骁云发动机密不可分。

骁云全新 1.5TI 高功率发动机是国内首款混合动力专用发动机（图 6-20），采用米勒循环，提前关闭进气门的设计，增大了做功行程，使压缩比达到 15.5∶1；分体式冷却管理技术，双节温器模式分别控制气缸体和气缸盖的温度，减少暖机时间，百公里油耗降低了 15%，热效率达到了 38%，处于行业领先水平，同时还采用了高滚流进气道和智能热管理、双流道涡轮增压器、电控涡轮放气阀、中置式 VVT 机构、35MPa（350bar）高压直喷等多项世界一流技术，使其低速转矩性能提升了 36.7%，低速响应性提升 40%，最高转矩的起始转速相对于上代产品下降 100r/min，最大功率可达到 136kW，最大转矩为 288N·m，且能满足国六排放标准。

图 6-20　比亚迪骁云混合动力发动机

项目七 润滑系统检修

学习要点:

- 学习润滑系统的结构及工作原理。
- 学习润滑系统的拆装与调试。
- 了解润滑系统的检修与数据处理。
- 学习润滑系统的故障排除。
- 学习润滑系统故障案例分析。

目前汽车广泛采用压力飞溅润滑系统,在采用了压力润滑后,发动机的使用寿命大大延长。随着钻孔和机加工工艺的改进和革新,曲轴、连杆等轴承的润滑油路可以通过孔道输送,这样,机油就可以输送到主轴承、连杆轴承以及活塞销孔等各处,进行有效而可靠的润滑。而在压力润滑推广应用之前,发动机是依靠曲轴旋转来进行飞溅润滑的。在压力润滑系统中,活塞与气缸壁之间仍主要依靠飞溅润滑。

任务 7.1 润滑系统的认知

目前汽车发动机润滑系统的组成及油路布置方案大致相似,只是由于润滑系统的工作条件和具体结构的不同而稍有差别。如图 7-1 所示,目前发动机润滑系统主要由油底壳、机油泵、机油管、机油滤清器、限压阀、传感器和机油压力表、温度指示计等组成。

1. 润滑系统的功用

润滑系统的功用是把一定压力和流量的润滑油(或称为机油)输送到各运动副的表面,并在摩擦表面之间形成润滑油膜,以保证发动机各运动副能正常工作。具体作用有以下几个方面。

(1)润滑

使发动机内部运动零件表面之间的干摩擦变为液体摩擦,减少零件表面摩擦、磨损。

(2)清洗

机油在润滑系统内不断循环,清洗摩擦表面,带走金属碎末和其他零件上的积炭。

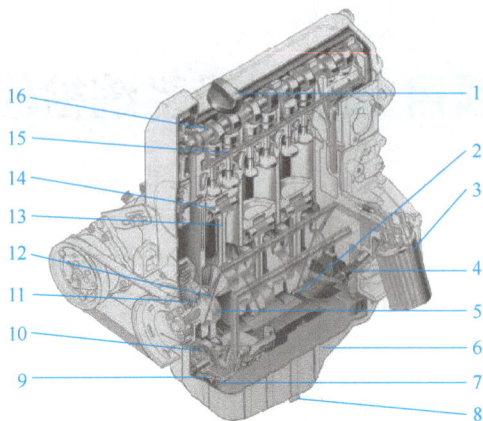

图 7-1　发动机润滑系统

1—机油加注口盖　2—曲柄销轴颈　3—机油滤清器　4—溢流阀　5—曲轴主轴颈　6—油底壳
7—机油泵传动链条油道　8—油底壳放油螺塞　9—机油泵链轮　10—机油泵　11—曲轴链轮
12—曲轴油道　13—连杆油道　14—活塞销　15—气缸盖主油道　16—凸轮轴轴颈

（3）冷却

循环流动的机油将摩擦产生的热量带走，降低零件表面的温度，使运动件不致因升温过高而烧坏。

（4）密封

在运动零件之间形成油膜，提高间隙的密封性。

（5）防锈

在零件表面形成油膜，对零件表面起保护作用，防止腐蚀生锈。

（6）液压

润滑油还可以用作液压油，如液压挺柱。

（7）减振缓冲

在运动零件表面形成油膜，吸收冲击并减小振动，起减振、缓冲作用。

2. 润滑系统的主要零部件

（1）机油泵

机油泵的功用是保证机油在润滑系统内循环流动，并在发动机任何转速下都能以足够高的压力向润滑部位输送足够数量的机油。机油泵一般安装在曲轴箱内，由曲轴、凸轮轴或中间轴驱动。汽车发动机润滑系统广泛装用的机油泵主要有两种：齿轮式和转子式。

1）齿轮式机油泵。如图 7-2 所示，齿轮式机油泵主要由集滤器、主动轴、主动齿轮、从动齿轮轴、从动齿轮、机油泵体等组成。两个齿数相同的齿轮相互啮合，装在泵体内，齿轮与泵体的径向和端面间隙很小。主动轴与主动齿轮用半圆键连接，从动齿轮滑套在从动齿轮轴上。

当机油泵工作时，进油腔内的润滑油沿着齿槽和泵壁之间的空间被送到出油腔，由于齿轮向啮合方向运动而使工作腔容积减小，因此油压升高，润滑油经出油口进入发动机上的润滑油道。

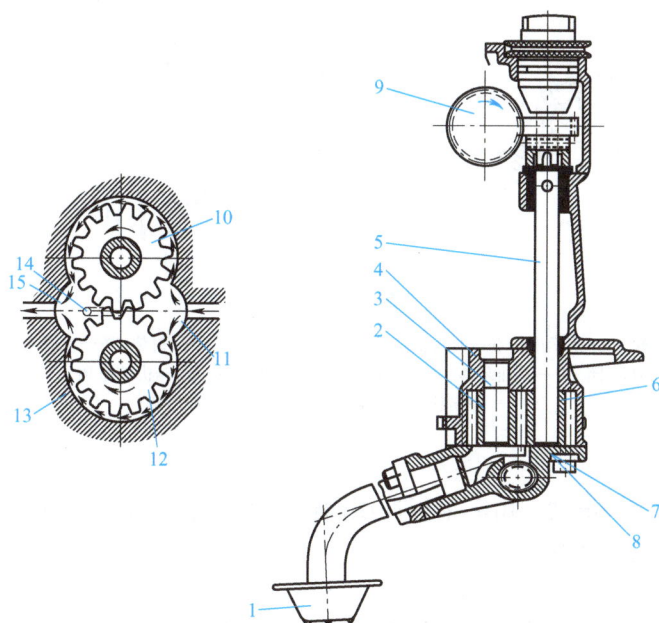

图 7-2　齿轮式机油泵

1—集滤器　2、12—机油泵从动齿轮　3—从动齿轮轴　4、13—机油泵体　5—机油泵主动轴
6、10—机油泵主动齿轮　7—机油泵盖　8—螺栓　9—中间轴曲线齿齿轮
11—进油腔　14—限压阀　15—出油腔

在机油泵体与泵盖之间通常装有很薄的衬垫，此衬垫既可起密封作用，也可通过改变其厚度调整齿轮端面与泵盖之间的间隙。

当机油泵出油压力超过规定的供油压力时，限压阀被打开，这时一部分机油经限压阀流回油底壳，从而保持一定的供油压力。

齿轮式机油泵结构简单，机械加工方便，工作可靠，使用寿命长，应用较广泛。

2）转子式机油泵。如图7-3所示，转子式机油泵主要由机油泵体、机油泵盖、外转子、内转子、机油泵传动轴、机油泵链轮、限压阀等组成。内、外转子安装在机油泵体内，内转子用键或销子固定在机油泵传动轴上，由曲轴齿轮直接或间接驱动，外转子在油泵体内可自由转动，二者之间有一定的偏心距。传动轴从泵体中伸出，在传动轴外端安装有机油泵链轮。机油泵用螺栓安装在曲轴箱内，由中间轴通过传动链驱动。

转子齿形齿廓设计使转子在转到任何角度时，内、外转子每个齿的齿形廓线上总能互相成点接触。这样内、外转子之间便形成了4个工作腔，随着转子的转动，这4个工作腔的容积是不断变化的。在进油道的一侧空腔，由于转子脱开啮合，容积逐渐增大，产生真空，机油被吸入，转子继续旋转，当该工作腔与出油口相通时，这时，转子正好进入啮合，使这一空腔容积减小，油压升高，机油从齿间被挤出，经出油道压送出去。这样，随着转子的不断旋转，机油就不断地被吸入和压出。

转子式机油泵结构紧凑，外形尺寸小，重量轻，吸油真空度较高，泵油量大，供油均匀度好，成本低，在中、小型发动机上应用广泛。

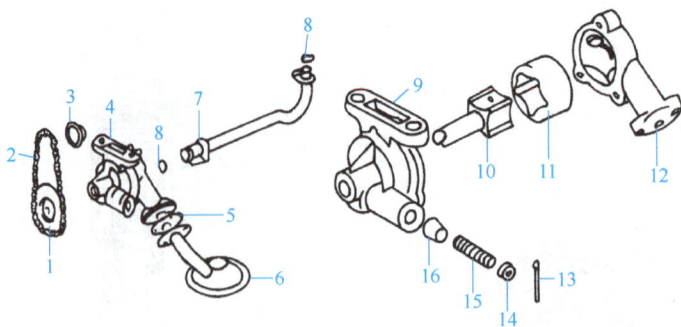

图 7-3 转子式机油泵

1—机油泵链轮 2—传动链 3—中间轴链轮 4—机油泵总成 5—衬垫 6—集滤器 7—出油管
8—O 形密封圈 9—机油泵体 10—内转子 11—外转子 12—机油泵盖 13—开口销
14—弹簧座 15—限压阀弹簧 16—限压阀

（2）油底壳

油底壳用于储存润滑油，由薄钢板冲压而成，为防止润滑油渗漏，其与机体接合区域加装垫片和密封胶进行密封。

（3）机油滤清器

机油滤清器的功用是滤除机油中的金属磨屑、机械杂质和机油氧化物，保证摩擦表面的良好润滑。如果这些杂质同机油进入润滑系统，将加剧发动机零件的磨损，还可能堵塞油管或油道。因此，其性能的好坏直接影响到发动机的维修期限和使用寿命。

在发动机润滑系统中，一般装有几个不同滤清能力的滤清器，即集滤器、粗滤器和细滤器，它们分别串联或并联在主油道上。

1）集滤器。集滤器是具有金属网的滤清器，安装在机油泵进油管上，用来防止较大的机械杂质进入机油泵。一般采用滤网式，有两种结构形式：浮筒式和固定式，如图 7-4、图 7-5 所示。

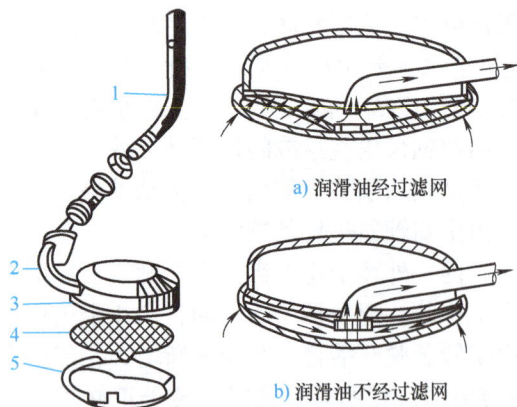

a) 润滑油经过滤网

b) 润滑油不经过滤网

图 7-4 浮筒式集滤器的组成

1—固定油管 2—吸油管 3—浮筒 4—滤网 5—浮筒罩

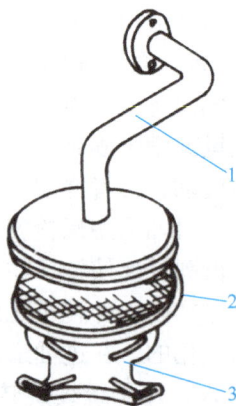

图 7-5 固定式集滤器的组成

1—吸油管 2—滤网 3—固定罩

2）粗滤器。粗滤器用于滤去机油中粒度较大（直径为 0.05mm 以上）的杂质，机油流动阻力小，它通常串联在机油泵与主油道之间，属于全流式滤清器。

粗滤器是过滤式滤清器，根据滤清元件（滤芯）的不同，可以有各种不同的结构形式。目前汽车发动机粗滤器常采用的有两种：纸质式和锯末式。

注意： 金属式粗滤器是一种永久性滤清器，由于它质量大、结构复杂、制造成本高等缺点，已基本被淘汰。

纸质式粗滤器由纸质滤芯、安全阀（或旁通阀）等组成，如图7-6所示。纸质式滤清器的滤芯是用微孔滤纸制成的，为了增大过滤面积，微孔滤纸一般都折叠成扇形和波纹形；微孔滤纸经过酚醛树脂处理，具有较高的强度，抗腐蚀能力和抗水湿性能，具有质量小、体积小、结构简单、滤清效果好、过滤阻力小、成本低和保养方便等优点，目前应用广泛。

锯末式粗滤器滤芯为酚醛树脂黏结的锯末滤芯，它阻力小，滤清效果好，使用寿长。

注意： 多数发动机为维护方便，采用旋转式一次性机油滤清器。滤芯为纸质折叠式结构，封闭式外壳，定期更换，直接旋装于滤清器盖上。

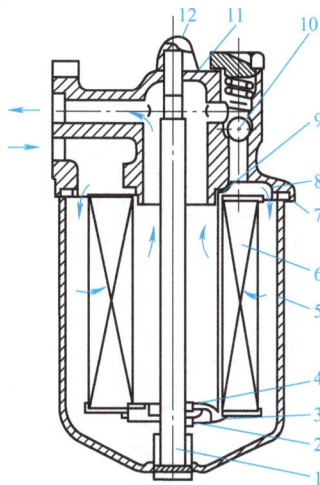

图7-6　纸质式粗滤器结构

1—拉杆　2—压紧弹簧　3—托板　4—拉杆密封圈
5—外壳　6—纸质滤芯　7—外壳密封圈　8—底座
9—O形密封圈　10—旁通阀　11—垫圈
12—盖形螺母

3）细滤器。机油细滤器用于滤除（直径在0.001mm以上的）细小杂质，这种滤清器对机油的流动阻力较大，故多做成分流式，它与主油道并联，只有少量的机油通过它滤清后又回到油底壳。细滤器按过滤方式可分成两种不同的结构：过滤式和离心式。过滤式细滤器与粗滤器结构基本相同，只是滤芯能过滤掉直径更小的颗粒杂质。

目前发动机一般采用离心式细滤器，它主要由三部分组成：壳体与滤清器盖、转子轴、转子体与转子盖，如图7-7所示。

在发动机工作时，如果机油温度过高，可拧松调整螺钉，机油通过球阀，经管接头流向机油散热器。当油压高于0.3MPa时，旁通阀打开，机油流回油底壳。

离心式细滤器滤清能力强且不受沉淀物的影响，不需要更换滤芯，但它对胶质的滤清效果较差。转子上的喷嘴是既有的限量孔，它保证通过细滤器的油量为油泵出油量的10%～50%。

（4）机油散热器和冷却器

在高性能、大功率的强化发动机上，由于热负荷大，机油温度高达95℃，过高的温度使机油黏度下降，不利于在摩擦表面形成油膜润滑，同时会加快机油氧化变质而失去作用，因此有些发动机装用了机油散热器或是机油冷却器。其作用是降低机油温度，保持一定的润滑油黏度。另外，发动机也可以利用油底壳散热。

1）机油散热器。机油散热器由散热管、限压阀、开关、进出油管等组成，如图7-8所示。其结构与冷却液散热器结构基本相同，布置在冷却液散热器前面，与主油道并联，利用风扇风力使机油冷却。

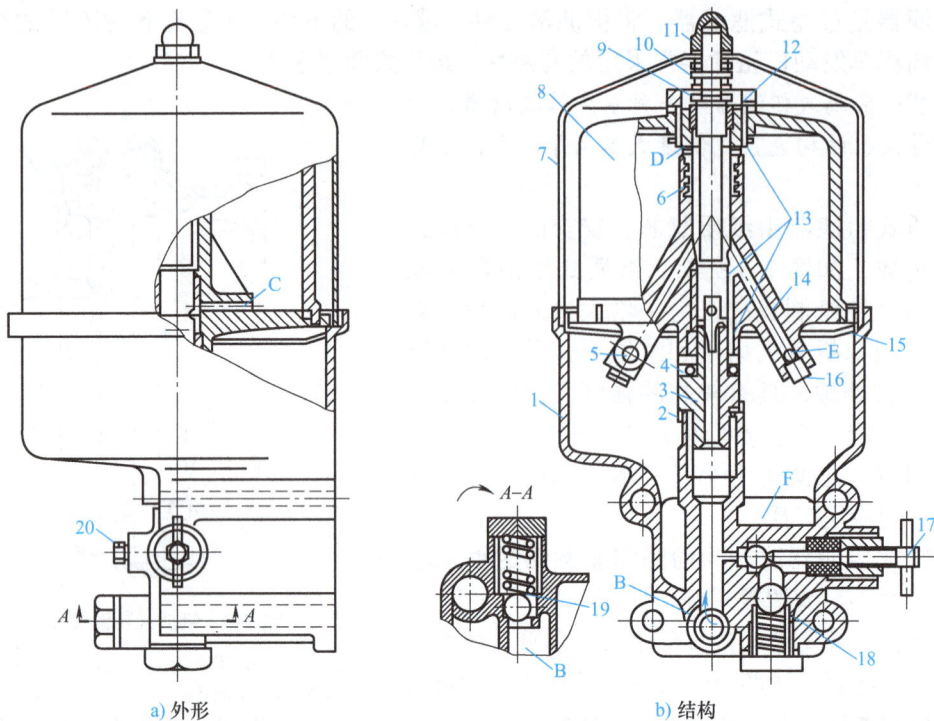

a) 外形　　　　　　　　　　　　　　　b) 结构

图 7-7　离心式细滤器

1—壳体　2—锁片　3—转子轴　4—止推轴承　5—喷嘴　6—转子体端套　7—滤清器盖　8—转子盖　9—支承垫圈
10—弹簧　11—压紧螺套　12—压紧螺母　13—衬套　14—转子体　15—挡板　16—螺塞　17—调整螺钉
18—旁通阀　19—进油限压阀　20—管接头　B—滤清器进油口　C—出油口　D—进油口
E—通喷嘴油道　F—滤清器出油口

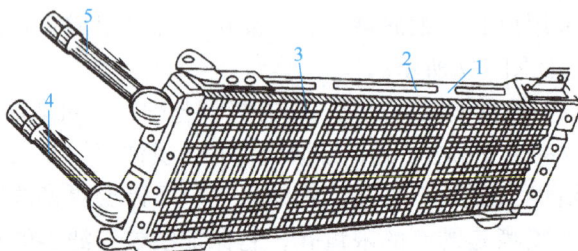

图 7-8　机油散热器结构示意

1—壳体　2—扁管　3—散热片　4—出油管　5—进油管

机油泵工作时，一方面将机油供给主油道，另一方面经限压阀、机油散热器开关、进油管进入机油散热器内，冷却后从出油管流回油底壳，如此循环流动。

2）机油冷却器。机油冷却器由铝合金铸成的壳体、前盖、后盖、铜芯管及散热片等组成，如图 7-9 所示。将机油冷却器置于冷却液管路中，利用冷却液的温度来控制润滑油的温度。当润滑油温度高时，靠冷却液降温，发动机起动时，则从冷却液吸收热量使润滑油迅速提高温度。冷却液在管外流动，润滑油在管内流动，两者进行热量交换。也有使润滑油在管外流动，而冷却液在管内流动的结构。

水冷式机油冷却器外形尺寸小，布置方便，且不会使机油过度冷却，机油温度稳定，因此在轿车上应用广泛。

（5）安全阀

润滑系统设有几个限压阀和旁通阀，以确保润滑系统正常工作。

1）限压阀。机油泵供油压力随发动机转速增加而增高，并且当润滑系统中油路堵塞、轴承间隙过小或使用的机油黏度过大时，也将使供油压力增高。因此，在润滑系统机油泵和主油道中设置有限压阀，限制机油最高压力，以确保润滑系统正常工作。当机油泵和主油道上机油压力超

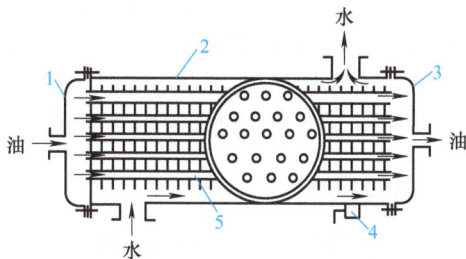

图 7-9　机油冷却器结构示意

1—前盖　2—壳体　3—后盖　4—放水开关
5—铜芯管及散热片

过设定的压力时，限压阀将克服弹簧作用力，阀门被顶开，一部分机油从侧面通道流入油底壳内，使油道内的油压下降至设定的正常值后，阀门关闭。

2）旁通阀。旁通阀用以保证润滑系统内油路畅通，当机油滤清器堵塞时，机油通过并联在其上的旁通阀直接进入润滑系统的主油道，防止主油道断油。旁通阀与限压阀的结构基本相同，只是其安装位置、压力控制，溢流方向不同，通常旁通阀弹簧刚度要比限压阀弹簧刚度小得多。

注意：要分清限压阀和旁通阀的作用。限压阀是在当油道油压超过极限压力时，阀门打开而泄压；旁通阀是当机油滤清器发生堵塞时，阀门打开，机油不经过滤清器直接进入主油道。

（6）油标尺和机油压力表

油标尺是用来检查油底壳内油量和油面高低的。发动机正常机油油面必须处于油标尺上下刻线之间。

机油压力表用以指示发动机工作时润滑系统中机油压力的大小，一般都采用电热式机油压力表，它由油压表和传感器组成，中间用导线连接。传感器装在粗滤器或主油道上，它把检测到的机油压力传给油压表。油压表装在驾驶室内仪表板上，用以显示机油压力的大小。

目前轿车上，一般用机油压力过低警告灯来显示润滑系统的工作情况。打开点火开关，当机油压力过低时，警告灯应点亮；而在起动发动机后，机油压力过低警告灯正常为熄灭状态。否则，说明润滑系统有故障，应立即查找并排除故障。

（7）曲轴箱通风装置

发动机工作时，有一部分可燃混合气和废气经活塞环泄漏到曲轴箱内，所引起的后果有以下几方面。

1）泄漏到曲轴箱内的汽油蒸气凝结后会使润滑油变稀，降低润滑作用。

2）废气的高温和废气中的酸性物质及水蒸气会使零件受到腐蚀，并使润滑油变质。

3）由于混合气和废气进入曲轴箱，使曲轴箱内的压力增大，温度升高，易使机油从油封、衬垫等处向外渗漏。

因此，一般汽车发动机都设有曲轴箱通风装置，以便及时将进入曲轴箱内的混合气和废气排出。曲轴箱通风方式一般有两种：自然通风和强制通风。曲轴箱窜气后的混合气排

到大气中会导致污染，因此现在的曲轴箱通风方式全部采用强制通风方式。强制通风的原理如图 7-10 所示，通过气缸的真空度，将曲轴箱内的气体导入进气管内，吸入气缸再燃烧，称为强制通风。大多数汽油发动机都采用强制通风方式，可以将窜入曲轴箱内的混合气回收使用，有利于提高发动机的燃油经济性。

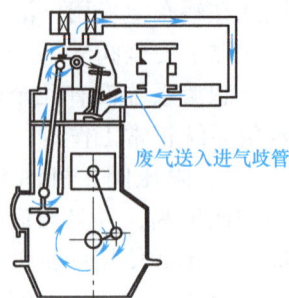

废气送入进气歧管

图 7-10　强制通风

3. 发动机润滑油

机油通常分为矿物质机油，全合成机油，植物性机油三类。目前，国际上许多国家采用 API 质量分类法和 SAE 黏度分类法。

1）API 质量分类法。API 是美国石油协会的简称，API 等级代表机油质量等级的分类。

API 将机油分为汽油机油和柴油机油。汽油机油以"S"系列为代表，从"SA"一直到"SH"，每递增一个字母，机油性能就会优于前一种，机油中会有更多用来保护发动机的添加剂。即字母越靠后，质量等级越高。柴油机油以"C"系列为代表，从"CA"一直到"CE"，字母越靠后，质量等级越高。当"S"和"C"同时存在时，为汽柴通用型机油。

2）SAE 黏度分类法。SAE 是美国汽车工程师学会的简称，它规定了机油的黏度等级。该分类将机油分为冬季用油和非冬季用油，黏度从小到大有 0W、5W、10W、15W、20W、25W、20、30、40、50、60 共 11 个黏度等级。"W"是英文"Winter"（冬季）的缩写，适合于冬天的低温环境使用，其牌号是根据最大低温黏度、最低泵送温度以及 100℃ 时的运动黏度范围进行划分的，号数越低表示其所适用的环境温度也越低。不带"W"的为非冬季用油，牌号仅根据 100℃ 的运动黏度划分，号数越大表示高温时的黏度越大，适用的最高温度越高。

冬夏通用油牌号分别为：5W/20、5W/30、5W/40、5W/50，10W/20、10W/30、10W/40、10W/50，15W/20、15W/30、15W/40、15W/50，20W/20、20W/30、20W/40、20W/50。其中，代表冬用部分的数字越小、夏季部分的数字越大的机油黏度越高，适用的温度范围越大。

3）机油的选用原则。机油的牌号由质量等级和黏度等级两部分组成。选用时，首先根据车辆使用说明书或发动机工作条件确定机油的质量等级；其次，根据车辆使用地区的温度情况选择合适的发动机黏度等级。

机油黏度等级与对应的温度范围见表 7-1。由于单级油不可能同时满足低温及高温要求，只能根据当地季节气温适当选用；而多级油的优越性是它的黏度性能好，适用的温度范围广，特别适用在严寒地区、短途运输、低温起动较多时的环境，其优越性更为明显，此时应尽量选用多级油。

4. 发动机润滑油使用注意事项

1）如果不是通用机油，则汽油机油和柴油机油不能混用；不同牌号的机油也不能混用。

表 7-1　发动机润滑油 SAE 黏度等级与适用温度范围对照表

SAE 黏度等级	适用温度范围 /℃	SAE 黏度等级	适用温度范围 /℃
5W/30	−30 ～ 30	20W/20	−15 ～ 20
10W/30	−25 ～ 30	30	−10 ～ 30
15W/30	−20 ～ 30	40	−5 ～ 40 以上
15W/40	−20 ～ 40 以上	—	—

2）质量等级较高的机油可替代质量等级较低的机油；反之，则不能。

3）经常检查机油的液面高度。

4）注意使用地区的气温变化，及时换用黏度等级适宜的机油。在满足发动机使用要求的前提下，机油的黏度尽可能选择小些。

5）适时（定期或按质）换油。

6）严防水分、杂质等污染机油。

目前市面上销售较多的全合成机油和半合成机油，其成分为人工用化学的方法合成的机油，优点在于性能和品质比从石油中提炼的矿物油要好很多，更符合发动机对于机油的要求，可以给发动机提供更好的使用保护。全合成机油的性能表现较好，抗氧化能力较强，所以使用周期可以更长一些。半合成机油的更换周期是 8 个月或 7500km，而矿物质机油只有半年或 5000km 的使用期限。这个周期是要同时兼顾时间与公里数的，两者只要有一项达到使用期限，就需要更换新机油，不能等到同时达到使用期限再更换新机油。

任务 7.2　润滑系统的拆装及调试

1. 机油泵的拆装及调试

机油泵是润滑系统中的重要零部件，它的性能好坏直接影响润滑系统能否进行正常的工作。机油泵由于长期工作受到磨损时，将造成泵油压力降低、油量减少以及其他机械故障问题。

（1）齿轮式机油泵的拆装及调试

1）齿轮式机油泵的拆卸步骤。

① 观察齿轮式机油泵的基本结构（图 7-2），它主要由一对齿轮组成。

② 拧松分电器轴向限位卡板的紧固螺栓，拆下卡板。

③ 拔出分电器总成。

④ 拧松并拆下两个机油泵壳体与发动机机体的长紧固螺栓，将机油泵及吸油部件一起拆下。

⑤ 拧松并拆下吸油管组的紧固螺栓，拆下吸油管组，检查并清洗滤网。

⑥ 拧松并取下机油泵盖的短紧固螺栓，取下机油泵盖，检查泵盖上的限压阀（旁通阀），观察泵盖接合面的磨损情况。

⑦ 分解主、从动齿轮，再分解齿轮和齿轮轴，拆卸后垫片更换新件。

2）齿轮式机油泵的安装及调试。齿轮式机油泵的安装与拆卸顺序相反，但在安装时应更换垫片，注意各螺栓的拧紧力矩（如机油泵盖长紧固螺栓拧紧力矩为 20N·m，机油泵盖短紧固螺栓拧紧力矩为 10N·m）。

在机油泵装复后，用手转动机油泵齿轮，应转动自如、无卡阻现象。将机油灌入机油泵内，用拇指堵住油孔，转动泵轴应有机油被压出，并能感到机油压力。

在机油泵装车后，通过压力表观察机油压力。在发动机温度正常的情况下，当发动机怠速运转时，机油压力不应低于 19.4kPa；当发动机高速运转时，机油压力不应高于 49.0kPa。若不符合标准，则应调整限压阀，可在限压阀弹簧的一端加减调整垫圈，使机油压力达到规定值。

（2）转子式机油泵的拆装

转子式机油泵的拆装。转子式机油泵主要由一对内外转子组成（图 7-3）。其安装位置与结构形式随发动机不同而有所不同，一般多放在发动机前端的机油泵体内，拆卸机油泵盖的螺栓即可拆卸出转子式机油泵。

（3）机油泵的装配及调试

装配机油泵时，应边安装边复查各部位的配合间隙，尤其是要复查机油泵齿轮或转子端面与泵盖之间的轴向间隙，若此间隙过大，当机油泵工作时，机油会从间隙位置漏出，致使供油压力降低。

在机油泵装配后应进行调试。简便的方法是：将机油口浸入清洁的机油内，用手转动机油泵轴，机油会从出油口流出，用拇指堵住出油口会有压力感，且泵轴转动困难。若条件允许，最好在试验台上对机油泵的泵油量和泵油压力进行检测。

2. 机油滤清器的拆装及调试

机油滤清器分为可拆卸式和不可拆卸式两种，不可拆卸式只能一次性使用，不能更换滤芯。

可拆装式机油滤清器的拆装，一般在发动机更换机油时进行。下面以丰田 2L 发动机为例，介绍机油滤清器的拆装步骤。

1）先将机油放出。

2）用专用工具拆卸机油滤清器，如图 7-11 所示。

3）检查并清洗机油滤清器的安装表面，并在机油滤清器的密封圈上涂上少许机油。

4）将机油滤清器安装到接触表面有阻力为止，再用专用工具重新拧紧 3/4 圈，如图 7-12 所示。

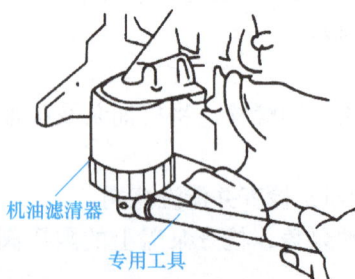

图 7-11　机油滤清器的拆卸　　　　图 7-12　机油滤清器的安装

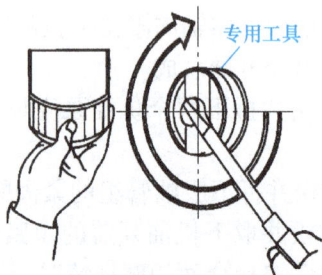

5）装好放油螺塞后，加入机油。

6）起动发动机，检查机油是否渗漏；发动机熄火后，检查机油液面是否正常（液面处在上、下刻度线的中间位置）。若不正常，添加或放出适当的机油。

注意： 装配时应先充满机油，然后检查与气缸体平面的结合处是否平整，密封圈是否完好，最后拧紧螺栓。

3. 油底壳的拆装

（1）油底壳拆卸的步骤

1）拆开蓄电池的负极接线。

2）举升并安全支撑车辆。

3）对于1.6L发动机，拆下发动机罩。

4）将润滑油放到一个合适的容器中。

5）对于1.3L发动机，从离合器盖上拆下从动盘（若装有手动变速器驱动桥）或从液力变矩器壳体中拆下从动盘（若装有自动变速器驱动桥）。

6）对于1.6L发动机，执行以下拆卸步骤：

① 从车上拆下排气管。

② 从发动机和驱动桥上拆下驱动桥的肋板片。

③ 支撑变速器和发动机。

④ 从发动机上拆下螺母和螺栓，从而拆下发动机。

7）若装备有曲轴位置传感器，则从油底壳上拆下。

8）拆下油底壳的固定螺栓，并从气缸体上拆下油底壳。

9）拆下机油泵滤清器。

（2）油底壳安装步骤

1）清洁油底壳与发动机气缸体的配合面。

2）在油底壳配合面区域安装密封圈。

3）将油底壳安装到发动机气缸体上，并装上紧固螺栓，以中央向四周扩散的方式拧紧螺栓，力矩为9～12N·m。

4）在油底壳上安装曲轴位置传感器。

5）在油底壳上装放油螺塞和衬垫。

6）对于1.3L发动机，若装有手动变速器驱动桥，则应将从动盘装到离合器盖上；若装有自动变速器驱动桥，则应将从动盘装到液力变矩器上。

7）对于1.6L发动机，执行以下拆卸步骤：

① 将发动机装到车上，拧紧发动机支座的固定螺栓、螺母，力矩为55N·m，并拧紧其他螺母，力矩为45N·m。

② 安装驱动桥的肋板片，拧紧其紧固螺栓，力矩为50N·m。

③ 装配排气管并拧紧其紧固螺栓，力矩为50N·m。

④ 安装发动机油底壳。

8）加注润滑油。

9）连接蓄电池的负极接线，起动发动机，检查机油是否泄漏。

工作页 16　润滑系统的认知与装调

任务名称	工作页 16　润滑系统的认知与装调						
班级		姓名		学号		日期	

任务描述	**1. 情境信息** 一辆大众迈腾燃油汽车的客户向技师询问，为什么要定期对机油进行更换？ **2. 任务描述** 假如你是售后技师小王，根据情境向客户介绍发动机润滑系统的结构与工作原理，并向客户交代润滑系统日常维护的注意事项。		
任务载体	每组举升工位配备：发动机诊断台或实车、常用工具、工作灯、三角木、防护套、尾气排放装置、机油、油标尺、接机油容器、维修手册。	实训场地	实训车间

	项目	情况记录
	（1）车辆准备	□是　□否
	（2）工具准备	□是　□否
	（3）维修手册准备	□是　□否
准备工作	（4）汽车停放位置与举升机状况检查准备	□是　□否
	（5）放置车轮三角木	□是　□否
	（6）放置转向盘套和脚垫	□是　□否
	（7）放置发动机及翼子板护垫	□是　□否
	（8）检查机油、冷却液	□是　□否

任务实施

一、润滑系统结构的认识

1. 根据下图的标识，填表写出润滑系统各部分的名称。

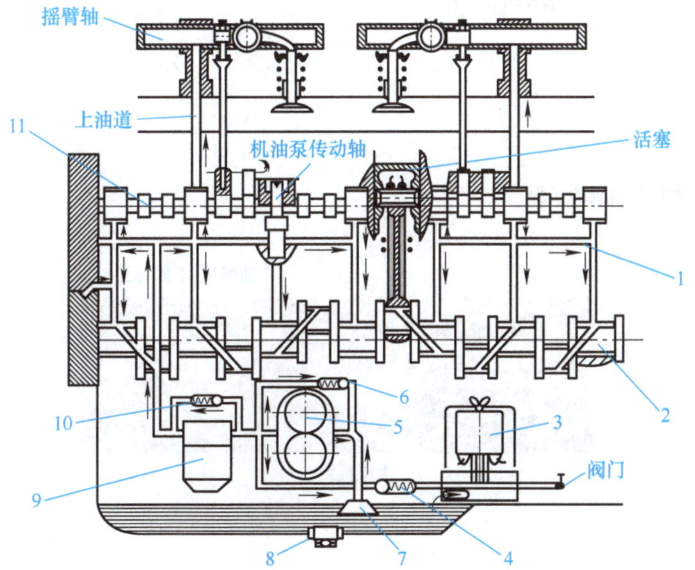

序号	名称
1	
2	
3	
4	
5	
6	
7	
8	
9	
10	
11	

（续）

任务名称			工作页 16　润滑系统的认知与装调				
班级		姓名		学号		日期	

任务实施

2. 润滑方式的区别。

由于发动机传动件的工作条件不同，所以对负荷及相对运动速度不同的传动件，采用不同的润滑方式，对于润滑系统而言，主要有压力润滑和飞溅润滑，请识别下图所示的两种润滑方式。

 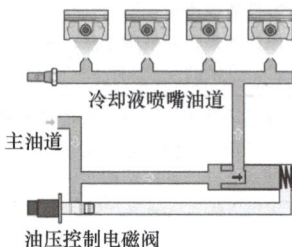

（　　　　　）　　　　　　　（　　　　　）

1）飞溅润滑的主要零件部位：_____。
2）压力润滑的主要零件部位：_____。

3. 机油冷却方式的区别。

在高性能大功率的强化发动机上，由于热负荷大，必须装备机油冷却器，冷却方式主要有风冷和水冷，请区分下图的两种冷却方式。

 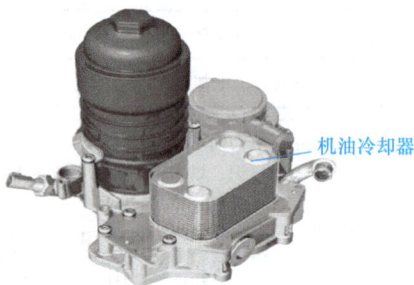

（　　　　　）　　　　　　　（　　　　　）

二、简述机油液位检查的步骤

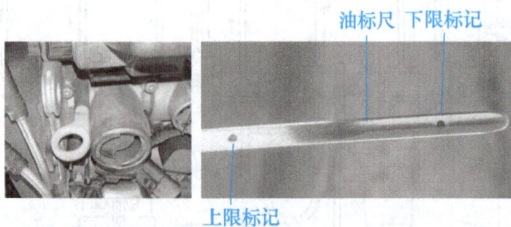

任务名称			工作页 16　润滑系统的认知与装调					
班级		姓名		学号			日期	

<table>
<tr><td rowspan="2">任务实施</td><td colspan="8">三、简述机油质量检查的注意事项</td></tr>
<tr><td colspan="8">

四、根据下图拆装顺序，简述更换机油滤芯的注意事项

</td></tr>
</table>

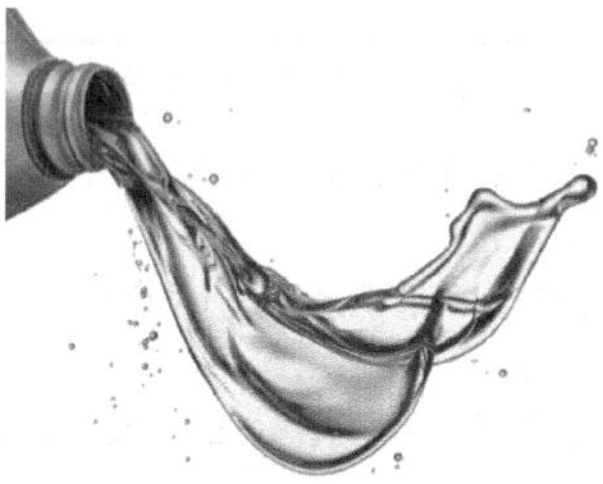

1. 评分细则

序号	评价项目	评价标准（每项累计扣分不超过配分）	配分	自评	互评	师评
1	安全文明否决	□造成人身、设备重大事故，或恶意顶撞教师、严重扰乱课堂秩序，立即终止实训，此评价表计 0 分				
2	工作计划制定	□能正确列出拆卸零部件所需的工量具，缺一个要点扣 0.5 分 □能正确查阅维修手册，缺一个要点扣 1 分 □能正确列出操作计划，缺一个要点扣 1 分 □能正确列出操作注意事项，缺一个要点扣 1 分	5 分			
3	安全文明生产	□能正确穿工作服、工作鞋，戴工作帽，缺一项扣 1 分 □工量具与零件摆放整齐，不混放，不随意摆放在地上，未达标每次每处扣 1 分 □油、水洒落在地面或零部件表面或车漆表面应及时清理，未达标每次扣 1 分 □完工后清理工量具，缺一个要点扣 1 分 □完工后清理实训场地，缺一个要点扣 1 分 □服从教师和班长的课堂要求，不出言不逊，违反每次扣 2 分	10 分			
4	工具准备	□能准备好需使用的工具，每少准备一件扣 1 分 □恰当选择工具进行拆装，选错一次扣 2 分	5 分			
5	维修手册使用	□能对照维修手册正确查找零部件位置及拆装要点，每查错一个或漏查一个要点扣 1 分	5 分			

检查评价

任务名称				工作页 16 润滑系统的认知与装调					
班级			姓名		学号			日期	

	序号	评价项目	评价标准（每项累计扣分不超过配分）	配分	自评	互评	师评
检查评价	6	润滑系统结构的认识	□能写出润滑系统各部件的名称，缺一个要点扣1分 □能判断润滑系统的不同润滑方式，不正确扣2分 □能写出不同润滑方式的润滑部位，不正确扣2分 □能区分机油的不同冷却方式，不正确扣2分	15分			
	7	实车查找部件	□能在实车上查找润滑系统各部件，错误一个扣2分	10分			
	8	机油液位检查	□车辆停放不平直接检查液位扣2分 □没有起动发动机运行2～3min，直接检查机油液位扣2分 □起动发动机运行2～3min，没有停机5min而是直接检查机油液位扣2分 □没有用干净的抹布将拨出的油标尺上的机油擦拭干净，扣2分 □没有将油标尺插入到底部，扣2分 □观察机油油标尺的油位不准确，扣2分 □零件或工具落地一次扣1分	15分			
	9	机油质量检查	□没有检查机油的颜色，扣3分 □没有通过机油加注口检查发动机内部状态，扣3分 □没有对机油的黏度进行检查，扣3分	10分			
	10	更换机油滤芯	□不会使用专用工具拆下旧的机油滤清器，扣2分 □安装时没有在新滤芯的密封圈表面涂抹机油，扣2分 □安装时损坏滤芯密封圈，扣5分 □安装时没有检查滤清器的安装表面是否平整、光滑、无异物，扣3分 □安装时没有用手将新的滤芯安装至底座，扣5分	15分			
	11	工单记录	□工单记录字迹工整，潦草扣2分 □内容填写完整，缺一项扣1分	5分			
	12	职业素养	□认真细致，精益求精，酌情赋分 □适应团队合作，酌情赋分	5分			
	13		合计	100分			

任务名称	工作页 16　润滑系统的认知与装调						
班级		姓名		学号		日期	
检查评价	2.任务成绩（自我评价、组间互评、教师评价三者成绩加权得到，系数根据实际情况而定）						
	自我评价		组间互评		教师评价		任务成绩
反思改进	请根据任务完成情况，对自己及小组工作进行反思，提出改进意见或措施。						

1. 机油泵的检修及数据处理

（1）齿轮式机油泵的检修及数据处理

1）泵体的检修及数据处理。检查机油泵轴孔的磨损程度，查看螺纹孔是否损坏、泵体是否有裂纹。机油泵体主动轴孔与轴的配合间隙应为 0.075～0.03mm，最大不可以超过 0.20mm。当间隙超过规定时，晃动泵轴会有明显的松旷感，此时应将主动轴涂铬加粗，或用镶套法修复。

2）齿轮与泵体径向间隙的检查。如图 7-13 所示，拆下泵盖，在齿轮上选一语啮合齿相对的齿轮，用塞尺测量齿顶与泵体间的间隙。然后转动齿轮，用相同的方法测量其他齿轮与泵体间的间隙，若径向间隙超过允许极限值，应予以更换机油泵总成。

3）泵盖的检修及数据处理。齿轮式机油泵驱动齿轮啮合时，产生的轴向力一般都向下，它使齿轮端面与泵盖内表面磨损。当泵盖有磨损或翘曲、凹陷超过 0.05mm 时，应以车或研磨等方法进行修复。泵盖上装有限压阀时，还应检查弹簧的弹性和阀体，必要时应更换新件。

4）齿轮与泵盖轴向间隙的检查。如图 7-14 所示，拆下泵盖后，在泵体上沿两齿轮中心线方向上放一直尺，然后用塞尺测量齿轮端面与直尺之间的间隙，若间隙超过允许值，见表 7-2，应更换机油泵总成。

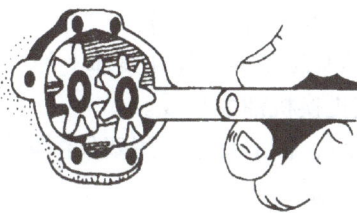

图 7-13　检查齿轮与泵体径向间隙

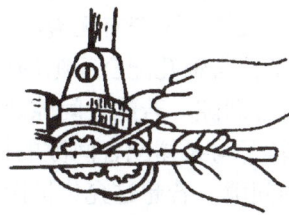

图 7-14　检查齿轮与泵盖轴向间隙

表 7-2　机油泵各部件间隙的使用极限　　　　（单位：mm）

结构类型	使用极限			
	泵体间隙	转子或齿轮啮合间隙	端面间隙	泵轴间隙
外齿轮式	0.20	0.25	0.15	0.15
内齿轮式	0.20	0.20	0.20	0.15

5）泵轴的检修及数据处理。用千分尺检查泵轴是否弯曲，如果指针摆差超过 0.06mm，应进行校正。主动轴与轴套孔的配合间隙，使用限度为 0.15mm。从动轴如果有明显的单面磨损。可将其压出，把磨损面调转 180°，再压入孔内继续使用。主动轴上端铆固的传动齿轮与泵体末端之间的间隙一般为 0.025～0.075mm，最大不超过 0.15mm，超过时刻在泵体末端焊修或增加调整垫片。

6）齿轮啮合间隙的检查及数据处理。如图 7-15 所示，拆下泵盖，用塞尺在齿轮圆周上互成 120° 的 3 等分点上进行测量，测量主动齿轮与从动齿轮啮合一侧的齿轮侧间隙，间隙值一般为 0.05 ～ 0.20mm，3 点齿隙相差不应超过 0.1mm。若测量结果超过允许极限值，应更换机油泵总成。

7）主动轴与轴孔配合间隙的检查。分别测量机油泵主动轴直径和泵体上主动轴孔径，并计算其配合间隙。若配合间隙超过允许极限值（表 7-2），应进行修复或更换新件。

8）从动轴与衬套孔配合间隙的检查。分别测量机油泵从动轴直径及其衬套孔径，并计算其配合间隙。若配合间隙超过允许极限值，应更换衬套。

9）机油泵限压阀的检查。如图 7-16 所示，往限压阀上涂一层机油，检查限压阀在自重的作用下，能否顺利落进阀孔内。如果不符合要求，应更换限压阀。

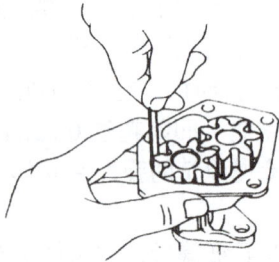

图 7-15　检查齿轮啮合间隙

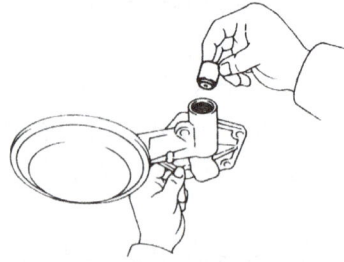

图 7-16　检查机油泵限压阀

（2）转子式机油泵的检修及数据处理

1）检查泵体、泵盖有无裂纹，螺纹孔是否损坏，轴孔是否磨损等。

2）转子轴与轴孔配合间隙的检查。分别测量机油泵转子轴直径和泵体上的轴孔内径，并计算其配合间隙。若配合间隙超过允许极限值，应更换机油泵总成。

3）外转子与泵体配合间隙的检查。如图 7-17 所示，拆下泵盖，用塞尺测量外转子与泵体之间的间隙，若超过允许极限值，应更换机油泵总成。

4）内转子与外转子径向啮合间隙的检查。如图 7-18 所示，拆下泵盖，用塞尺测量内转子与外转子的啮合间隙。若超过允许极限值，应更换机油泵总成。

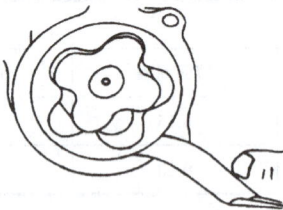

图 7-17　外转子与泵体配合间隙的检查

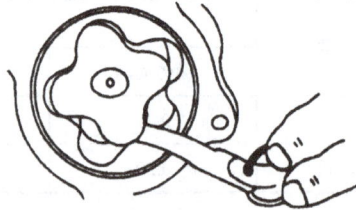

图 7-18　内、外转子的径向啮合间隙的检查

5）转子端面与泵盖轴向间隙的检查。如图 7-19 所示，用塞尺和直尺测量转子端面与泵盖的轴向间隙。若超过允许极限值，应更换机油泵总成。

6）检查限压阀是否平滑，弹簧是否变形，不符合要求应更换新件。在维修时，O 形密封圈、开口销不允许重复使用，拆卸后更换新件。

2. 机油滤清器的检修及数据处理

（1）机油集滤器的检修

机油集滤器常见的损坏形式是油管和滤网堵塞、浮筒下沉等。机油滤网堵塞，可用柴油或煤油清洗后用压缩空气吹干；浮筒破损，则可焊修或更换新件。

（2）一次性机油滤清器的定期更换

目前轿车上广泛采用的是一次性机油滤清器，当一次性机油滤清器使用到一定时间（一年或 1.2 万 km）后就应该更换新件。

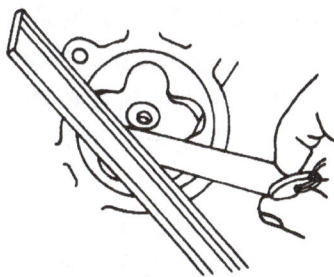

图 7-19　转子端面与泵盖轴向间隙的检查

（3）机油粗滤器的检修

轿车用机油粗滤器，一般为不可拆解件，失效后应及时更换新件。

汽车每行驶 12000km，应更换粗滤器的滤芯。若发现机油粗滤器存在外壳破损、漏油现象时，应更换新件。

注意： 无特殊情况，不得拆卸和调整旁通阀。

（4）机油细滤器的检修

机油细滤器若喷嘴孔堵塞，可以用压缩空气吹通，不能用金属丝穿透，以免刮伤喷孔。密封圈损坏、变形或老化发硬时，应更换新件。转子轴磨损，轴与孔的配合间隙超过 0.15mm 或与轴承的配合间隙大于 0.10mm 时，可用镀铬法修复转子轴。

离心式机油细滤器的检查。发动机工作时，机油压力高于 0.15MPa 时，运转 10s 以上，然后熄火，在熄火后 2 ～ 3min 以内，若在发动机旁听不到机油滤清器转子转动的"嗡嗡"声，说明机油滤清器工作不良，应检修机油细滤器。

为了检验细滤器的性能指标，应在专用的试验台上进行试验，其试验数据见表 7-3。

表 7-3　离心式机油细滤器试验数据

发动机型号	转子转速 / (r/min)	油压 /kPa	机油阀开启油压 /kPa	流量 / (L/min)
东风 EQ6100-1	≥5500	294	98 ～ 176	≤10
解放 CA6102	≥5500	294	147 ～ 196	—

3. 机油压力开关的检修及数据处理

机油压力开关可用 VAG1324 仪器及辅助线缆 VAG1594 进行检测。检测导线的连接情况，如图 7-20 所示。具体的检测步骤如下（以捷达轿车发动机为例）。

1）拆下 0.03MPa 压力开关，然后将其拧在检测仪的蓝色导线上。

2）将检测仪压力管的接口软管拧在 0.03MPa 开关的安装接口上。

3）将检测仪的棕色导线搭铁。

4）将发光二极管表笔接在蓄电池正极和 0.03MPa（A）

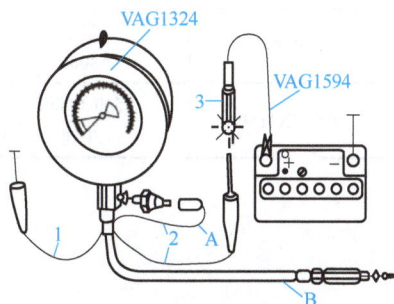

图 7-20　机油压力开关的检测
1—棕色导线　2—蓝色导线　3—发光二极管

压力开关之间，此时发光二极管必须发光。

5）起动发动机，慢慢升高转速。检测仪 VAG1324 上显示的压力为 0.015～0.045MPa 之间时，发光二极管必须熄灭。如果没有熄灭，则应更换 0.03MPa 压力开关。

6）将发光二极管笔从 0.03MPa 压力开关上摘下，然后插到 0.18MPa 压力开关（B）上。

7）发动机转速大于 2000r/min 时，检测仪 VAG1324 上显示的压力在 0.16～0.20MPa 之间，发光二极管必须发光。否则，应更换 0.18MPa 压力开关。

注意：桑塔纳 2000 型轿车发动机润滑系统，也有两个油压开关。机油低压开关设置在发动机缸体的油道末端，高压开关设置在机油滤清器上。

4. 机油压力的检测及数据处理

机油压力是发动机润滑系统技术状况的重要指标。保证发动机正常的机油压力是润滑系统发挥作用的先决条件。常见汽车发动机润滑系统的机油压力见表 7-4。

现以捷达发动机为例，捷达发动机正常的工作压力为 0.2～0.4MPa，利用检测仪检测机油压力的具体步骤如下。

1）拆卸下 0.03MPa（棕色）机油压力开关，将其拧到检测仪 VAG1324 上，如图 7-20 所示。

2）将检测仪的压力管拧到 0.03MPa 开关的接口处。

3）起动发动机，慢慢升高转速，当转速大于 2000r/min 且机油温度约为 80℃时，机油压力应达到 0.20MPa；若继续升高转速，机油压力不得超过 0.70MPa。

表 7-4　常见汽车发动机润滑系统的机油压力

厂牌车型	机油压力		主油道限压阀	
	转速 /（r/min）	压力 /kPa	安装位置	开启压力 /kPa
上海大众桑塔纳 2000	低速 2150（中速）	如压力 <30，警告灯闪烁 ≥200；如压力 <180，警告灯闪烁，蜂鸣器同时报警	—	
福田 BJ1020 北京 BJ2020A	450～500 中速	≥49 196～392	气缸体右前方，主油道末端	294～392
跃进 NJ1041	怠速 中速	≥147 200～400	机油粗滤器盖	340～392
本田雅阁	怠速 3000	≥69 ≥340	—	—
黄河 JN1150	500～600 中速	≥98 196～392	机油细滤器，水平方向	392

任务名称			工作页 17　润滑系统的检修				
班级		姓名		学号		日期	

任务描述	1. 情境信息 一辆大众迈腾燃油汽车，客户反映车辆正常起动后，车辆机油压力警告灯常亮。 2. 任务描述 假如你是售后技师小王，根据故障现象分析，故障原因有可能是：机油压力开关损坏、机油压力传感器线路故障、机油压力不足等。在规定时间内，对机油压力开关及相关线路、机油泵进行检测与维修；依据维修手册的规范完成作业流程，并在教师的指导下进行维修，填写检修工单。作业过程要求能够熟练查阅维修资料，规范使用工量具和仪器设备，准确测量技术参数和判断故障点，做到安全文明作业。						
任务载体	每组举升工位配备：一台大众迈腾燃油车、配套维修手册、翼子板护垫 / 车内四件套 / 三角木、常用工具车、零件车、诊断仪、万用表、接线盒、机油枪、游标卡尺、塞尺、个人防护用品。				实训场地		实训车间

准备工作	项目	情况记录
	（1）车辆准备	□是　□否
	（2）工具准备	□是　□否
	（3）维修手册准备	□是　□否
	（4）汽车停放位置与举升机状况检查准备	□是　□否
	（5）放置车轮三角木	□是　□否
	（6）连接尾气抽排管	□是　□否
	（7）放置转向盘套和脚垫	□是　□否
	（8）放置发动机及翼子板护垫	□是　□否
	（9）机油液位和机油品质的检查	□是　□否
	（10）油底壳是否变形	□是　□否

任务实施	**一、机油压力的检测** 1. 拆卸（完成后，在对应"□"内打"√"）。 □起动发动机，使发动机达到正常温度。 □拆卸关联附件。 □拨出机油压力开关电气插头。 □将抹布放在机油压力开关下方，接住流出的机油。 □拆卸机油压力开关。 2. 检测（如无压力测试仪，可数据流读取，完成后在对应"□"内打"√"）。 □将机油压力测试仪代替机油压力开关拧入。 □将拧出的机油压力开关拧入机油压力测试仪中。 □起动发动机，检测机油压力可通过读取压力表数值读出，并记录在下表中。

任务名称			工作页 17　润滑系统的检修				
班级		姓名		学号		日期	

发动机转速 /（r/min）	规定压力 /MPa	实测压力 /MPa
怠速运转		
2000		
3800		

二、机油压力开关及线路检测

1. 机油压力开关检测。

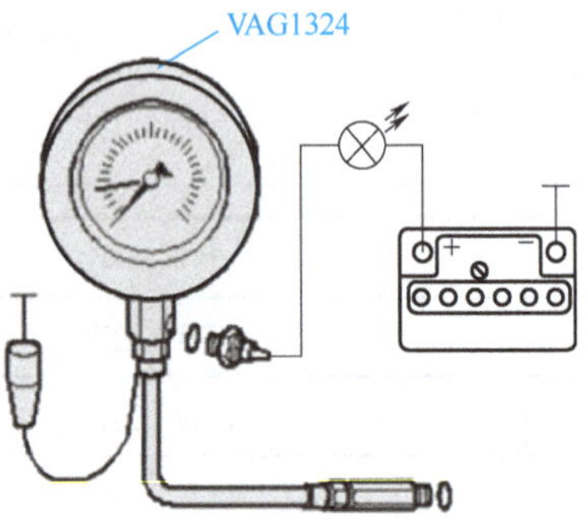

VAG1324

发动机状态	二极管正常状态	二极管正常实测状态
熄火	不亮	
起动（机油压力0.03～0.06MPa）	亮	

任务实施

　　把油压开关检测装置安装在机油压力开关位置，把机油压力开关安装在油压开关检测装置上，将测试仪搭铁，用辅助导线将电气测试笔连接至蓄电池正极，将检测结果记录在上表中。

2. 机油压力开关线路检测。

将测量结果记入下表中：

测量点	标准值 /mm	测量值 /mm

三、机油泵的拆装与检测

1. 拆卸和清洗（完成后，在对应"□"内打"√"）。

□释放机油。

□拆卸油底壳关联附件。

□拆卸油底壳。

□拆卸集滤器。

□拆卸机油泵固定螺栓。

□拆卸机油泵。

□拆卸机油泵后泵盖。

□拆卸限压阀弹簧。

□清洗各零部件。

任务名称			工作页 17　润滑系统的检修				
班级		姓名		学号		日期	

任务实施	2. 检测（完成后，在对应"□"内打"√"）。 □检查限压阀是否能依靠自身重量顺畅地滑入阀孔中：□是　□否 主、从动转子顶部的间隙检查　　　　　主、从动转子与泵盖接合面的间隙检查 从动转子与泵体的间隙检查　　　　　　限压阀的检查

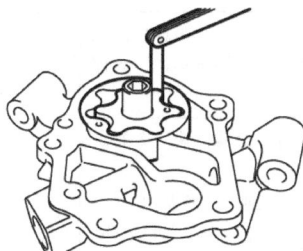

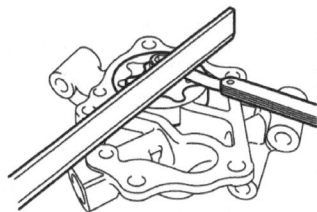

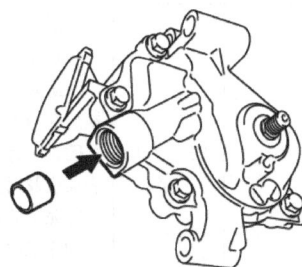

测量点	标准值 /mm	测量值 /mm
主、从动转子顶部的间隙		
主、从动转子与泵盖接合面的间隙		
从动转子与泵体的间隙		

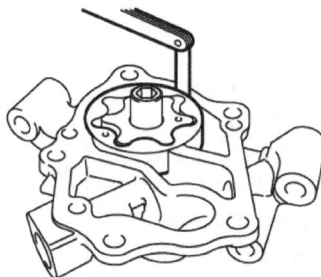

3. 安装（完成后，在对应"□"内打"√"）。
□安装限压阀。
□安装限压阀弹簧。
□安装内、外转子。
□安装机油泵后泵盖。
□安装机油泵至发动机。
□安装集滤器。
□安装油底壳。
四、检测结论

任务名称			工作页 17　润滑系统的检修					日期	
班级		姓名		学号					

		1. 评分细则							

<table>
<tr><td rowspan="8">检查评价</td><td>序号</td><td>评价项目</td><td>评价标准（每项累计扣分不超过配分）</td><td>配分</td><td>自评</td><td>互评</td><td>师评</td></tr>
<tr><td>1</td><td>安全文明否决</td><td>□造成人身、设备重大事故，或恶意顶撞教师、严重扰乱课堂秩序，立即终止实训，此评价表计 0 分</td><td></td><td></td><td></td><td></td></tr>
<tr><td>2</td><td>工作计划制定</td><td>□能正确列出需使用的工量具，缺一个要点扣 0.5 分
□能正确查阅维修手册，缺一个要点扣 1 分
□能正确列出操作计划，缺一个要点扣 1 分
□能正确列出操作注意事项，缺一个要点扣 1 分</td><td>10 分</td><td></td><td></td><td></td></tr>
<tr><td>3</td><td>安全文明生产</td><td>□能正确穿工作服、工作鞋，戴工作帽，缺一项扣 1 分
□工量具与零件摆放整齐，不混放，不随意摆放在地上，未达标每次每处扣 1 分
□油、水洒落在地面或零部件表面或车漆表面应及时清理，未达标每次扣 1 分
□完工后清理工量具，缺一个要点扣 1 分
□完工后清理实训场地，缺一个要点扣 1 分
□服从教师和班长的课堂要求，不出言不逊，违反每次扣 2 分</td><td>10 分</td><td></td><td></td><td></td></tr>
<tr><td>4</td><td>工具准备</td><td>□能准备好需要使用的工具，每少准备一件扣 1 分
□恰当选择工具进行检修，选错一次扣 2 分</td><td>5 分</td><td></td><td></td><td></td></tr>
<tr><td>5</td><td>维修手册使用</td><td>□能对照维修手册正确查找零件标准尺寸及检修要点，每查错一个数据或漏查一个要点扣 1 分</td><td>10 分</td><td></td><td></td><td></td></tr>
<tr><td>6</td><td>机油压力的检测</td><td>□检测前，没有起动发动机，没有使发动机达到正常工作温度，扣 2 分
□拆卸低压机油压力开关方法错误，扣 2 分
□不会使用机油压力测试仪，扣 2 分
□机油压力读数错误，扣 2 分
□使用诊断仪读取机油压力数据流，步骤每错一次扣 2 分
□不会使用诊断仪读取机油压力数据流，扣 5 分</td><td>20 分</td><td></td><td></td><td></td></tr>
<tr><td>7</td><td>机油压力开关及线路检测</td><td>□安装油压开关检测装置，每错一处扣 2 分
□连接油压开关检测装置辅助线，连接方法错误扣 2 分
□检测机油压力开关线路，测量方法每错一处扣 2 分
□测量结果判断错误，每错一次扣 2 分</td><td>15 分</td><td></td><td></td><td></td></tr>
</table>

任务名称			工作页 17 润滑系统的检修					
班级		姓名		学号			日期	

（续）

	序号	评价项目	评价标准（每项累计扣分不超过配分）	配分	自评	互评	师评
检查评价	8	机油泵的拆装与检测	□拆油底壳前，没有拆卸连接附件，扣2分 □拆卸油底壳，造成装配表面翘曲变形的扣5分 □拆油泵前，没有拆卸油泵连接附件，扣2分 □分解机油泵，方法每错一处扣2分 □没有清洗零件，直接测量扣3分 □检查限压阀的方法错误，扣2分 □测量机油泵各零件装配间隙，方法每错一次扣2分 □测量结果判断错误，每错一次扣2分	20分			
	9	工单记录	□维修记录字迹工整，潦草扣2分 □内容填写完整，缺一项扣1分 □检测结论错误，扣3分	5分			
	10	职业素养	□认真细致，精益求精，酌情赋分 □适应团队合作，酌情赋分	5分			
	11		合计	100分			

2.任务成绩（自我评价、组间互评、教师评价三者成绩加权得到，系数根据实际情况而定）

自我评价	组间互评	教师评价	任务成绩

反思改进	请根据任务完成情况，对自己及小组工作进行反思，提出改进意见或措施。
	_____ _____ _____

项目七

任务 7.4　润滑系统的常见故障

润滑系统的常见故障有：机油压力过高或过低、机油消耗量过多、油底壳液面自行升高和机油变质等。

1. 机油压力过高

（1）故障现象

发动机在正常温度和转速下，机油压力表的读数高于规定值。

（2）故障原因

引起机油压力过高的可能原因主要有以下几方面。

1）机油黏度过大，机油量过多。

2）限压阀调整不当或失效。

3）气缸体的油道堵塞，机油粗滤器的滤芯堵塞且旁通阀开启困难。

4）机油压力表或其传感器工作不良。

5）曲轴主轴承、连杆轴承或凸轮轴轴承的间隙过小（只出现在大修后的发动机）。

（3）故障诊断与排除

若发现机油压力过高，应停车熄火排除故障，否则容易冲裂机油滤清器盖或机油传感器。

1）首先检查机油液面高度，若液面高度正常，应检查机油黏度是否过大，限压阀是否调整不当（弹簧是否过硬）；对于刚大修过的发动机，应检查主轴承、连杆轴承或凸轮轴轴承是否间隙过小。

2）若机油压力突然增加，而未发现有其他异常现象，应检查机油压力传感器及导线是否因搭铁故障而导致机油压力表显示异常。

3）接通点火开关，机油泵即有压力指示，则说明机油压力表、传感器有故障。

2. 机油压力过低

（1）故障现象

发动机起动后，机油压力表的读数迅速下降至零左右或机油压力过低警告灯常亮；发动机在正常温度和转速下，机油压力表的读数始终低于规定值。

（2）故障原因

引起机油压力过低的可能原因主要有以下几方面。

1）机油量不足、机油黏度太低或机油中进入了汽油或水。

2）机油粗滤器堵塞，且旁通阀卡滞不能打开。

3）机油泵齿轮磨损、泵盖磨损或泵盖衬垫太厚，使供油压力过低；或机油泵壳体裂缝漏油，机油泵轴及连接键销断裂。

4）机油集滤器的滤网堵塞或集滤器脱落漏气。

5）内、外管路或堵塞处发生泄漏。

6）曲轴主轴承、连杆轴承或凸轮轴轴承间隙过大。

7）机油限压阀弹簧过软、调整不当、关闭不严或旁通阀弹簧折断、弹簧过软。

8）机油压力表或传感器连接导线短路或接触不良。

（3）故障诊断与排除

1）观察机油压力表或警告灯，当发现机油压力过低或为零时，应马上停车熄火，否则会很快发生烧瓦抱轴等机械事故。先拔出油标尺，检查油底壳内机油量及机油品质，如果油量不足，则应及时添加；如果机油中含水或燃油时，则应通过拆检，查出渗漏部位；如果机油黏度过小，则应更换合适牌号的机油。

2）如果机油量充足，再检查机油压力传感器的导线是否松脱，如果连接良好，当发动机在运转时，拧松机油压力传感器或主油道螺塞。如果机油从连接螺纹孔处喷出有力，则说明机油压力表或其传感器有故障。

3）如果机油喷出无力，则应立即熄火，检查集滤器、机油泵、限压阀、粗滤器滤芯是否堵塞且旁通阀是否无法打开，各进出油管、油道及油堵是否漏油。

4）若以上检查均正常，则应检查曲轴轴承、连杆轴承或凸轮轴轴承的间隙是否过大，间隙增大会直接影响机油压力。

3. 机油消耗量过多

（1）故障现象

车辆正常行驶，但每天检查机油时均发现机油消耗量过多，且机油消耗量逐渐增多（机油消耗量超过 0.1 ～ 0.5L/100km）；排气管冒蓝烟，而机油加注口不冒蓝烟；燃烧室积炭增多。

（2）故障原因

引起机油消耗量过多的可能原因主要有以下几方面。

1）活塞、活塞环与气缸壁之间的间隙过大。

2）活塞上的扭曲环方向装反。

3）活塞环抱死或其开口转到一起。

4）活塞环磨损过甚或弹力不足。

5）气门杆的油封损坏（尤其是进气门杆油封损坏）。

6）进气门导管磨损过甚。

7）曲轴箱通风不良。

8）正时齿轮室密封不良、曲轴后油封密封不良、凸轮轴后端油封漏油。

9）油底壳或气门室盖密封不良后漏油。

（3）故障诊断与排除

1）首先检查外部是否有漏油，应特别注意曲轴的前端和后端、凸轮轴后端的油封是否漏油。

2）若发动机气缸盖罩、气门室盖、油底壳衬垫和发动机的前、后油封等多处有机油渗漏，则应检查曲轴箱通风装置。清理曲轴箱管道，尤其是通风流量控制阀处的积炭和结胶。若通风受阻，则会引起曲轴箱压力升高，出现机油渗漏现象。

3）若排气管冒蓝烟，则为烧机油造成的。当发动机大负荷、高速运转时，排气管大量冒蓝烟，同时机油加注口（设置在下曲轴箱上）也向外冒蓝烟，则为活塞、活塞环与气缸壁磨损过度。活塞环的端隙、边隙或背隙过大；多个活塞环端隙口转到一起，扭曲环装反等会使机油窜入燃烧室。

4）若发动机在大负荷运转时，排气管冒蓝烟，但机油加注口无蓝烟，则为气门杆油封损坏，气门导管磨损过甚（尤其是进气门），使机油被吸入燃烧室。若短时间冒蓝烟后停止，而油底壳的机油未见减少，则是湿式空气滤清器内的机油液面过高所致。

5）对于采用气压制动的汽车，如果从贮气筒的放油螺塞处放出较多的机油，则是空气压缩机的活塞、活塞环与气缸壁磨损过甚。

4. 油底壳液面自行升高

（1）故障现象

不加机油，油底壳液面自行升高。

（2）故障原因

引起油底壳液面自行升高的可能原因主要有以下几方面。

1）气缸套阻水圈、气缸垫损坏。

2）气缸套破裂或有气孔。

3）混合气、燃油或废气窜入曲轴箱内。

4）柴油机采用强制润滑的喷油泵漏油。

（3）故障诊断与排除

1）检查机油中是否含有水分，如含有水分，则应检查气缸垫上的油孔与水道孔是否损坏，水套下部的密封圈是否失效，气缸套是否破裂。

2）如机油明显变稀，则说明有燃油或混合气进入曲轴箱，在曲轴箱凝结成液滴后流入油底壳和机油混在一起。应检查曲轴箱通风系统中通风流量控制阀及管路和各缸缸压，检查是否有活塞环漏气现象。

3）对于柴油机，还应检查喷油泵柱塞与柱塞套、输油泵柱塞与壳体是否配合不良，导致柴油渗漏。

5. 机油变质

（1）故障现象

将机油滴在白纸上或目测，发现机油呈现黑色，且用手指捻试无黏性，并有杂质感；机油液面高度增加，且呈浑浊的乳白色，伴有发动机过热或某个缸不工作的现象；机油变稀，高度增加，且有汽油味，并伴有混合气过稀现象。

（2）故障原因

机油变质主要是由高温氧化或混入冷却液、汽油机其他杂质所导致的，具体原因有以下几方面。

1）机油的使用时间过长，未定期更换，高温氧化而变质。

2）气缸活塞组漏气、曲轴箱通风不良，机油受燃烧废气的污染而变质。

3）燃烧炭渣、金属屑或其他杂质过多，落入油底壳使机油变质。

4）汽油压力调节器破裂，汽油漏入油底壳稀释机油。

5）气缸垫损坏、气缸体或气缸盖破裂，冷却液漏入油底壳使机油变为乳白色。

6）机油散热器不良、发动机过热，使机油温度超过 $70 \sim 80℃$，加速机油高温氧化。

（3）故障诊断与排除

1）根据机油的颜色和症状特征判断机油是否变质（经验法），也可利用机油清净性分析仪、机油黏度检测仪测定机油的黏度、颜色，并判断有无汽油、水分和其他杂质等。

2）根据机油变质后的症状，确定故障原因和故障部位。例如，机油呈浑浊乳白色且机油液面升高，则说明气缸内进水。若机油中掺有汽油，则说明汽油压力调节器破裂漏油。

3）检查机油是否使用时间过长，即未定期更换机油。

4）检查曲轴箱通风口是否冒烟及排气管是否排蓝烟，并检测缸压，判断气缸活塞组是否漏气窜油，导致机油污染变质。

【探索游戏】顺"瓜"摸"藤"找油路

不同厂家的发动机润滑油路不全相同，我们只要掌握寻找油路的方法，就能较好地寻找到发动机的润滑油路。

诀窍就是顺"瓜"摸"藤"。

如果将油路管道比作"藤"，那么油路上的各种部件就是"瓜"。

我们可以先找到"瓜"，再寻觅"瓜"与"瓜"之间的联系，就能将"瓜"串连起来，形成"藤"。这就是我们所说的顺"瓜"摸"藤"找油路。

那么油路上有哪些"瓜"呢？这就需要我们再次来复习发动机润滑系统的组成。

请扫描下方二维码，找出润滑油路中的"瓜"，一共有几个"瓜"？

润滑油路动画

项目八 燃油供给系统检修

- 学习空气供给系统、燃油供给系统、电子控制系统的结构及工作原理。
- 学习燃油供给系统的拆装与调试。
- 了解空气供给系统、燃油供给系统、电子控制系统的检测机数据处理。
- 熟悉空气供给系统、燃油供给系统、电子控制系统的常见故障。
- 学习燃油供给系统故障及案例分析。

汽油机燃油供给系统的基本功用是定量的向各气缸供给合适的可燃混合气，以保证其动力性、燃油经济性和排放性能。根据供油方式和控制原理的不同，可分为传统的化油器式汽油供给系统、缸外喷射的电控燃油喷射系统（EFI）和缸内喷射的直接喷射式燃油系统（GDI）。为了解决排气净化和燃油经济性两大难题，燃油喷射系统就这样应运而生。到 20 世纪末，化油器基本已被淘汰；EFI 是目前的通用形式；GDI 是发展趋势。

任务 8.1 燃油供给系统的整体认知

按照控制方式的不同，汽油机燃料喷射系统可分为三种类型：机械控制式、电子控制式和机电混合控制式。近十年来电子控制汽油喷射系统（简称"电喷系统"）得到了迅速而又充分的发展，成本大幅度的下降，而且使用的可靠性和可维修性都达到了相当高的水平。本章节主要对电控汽油机燃油供给系统进行分析、拆装与调试、检测以及故障排除。

汽油机燃油供给系统的功用是根据发动机的不同工况要求，配制出一定数量和浓度的、清洁的、雾化良好的可燃混合气，把这些可燃混合气供入气缸，保证发动机的正常运转，最后把燃烧后的废气排放到气缸外。汽油发动机电控燃油喷射系统虽然种类繁多，但组成和工作原理基本相同，它的组成主要由空气供给系统、燃油供给系统和电子控制系统三大部分组成。

空气供给系统的作用是向发动机提供与其负荷相适应的清洁的新鲜空气，同时测量和控制进入发动机气缸内的空气量，使它们在系统中与喷油器喷出的汽油形成空燃比符合要求的可燃混合气。空气供给系统的组成和工作流程如图 8-1 所示。

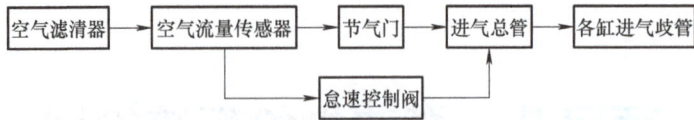

图 8-1 空气供给系统的组成和工作流程

燃油供给系统的功用是通过电动燃油泵向喷油器提供足够压力的汽油,喷油器根据来自电子控制单元(ECU)的控制信号,向进气歧管内部进气门上方喷射定量的汽油。燃油供给系统的组成和工作流程如图 8-2 所示。

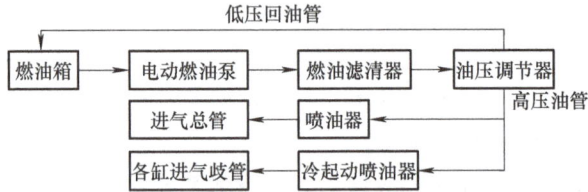

图 8-2 燃油供给系统的组成和工作流程

电子控制系统的主要作用是根据发动机和汽车不同的运行工作情况,对喷油时刻、喷油量以及点火时刻等进行确定和修正,检测各传感器的工作,并将其工作参数存储和输出。电子控制系统的工作流程图如图 8-3 所示。

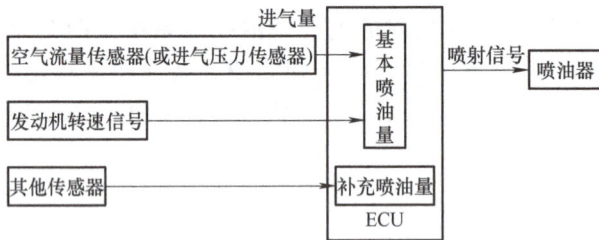

图 8-3 电子控制系统的工作流程图

传统汽油机燃油供给系统如图 8-4 所示,电控汽油机燃油供给系统如图 8-5 所示。

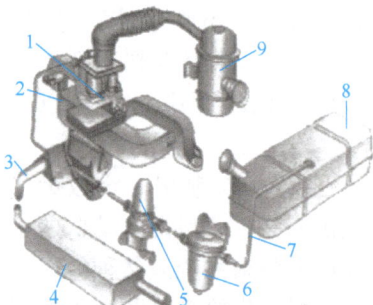

图 8-4 传统汽油机燃油供给系统

1—化油器 2—进气管 3—排气管 4—消声器
5—汽油泵 6—汽油滤清器 7—油管
8—汽油箱 9—空气滤清器

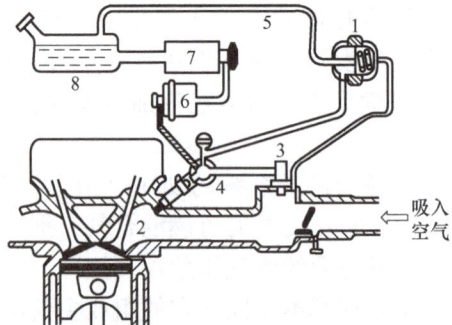

图 8-5 电控汽油机燃油供给系统

1—燃油压力调节器 2—各气缸进气歧管 3—冷起动喷油器
4—喷油器 5—回油管 6—燃油滤清器
7—电动汽油泵 8—汽油箱

空气供给系统除了空气滤清器、进气总管和进气歧管，还有电控汽油喷射系统特有的空气流量传感器、节气门体、节气门位置传感器、怠速控制阀和进气温度传感器等。空气供给系统的特点：电控燃油喷射发动机的进气道较长且设有动力腔，其目的是充分利用进气道内的气流惯性效应和空气效应，增大各种工况下的进气量，来提高发动机的动力性。

1. 空气供给系统的分类

空气供给系统按供气形式的不同分为：旁通供气式供气系统和直接供气式供气系统。

（1）旁通供气式供气系统

旁通供气式供气系统是设置有旁通供气道的空气供给系统，其结构如图 8-6a 所示。该系统主要由空气滤清器、空气流量传感器、进气软管、旁通空气道、怠速控制阀、进气歧管、动力腔、节气门位置传感器、进气温度传感器等组成。

（2）直接供气式供气系统

直接供气式供气系统的怠速转速是采用节气门直接控制的发动机控制系统，没有设置旁通空气道，其供气系统结构如图 8-6b 所示。该系统主要由空气滤清器、空气流量传感器、进气软管、进气歧管、动力腔、节气门位置传感器、进气温度传感器等组成。

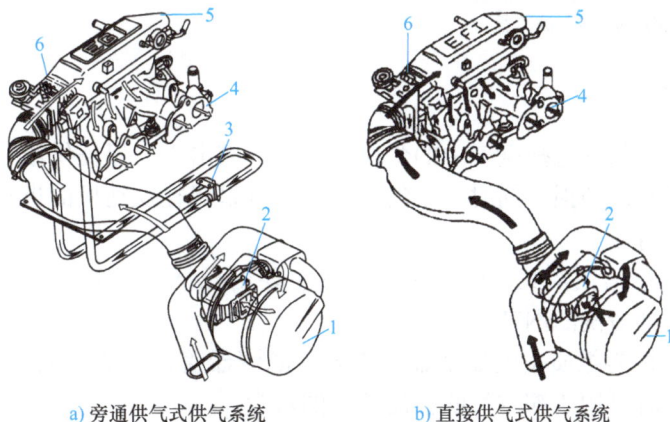

a) 旁通供气式供气系统　　　　b) 直接供气式供气系统

图 8-6　空气供给系统

1—空气滤清器　2—空气流量传感器　3—怠速控制阀　4—进气歧管　5—动力腔　6—节气门

按照空气流量传感器相对于节气门体位置的不同，可以分为 D 型和 L 型汽油喷射系统。

1）D 型（D 型叶特朗尼克）汽油喷射系统：D 型汽油喷射系统的空气流量传感器安装在节气门体之后，没有空气流量传感器，其进气系统的结构比较简单。

图 8-7 所示为丰田皇冠 3.0 轿车 2JZ-GE 型发动机空气供给系统的组成。在发动机工作时，经空气滤清器滤清后的空气，通过稳压箱和节气门体流入进气室（即进气总管），然后被分配到各缸进气歧管再进入气缸。流入进气室的空气量取决于节气门体内的节气门开度和发动机的转速。设置容量较大的稳压箱，可以防止进气波动，同时也可以减少各缸进气的相互干扰。怠速控制阀、进气温度传感器、进气歧管绝对压力传感器、节气门位置

传感器均安装在进气系统中。在该车进气系统中，还装有谐波进气增压控制系统。

2）L型（L型叶特朗尼克）汽油喷射系统：L型汽油喷射系统采用空气流量传感器直接测量进气量，空气流量传感器布置在节气门体之前。

图8-8所示为日本丰田雷克萨斯LS400轿车1UZ-FE型发动机空气供给系统的组成。与2JZ-GE型发动机相比，1UZ-FE型发动机的空气供给系统中增设了空气流量传感器，而取消了进气管绝对压力传感器和稳压箱；此外，1UZ-FE型发动机没有谐波进气增压系统，其他采用D型汽油喷射系统的发动机可选择性安装此系统。

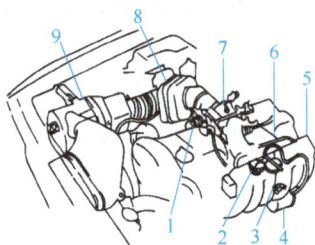

图8-7 丰田皇冠3.0轿车2JZ-GE型发动机
空气供给系统的组成

1—急速控制阀　2—真空驱动器　3—电磁真空阀　4—真空罐
5—进气室　6—进气控制阀　7—节气门体
8—稳压箱　9—空气滤清器

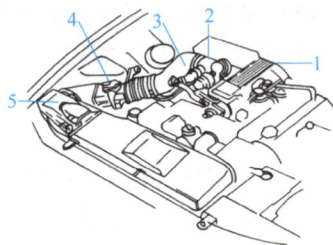

图8-8 丰田雷克萨斯LS400轿车1UZ-FE型发动机
空气供给系统的组成

1—进气室　2—节气门体　3—进气连接管
4—空气流量传感器　5—空气滤清器

2. 空气滤清器

空气滤清器的功用就是把空气中的尘埃等杂质分离出来，保证供给气缸足够量的清洁空气，以减轻发动机的磨损。同时，空气滤清器也可以减轻发动机的进气噪声。它分为两种：湿式和干式滤清器。

湿式滤清器又称为油浴式空气滤清器，它主要由壳体、壳盖、滤网芯和机油池等组成，维护时可用溶剂清洗滤网芯。

干式滤清器又称为纸质空气滤清器，主要由滤清器盖、衬垫、纸质滤芯、壳体底座、支架等组成，维护时可用压缩空气吹去滤芯上的灰尘。

目前汽车发动机上采用较多的是干式滤清器，其结构如图8-9所示。滤芯是用树脂处理的微孔滤纸制成，滤芯呈波折状，具有较大的过滤面积。为确保滤芯上、下两端的密封，在滤芯两端装有塑料密封圈。在发动机工作时，空气由滤清器盖与外壳之间的空隙进入，经过纸质滤芯滤清后，经进气连接管流向气缸。

在一些轿车发动机装用的空气滤清器内，装有温控装置对进气温度进行自动调节，以便在发动机的温度较低时，提高进气温度，改善混合气形成条件，降低排放污染。该装置被称为热空气供给装置，其工作原理如图8-10所示。当进气的温度低于30℃时，温控开关接通进气歧管到真空驱动装置的真空通道，随着真空驱动装置中的膜片被吸起，带动进气转换阀打开热空气入口，关闭冷空气通道，发动机吸入的空气为排气管周围的热空气；随着进气温度的提高，进气转换阀逐渐关闭热空气入口，逐渐打开冷空气入口，直到进气温度上升到30℃以上，进气转换阀完全关闭热空气通道，并完全打开冷空气通道，此时发动机吸入的空气为大气中的冷空气。

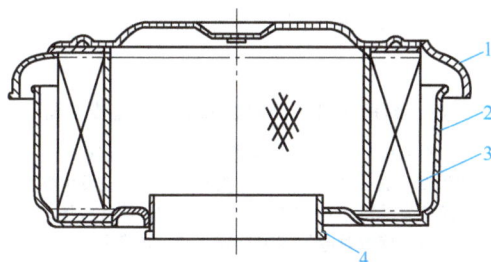

图 8-9 干式滤清器的结构

1—滤清器盖 2—外壳 3—滤芯 4—进气连接管

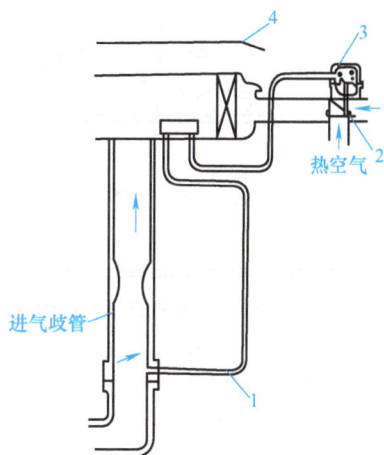

图 8-10 热空气供给装置的工作原理图

1—真空软管 2—进气转换阀 3—真空驱动装置
4—空气滤清器盖

3. 空气流量传感器

空气流量传感器是用来测量发动机进气量的装置。它的功用是用来测量进入发动机的进气量，并将测量的结果转换为电信号传输给 ECU，作为决定喷油量的主控信号。根据测量原理的不同，空气流量传感器可分为三种形式：翼片式（又称叶片式，已基本淘汰）、卡门涡旋式、热式空气流量传感器。

卡门涡旋式空气流量传感器在进气道的正中间设有一个锥形的涡流发生器，故又称卡尔曼涡流式空气流量传感器。这种空气流量传感器具有体积小、重量轻、结构简单、进气阻力小等优点。当空气流过卡门涡旋式空气流量传感器的发生器时，便会在发生器的后部形成有规律的涡旋（即卡门涡旋）。该涡旋的频率与空气的流速成正比，与发生器的直径成反比，这样测出的卡门涡旋频率就可以感知到空气流量的大小。而根据检测方式的不同又可分为两种：反光镜检测方式（也称光学式）和超声波检测方式（也称超声波式）卡门涡旋式空气流量传感器，如图 8-11、图 8-12 所示。例如，丰田雷克萨斯 LS400 轿车就是采用光学式卡门涡旋式空气流量传感器。

涡旋式空气流量传感器的响应速度在以上各种空气流量传感器中是最快的，它几乎能同步反映出空气流速的变化；此外，它还有测量精度高、进气阻力小、没有磨损等优点，但缺点是成本较高，体积较大。

4. 节气门体

节气门体的主要功用是通过改变节气门开度的大小来改变进气通道的横截面积，从而改变发动机的进气量，控制发动机的运转工作。

节气门体位于空气流量传感器之后的进气管上，主要包括节气门、怠速旁通气道、怠速调整螺钉以及节气门位置传感器等。当电控燃油喷射发动机在怠速运转时，一般节气门完全关闭，因此专门设置有怠速旁通气道用以供给发动机怠速时所需的空气。怠速旁通气道由 ECU 通过怠速控制阀来实现控制。

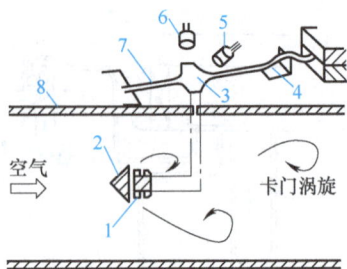

图 8-11　光学式卡门涡旋式空气流量传感器

1—导压孔　2—涡旋发生器　3—反光镜　4—板簧
5—光电晶体管　6—发光二极管　7—压力感应板
8—进气歧管

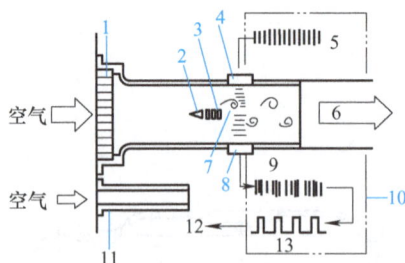

图 8-12　超声波式卡门涡旋式空气流量传感器

1—整流栅　2—涡旋发生器　3—涡流稳定板
4—信号发生器（超声波发射探头）　5—超声波发生器
6—通往发动机　7—卡门涡旋　8—超声波接收器
9—与涡旋数对应的疏密声波　10—转换电路
11—旁通通路　12—通往 ECU　13—整形成矩形波（脉冲）

图 8-13 所示为 D 型汽油喷射系统的节气门体。节气门位置传感器安装在节气门轴上，用来检测节气门的开度。ECU 通过怠速控制阀来控制怠速空气道，以便根据需要来调节发动机怠速时的进气量，而节气门限位螺钉则是用来调节节气门的最小开度。在发动机工作时，冷却液通过加热水管流经节气门体，用来防止寒冷季节空气中的水分在节气门体上冻结。

注意：装有节气门限位螺钉的汽车，在使用中一般不允许调整节气门限位螺钉，除了怠速控制阀发生了故障而又无法及时修复，则可通过调整节气门最小开度来保持发动机怠速运转，且在故障排除后，应将节气门限位螺钉调回原位。

在采用 L 型汽油喷射系统的节气门体上，如图 8-14 所示，将空气流量传感器与节气门体组合成一体。

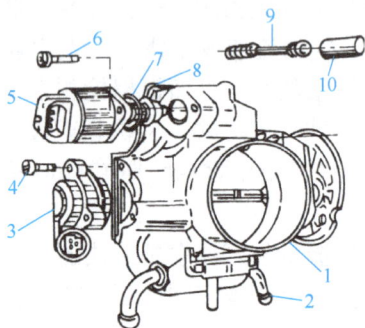

图 8-13　D 型汽油喷射系统的节气门体

1—节气门体　2—加热水管　3—节气门位置传感器
4—螺钉　5—怠速控制阀　6—紧固螺钉　7—密封圈
8—节气门体衬垫　9—节气门限位螺钉　10—螺钉孔护套

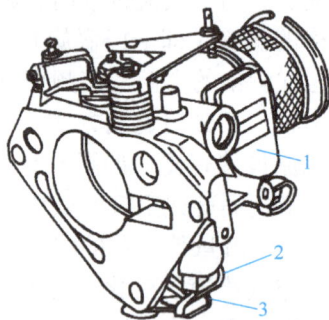

图 8-14　L 型汽油喷射系统的节气门体

1—空气流量传感器　2—怠速控制阀　3—节气门位置传感器

在单点燃油喷射系统中，喷油器和燃油压力调节器等同样也安装在节气门体上，但其结构比多点燃油喷射系统的节气门体较复杂。图 8-15 所示为单点燃油喷射系统的节气门体。真空管接头和通活性炭罐管接头用于燃油蒸发排放控制系统。

燃油喷射系统中的辅助空气阀有两种：双金属片式和石蜡式辅助空气阀，如图 8-16、

图 8-17 所示。双金属片式辅助空气阀利用绕在双金属片上的加热线圈和发动机机体温度来控制旁通空气道的面积，因此它一般不安装在节气门体上，而是安装在容易感受发动机机体温度的位置。而石蜡式辅助空气阀是根据发动机冷却液温度来控制辅助空气通道截面积的。

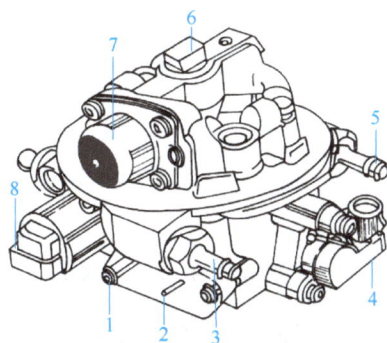

辅助空气阀的功用是在发动机低温起动和运转过程中，增加流经旁通空气道中的空气量，使发动机能够快速怠速运转，缩短暖机时间；在发动机达到正常温度的过程中，逐渐减小旁通空气通道中的空气量，直到完全关闭旁通空气通道。

图 8-15　单点燃油喷射系统的节气门体

1—通活性炭罐管接头　2—真空管接头
3—回油管接头　4—节气门位置传感器
5—进油管接头　6—喷油器
7—燃油压力调节器　8—怠速控制阀

5. 节气门位置传感器

节气门位置传感器的功用是将节气门的开度信号转换成电压信号输送到 ECU，以便在节气门处于不同开度状态下控制喷油器的喷油量。节气门位置传感器有两种类型：线性式、开关式，如图 8-18、图 8-19 所示。

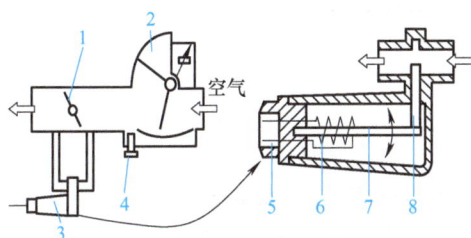

图 8-16　双金属片式辅助空气阀

1—节气门　2—空气流量传感器　3—双金属片式辅助空气阀
4—怠速调整螺钉　5—插头　6—加热线圈
7—双金属片　8—旁通阀门

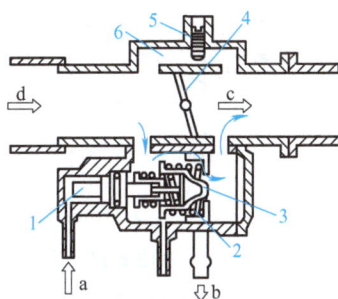

图 8-17　石蜡式辅助空气阀

a—冷却液进口　b—冷却液出口　c—至进气歧管
d—来自空气滤清器　1—蜡盒　2—弹簧　3—阀门
4—节气门　5—怠速调整螺钉　6—怠速旁通气道

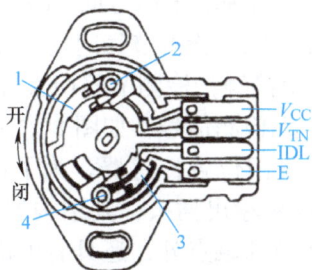

a) 结构

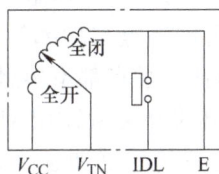

b) 等效电路

图 8-18　线性式节气门位置传感器

1、3—电阻器　2—检测节气门开度用的电刷触点　4—检测节气门全闭用的电刷触点
V_{CC}—电源　V_{TN}—节气门开度输出信号　IDL—怠速触点　E—地线

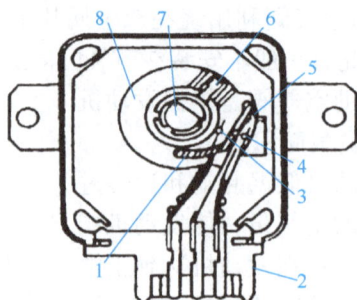

图 8-19　开关式节气门位置传感器

1—导向凸轮臂　2—连接装置　3、4—怠速触点　5—可动触点　6—控制杆　7—节气门轴　8—导向凸轮

1）线性式节气门位置传感器是一种高灵敏度的电位器，它表示了节气门开度的输出电压与节气门开度呈线性关系，如图 8-20 所示。

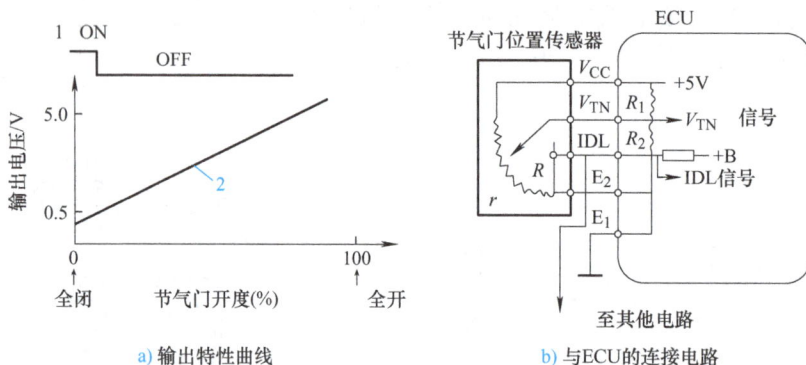

a）输出特性曲线　　　　b）与 ECU 的连接电路

图 8-20　线性式节气门位置传感器的输出特性及接线电路

V_{CC}—电源　V_{TN}—节气门开度输出信号　IDL—怠速触点　E_1、E_2—地线　1—怠速触点信号　2—节气门开度信号

随着节气门开度的增大，节气门位置传感器输出电压线性也同样增大。而另一电刷触点在节气门关闭（怠速）时与怠速触点（IDL）接触，IDL 信号主要给发动机的 ECU 提供怠速信号，用于紧急怠速断油控制和点火提前角的提前修正。

2）开关式节气门位置传感器仅以开和关两种输出信号向 ECU 传递节气门位置信息。当节气门全关闭时，可动触点与怠速触点相接触，检测节气门的全关闭状态；当节气门开度达到 50% 以上时，可动触点与功率触点相接触，检测节气门大开度状态；当节气门中间开度时，可动触点与任一触点都不接触，无检测信号，如图 8-21 所示为其输出特性图。

3）带 A_{CC} 信号输出的开关量输出型节气门位置传感器。为了检测发动机加速状态，一些发动机在节气门位置传感器加了 A_{CC} 信号输出插头，其结构如图 8-22 所示。这种传感器除了检测怠速状态的怠速触点和检测大负荷触点外，还具有可检测出加速状态的 A_{CC1} 和 A_{CC2} 输出信号的触点。当发动机处于加速状态时，加速触点与印制电路板上的加速线路、A_{CC1} 和 A_{CC2} 输出信号的触点交替闭合/断开，同时也减速检测触点闭合。根据这些信号，ECU 能够判定发动机处于急加速状态。若发动机处于减速状态时，加速触点仍与印制电路板上的加速电路 A_{CC1} 和 A_{CC2} 输出信号的触点交替闭合/断开，此时加减速检测触点断开，此时 ECU 会判定发动机处于减速状态。

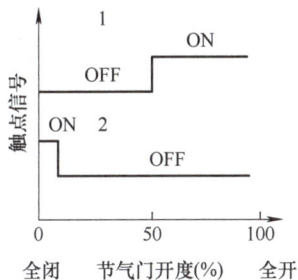

图 8-21 开关式节气门位置传感器输出特性

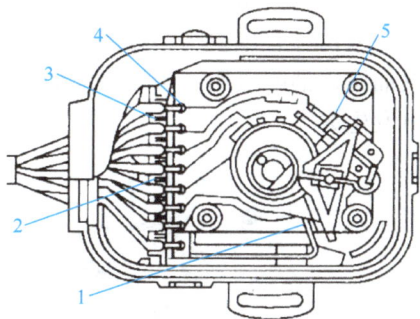

图 8-22 带 A_{CC} 信号输出的开关量输出型节气门
位置传感器

1—怠速触点 2—大负荷触点 3—A_{CC1} 输出信号
4—A_{CC2} 输出信号 5—加减速检测触点

子任务 8.1.2 燃油供给系统的认知

汽油喷射系统中的燃油供给系统主要由汽油箱、电动汽油泵、汽油滤清器、燃油分配管、回油管、汽油压力调节器等组成，如图 8-23 所示。

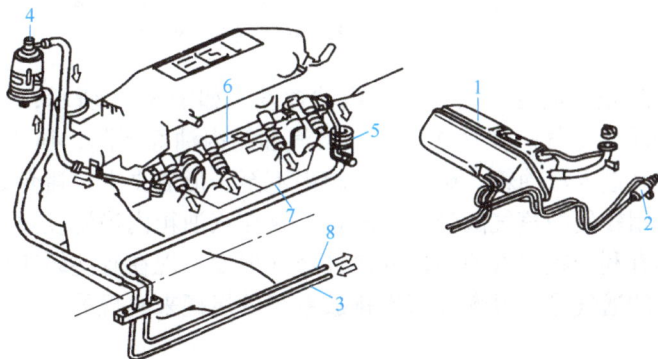

图 8-23 燃油供给系统

1—汽油箱 2—电动汽油泵 3—进油管 4—汽油滤清器 5—汽油压力调节器 6—燃油分配管 7—喷油器 8—回油管

发动机工作时，电动汽油泵把汽油从汽油箱中泵送出去，经汽油滤清器除去杂质和水分后，流入燃油分配管，然后分送到各个喷油器和冷起动喷油器。燃油分配管上装配有燃油压力调节器，对燃油压力进行调整，多余的燃油经燃油压力调节器流回汽油箱。有些发动机在燃油输送通道中还装有燃油压力振荡阻尼器，用以削减燃油的振荡现象。

1. 汽油箱

汽油箱的功用是储存汽油，其容量、数目、形状及安装位置与车型和发动机排量有关。汽油箱的容量应使汽车的续驶里程达 200 ～ 600km。

图 8-24 所示为汽油箱结构示意图，传统的汽油箱采用薄钢板冲压焊接制成，目前轿

车的汽油箱多数采用耐油硬塑料制成。在汽油箱上还装有油面指示表传感器、出油开关和放油螺塞等，汽油箱内通常还装有挡油板，为的是减轻汽车行驶时汽油的振荡，而在汽油箱盖上一般设计有重力阀、通风阀。重力阀的作用是依靠其自重，在正常情况下允许空气进入汽油箱以消除负压，当车辆倾斜45°或翻车时，重力阀将自动关闭通风口，以防止汽油漏出发生火灾。

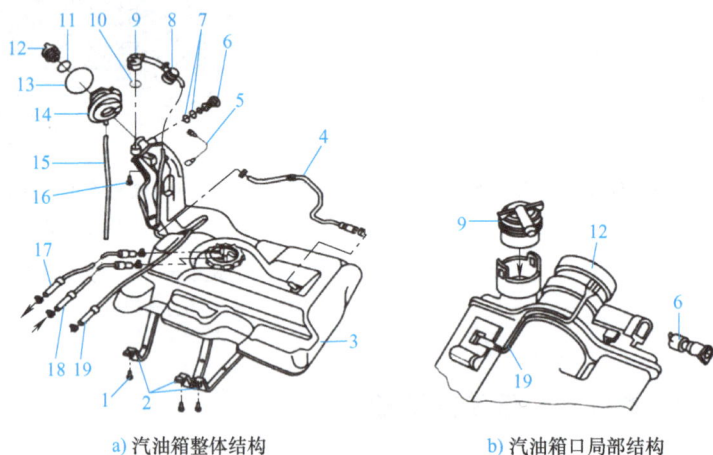

a) 汽油箱整体结构   b) 汽油箱口局部结构

图 8-24 汽油箱结构示意图

1、16—螺栓 2—紧固箍带 3—汽油箱 4—通风管 5—接地线 6—通风阀 7、10—O 形密封圈 8—汽油箱保护阀
9—重力阀 11—油封 12—加油口盖 13—张紧环 14—橡胶件
15—溢流软管 17—供油管 18—回油管 19—通气管

汽油箱盖用以防止汽油的溅出及减少汽油挥发。如图 8-25 所示，它由空气阀 3 和蒸气阀 1 组成。用较弱的空气阀弹簧 2 压住，当汽油箱内油面下降，压力低于某一数值时，空气阀打开，使空气进入汽油箱，确保汽油箱内不至于形成真空，避免因受到外空气压力差的作用而损坏。用较硬的蒸气阀弹簧 4 压住，仅在汽油箱内当温度过高、压力超过规定值时才开起，这样有利于减少汽油箱内的汽油蒸气挥发。现在有些轿车的汽油箱盖采用不可开启式，汽油箱的通气是通过燃油蒸发排放系统的炭罐来实现的。

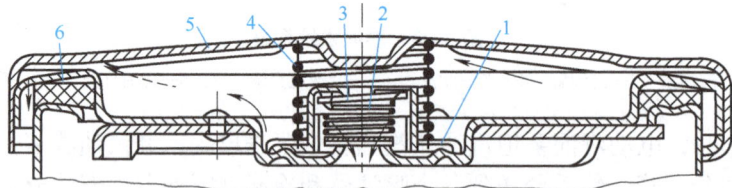

图 8-25 带有空气阀和蒸气阀的汽油箱盖

1—蒸气阀 2—空气阀弹簧 3—空气阀 4—蒸气阀弹簧 5—汽油箱盖 6—密封垫圈

2. 电动汽油泵

电动汽油泵的功用是将汽油从汽油箱吸出，加压后供给燃油系统足够的汽油，最后经喷油器喷出。汽油喷射系统的燃油压力一般为 0.2 ～ 0.45MPa。

根据电动汽油泵的安装位置其可分为两种：外装泵和内装泵。外装泵是将汽油泵安装在汽油箱之外的输油管路中，内装泵则是将汽油泵安装在汽油箱内。与外装泵相比，内装泵不易产生气阻和泄漏，且噪声小，目前绝大多数轿车采用内装泵。

（1）内装泵

内装泵主要分涡轮泵和侧槽泵两种。

1）涡轮泵。涡轮泵主要由电动机、涡轮泵、单向阀、限压阀、滤网等组成，如图 8-26 所示。涡轮泵大都采用翼片式的，故也叫翼片式电动汽油泵。燃油先经滤网过滤，由叶轮泵送流经电动机打开单向阀输入油管中。

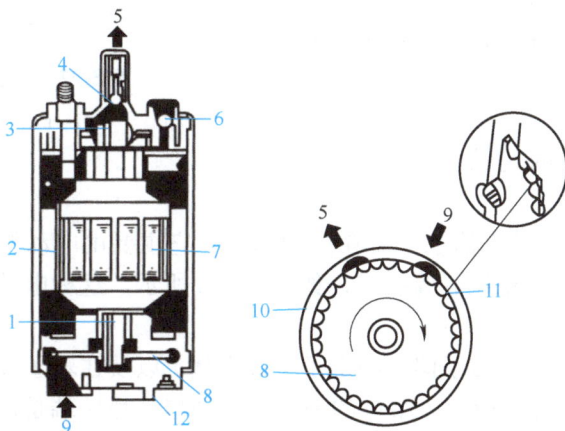

图 8-26 涡轮泵

1—前轴承　2—电动机定子　3—后轴承　4—出油单向阀　5—出油口　6—限压阀
7—电动机转子　8—叶轮　9—进油口　10—泵体　11—叶片沟槽　12—泵盖

涡轮泵的叶轮安装在汽油泵电动机的转子轴上，叶轮由电动机驱动，在离心力作用下，叶片贴紧泵体，将燃油经窄小缝隙由进油室驱至出油室从而加压。燃油在流经电动机输出的过程中，起到了冷却电动机的作用。

汽油泵的单向阀可防止燃油倒流，使管路保持残余压力，便于发动机下次起动。当发动机熄火时，汽油泵刚刚停止泵送燃油时，单向阀便立即关闭，以保持汽油泵与调压器之间的燃油具有一定的压力，即管路内具有一定的残余压力。

通常，燃油遇到高温会产生汽化，从而引起燃油泵和喷油器的工作性能下降，造成发动机热起动困难。在汽油泵上设置单向阀的目的是使发动机熄火后保证油管中仍保持一定压力，减少气阻现象，使发动机高温起动容易。

当汽油泵的输出油压达到 400kPa 时，限压阀开启，高压汽油回流至进油室，汽油在汽油泵和电动机内部循环，以防止输油压力过高而损坏电动汽油泵。

涡轮泵具有有泵油量大、泵油压力较高（可达 600kPa）、供油压力稳定、运转噪声小、使用寿命长等优点，所以应用广泛。

2）侧槽泵。侧槽泵与涡轮泵的结构不同，但是它们的工作原理相似，即通过油液分子之间的动能转换使汽油升压。两者的主要区别在与叶轮形状、叶轮数目以及输油管的形状与配置。侧槽泵结构如图 8-27 所示，主要由凸缘盘和叶轮组成。叶轮包括正对着边槽的叶片环和可使汽油从导流槽穿过叶轮流向其背面的轮辐。

侧槽泵的主要优点是能在汽油和油蒸气的混合物中正常运转，并能通过适当的放气口分离或提升压力，使油蒸气冷凝，防止发生气阻。

电动汽油泵中的油泵和电动机都是浸在汽油中。在泵油过程中，汽油不断穿过油泵和电动机，油泵本身及电动机中的线圈、电刷、轴承等部位都靠汽油来润滑和冷却。因此，要绝对禁止在无油的情况下运转电动汽油泵，避免烧坏电动汽油泵。

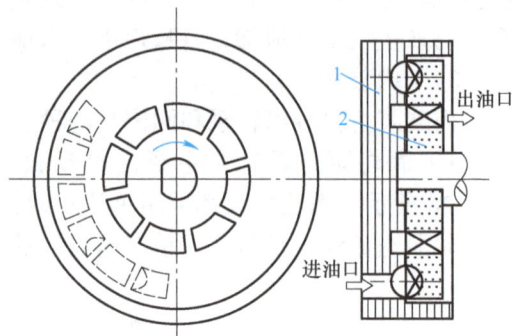

图 8-27　侧槽泵的部分结构

1—凸缘盘　2—叶轮

（2）外装泵

外装泵主要采用的是滚柱泵和齿轮泵两种。

1）滚柱泵。这种电动汽油泵安装在汽油箱外，它主要由电动机、滚柱泵、出油单向阀、限压阀、滤网和阻尼稳压器等组成，如图 8-28a 所示。这种电动汽油泵可以安装在输油管中的任何位置。

滚柱泵主要由转子、与转子偏心的定子（即泵体）以及在转子和定子之间起密封作用的滚柱等组成，如图 8-28b 所示。泵体的一端是进油口，另一端是出油口。进油口一侧的滚柱泵由泵体中间的直流电动机驱动。电动机转动时带动转子转动，在离心力的作用下，转子槽内的滚柱紧靠在偏心设计的泵体内壁上。滚柱随转子一同旋转时泵腔容积发生变换，进油口处容积越来越大，出口处容积越来越小，使汽油经过入口的滤网被吸入油泵，加压后经过电动机周围的空间从出油口泵出。油泵出油口处设置有一个单向阀，在油泵不工作时阻止汽油倒流回汽油箱。若因汽油滤清器堵塞等原因使油泵出油口一侧油压上升，与油泵一体的限压阀被顶开，使部分燃油回到进油口一侧，以防止电动汽油泵输出油压过高。

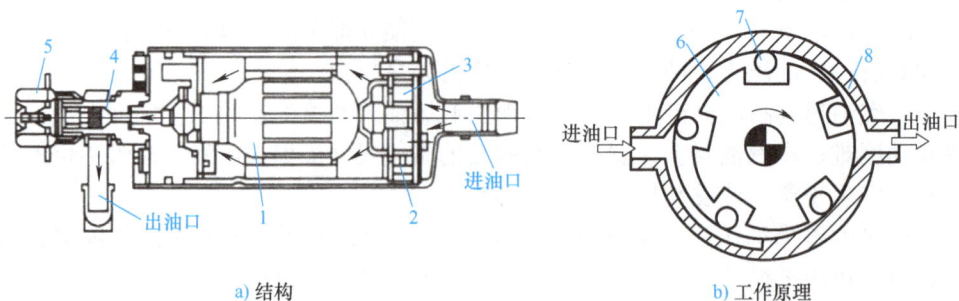

a) 结构　　　　　　　　　　　b) 工作原理

图 8-28　滚柱泵

1—电动机　2—限压阀　3—滚柱泵　4—单向阀　5—阻尼稳压器　6—转子　7—滚柱　8—定子（泵体）

2）齿轮泵。齿轮泵与滚柱泵的工作原理相似。它主要由带外齿的主动齿轮、带内齿的从动齿轮和泵套组成，如图 8-29 所示，后者与主动齿轮是偏心布置。主动齿轮被汽油泵电动机拖动旋转，由于齿轮啮合，则带动从动齿轮一起旋转。在从动齿轮和主动齿轮内外啮合的过程中，由内、外齿轮围成的腔室将发生容积变化，这样，若合理地设置进、出油口的位置，即可利用这种容积的变化将燃油以一定的压力泵出。

齿轮泵与滚柱泵相比，在相同的外形尺寸下，泵油腔室的数目较多，因此齿轮泵输油的流量和压力波动都比较均匀。

3. 汽油滤清器

由汽油泵从汽油箱中泵出的汽油送给喷油器之前，需经汽油滤清器过滤，除去其中的杂质和水分，防止汽油系统堵塞，减少部件的磨损，确保发动机稳定工作，提高其可靠性。汽油滤清器通常安装在汽油泵之后的高压油路中。

汽油滤清器应具有过滤效率高、寿命长、压力损失小、耐压性能好、体积小、质量轻等特点。汽油滤清器主要由壳体和滤芯等组成，如图 8-30 所示，滤芯一般由滤纸制造，可滤去直径 0.01mm 以上的杂质。

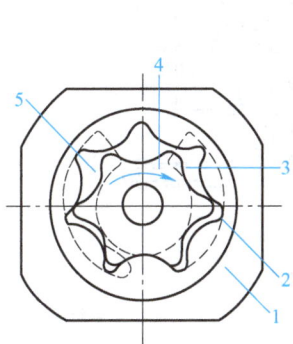

图 8-29　齿轮泵的工作原理

1—壳体　2—从动齿轮　3—出油腔
4—主动齿轮　5—进油腔

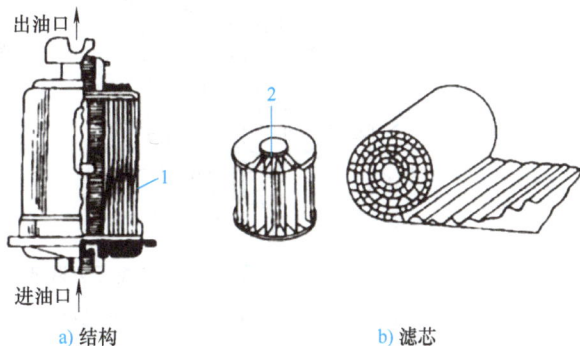

图 8-30　汽油滤清器

1—滤芯　2—菊花形

目前电动发动机均采用一次性使用、不可拆式纸质滤芯汽油滤清器，一般每行驶 7500 ～ 30000km 整体更换一次，具体因车型和使用环境而定。更换汽油滤清器时，应首先释放汽油系统的压力，并注意汽油滤清器壳体上的箭头表示燃油的流动方向，不要装反。

4. 汽油压力调节器

汽油压力调节器一般安装在燃油总管的末端，如图 8-31 所示，现在一些新款轿车中将汽油泵安装在出油口处。其作用是根据进气歧管内绝对压力的变化来调节系统油压（燃油总管油压），保持喷油器喷油绝对压力的恒定，使喷油器的燃油喷射量只取决于喷油器的开启时间，系统油压一般在 250 ～ 300kPa 之间。

汽油压力调节器的结构如图 8-32 所示，它有金属壳体，其内部由橡胶膜片分成两个室，即弹簧室和燃油室，弹簧室内有一个带预紧力的螺旋弹簧，它作用在膜片上。在膜片上安装一个阀，控制回油。另外，还通过一根通气管与进气歧管相连，这样燃油系统的压力就取决于进气歧管内的绝对压力。

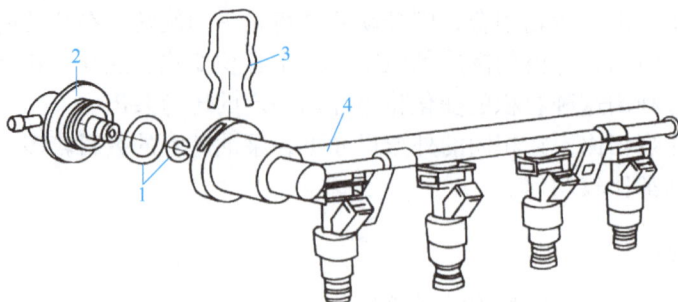

图 8-31　汽油压力调节器安装位置示意图

1—O 形密封圈　2—汽油压力调节器　3—卡箍　4—燃油分配管

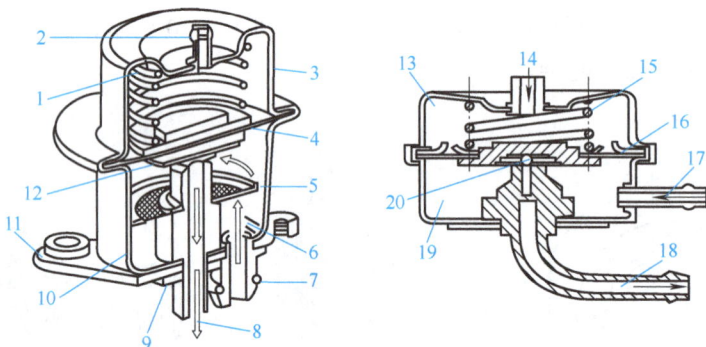

图 8-32　汽油压力调节器的结构示意图

1、15—螺旋弹簧　2—进气管接头　3—上壳体　4、16—膜片　5—滤清器　6—汽油箱供油　7—O 形密封圈　8—回流油口
9—垫片　10—下壳体　11—固定板　12—气门和气门座总成　13—弹簧室　14—进气真空室
17—自输油管　18—至汽油箱　19—燃油室　20—阀门

当系统油压超过规定值时，汽油压力则会克服弹簧压力，将膜片向下移动，迫使阀门打开，与回油通道接通，在系统压力降低时，就会回到规定值。

如果进气歧管的真空度变大，而为了保持燃油导轨内部与进气歧管内部的压力差恒定，就必须降低系统油压。把进气歧管的真空度引入弹簧室，减少膜片上螺旋弹簧的作用力，减少阀门打开时的压力，使系统油压下降到规定值。反之亦然。

当电动汽油泵停止工作时，在膜片和螺旋弹簧力的作用下使阀门关闭，保持油路中的残余压力。

子任务 8.1.3　电子控制系统的认知

电子控制系统的功用主要是由 ECU 根据空气流量信号和发动机转速信号确定基本的喷油量（喷油器开启的时间），再根据安装在发动机各个部位的其他传感器（如冷却液温度传感器、进气温度传感器、曲轴位置传感器、节气门位置传感器等）检测发动机的运行状况，对喷油量进行修正，并按最后确定的总喷油量向喷油器发出指令，使喷油器喷油（通电）或断油（断电），以获得最佳空燃比；此外还根据转速、进气量、冷却液温度等传感器输送来的信号，决定最佳点火提前角；还可以检测传感器的故障，并将故障内容存储和输出，同时使仪表板上的故障警告灯点亮。电子控制系统主要由 ECU、各种传感器和执行元件三部分组成，如图 8-33 所示。

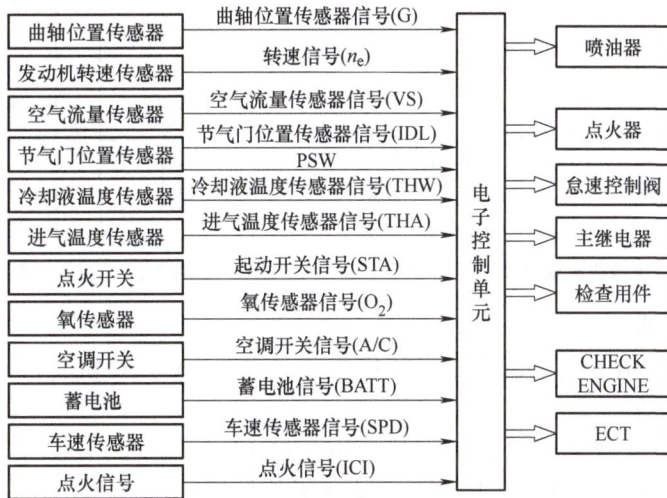

图 8-33　发动机电子控制系统示意图

1. 电子控制单元（ECU）

图 8-34 所示为发动机的管理核心 ECU。ECU 或称微机控制器，其功用是根据内存的程序和数据对空气流量传感器及各种传感器输入的信息进行运算、处理、判断，然后确定适应发动机工况的参数，并将这些数据转变为电信号控制各种执行元件动作，使发动机处于最佳运行状态。它主要由输入回路、A/D 转换器、微机控制器（简称为微机）和输出回路等组成。

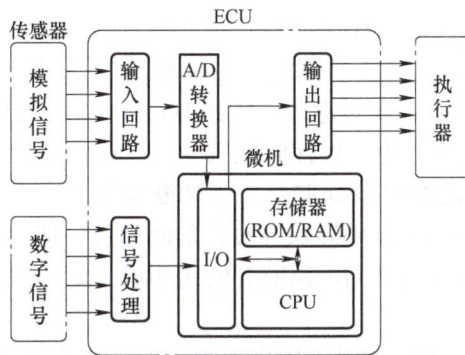

图 8-34　ECU 的组成

（1）输入回路

输入回路是把传感器传来的信号进行预处理。传感器输出的信号有两种：一种是模拟信号，如水温传感器的输出信号；另一种是数字信号，如发动机转速传感器的输出信号，如图 8-35 所示。

传感器输入的信号不同，处理方法也不同，一般是先将输入信号滤除杂波并将正弦波转变为矩形波后，再转换成输入电平，输送给微机，其功用如图 8-36 所示。

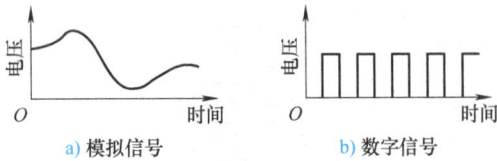

图 8-35　传感器的信号类型

a) 模拟信号　　b) 数字信号

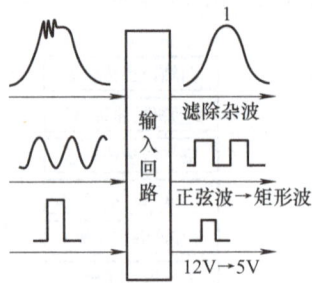

图 8-36　输入回路的功用

（2）A/D 转换器

A/D 转换器的功用就是将模拟信号转换为数字信号后输入微机进行处理。

（3）微机控制器

微机控制器是控制系统的中枢，其功用是根据工作需要，利用其内存程序和数据对各种传感器输送来的信号进行运算处理，并将处理结果（如燃油喷射信号、点火信号等）输送到输出回路。它主要由中央处理器（CPU）、存储器、输入 / 输出接口（I/O）、总线等组成，如图 8-37 所示。

1）中央处理器（CPU）。中央处理器（CPU）是整个控制系统的核心，其主要由进行算术运算和逻辑运算的运算器、暂时存储数据的寄存器、按照程序在各装置之间完成信号输送的控制器等组成，它的功用是读出命令和数据并处理任务。

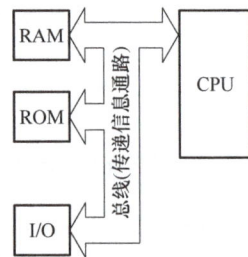

图 8-37　微机控制器的基本组成

2）存储器。存储器具有记忆程序和数据的功能，它分为只读存储器（ROM）和随机存储器（RAM）两种形式。

ROM 主要用于存放永久性的程序和不变的常数，如存储发动机控制程序、点火脉谱和喷油脉谱的特性曲线及特性参数等预定的控制参数，即使断电，其记忆内容也不会消除。存储的内容一般由制造商一次性存入，使用时不能更改，但可以随时调出使用。

RAM 是用来暂时存储信息的，如存储微机输入、输出和计算过程中产生的中间数据等，存储的信息可随时或被新的数据取代。当切断电源时，存储在 RAM 中的信息将丢失。为了使故障码等信息在 RAM 中能保存较长的时间，一般用不受点火开关控制的专用电路给 RAM 提供电源，但是当专用电路断开时（如拆开蓄电池电缆），存储在 RAM 中的信息仍会丢失。

3）输入 / 输出接口（I/O）。输入 / 输出接口（I/O）是微机与外界进行信息交流的纽带。输入 / 输出接口（I/O）进行信息的接收和发送，以及与外界进行的数据交换，因此输入 / 输出接口（I/O）是协调 CPU 与传感器和执行器之间数据交换的控制电路。

输入 / 输出接口（I/O）具有数据缓冲、电平匹配、时序匹配等多种功能。

4）总线。总线是一束传递信息的内部连线，中央处理器（CPU）、存储器、输入 / 输出接口（I/O）之间的信息交换通过总线进行。总线按传递信息的类别分为数据总线、地址总线与控制总线。

把 CPU、一定容量的存储器（ROM/RAM）和输入／输出接口（I/O）集成在一个芯片上，就是所谓的单片机，目前在发动机电子控制系统中的微机基本上都是单片机。

（4）输出回路

微机输出的数字信号电压很弱，这些信号一般不能直接驱动执行元件工作。作为微机与执行元件之间连接桥梁的输出回路，其主要功用就是将微机输出的数字信号转换为可以驱动执行元件的输出信号。

输出回路一般采用大功率晶体管，根据微机的指令通过导通或截止来控制执行元件的搭铁回路。

2. 传感器

传感器是通过检测发动机的运行状态，并将发动机各种工况下的性能参数换成电信号向 ECU 输送的装置。不同发动机的控制系统，其控制功能和控制输入信息不同，所需传感器的种类也不完全相同。除了前面所述的空气流量传感器、节气门位置传感器，还有进气温度传感器、进气管绝对压力传感器、冷却液温度传感器、发动机转速与曲轴位置传感器、氧传感器、爆燃传感器等。

（1）进气温度传感器

除了装用热线式空气流量传感器的电控燃油系统，其他电控燃油喷射系统都不能直接测量发动机的实际进气质量，进气温度传感器的功用是给 ECU 提供进气温度信号，作为燃油喷射和点火正时控制的修正信号。在装有热线式空气流量传感器的电控燃油喷射系统中，有些也装有进气温度传感器。

在 D 型汽油喷射系统中，进气温度传感器一般安装在空气滤清器内或进气总管内。在 L 型汽油喷射系统中，进气温度传感器一般安装在空气流量传感器内。进气温度传感器的结构如图 8-38 所示，传感器壳体内装有一个具有负温度系数的热敏电阻器（进气温度升高，热敏电阻器的电阻逐渐减小），外部用环氧树脂密封。当进气温度发生变化时，热敏电阻器的电阻随之也发生变化。

图 8-39 所示为进气温度传感器电路图，在 ECU 中有一个标准电阻与传感器的热敏电阻器串联，并由 ECU 提供标准电压，E_2 端子通过 E_1 端子搭铁。当热敏电阻器的电阻随进气温度变化时，ECU 通过 THA 端子测得的分压值也随之变化，ECU 根据此分压值判断进气温度的高低。

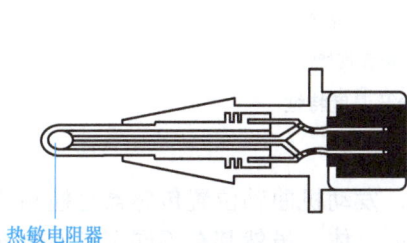

图 8-38　进气温度传感器的结构

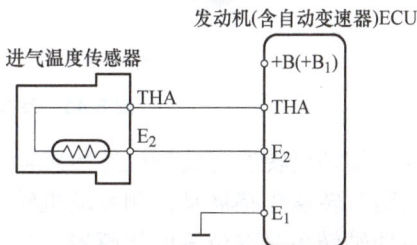

图 8-39　进气温度传感器电路

在使用中，拆开进气温度传感器线束插接器，检查两个端子之间是否断路，若断路应更换该传感器。将拆下的进气温度传感器放入水中进行冷却或加热，检查其特性应符合标准要求，否则应更换该传感器。进气温度传感器特性见表8-1。

表 8-1 进气温度传感器特性

温度 /℃	-20	0	20	40	60	80
电阻 /kΩ	10～20	4～7	2～3	0.9～1.3	0.4～0.7	0.2～0.4

（2）进气管绝对压力传感器

进气管绝对压力传感器电路如图8-40所示，ECU通过V_{CC}端子给传感器提供标准5V电压，传感器信号经PIM端子输送给ECU，E_2为搭铁端子。

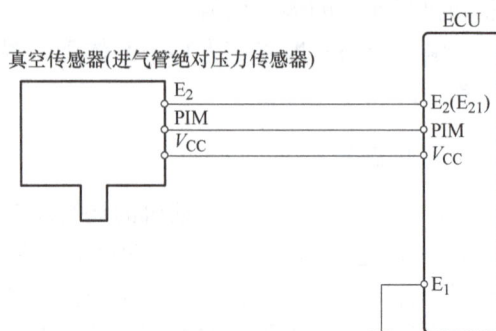

（3）冷却液温度传感器

冷却液温度传感器安装在发动机缸体或缸盖的水套出口处，与冷却液接触，用来检测发动机的冷却液温度。冷却液温度传感器的内部是一个半导体热敏电阻器，如图8-41a所示。

图 8-40 进气管绝对压力传感器电路

它具有负温度电阻系数。冷却液温度越低，电阻越高；反之，冷却液温度越高，电阻越低，如图8-41b所示。

冷却液温度传感器给ECU提供发动机冷却液温度信号，作为燃油喷射和点火正时控制的修正信号。冷却液温度传感器信号也是其他控制系统（如EGR等）的重要参考信号。

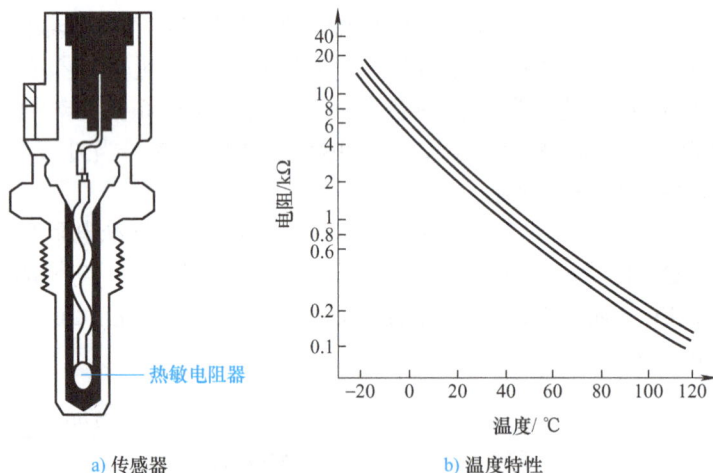

a) 传感器   b) 温度特性

图 8-41 冷却液温度传感器及温度特性

（4）发动机转速与曲轴位置传感器

发动机转速传感器是检测发动机转速的传感器，发动机曲轴位置传感器是检测活塞上止点及曲轴转角基准位置的传感器，通常将二者制成一体。虽然其在不同车型中所安装的位置不同，但都必须安装在与曲轴有精确传动关系的位置处，如可安装在曲轴前端、飞轮、凸轮轴前端、分电器内等位置。发动机转速传感器给ECU提供发动机转速信号，作为燃油喷射控制和点火控制的主控制信号；发动机曲轴位置传感器给ECU提供曲轴转角基准位置（1 缸压缩上止点）信号，是控制点火时刻、点火提前角和喷射时刻的重要信号源。

发动机转速与曲轴位置传感器按类型分主要有三种：磁脉冲式、霍尔式和光电式。其中，磁脉冲式的应用最为广泛。

1）磁脉冲式。磁脉冲式发动机转速与曲轴位置传感器由电磁感应式传感器和脉冲盘等组成，其安装位置可在曲轴前端的带轮上，或曲轴后端的飞轮处，也可安装在分电器内，如图 8-42 所示。电磁脉冲式传感器安装在气缸体一侧靠近飞轮处，用来检测发动机转速和曲轴转角，脉冲盘安装在曲轴后端，位于飞轮与曲轴之间。脉冲盘在圆周上等分地布置着 60 个转子齿轮，其中空缺 2 个转子齿轮，供发动机 ECU 识别曲轴位置。作为点火正时的参照基准，发动机运转时，脉冲盘上的转子齿轮每通过传感器一次，便在传感器内的感应线

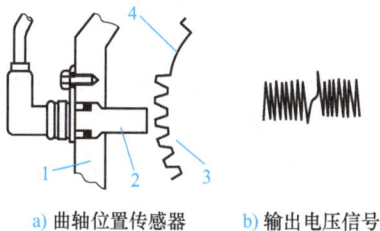

a) 曲轴位置传感器　　b) 输出电压信号

图 8-42　电磁脉冲式传感器

1—发动机机体　2—传感器磁头
3—脉冲盘　4—空缺两齿轮

圈中感应出一个交变电压信号，而在缺齿轮处产生一个畸变的交变电压信号，如图 8-42b 所示。发动机 ECU 根据这些交变电压信号和畸变的电压信号计算出发动机转速和曲轴位置。

磁脉冲式发动机转速与曲轴位置传感器是利用电磁感应原理产生脉冲信号的。发动机工作时，转子随分电器一起转动，当转子上的凸齿轮与感应线圈靠近时，其间的空气间隙发生变化，引起通过线圈的磁通随之发生变化，便会在线圈两端产生感应电压，ECU 即根据感应线圈产生的脉冲信号确定各缸工作位置和发动机转速。

2）霍尔式。霍尔式传感器主要由触发叶轮、霍尔集成电路、导磁钢片（磁轭）和永久磁铁等组成，如图 8-43 所示。触发叶轮安装在转子轴上，叶轮上制有叶片。霍尔集成电路由霍尔元件、放大电路、稳压电路、温度补偿电路、信号变换电路和输出电路等组成。

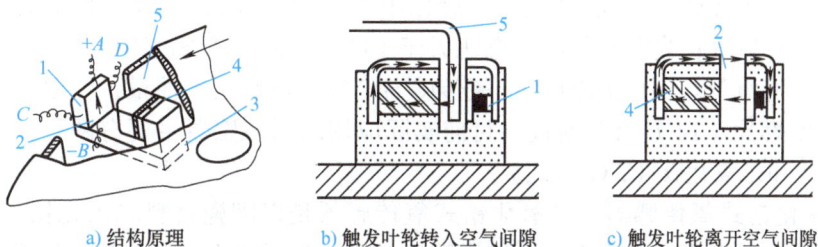

a) 结构原理　　　b) 触发叶轮转入空气间隙　　　c) 触发叶轮离开空气间隙

图 8-43　霍尔式发动机转速与曲轴位置传感器

1—霍尔集成电路　2—空气间隙　3—陶瓷支座　4—永久磁铁　5—触发叶轮

霍尔式发动机转速与曲轴位置传感器是利用霍尔效应产生发动机转速信号和曲轴位置信号的，如图 8-43a 所示。霍尔集成电路固定在陶瓷支座上，ECU 由 AB 端提供电源给霍尔集成电路，该片对面装有一个永久磁铁，二者之间有一定的空气间隙，传感器转子上有触发叶轮，旋转触发叶轮经过空气间隙（霍尔集成电路与永久磁铁之间）时，霍

尔集成电路中的磁场被触发叶轮所旁路，如图 8-43b 所示，这时霍尔电压为 0V，即 CD 端不产生霍尔电压；当触发叶轮离开空气间隙时，永久磁铁的磁通便穿过霍尔集成电路，如图 8-43c 所示，此时产生霍尔电压，由 CD 端输出。产生的霍尔电压经放大后输送给 ECU。ECU 根据霍尔电压产生的时刻确定曲轴位置，根据霍尔电压产生的次数确定发动机转速和曲轴转角。

3）光电式。光电式发动机转速与曲轴位置传感器主要由发光二极管、光电晶体管、信号盘和放大电路等组成，如图 8-44 所示。它的安装位置在分电器内或直接安装于凸轮轴轴端。发光二极管和光电晶体管位置相对，分别位于信号盘的两侧，而信号盘则随分电器或凸轮轴转动。信号盘上制有一定数量的透光孔（信号盘边缘分别刻有 360 条光隙缝，产生曲轴转角 1° 的信号；稍靠内有间隔 60° 均布的 6 个透光孔，产生曲轴转角 120° 的信号，其中一个透光孔较宽，用以产生 1 缸上止点信号），随凸轮轴一同转动，经放大电路放大后输送给 ECU；当信号盘挡住发光二极管的光线时，光电晶体管截止，控制电路输出低电平（0V）。转子内、外两圈的透光孔数量不等，分别用以产生 G 信号和 n_e 信号。

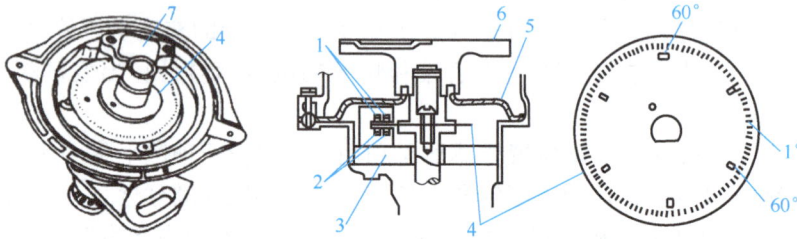

图 8-44　光电式发动机转速与曲轴位置传感器

1—发光二极管　2—光电晶体管　3—分电器底板　4—信号盘　5—防尘罩　6—分火头　7—信号发生器

（5）氧传感器

氧传感器一般安装在排气管上，是电控燃油喷射系统进行反馈控制的传感器。它的功用是用来检测排气中氧气的含量，以确定实际空燃比是比理论空燃比的浓稀程度，并将相应的电信号反馈给 ECU。当混合气的空燃比小于 14.7∶1 时，燃烧过程中氧气被全部耗尽，排气中没有氧气；当混合气的空燃比大于 14.7∶1 时，燃烧过程中氧气未能被全部耗尽，排气中含有氧气。因此 ECU 根据氧传感器信号反馈修正喷油量，使混合气的空燃比维持在理论空燃比（14.7∶1）附近。目前实际应用的氧传感器主要有两种类型：二氧化锆（ZrO_2）式和二氧化钛（TiO_2）式。

1）二氧化锆式氧传感器。二氧化锆式氧传感器是以陶瓷材料二氧化锆作敏感元件，在二氧化锆内、外表面都覆盖着一层铂金箔作电极。为了防止铂金箔被废气腐蚀，在铂金箔外覆盖一层多孔的陶瓷层，并且还加上一个开有槽口的防护套。氧传感器的接线端有一个金属护套，其上开有一个小孔，使二氧化锆式氧传感器的内侧通空气，外侧裸露在尾气中，如图 8-45a 所示。

当传感器内侧空气的含氧量与外侧不同时，在二氧化锆内、外侧的电极间就产生一个电压。当混合气浓度稀时，排气中氧含量高，传感器元件内、外侧氧浓度差别小，二氧化锆元件产生的电压低（接近于 0V）；当混合气浓度高时，排气中氧含量较低，二氧化锆元件内、外侧氧浓度差别大，内、外侧电极间产生高压（约为 1V）。因此，氧传感器发出的信号间接地反映出混合气的空燃比更接近于理论空燃比。在理论空燃比附近，二氧化锆式氧传感器输出的电压信号有一突变，如图 8-45b 所示。

由于只有当温度在 400℃ 以上时，氧气才发生电离，故二氧化锆式氧传感器只能在 400℃ 以上的高温时才能正常工作，为了保证发动机在进气量小、气温低时也能正常工作，目前二氧化锆式氧传感器内大都装有加热器，称为加热型二氧化锆式氧传感器，如图 8-45c 所示，加热器受发动机 ECU 的控制。

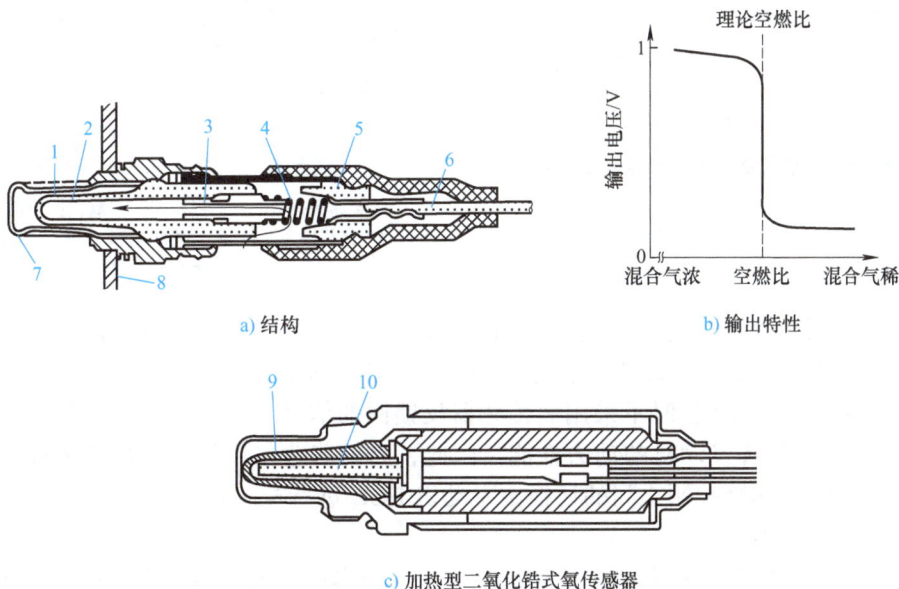

a) 结构

b) 输出特性

c) 加热型二氧化锆式氧传感器

图 8-45　二氧化锆式氧传感器及其输出特性

1—废气　2、9—锆管　3—电极　4—弹簧　5—线头支架（绝缘）
6—导线　7—排气管　8—导入排气孔罩　10—加热管

2）二氧化钛式氧传感器。二氧化钛式氧传感器通过二氧化钛材料与氧气接触发生氧化还原反应，使晶格结构发生变化而引起电阻变化的原理制成的，其电阻变化与输出电压变化的关系如图 8-46 所示。由于二氧化钛的电阻变化还将受到温度的影响，因此要将二氧化钛式氧传感器在 300～400℃ 的排气温度环境中使用，必须对其进行温度补偿，即加装加热器，以便此种氧传感器检测特性比较稳定。同时二氧化钛式氧传感器表面一旦缺氧，其晶格便出现缺陷，电阻也会随之减小，因此它也是一种电阻型氧传感器。

如图 8-47 所示为二氧化钛式氧传感器的结构，主要由两个二氧化钛元件、导线、金属外壳和接线端子等组成。其中一个二氧化钛元件具有多孔性，用来检测排气中含氧量；另一个则是实心的，被加热器用作调节温度，补偿温度的误差。传感器的外端是用具有孔槽的金属管制成的保护管，可以让废气进出，又可以避免内部的二氧化钛元件受到外物的撞击，接线端用橡胶作为密封材料，以防止外界空气渗入。

氧传感器通常与三元催化转换器一同使用。三元催化转换器安装在排气管中段，它能同时净化排气中 CO、HC 和 NO_x 三种主要的有害气体，但是只有在混合气的空燃比处于接近理论空燃比的有限范围内，三元催化转换器才能起到有效的净化作用。因此应用氧传感器进行反馈控制的同时，也保证了三元催化转换器的排气净化效果，这可以解决功率、油耗和排气污染三者之间的矛盾。

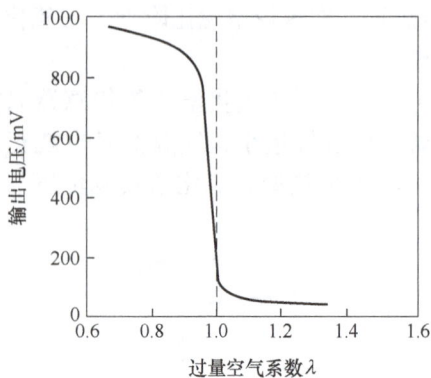

图 8-46 二氧化钛式氧传感器输出特性

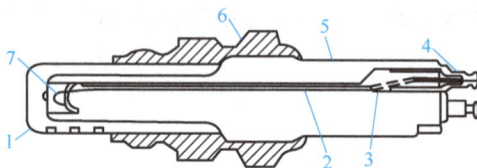

图 8-47 二氧化钛式氧传感器

1—金属保护管 2—导线 3—二氧化钛陶瓷元件
4—接线端子 5—陶瓷绝缘材料 6—金属外壳
7—二氧化钛元件

在氧传感器信号反馈控制的闭环控制中，能使实际混合气的空燃比接近理论空燃比。但对于特殊工况，如起动、暖机、怠速、加速、满负荷等需加浓混合气的情况，仍需要开环控制（即发动机 ECU 暂时不采用氧传感器反馈回的信号，而是按实际运行工况进行喷油控制），以充分发挥发动机的动力性能。因此，目前普遍采用的是开环和闭环相结合的控制方式，开环和闭环控制之间的切换由发动机 ECU 进行控制。

（6）爆燃传感器

爆燃传感器的安装位置大多在发动机缸体上，把爆燃时的机械振动转换成电压信号输送给 ECU，作为爆燃控制的信号，以保证在任何工况下的点火提前角都处于接近发生爆燃的最佳角度。爆燃传感器有电两种类型：电感式和压电式。

1）电感式。如图 8-48 所示，电感式爆燃传感器主要由铁心、永久磁铁、线圈及壳体等组成。电感式爆燃传感器是利用了电磁感应原理来检测发动机的爆燃。线圈的磁通当发动机发生爆燃时因铁心受振动而发生了变化，从而产生感应电动势。而当电感式爆燃传感器的固有振动频率与发动机爆燃时的振动频率（7kHz 左右）相同时，电感式爆燃传感器输出的信号电压则最大。

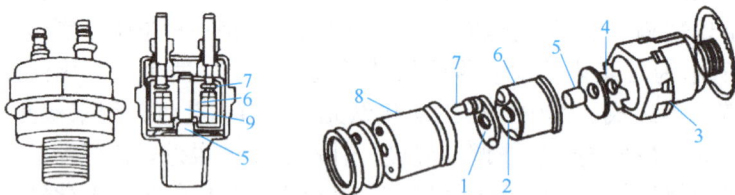

图 8-48 电感式爆燃传感器

1—绝缘体 2—磁致伸缩测力 3—壳体 4—弹簧 5—永久磁铁 6—线圈 7—端子 8—软磁套 9—铁心

2）压电式。压电式爆燃传感器是利用了电磁感应原理来检测发动机的爆燃。与其他压电式传感器一样，需要配合一定的电压放大器或电荷放大器，这样才能将信号放大，并将高阻抗输入变换为低阻抗输出。压电式爆燃传感器按其结构不同又可分三种类型：共振型、非共振型和火花塞座金属垫型，如图 8-49 所示。

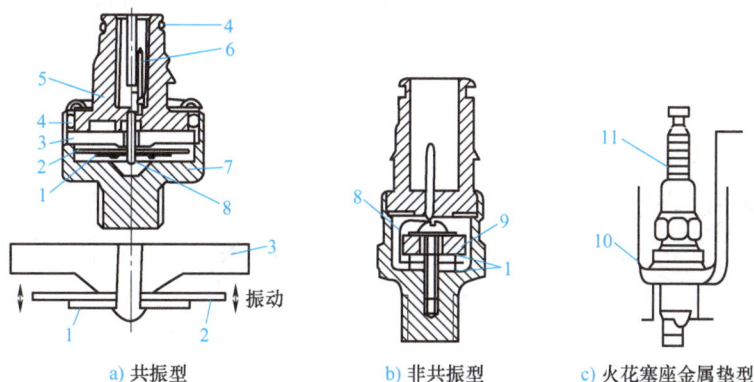

a) 共振型   b) 非共振型   c) 火花塞座金属垫型

图 8-49 压电式爆燃传感器

1—压电元件 2—振子 3—基座 4—O 形密封圈 5—连接器 6—接头
7—壳体 8—引线 9—配重块 10—爆燃传感器 11—火花塞

如图 8-49a 所示，压电式共振型爆燃传感器主要由压电元件、振子、基座、壳体等组成。其输出的信号与电感式爆燃传感器相似。由于共振型爆燃传感器振子的固有频率与发动机爆燃时的振动频率一致，所以必须与发动机配套使用，且通用性差。但当爆燃发生时，振子与发动机共振，压电元件输出的信号电压会明显增大，易于测量。

如图 8-49b 所示，压电式非共振型爆燃传感器与共振型爆燃传感器相比，非共振型爆燃传感器内部没有振荡片，但设置了一个配重块，配重块是以一定的预应力压紧在压电元件上。压电式非共振型爆燃传感器是以接收加速度信号的形式来检测爆燃的。当发动机发生爆燃时，配重块以正比于振动加速度的交变力施加在压电元件上，而压电元件则将此压力信号转变成电信号输送给 ECU。压电式非共振型爆燃传感器输出的信号电压，在爆燃时与无爆燃时没有明显增加，因此判断爆燃是否发生是靠滤波器输出信号中有无爆燃频率来判别的，爆燃信号的检测比较复杂。但此种传感器通用性强，只需调整滤波器的频率范围，就能适用于不同的发动机。

如图 8-49c 所示为压电式火花塞座金属垫型爆燃传感器的安装位置，此种爆燃传感器是将压电元件安装在火花塞的垫圈处，每个气缸安装一个，根据各气缸的燃烧压力直接检测各气缸的爆燃信息，并将其转换成电信号输送给 ECU。

（7）车速传感器（SPD）

车速传感器是用来检测汽车的行驶速度，给 ECU 提供车速信号（SPD 信号），用于巡航定速控制和发动机怠速、加速、减速控制。在汽车集中控制系统中，也是自动变速器的主要控制信号。

车速传感器通常安装在组合仪表内或变速器输出轴上。车速传感器有两种类型：舌簧开关型和光电耦合型。

1）舌簧开关型车速传感器。如图 8-50a 所示，舌簧开关型车速传感器主要由一个真空或充入惰性气体的玻璃管组成，内装有两个触点，舌簧开关附近有一个永久磁铁。车速表软轴驱动永久磁铁旋转，每转一圈，磁铁的极性变换 4 次，从而使开关触点闭合或断开 4 次，ECU 根据触点开闭的频率即可确定车速。

如图 8-50b 所示，ECU 给车速传感器提供 12V 标准电压并进行监控，舌簧开关控制搭铁，当舌簧开关闭合使电路接通时，传感器便产生一个脉冲信号输送给 ECU。

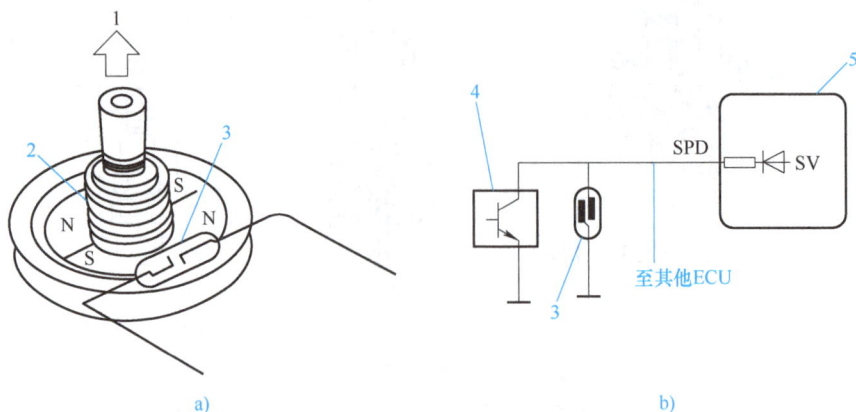

图 8-50　舌簧开关型车速传感器

1—与转速表软轴连接　2—永久磁铁　3—舌簧开关　4—组合仪表 ECU　5—ECU

2）光电耦合型。如图 8-51 所示，光电耦合型车速传感器主要由带切槽的转子和光电耦合器等组成。带切槽的转子由转速表的软轴驱动，当其转动时，盘齿间断地遮挡发光二极管光源，使光电晶体管的输出电压发生变化。转速表的软轴转动一圈，输出 20 个脉冲电压信号，经分频后变成 4 个脉冲电压信号，将其发送给发动机 ECU 以确定汽车的行驶速度。

（8）开关信号

在发动机控制系统中，ECU 还必须根据一些开关的信号确定发动机或其他系统的工作状态，常用的开关信号有：点火开关（STA）、空调开关（A/C）、档位开关、动力转向开关、制动灯开关、巡航控制开关等。

随着控制系统功能的扩展，输入信号也将不断增加，控制系统所用传感器及信号开关的数量必将有所增加，这对 ECU 的性能需求也越来越高。

3．执行元件

（1）喷油器

喷油器是电控汽油喷射系统中一个重要的执行元件，在 ECU 的控制下，将汽油适时、准确地呈雾状喷入进气歧管或气缸内。它安装在进气歧管上，如图 8-52 所示，上方连接燃油管路，下方连

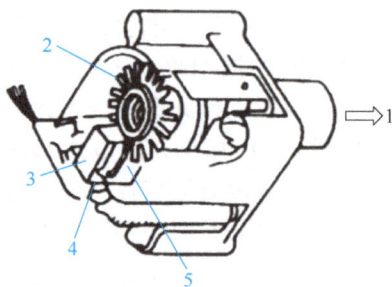

图 8-51　光电耦合型车速传感器

1—至转速表软轴　2—带切槽的转子
3—发光二极管　4—光电耦合器
5—光电晶体管

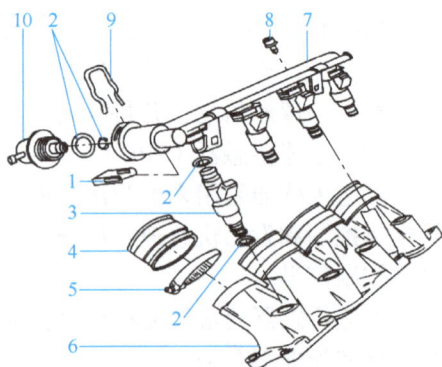

图 8-52　喷油器的安装位置

1—固定夹　2—O 形密封圈　3—喷油器
4—中间法兰　5—卡箍　6—进气管下体
7—燃油分配管　8—螺栓　9—固定夹
10—汽油压力调节器

接进气歧管，将汽油最终喷射在进气门前方。当进气门打开时，空气将雾化后的汽油带入燃烧室，进行混合燃烧。

喷油器的分类包括以下几方面。

1）按照安装位置不同分类，喷油器可分为：多点喷射喷油器（MPI）和单点喷射喷油器（SPI）。

2）按照喷口的形状不同分类，喷油器可分为：单喷口式、双喷口式和多喷口式。

3）按照作用不同分类，喷油器可分为：热起动喷油器和冷起动喷油器。

4）按照电阻不同分类，喷油器可分为：低电阻喷油器和高电阻喷油器。低电阻喷油器是指喷油器电磁线圈的电阻为 $2 \sim 5\Omega$ 的喷油器，高电阻喷油器是指喷油器电磁线圈电阻在 $10 \sim 17\Omega$ 的喷油器。

5）按照电磁线圈的控制方式不同分类，喷油器可分为：电流驱动和电压驱动。

6）按照结构不同分类，喷油器可分为：轴针式、球阀式、片阀式等。

喷油器主要由滤网、电源插座、电磁线圈、回位弹簧、衔铁和针阀等组成，如图8-53所示。目前，采用缸外喷射的喷油器安装在气缸盖的进气道上，喷嘴朝向进气门。

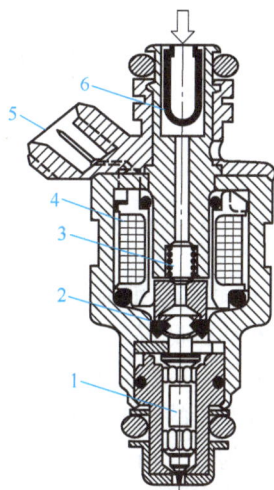

图 8-53 喷油器

1—针阀 2—衔铁 3—回位弹簧 4—电磁线圈
5—电源插座 6—滤网

以下我们对轴针式喷油器、球阀式喷油器和冷起动喷油器进行简单的介绍。

1）轴针式喷油器。轴针式喷油器主要由壳体、喷油嘴、针阀、套在针阀上的衔铁和电磁线圈等组成，如图8-54所示。当电磁线圈无电流通过时，喷油器内的针阀被螺旋弹簧压在喷油器出口处的密封锥形阀座上，处于关闭状态；当电磁线圈有电流通过时，产生磁场吸动衔铁上移，衔铁带动针阀从其座面上升约0.1mm，此时燃油喷出，为了使燃油充分雾化，针阀前端延伸出一段喷油轴针。

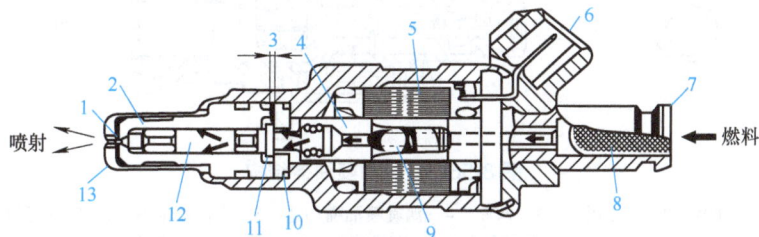

图 8-54 轴针式喷油器结构

1—喷口部位 2—阀座 3—行程 4—衔铁 5—电磁线圈 6—电源接头 7—油管接头
8—滤网 9—螺旋弹簧 10—调整垫圈 11—凸缘部位 12—针阀 13—壳体

2）球阀式喷油器。球阀式喷油器与针阀式喷油器的主要区别是针阀的结构，图8-55

所示为球阀式喷油器结构。球阀式的针阀由钢球、导向杆和衔铁用激光束焊接成整体，其质量只有普通轴针式喷油器的一半。为了保证燃油的密封性，轴针必须有较长的导向杆，而球阀具有自定心作用，不需要较长的导向杆。球阀的针阀质量较轻，并且具有良好的燃油密封性。

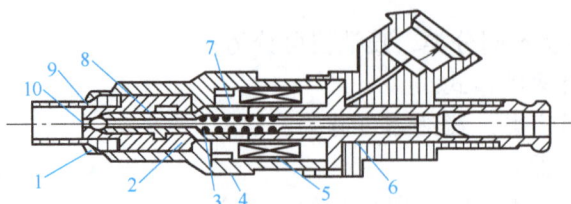

图 8-55　球阀式喷油器结构

1—护套　2—挡块　3—衔铁　4—喷油器体　5—电磁线圈　6—壳体　7—弹簧　8—针阀　9—阀座　10—喷孔

3）冷起动喷油器。冷起动喷油器是一种进行燃油辅助喷射的电磁阀式喷油器。它可以改善发动机低温起动性能，与一般喷油器的主要区别有：一是它只用在发动机起动时，因而对工作电压要求较低；二是其喷雾微粒化且喷雾角度较大。其中，后一项是衡量冷起动喷油器性能的重要指标，但由于冷起动喷油器安装在进气总管上，影响冷起动时各缸混合气的均匀性，所以大多数车辆已取消使用冷起动喷油器，冷起动喷油任务由 ECU 控制各缸喷油器完成。

图 8-56 所示为冷起动喷油器结构，冷起动喷油器由燃油入口连接器、电线接头、电磁线圈、可动磁心、涡旋喷油嘴等组成。在喷射管道内部，可动磁心在弹簧力的作用下把橡胶阀推向阀座使阀孔关闭。当电磁线圈通电时，在电磁力吸引下，可动磁心克服弹簧力被拉向图 8-56 中箭头方向。可动磁心一被拉开，阀门即打开，燃油涌出阀孔，在涡旋喷油嘴部位形成旋转流，并以微粒和锥角形式从喷孔喷射出去。

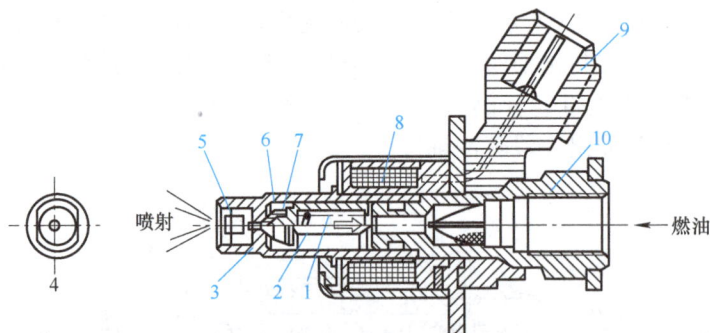

图 8-56　冷起动喷油器结构

1—弹簧　2—可动磁心　3—阀座　4—涡旋喷油嘴构造　5—涡旋喷油嘴　6—喷射管道
7—阀　8—电磁线圈　9—电线接头　10—燃油入口连接器

（2）怠速控制阀

怠速控制阀通常是安装在节气门体上。它在发动机 ECU 的控制下利用改变绕过节气门的旁通空气道的大小来增加或减少怠速进气量，使发动机保持最佳怠速。常见的怠速控制阀有步进电动机式、电磁式和旋转滑阀式三种。

1）步进电动机式怠速控制阀。步进电动机式怠速控制阀是将步进电动机与怠速控制阀集成一体，安装在旁通空气道上。它一般由线圈构成的定子、永久磁铁构成的转子、把旋转运动变成直线运动的进给丝杠和阀门等组成，如图8-57所示。步进电动机是一种非连续转动的转角控制执行机构，可根据控制信号实现正、反转。

发动机ECU对步进电动机进行直接控制，使步进电动机即可顺时针方向旋转，又可逆时针方向旋转，并通过进给丝杠使阀门沿轴向移动，通过改变阀芯与阀座之间的间隙，来调节流过旁通空气道中的空气量。该阀有125种不同的开启位置，用以满足发动机不同怠速工况的要求。

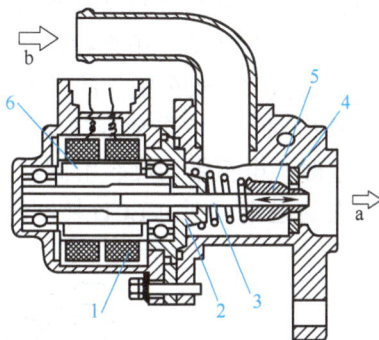

图 8-57　步进电动机式怠速控制阀

a—至进气管　b—来自空气滤清器
1—励磁线圈　2—挡板　3—丝杠　4—阀座
5—阀芯　6—步进电动机转子

步进电动机的转子由永久磁铁（N极和S极在圆周上排列，形成8对爪极）的转子和定子（两个铁心）组成。在每个铁心上有两组线圈，两组线圈的绕线方向相反，线圈由导磁材料制成的爪极包围，每个定子各有8对爪极。ECU通过控制定子线圈的电源脉冲，交替变换定子爪极极性，使步进电动机产生步进式转动。因此，电动机的旋转方向可以通过改变4个线圈的通电顺序来实现。

2）电磁式怠速控制阀。电磁式怠速控制阀主要由电磁线圈、阀芯、阀门、回位弹簧、波纹管等组成，如图8-58所示。它是利用电磁线圈产生的电磁吸力，使阀芯轴向移动，通过控制阀门的开度大小，来调节旁通空气道中的空气量。当弹簧力与电磁吸力达到平衡时，阀门开度达到稳定状态。电磁吸力的大小取决于发动机ECU根据发动机的实际怠速工况输出的驱动电流的大小。当驱动电流大时，电磁力大，则阀门开度大；反之，阀门开度小。而波纹管可以消除阀门上、下压差对阀门开启位置的影响。

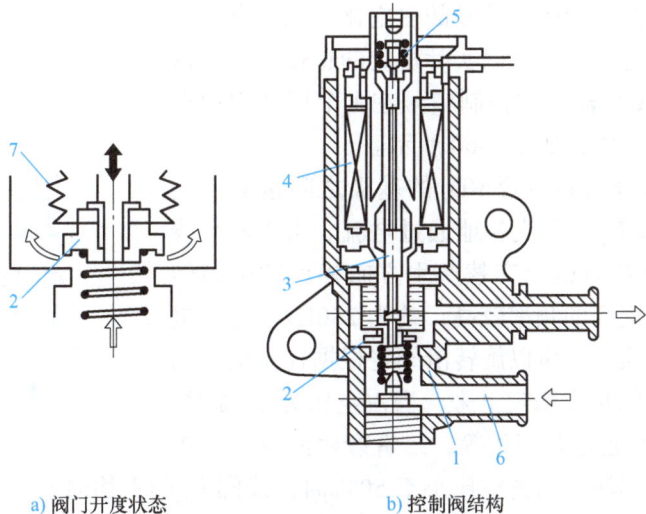

a）阀门开度状态　　　b）控制阀结构

图 8-58　电磁式怠速控制阀

1—壳体　2—阀门　3—阀芯　4—电磁线圈　5—回位弹簧　6—吸入口　7—波纹管

3）旋转滑阀式怠速控制阀。旋转滑阀式怠速控制阀主要由永久磁铁、电枢、旋转滑阀、螺旋回位弹簧和电刷及引线等组成，如图 8-59 所示。旋转滑阀固定在电枢轴上，与电枢轴一起转动，用来控制旁通空气道的截面积。永久磁铁固定在壳体上，其间形成磁场。电枢位于永久铁磁的磁场中，电枢铁心上绕有绕向相反的电磁线圈 L_1 和 L_2。当线圈 L_1 通电时，电枢带动旋转滑阀顺时针方向旋转，则旁通空气道的截面积增大；当线圈 L_2 通电时，电枢带动旋转滑阀逆时针方向旋转，则旁通空气道的截面积减小。而线圈 L_1 和 L_2 是否通电，则由 ECU 控制的晶体管 VD_1 和 VD_2 的通电状态决定。

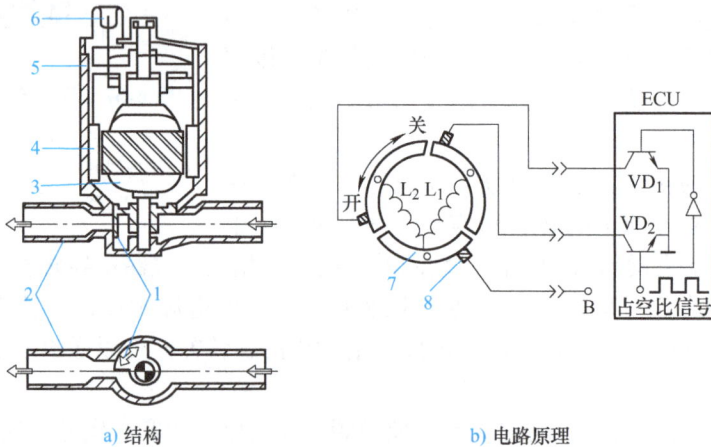

a) 结构   b) 电路原理

图 8-59 旋转滑阀式怠速控制阀

1—旋转滑阀 2—旁通空气道 3—电枢 4—永久磁铁 5—壳体 6—接线插头 7—滑片 8—电刷

旋转滑阀式怠速控制阀的控制方式是：发动机 ECU 将检测到的怠速实际值与其所存储的设定目标值相比较，随时校正送至怠速控制阀驱动信号的占空比，调节怠速旁通空气道的空气流通截面积，以实际稳定的怠速运行。占空比是指发动机 ECU 输出的控制信号在 1 个周期内通电时间与 1 个周期的比值，如图 8-60 所示。

由于占空比信号与晶体管 VD_1 的基极之间接有反向器，所以线圈 L_1 和 L_2 总是交替地通过电流。由于两个线圈绕向相反，所以在电枢上交替产生方向相反的电磁转矩。由于电磁转矩交变的频率较高，约为 250Hz，并且电枢转动具有一定的惯性，所以旋转滑阀将根据控制信号的占空比运动到一定的角度稳定下来。当占空比为 50% 时，L_1 和 L_2 线圈的平均通电时间相等，二者产生的电磁转矩抵消，电枢轴停止偏转；当占空比小于 50% 时，线圈 L_1 的平均通电时间长，其合成电磁转矩使电枢带动旋转滑阀顺时针方向偏转，旁通空气道截面积增大，怠速升高；反之，当占空比大于 50% 时，旁通空气道截面积减小，怠速降低。

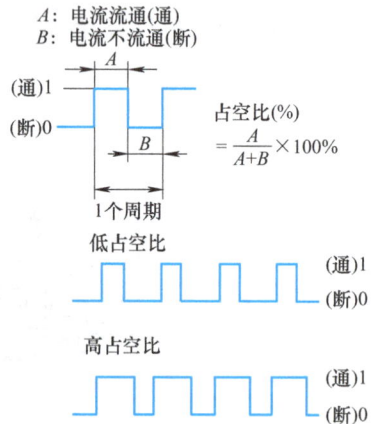

图 8-60 占空比

子任务 8.1.4　柴油机燃油供给系统

随着柴油机技术的不断进步，自 20 世纪 80 年代以来，柴油机在汽车行业中因其低油耗、低污染而占有越来越重要的地位，与汽油机相比，柴油机具有以下特点。

1）压缩比大、热效率高，热能更多地转化为机械能。

2）采用压燃着火方式，没有点火系统，仅有油路故障；柴油机油路系统零件精密、可靠、耐用，因而故障少。

3）柴油机燃油供给系统没有化油器，依靠高压喷油泵和喷油器将柴油直接喷入气缸。

4）柴油机功率的高低通过调节可燃混合气的浓度来实现，而汽油机则是控制可燃混合气的多少来实现，即柴油机调质，汽油机调量，故柴油机部分负荷时燃烧压力高、噪声大。

5）柴油机喷射压力高，对供油系统零部件的要求高，因而成本较高。

柴油机供给系统的功用是：向气缸内供给清洁的空气；按柴油机的工况要求，定时、适量地以一定的油压将柴油以雾状喷入气缸，与空气形成可燃混合气，并将燃烧后的废气排入大气。

柴油机燃油供给系统按控制方式的不同可分为：机械控制燃油供给系统和电子控制燃油供给系统。机械控制燃油供给系统按喷油泵的结构不同又可分为：柱塞式喷油泵供给系统、转子分配式喷油泵供给系统、喷油泵 – 喷油器供给系统、PT 型喷油泵供给系统和滑套计量供给系统。目前柴油机普遍采用柱塞式喷油泵供给系统，其他形式的柴油机燃油供给系统的组成结构基本相似。

如图 8-61 所示，柴油机燃油供给系统主要由空气供给系统、燃油供给系统、混合气形成系统和废气排出系统 4 部分组成。

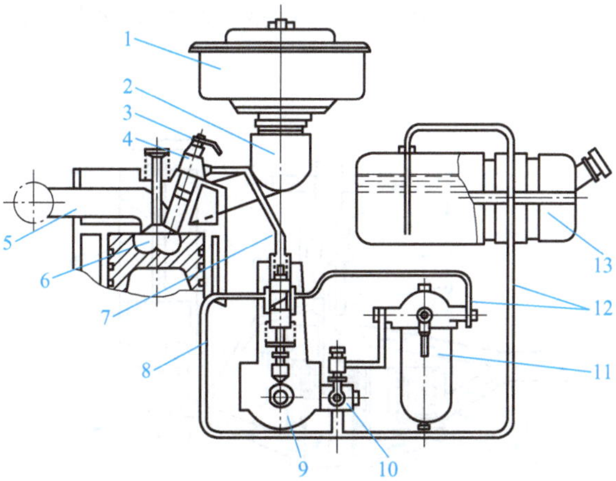

图 8-61　柴油机燃油供给系统基本组成

1—空气滤清器　2—进气管　3—喷油器回油管　4—喷油器　5—排气管　6—燃烧室　7—高压油管
8—喷油泵回油管　9—喷油泵　10—输油泵　11—柴油滤清器　12—低压油管　13—燃油箱

（1）空气供给系统

空气供给系统主要功能是供给发动机清洁的空气。空气供给系统主要由空气滤清器、进气管、进气道等组成。在有些柴油机上，还装有进气增压系统。

（2）燃油供给系统

燃油供给系统主要功用是完成燃料的储存、滤清和输送工作，并以一定压力和喷油量，定时、定量地将燃料喷入燃烧室。根据发动机工作时的燃油压力不同，燃油供给系统可分为两部分：高压油路和低压油路。其中，低压油路主要由柴油箱、输油泵、柴油滤清器和低压油管等组成；高压油路主要由喷油泵、喷油器和高压油管等组成。

（3）混合气形成系统

混合气形成系统主要功用是使燃油与空气混合形成混合气。由于柴油的蒸发性比较差，在压缩上止点附近，柴油机的燃油供给系统将柴油直接喷入燃烧室，在燃烧室内柴油与空气边混合边燃烧，所以柴油机的混合气形成系统就是燃烧室。

（4）废气排出系统

废气排出系统主要功用是做功后排出气缸内的燃烧废气。废气排出系统主要由排气管和排气消声器等组成。

由于柴油机的空气供给系统、废气排出系统与汽油机基本相同，此处不再介绍。

1. 燃油供给系统的结构及工作原理

输油泵的功用是向喷油泵输送一定压力和足够数量的柴油，它不仅要克服低压管路及柴油滤清器的阻力，还要维持一定的供油压力，避免受到柴油中残存微量空气的不良影响。

输油泵的结构形式很多，常见的有四种：活塞式、转子式、滑片式、齿轮式。其中，活塞式输油泵的工作最可靠，应用广泛。

（1）活塞式输油泵

活塞式输油泵安装在喷油泵壳体上，用喷油泵凸轮轴上的偏心轮驱动。如图 8-62 所示，活塞式输油泵主要由喷油泵凸轮轴、偏心轮、滚轮、推杆、泵体、活塞、进油单向阀、出油单向阀和手油泵等组成。

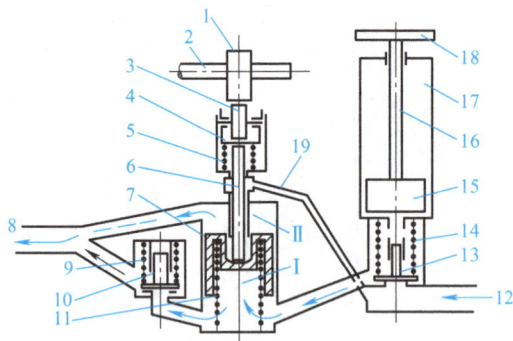

图 8-62　活塞式输油泵

1—偏心轮　2—喷油泵凸轮轴　3—滚轮　4—滚轮架　5—滚轮弹簧　6—推杆　7—活塞
8—出油管接头　9—弹簧　10—出油单向阀　11—活塞弹簧　12—进油管接头　13—进油单向阀
14—进油阀弹簧　15—手油泵活塞　16—手油泵杆　17—手油泵体　18—手油泵手柄　19—回油道

当喷油泵凸轮轴转动时，轴上的偏心轮驱动滚轮、滚轮架、推杆和活塞向下运动，泵腔工作容积变小，油压升高，进油阀被关闭，出油阀被压开，而柴油由泵腔Ⅰ通过出油阀流向泵腔Ⅱ。当喷油泵凸轮轴上的偏心轮转过时，活塞在活塞弹簧的作用下向上运动，泵腔Ⅱ内的油压升高，出油阀关闭，泵腔Ⅱ内的柴油经出油管输出；同时，由于泵腔Ⅰ内的容积变大，形成一定的真空度，将进油阀吸开，而柴油箱内的柴油经则进油管和进油阀被吸入泵腔Ⅰ。

活塞行程决定了活塞式输油泵的输油量，当活塞行程等于偏心轮的偏心距时，输油量最大，输油量应为柴油机全负荷最大耗油量的 3 ~ 4 倍。活塞弹簧的弹力决定了输油压力，活塞式输油泵的输油压力一般为 0.15 ~ 0.30MPa。如果输油泵的输油量大于喷油泵需要的油量或输油泵到喷油泵的油管路阻力变大，那么泵腔Ⅱ内的油压会升高，当此压力与活塞弹簧的弹力平衡时，会使活塞不能继续向上运动达到最高位置，而活塞与推杆之间会产生空行程，活塞的有效行程将减小，输油泵输油量也会减小。喷油泵需要的油量越少或输油泵到喷油泵的阻力越大，活塞的有效行程也就越小，输油量也会越小，这样就实现了输油量的自动调节。

手油泵的功用是在柴油机长时间停止工作或当低压油路中有空气时，用手油泵输油和排出空气。手油泵主要由手油泵体、手油泵活塞、手油泵杆和手油泵手柄等组成。手油泵在使用前，应先拧松柴油滤清器和喷油泵上的放气螺塞，再转动手油泵手柄并往复抽按，使手油泵活塞上、下运动，在柴油充满油路后，即可将油路中的空气排出掉。

（2）柴油滤清器

柴油滤清器的功用是滤除柴油中的杂质、水分和石蜡，以减小喷油泵和喷油器各精密偶件的磨损。柴油滤清器通常安装在喷油泵附近，串联在输油泵和喷油泵之间。目前车用柴油机装用的柴油滤清器主要有单级和双级两种。

1）单级柴油滤清器。常用的单级柴油滤清器的结构如图 8-63 所示，柴油经过滤清器时，水分沉淀在壳体内，杂质等被滤芯滤除。它的优点是滤清效率高、体积小、重量轻、价格低。

目前，常用的单级滤清器是微孔纸芯柴油滤清器，微孔纸芯柴油滤清器盖上设有限压阀。当油压超过 0.1 ~ 0.15MPa 时，限压阀开启，多余的柴油经限压阀直接返回柴油箱，从而保证滤清器内油压在一定限度内。滤清器盖上还装有放气螺塞，当

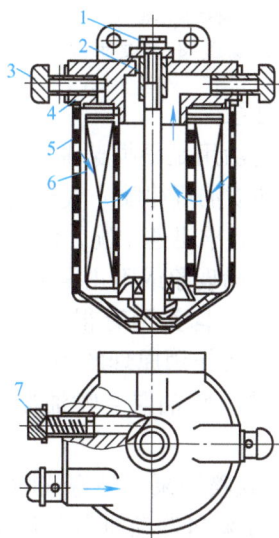

图 8-63　单级柴油滤清器

1—放气螺塞　2—中心螺栓螺母　3—油管接头　4—滤清器盖
5—壳体　6—滤芯　7—限压阀

低压油路有空气时，可以拧开放气螺塞，同时抽动手动输油泵，当有大量柴油从放气螺塞孔流出时，立刻拧紧放气螺塞，这样就可以排除低压管路中的空气。

2）双级柴油滤清器。图 8-64 所示是柴油机经常采用的双级柴油滤清器。双级柴油滤清器实际是由两个单级柴油滤清器串联成一体，第一级起粗滤作用，采用的是纸质滤芯，又称粗滤器；第二级起细滤作用，采用的是毛毡滤芯或纸质滤芯，又称细滤器。由输油泵

输送来的柴油先进入左边第一级滤清器的外腔，穿过滤芯后进入内腔，再经盖内油道流向第二级滤清器。滤清器盖上设置有 1 个放气螺塞和 1 个限压阀。

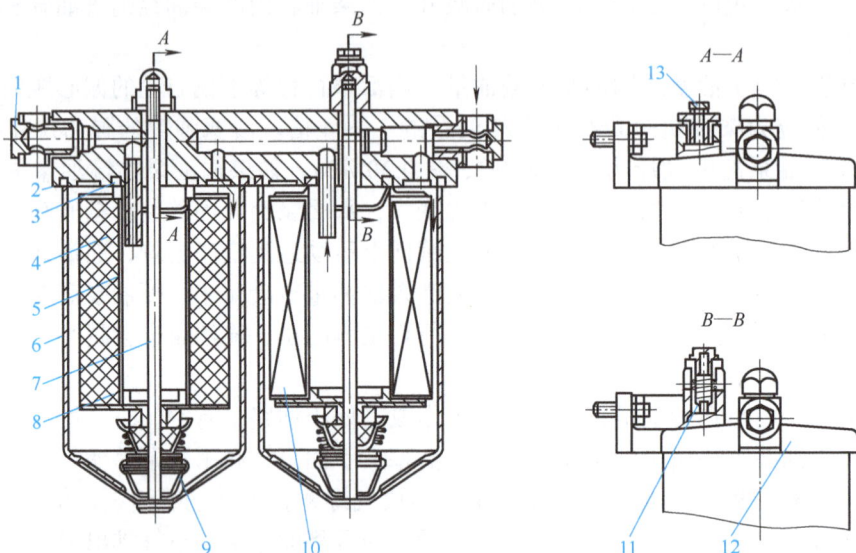

图 8-64　双级柴油滤清器

1—油管接头螺钉　2—橡胶密封圈　3—毛毡密封圈　4—毛毡滤芯　5—滤油筒　6—外壳
7—紧固螺栓　8—绸滤布　9—滤芯衬垫　10—纸质滤芯　11—溢油阀　12—滤清器盖　13—放气螺塞

（3）喷油泵

喷油泵的功用是根据柴油机的不同运行工况，定时、定量、定压地将雾化质量良好的燃料按一定的喷油规律喷入气缸内。喷油泵供油开始和结束要求迅速干脆，防止供油停止后喷油泵出现滴漏现象或不正常喷射现象。

喷油泵的结构类型有很多，常见的车用柴油机喷油泵按作用原理的不同可分为三类：柱塞式喷油泵、喷油泵 – 喷油器和转子分配式喷油泵。

1）柱塞式喷油泵。柱塞式喷油泵是利用多个柱塞式分泵向发动机各气缸的喷油器提供高压燃油，其发展和应用的历史较长，性能良好，工作可靠，为目前大多数汽车柴油机所采用。柱塞式喷油泵燃油供给装置一般装配用活塞式输油泵。

柱塞式喷油泵主要由柱塞分泵、油量调节机构、分泵驱动机构和泵体 4 部分组成。

柱塞分泵是主要由柱塞偶件和出油阀偶件组成，如图 8-65 所示。分泵是喷油泵的喷油机构，其数目与配套的气缸数目相等，各

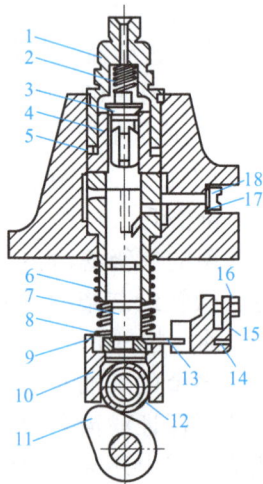

图 8-65　柱塞分泵

1—出油阀压紧座　2—出油阀弹簧　3—出油阀
4—出油阀座　5—压紧垫片　6—柱塞套筒　7—柱塞
8—柱塞弹簧　9—弹簧座　10—滚轮体　11—凸轮
12—滚轮　13、15—调节臂　14—供油拉杆
16—夹紧螺钉　17—垫片　18—定位螺钉

分泵结构和尺寸完全相同，装在同一泵体中，由共同的凸轮轴驱动，并对供油量进行统一调节。

油量调节机构的作用是根据柴油机的负荷和转速，改变供油量并保证各缸供油量一致。供油量的调节机构是转动柱塞的机构，一般有两种型式：拨叉式和齿条式，如图 8-66 所示。拨叉式油量调节机构若需要调节各缸供油量的不均匀度，可通过松开拨叉固定螺钉和轴向移动拨叉位置来改变供油量；齿条式油量调节机构则可通过调节油量调节齿轮与油量调节套筒的相对位置来保证各缸供油量的均匀性。

分泵驱动机构的功用是驱动柱塞在柱塞套筒内做往复运动，使喷油泵完成供油过程。分泵驱动机构主要由喷油泵凸轮轴和挺杆（滚轮体传动件）组成。柱塞式喷油泵上装用的滚轮体主要有调整垫块式和调整螺钉式两种结构类型，如图 8-67 所示。调整方法是，改变柱塞尾部与挺杆之间调整垫块的厚度或改变调整螺钉伸出的长度。

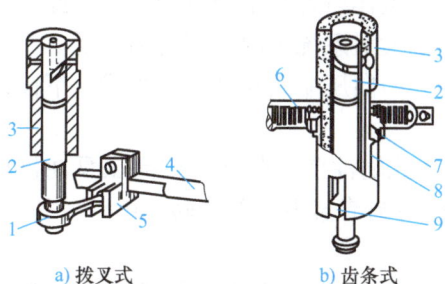

a) 拨叉式　　　　b) 齿条式

图 8-66　油量调节机构

1—调节臂　2—柱塞　3—柱塞套筒　4—油量调节拉杆
5—调节叉　6—油量调节齿条　7—油量调节齿轮
8—油量调节套筒　9—凸块

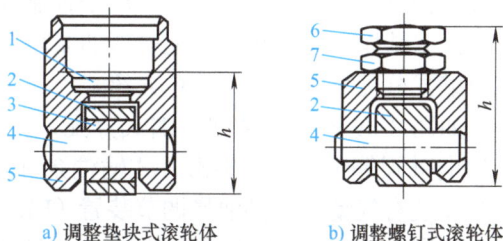

a) 调整垫块式滚轮体　　b) 调整螺钉式滚轮体

图 8-67　滚轮体的两种结构类型

1—调整垫块　2—滚轮　3—滚轮衬套　4—滚轮轴
5—滚轮架　6—调整螺钉　7—锁止螺母

泵体是喷油泵的基体，有分体式和整体式两种。分体式泵体分上、下两部分，用螺栓连接在一起，上体用来安装分泵，下体用来安装油量调节机构和分泵驱动机构。整体式泵体具有较高的刚度，拆装不便。

2）喷油泵 – 喷油器。喷油泵 – 喷油器是将喷油泵和喷油器集成为一体的喷油装置。它不用高压油管，像喷油器一样直接安装在柴油机各个气缸的缸盖上。但要求在发动机上另加驱动机构，如 PT 燃油供给系统，有的则直接由柴油机凸轮轴驱动。

美国康明斯公司和日本小松公司合作生产的 PT 型供油系统中采用了喷油泵 – 喷油器结构类型，如图 8-68 所示，其中包括喷油器机构及驱动装置。圆柱形 PT 喷油器用安装板或夹箍固定在气缸盖上，进油管、回油道均加工在气缸盖内部，无外部油管。

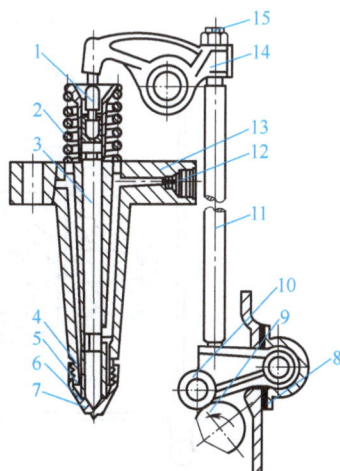

图 8-68　喷油泵 – 喷油器

1—柱塞杆头　2—回位弹簧　3—柱塞　4—回油量孔　5—计量孔　6—密封调整垫片　7—喷油器锥体　8—挺杆调整垫片　9—凸轮　10—滚轮　11—推杆　12—平衡量孔　13—喷油器体　14—摇臂　15—调整螺钉

喷油器锥体下部加工了有七八个直径为 0.2mm 的喷油孔。发动机工作时，通过驱动凸轮、摆动式挺杆、推杆、摇臂来驱动喷油器柱塞向下运动，完成柴油的加压和喷射；在驱动凸轮的凸起部分转过后，喷油器柱塞在回位弹簧作用下上升回位，这样以便使一定量的柴油进入喷油器，为下次喷射做好准备。PT 喷油器内的密封调整垫片可用来调整计量时间，调整垫片加厚，计量量孔相对 PT 喷油器柱塞上移，开启时刻推迟，关闭时刻提前，计量时间缩短，喷油量减少，此调整用于保证各缸喷油量的均匀性。挺杆调整垫片用来调整挺杆滚轮与凸轮的相对位置，以调整喷油正时。调整螺钉用来调整 PT 喷油器（喷油结束后）柱塞与喷油器锥体的压紧力（柱塞落座压力）。

3）转子分配式喷油泵。转子分配式喷油泵是利用转子的转动来实现向各气缸分配燃油的。

转子分配式喷油泵与柱塞式喷油泵相比，具有结构简单、体积小、质量轻、成本低、使用方便等优点。尤其是体积小，对发动机和汽车的整体布置是十分有利的，因此转子分配式喷油泵的应用广泛，尤其在电子控制柴油机燃油喷射系统中的应用更为广泛。

根据结构不同，转子分配式喷油泵可分为两种：径向压缩式和轴向压缩式。下面以轴向压缩式分配泵为例进行简单介绍。

如图 8-69 所示，轴向压缩式分配泵主要由滑片式输油泵、驱动机构高压泵油机构和断油电磁阀等组成。其中滑片式输油泵和供油提前角调节器为局部旋转 90° 以后的剖面。该泵还装有气动膜片供油量调节装置（LDA）。

注意：VE 泵泵体上装有气动膜片供油量调节装置，又称为增压补偿器，如图 8-70 所示。其功用是：根据进气歧管内增压压力的大小（即每次循环实际进气量的多少），自动增加或减少 VE 型转子分配泵的供油量，以提高柴油机的动力性和经济性，减少排放污染。

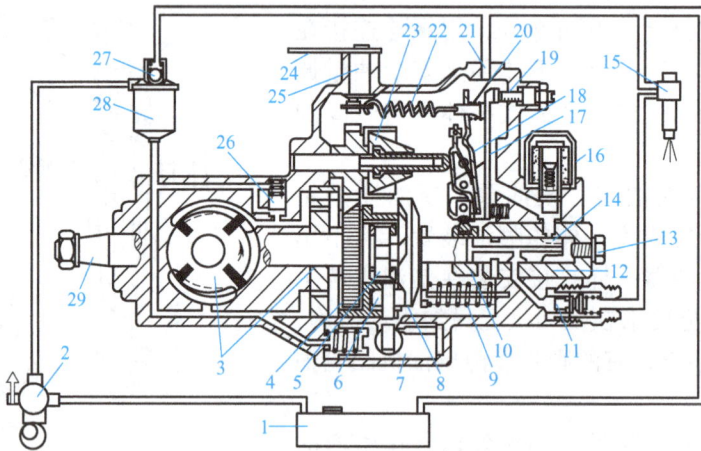

图 8-69　轴向压缩式分配泵

1—柴油箱　2—膜片式输油泵　3—滑片式输油泵　4—调速器驱动齿轮　5—联轴器　6—凸轮机构
7—供油提前角调节器　8—凸轮盘　9—柱塞回位弹簧　10—油量调节套筒　11—出油阀　12—柱塞套筒　13—检视螺钉
14—柱塞　15—喷油器　16—停车断油电磁阀　17—预调杠杆　18—张紧杆　19—全负荷油量调节螺钉
20—怠速缓冲弹簧　21—回油管　22—调速弹簧　23—离心飞块　24—操纵杆　25—操纵轴
26—调压轴　27—限压阀　28—柴油滤清器　29—驱动轴

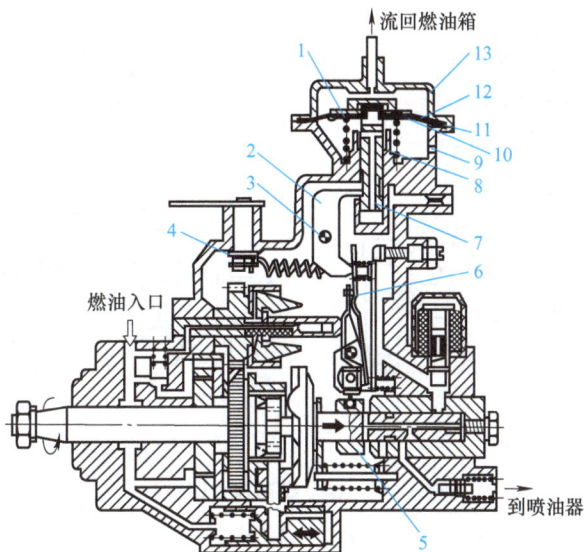

图 8-70　LDA（气动膜片供油量调节装置）

1—膜片上支承板　2—补偿杠杆　3—销轴　4—调速弹簧　5—油量控制套筒　6—张力杠杆
7—补偿器阀芯　8—弹簧　9—通气孔　10—膜片下支撑板　11—补偿器下体
12—橡胶膜片　13—补偿器盖

（4）调速器

调速器的功用是根据柴油机负荷与转速的变化自动调节喷油泵供油量，以限制或稳定发动机怠速及防止发动机"飞车"（柴油机转速急剧升高而无法控制的现象）。

调速器按工作原理的不同可分为三种：机械离心式调速器、气动式调速器和复合式调节器。调速器按功能的不同可分为两种：两速式和全程式。由于轿车用柴油机上的这几种调速器正逐步被淘汰，所以本书对此则不进行详细讲述。

1）两速式调速器。两速式调速器能稳定怠速限制柴油机的最高转速，防止发动机"飞车"。在最低与最高转速之间，调速器不起作用，此时柴油机转速由驾驶人通过加速踏板直接操纵喷油泵油量调节机构来控制。它主要用于柴油机领域。

解放和东风系列柴油机使用的 RAD 型两速式调速器即为两速式调节器，如图 8-71 所示为 RAD 型两速式调节器。

2）全程式调速器。全程式调速器不仅能稳定怠速限制柴油机的最高转速、防止发动机"飞车"，而且能控制柴油机从怠速到最高限制转速范围内任何转速下的喷油量，以维持柴油机在任一给定转速下的稳定运转。它主要用于负荷、转速变化较大的汽车、拖拉机和工程机械上。

（5）废气涡轮增压

增压是指在增压器中压缩进入发动机进气管前的进气充量，增加其密度，使进入气缸的实际进气量比自然吸气发动机的进气量多，以便达到增加发动机功率、改善燃料经济性和排放性能的目的。在增压发动机中，进气充量将会受到两次压缩，一次是在增压器中，一次是在气缸中。

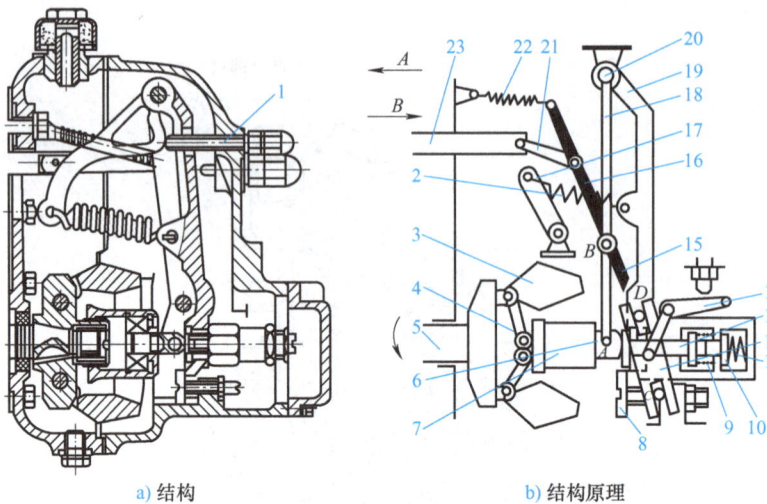

a) 结构   b) 结构原理

图 8-71 RAD 型两速式调速器

1—调速螺钉 2—调速弹簧 3—飞锤 4—滚轮 5—凸轮轴 6—丁字块 7—滑套 8—齿杆行程调整螺栓
9—急速弹簧 10—校正杠杆 11—校正弹簧 12—拨叉 13—急速杠杆 14—控制杆 15—下拨杆 16—上拨杆
17—弹簧摇臂 18—导动杆 19—支撑杆 20—支撑杆销轴 21—连杆 22—起动弹簧 23—油量调节齿杆
A—加油方向 B—减油方向

发动机的增压方法有四种：机械增压、气波增压、废气涡轮增压和复合增压。其中，废气涡轮增压（简称为涡轮增压）最早在柴油机上得到应用，目前依然是发动机增压的主要方式。

1）废气涡轮增压的特点。废气涡轮增压不需要消耗柴油机动力；在柴油机结构（气缸直径、活塞行程、曲轴转速）不变的条件下，可以提高功率30% ~ 100%，甚至可能更多；在进气压力提高的同时，燃烧压力也相应提高，这样能使柴油机工作更柔和、噪声更小、燃烧更充分，从而降低尾气排放和燃油消耗率；拓宽柴油机的产品系列，即在相同气缸直径、活塞行程和曲轴转速条件下，柴油机有较宽的功率范围。

2）废气涡轮增压的工作原理。如图 8-72 所示，废气涡轮增压的工作原理。废气涡轮增压主要由废气涡轮、压气机等组成，废气涡轮与压气机安装在同一根涡轮轴上。柴油机的排气管接到涡轮壳体上，而进气管则是与压气机集气管相连接。当排气门打开时，废气经过排气管流进涡轮壳体进入喷油器，按着一定方向喷入废气涡轮，使涡轮高速旋转。废气的压力和温度越高，涡轮的叶轮转速就越快。通过涡轮的废气，其温度和压力明显降低，最后经由消声器、排气管进入大气。当废气驱动涡轮旋转时，压气机叶轮随涡轮轴以同一转速旋转，在叶轮中心形成低压真空，

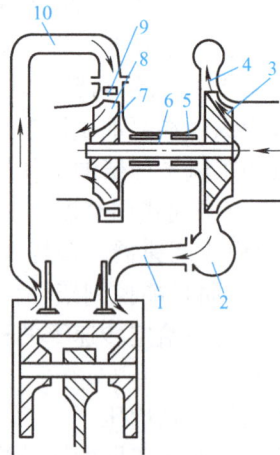

图 8-72 废气涡轮增压的工作原理

1—进气管 2—压气机壳体 3—压气机 4—增压器
5—轴承 6—转子轴 7—涡轮壳体 8—废气涡轮
9—喷油嘴 10—排气管

经过空气滤清器过滤的新鲜空气被吸入压气机叶轮中心。离心力作用使空气由叶轮中心沿叶片组成的叶槽甩向叶轮外缘，压向集气管进一步降速、增压、稳流。当进气门打开时，具有较高压力的空气进入气缸内，这样使进气量在进气行程中被增大，可以在压缩行程结束时向气缸内多喷入柴油，以增加每个循环的指示功率。

3）使用注意事项：废气涡轮增压在高温、高转速下工作，涡轮轴均采用浮式润滑，以下几方面应特别注意。

a）在增加柴油机润滑油时须采用"增压柴油机"或Ⅲ系列柴油机机油。

b）为了保证全浮轴承在高速下的润滑，在发动机起动后应该怠速运转几分钟，使润滑油增压升温，避免出现缺油卡滞等现象。

c）带增压系统的柴油机，其空气滤清器维护周期比非增压式要短。

2. 混合气形成系统的结构及工作原理

（1）柴油机混合气形成的特点

柴油机工作中，在接近压缩终了时，才由喷油器将柴油喷入燃烧室，喷油持续时间只占 15°～35° 曲轴转角，而可燃混合气是在燃烧室内形成的，所以柴油机可燃混合气的形成时间短、空间小，对可燃混合气形成极为不利。为此，在现代柴油机上，通常采取以下措施以改善混合气形成条件。

1）采用较大的压缩比，便于提高压缩终了时气缸内空气的压力和温度。

2）采取较高的喷油压力，用来帮助柴油雾化。

3）组织较强的空气运动（涡流），能更好地加速柴油的蒸发和提高混合气形成的均匀性。

4）根据混合气形成方式采用适当的燃烧室形状与之配合。

（2）混合气形成的方式

为保证发动机工作时能形成良好的可燃混合气，柴油机可燃混合气形成方法主要有两种：空间雾化式和油膜蒸发式。

1）空间雾化式。将柴油以雾化的状态喷射到燃烧室的空间，并在空间内吸收压缩空气热量，雾化、蒸发形成可燃混合气。在空气涡流的搅动下柴油蒸气扩散并与空气混合。

2）油膜蒸发式。将柴油大部分喷射到燃烧室壁面上，形成油膜，油膜在强烈的旋转气流作用下，从燃烧室壁面上吸热并逐层蒸发，柴油蒸气在空气涡流的搅动下扩散并与空气形成较均匀的可燃混合气。

在中小型高速柴油发动机上，使用了空间雾化式与油膜蒸发式兼用的复合式混合气形成方式，只是多少、主次各有不同（一般是以空间雾化式为主、油膜蒸发式为辅）。目前，多数柴油机仍以空间雾化式混合为主，仅球形燃烧室以油膜蒸发式混合为主。

（3）柴油机混合气的燃烧过程

如图 8-73 所示，根据气缸中压力和温度的变化特点，可燃混合气的形成与燃烧过程按曲轴转角划分为四个阶段。

1）备燃期Ⅰ：是指喷油器喷油始点 A 到燃烧始点 B 之间的曲轴转角，燃烧前的理化准备过程。

2）速燃期Ⅱ：指燃烧始点 B 到气缸内压力最高点 C 之间的曲轴转角。火焰自火源迅速向四周推进，备燃期Ⅰ积存的柴油及在此期间陆续喷入的柴油，在已燃气体的高温作用下，迅速蒸发、混合和燃烧，使气缸内的压力和温度急剧上升（最高压力为 6 ～ 9MPa，一般出现在上止点后 6° ～ 15°），放热量为每次循环放热量的 30% 左右。

3）缓燃期Ⅲ：指从压力最高点 C 到温度最高点 D 之间的曲轴转角。开始燃烧速度很快，后期由于气缸中氧气减少，废气增多，燃烧速度越来越慢。同时压力逐渐下降，但燃气温度还在继续升高（最高温度可达 1700 ～ 2000℃，一般出现在上止点后 20° ～ 35°），喷油是在点 D 以前结束的，缓燃期Ⅲ内的热量为每次循环放热量的 70% 左右。

4）后燃期Ⅳ：指从温度最高点 D 到柴油已基本完全燃烧点 E 之间的曲轴转角。燃烧是在

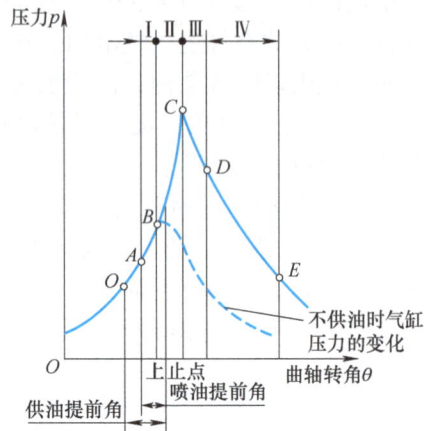

图 8-73　气缸压力与曲轴转角的关系曲线

Ⅰ—备燃期　Ⅱ—速燃期　Ⅲ—缓燃期　Ⅳ—后燃期
O—喷油泵开始供油点　A—喷油始点　B—燃烧始点
C—压力最高点　D—温度最高点　E—完全燃烧点

逐渐恶化的条件下缓慢进行直到停止。在此期间，压力和温度均下降。为防止柴油机过热，应尽量缩短后燃期Ⅳ。

据此，柴油机从喷油开始到燃烧结束仅占 50° ～ 60° 的曲轴转角，在这段时间里提高燃料的雾化程度、加强气流的运动强度、改善燃烧后期的燃烧条件，是提高柴油机动力性和经济性的有效措施。

（4）柴油机燃烧室

由于柴油机可燃混合气的形成和燃烧主要是在燃烧室内进行的，所以燃烧室的形状对可燃混合气的形成和燃烧有着直接的影响。

柴油机燃烧室的结构形式主要是与喷油器的喷雾形状匹配，同时还必须满足形成空气涡流运动的需要。柴油机燃烧室形状很多，通常可分为两大类：统一式和分隔式。

1）统一式柴油机燃烧室。统一式柴油机燃烧室也称直接喷射式燃烧室，是凹形活塞顶与气缸盖底面所包围的单一内腔，几乎全部燃烧室容积都集中在活塞顶的凹下部分。如图 8-74 所示，凹形活塞顶形状的多种形式。

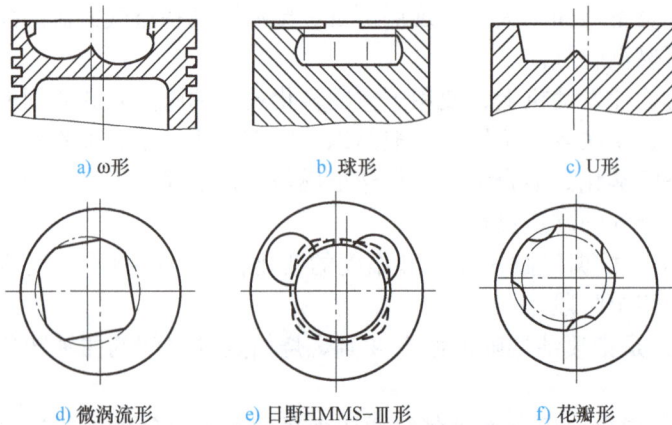

a) ω形　　　　b) 球形　　　　c) U形

d) 微涡流形　　　e) 日野HMMS-Ⅲ形　　　f) 花瓣形

图 8-74　统一式柴油机燃烧室

这种类型的燃烧室形状简单、易于加工，且结构紧凑、散热面积小、热效率较高。但采用统一式燃烧室的柴油机，对喷射压力和喷油器的喷雾质量要求高，而且混合气燃烧时的速度快，容易导致柴油机工作"比较"粗暴。

2）分隔式柴油机燃烧室。分隔式柴油机燃烧室主要由主燃烧室和副燃烧室两部分组成。主燃烧室位于活塞顶与气缸盖底面之间，副燃烧室位于气缸盖中，主、副燃烧室之间由一个或几个孔道相连。如图 8-75 所示，常见的分隔式柴油机燃烧室有两种：涡流室式和预燃室式。

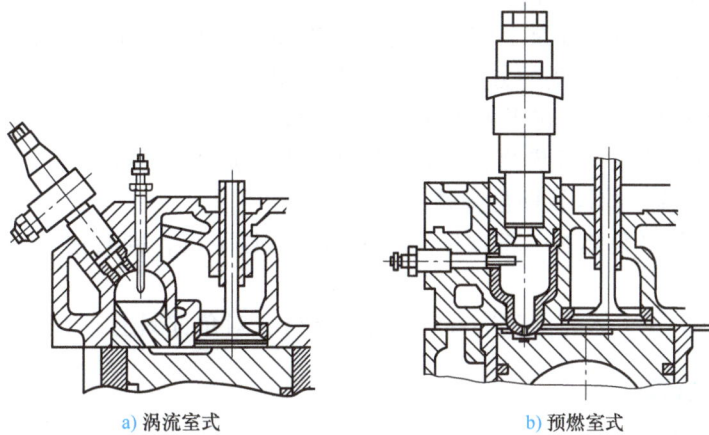

a) 涡流室式　　　　　　　　　　　　b) 预燃室式

图 8-75　分隔式柴油机燃烧室

分隔式柴油机燃烧室主要是由强烈的空气运动形成可燃混合气，可以降低对柴油机喷雾质量的要求，且发动机转速越高，可燃混合气形成的质量越好，因此发动机高速性能较好，但低速性能和起动性能较差。采用分隔式柴油机燃烧室，将燃油喷入副燃烧室（涡流室式或预燃室式），可燃混合气燃烧时的燃烧过程的次序为先副燃烧室、后主燃烧室的两级燃烧，发动机工作比较柔和，零部件承受的机械负荷较小。此外，分隔式柴油机燃烧室的面容比（面积与容积的比值）大，散热损失多，起动比较困难，燃料经济性较差，所以一般柴油机的压缩比较大且在副燃烧室内装有预热装置。

任务 8.2　燃油供给系统的拆装与调试

1. 汽油泵的拆装

注意：拆卸汽油泵时应先释放燃油系统压力，并关闭用电设备。拆下汽油泵后，测量汽油泵两端之间的电阻，应为 $2 \sim 3\Omega$。用蓄电池直接给汽油泵通电，应能听到汽油泵电动机高速旋转的响声。

下面以奥迪 A6 汽油泵为例，介绍汽油泵的拆装。

（1）汽油泵的拆卸

1）先做好汽油泵上、下体连接位置的记号，拆下螺钉之后即可将汽油泵上、下体分开。

2）拆去进、出油阀的支架螺钉，取出进、出油阀（若阀体是橡胶的，就没有支架螺钉）。

3）拆去上体泵盖上的螺钉，连同泵盖垫一起取出。

4）将汽油泵上体的零件按拆出的顺序摆放好。

5）拆取泵膜总成：将泵膜向下压，并旋转90°方向，取出泵膜片总成，并对泵膜片总成进行分解，拆下泵膜夹片、垫圈、泵膜、泵膜弹簧座、泵膜顶杆、油封等。

（2）汽油泵的安装

1）用汽油清洗干净各零部件之后，并用压缩空气吹净。

2）将进、出油阀装入油泵上体，注意进、出油阀的安装方向：进油阀弹簧支架朝向汽油泵膜片，出油阀与进油阀的方向相反，拧紧支架螺钉。

3）放上泵盖衬垫，衬垫置于泵盖的平面上，装上泵盖，拧紧泵盖螺钉。

4）装好泵膜片总成，将垫圈、弹簧座穿入膜片，放上泵膜夹片，拧紧螺母，在下泵体上安装上摇臂、顶杆拉钩及回位弹簧。

5）放入油封及泵膜弹簧，将顶杆穿入油封后，往下沉，同时扭转90°，使泵膜挂上摇臂。

6）按汽油泵上、下体的位置记号对正上、下体，对角拧紧上、下体连接螺钉。

2. 喷油器的拆装

（1）喷油器的拆卸

1）拆下坚固的螺套，取出针阀偶件。注意观察针阀与针阀体的结构，针阀与针阀体是配对研磨的精密偶件，不能与其他的偶件互换，并且要注意防尘，然后拧入调整螺钉，最后拧紧调整螺母和调压螺钉护帽。喷油压力是在喷油器试验台上通过调压螺钉调整。拆卸完毕，将喷油器部件浸入清洁的油液中保管。

2）拆下螺钉护帽、调压螺母、调压螺钉等零件，取出调压弹簧上座、调压弹簧、推杆。

3）拆下进油管插头。

（2）喷油器的装复

将拆下的零部件清洗干净后准备装复，装复的步骤如下。

1）将进油管插头拧入喷油器体内，注意不要漏装垫圈。

2）将针阀偶件放入紧固螺套内，将螺套拧入喷油器体。

3）依次在喷油器体的上部孔内放入推杆、弹簧下座、弹簧上座。

任务名称			工作页 18　燃油供给系统的认知与装调				
班级		姓名		学号		日期	

任务描述	**1. 情境信息** 　一辆丰田卡罗拉燃油汽车，客户反映车辆起动正常，发动机无抖动，但是加速后当速度达到 40km/h 时就很难再升上去，加速无力。经技师小王初步检查，确定为该车的燃油供给系统有故障。 **2. 任务描述** 　假如你是售后技师小王，根据情境在规定时间内，实车认知燃油供给系统，拆下低压燃油泵和发动机喷油器，调试之后进行安装；请依据维修手册的规范完成作业流程，填写任务工单。作业过程要求能够熟练查阅维修资料，规范使用工具量具和仪器设备、准确测量技术参数和判断故障点，做到安全文明作业。

任务载体	每组举升工位配备：一台丰田卡罗拉燃油车、配套维修手册、翼子板护垫 / 车内四件套 / 三角木、卡片、记号笔、常用工具车、零件车、风枪。	实训场地	实训车间

准备工作		
项目	情况记录	
（1）车辆准备	□是　□否	
（2）工具准备	□是　□否	
（3）维修手册准备	□是　□否	
（4）汽车停放位置与举升机状况检查准备	□是　□否	
（5）放置车轮三角木	□是　□否	
（6）放置转向盘套和脚垫	□是　□否	
（7）放置发动机及翼子板护垫	□是　□否	
（8）机油、冷却液检查	□是　□否	

一、信息收集

1. 车辆能起动，发动机没有抖动，加速无力，服务顾问用诊断仪连接发动机读取数据流，检测出燃油压力只有 0.02MPa，正常情况下，发动机怠速时的燃油压力在 0.32 ~ 0.34MPa 左右，怀疑＿＿＿＿＿＿＿出了问题，由此入手解决问题。

2. 汽油机燃油供给系统的基本功用是：＿＿＿＿＿＿＿＿＿＿＿＿＿＿＿＿＿＿＿＿＿＿＿＿。

3. 车辆属于＿＿＿＿＿＿＿形式的燃油系统，它由＿＿＿＿＿＿、＿＿＿＿＿＿、＿＿＿＿＿三大部分组成。

4. 缸内直喷系统电控组件总成部件有：＿＿＿＿＿＿＿＿＿＿＿＿＿＿＿＿＿＿＿＿＿＿＿。

5. 请识别图片中各个序号的名称，并填写在下面表格中。

序号	名称
1	
2	
3	
4	
5	

任务名称	工作页 18　燃油供给系统的认知与装调					
班级		姓名		学号		日期

二、实车查找燃油供给系统部件

拿着卡片，实车查找缸内直喷发动机燃油供给系统电控部件，将部件名称写在卡片上，贴在相应位置并填写下表。

部件	位置	部件	位置
低压燃油泵		油泵控制模块	
低压燃油压力传感器		高压燃油压力传感器	
燃油计量阀		喷油器	

三、写出燃油供给系统以下部件的功能

查找维修手册，填写下表。

部件	功能	部件	功能
低压燃油泵		油泵控制模块	
低压燃油压力传感器		高压燃油压力传感器	
燃油计量阀		喷油器	

四、拆装汽油泵

1.拆卸步骤及注意事项。

2.安装步骤及注意事项。

五、拆装喷油器

1.拆卸步骤及注意事项。

2.安装步骤及注意事项。

六、工作场地 7S 管理

任务实施

任务名称			工作页 18　燃油供给系统的认知与装调					
班级		姓名		学号			日期	

<table>
<tr><td rowspan="9">检查评价</td><td colspan="8">1.评分细则</td></tr>
<tr><td>序号</td><td>评价项目</td><td>评价标准（每项累计扣分不超过配分）</td><td>配分</td><td>自评</td><td>互评</td><td>师评</td></tr>
<tr><td>1</td><td>安全文明否决</td><td>□造成人身、设备重大事故，或恶意顶撞教师、严重扰乱课堂秩序，立即终止实训，此评价表计 0 分</td><td></td><td></td><td></td><td></td></tr>
<tr><td>2</td><td>工作计划制定</td><td>□能正确列出拆卸零部件所需的工量具，缺一个要点扣 0.5 分
□能正确查阅维修手册，缺一个要点扣 1 分
□能正确列出操作计划，缺一个要点扣 1 分
□能正确列出操作注意事项，缺一个要点扣 1 分</td><td>5 分</td><td></td><td></td><td></td></tr>
<tr><td>3</td><td>安全文明生产</td><td>□能正确穿工作服、工作鞋，戴工作帽，缺一项扣 1 分
□工量具与零件摆放整齐，不混放，不随意摆放在地上，未达标每次每处扣 1 分
□油、水洒落在地面或零部件表面或车漆表面应及时清理，未达标每次扣 1 分
□完工后清理工量具，缺一个要点扣 1 分
□完工后清理实训场地，缺一个要点扣 1 分
□服从教师和班长的课堂要求、不出言不逊，违反每次扣 2 分</td><td>10 分</td><td></td><td></td><td></td></tr>
<tr><td>4</td><td>工具准备</td><td>□能准备好需使用的工具，每少准备一件扣 1 分
□恰当选择工具进行拆装，选错一次扣 2 分</td><td>5 分</td><td></td><td></td><td></td></tr>
<tr><td>5</td><td>维修手册使用</td><td>□能对照维修手册正确找零部件位置及拆装要点，每查错一个或漏查一个要点扣 1 分</td><td>5 分</td><td></td><td></td><td></td></tr>
<tr><td>6</td><td>信息收集</td><td>□能写出燃油供给系统的功能，不正确扣 2 分
□能判断出实车燃油供给系统的类型，不正确扣 2 分
□能说出燃油供给系统的组成，缺一个要点扣 1 分
□能写出缸内直喷系统电控组件总成的主要部件，缺一个要点扣 1 分</td><td>15 分</td><td></td><td></td><td></td></tr>
<tr><td>7</td><td>实车查找部件</td><td>□能在实车上查找燃油供给系统各部件，错误一个扣 2 分</td><td>10 分</td><td></td><td></td><td></td></tr>
<tr><td>8</td><td>系统部件功能</td><td>□能写出燃油供给系统各部件的功能，错误一个扣 2 分</td><td>10 分</td><td></td><td></td><td></td></tr>
</table>

项
目
八

任务名称			工作页 18　燃油供给系统的认知与装调					
班级		姓名		学号			日期	

	序号	评价项目	评价标准（每项累计扣分不超过配分）	配分	自评	互评	师评
检查评价	9	拆装汽油泵	□拆卸汽油泵前能释放系统压力，关闭用电电源，操作不规范每项扣 2 分 □能规范选用拆装工具，不规范扣 2 分 □能按规定步骤拆装汽油泵，顺序不正确每次扣 2 分 □能按要求清洗零件，压缩空气吹净，缺一个要点扣 1 分 □能正确安装进、出油阀，错误扣 2 分 □能正确安装进油阀弹簧支架，错误扣 2 分 □零件或工具落地，每次扣 1 分	15 分			
	10	拆装喷油器	□能规范选用拆装工具，不规范扣 2 分 □能按规定步骤拆装喷油泵，顺序不正确每次扣 2 分 □能按要求把喷油器部件侵入油液中保管，未操作扣 1 分 □能保证针阀与针阀体不错装，注意防尘，错误扣 2 分 □零件或工具落地每次扣 1 分	15 分			
	11	工单记录	□字迹工整，潦草扣 2 分 □内容填写完整，缺一项扣 1 分	5 分			
	12	职业素养	□认真细致，精益求精，酌情赋分 □适应团队合作，酌情赋分	5 分			
			合计	100 分			

2.任务成绩（自我评价、组间互评、教师评价三者成绩加权得到，系数根据实际情况而定）

自我评价	组间互评	教师评价	任务成绩

反思改进	请根据任务完成情况，对自己及小组工作进行反思，提出改进意见或措施。 _____ _____ _____

任务 8.3　燃油供给系统的整体检修及数据处理

子任务 8.3.1　空气供给系统的检修及数据处理

注意：由于电控发动机汽油喷射系统按进气量检测方式一般分为两种：D 型和 L 型。D 型是用进气管的压力间接计算出进气量，而 L 型则是用空气流量传感器直接检测出进气管的进气量。

因此，不论是 D 型还是 L 型，只要进气系统不密封就会影响喷油量。对进气系统的检查应注意以下几方面。

1）发动机油标尺、机油加注口盖必须安装好，否则会影响发动机的运转。

2）进气软管不能破裂，卡箍要安装紧固，因为漏气会影响到空气流量传感器或进气传感器的信号，从而影响喷油量，致使发动机怠速不稳，发动机容易熄火、动力性和加速性能变差。

3）真空管不能破裂、扭结，也不能插错。若真空管插错，会导致发动机怠速不稳，甚至使各缸无规律地交替工作。

4）喷油器应安装舒贴，密封圈完好。如果安装不舒贴或密封圈损坏，上部安装密封不良会出现漏油现象造成严重事故，下部密封不良会造成漏气使发动机真空度下降，运行不良，还会使进气压力传感器的信号增加，而喷油量增加会使可燃混合气偏浓。

1. 节气门体的检修

节气门体是空气供给系统中的重要部件，在维修时应检查节气门体内是否有积垢或结胶，必要时用燃油系统清洗剂进行清洗。

注意：绝对不允许用砂纸或刮刀等来清理积垢和结胶，以免损伤节气门体内腔，导致节气门关闭不严或改变怠速空气道的尺寸，影响发动机正常工作。

节气门缓冲器的检修：拆下连接到缓冲器的真空管，将手动真空泵连接到缓冲器上，捏动手动真空泵，直到真空度为 53.2kPa 为止。若维持在这一真空度，则说明缓冲器良好；拆下手动真空泵，且节气门开度在全开位置时，缓冲推杆应迅速回到原来的位置。若真空度不能维持在正常状态下或推杆不能回到原位，则说明膜片已损坏，应拆装检修。

2. 辅助空气阀的检修及数据处理

（1）就车检查方法

1）起动发动机，并以怠速运转；如果有怠速控制阀，则需拔去怠速控制阀的线束插头。

2）在发动机冷车（<60℃）运转中，用钳子垫上抹布，夹住辅助空气阀的进气管，此时发动机的转速应感觉到明显下降，否则说明辅助空气阀不能开启或堵塞。

3）发动机暖机后，再用钳子垫上抹布，夹住辅助空气阀的进气管，此时发动机转速下降不应超过 100r/min（应无明显的下降），否则说明辅助空气阀关闭不严或不能关闭。如果发动机转速下降超过 100r/min，需应进一步检查线束插头处有无电源。如果无电源，则说明控制线路有故障；如果有电源，则说明辅助空气阀有故障，应更换新件。

（2）单件检查方法

1）在室温的状态下检查辅助空气阀的开度。当室温低于 10℃时，辅助空气阀应该处于半开状态；当室温为 20℃时，辅助空气阀应该处于微开状态（约开启 1/3）。

2）对于双金属片电热式的辅助空气阀，可以用万用表的欧姆档在接线插座处测量辅助空气阀加热线圈的电阻，其正常值应为 30 ～ 60Ω。将蓄电池电源连接在辅助空气阀接线插头上，辅助空气阀应在通电后慢慢关闭。

3）若为蜡式辅助空气阀，可以将其浸入到热水中，并将水温加热至 80℃左右。此时辅助空气阀应该能完全关闭，当温度下降时，阀门则可以慢慢打开。

4）用工具撬动阀板，阀门的开启应灵活。

3. 节气门位置传感器的检修及数据处理

图 8-76 所示为桑塔纳 2000GLi-AFE 型发动机节气门位置传感器的外形及接线原理，ECU端子 12 向传感器端子 1 输送 5V 的参考电压。

1）电阻的检测。关闭点火开关，拔下传感器插接器，用万用表测量各端子之间的电阻，若检测值不符合要求时，应更换传感器。

在节气门全关闭时，传感器端子 1、3 之间的电阻为 2.2kΩ，端子 1、2 之间的电阻为 3.1kΩ，端子 2、3 之间的电阻为 962kΩ。

在节气门全开时，传感器端子 1、3 之间的电阻为 2.2kΩ，端子 1、2 之间的电阻为 962kΩ，端子 2、3 之间的电阻为 3.1kΩ。

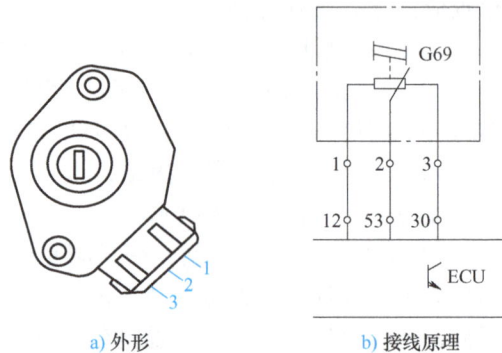

图 8-76　桑塔纳 2000GLi-AFE 型发动机节气门位置传感器的外形及接线原理
1—5V　2—节气门位置传感器信号线　3—搭铁

2）电压的检测。ECU 与传感器保持连接状态，打开点火开关，用万用表直流电压档进行检测，端子 1、3 之间电压应为 5V。端子 2、3 电压在节气门全闭时，在 0.1 ～ 0.9V之间；节气门全开时，在 3.0 ～ 4.8V 之间。

4. 热膜式空气流量传感器的检修及数据处理

图 8-77 所示为桑塔纳 2000GSi-AJR 型发动机的空气流量传感器与 ECU 接线原理，即为热膜式空气流量传感器结构及接线原理。打开点火开关，在空气流量传感器与 ECU处连接的状态下，检测端子 2，电压应为 12V。若无电压检出，则检测汽油泵继电器、ECU 电源电压及相关配线。

拔下 ECU 与传感器的插接器，检测端子 11 与 2 电压，电压值应为 5V。端子 3、12为信号负线，端子 5、13 为信号主线。检测端子 3、5 可得进气流量电压信号。

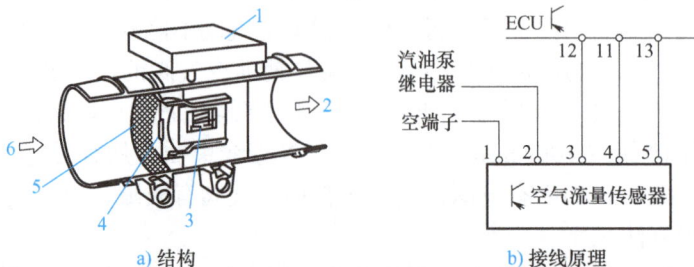

图 8-77　热膜式空气流量传感器结构及接线原理
1—控制回路　2—通发电机　3—热线电阻　4—温度传感器　5—金属网　6—空气

工作页 19　进气系统的检修

任务名称	工作页 19　进气系统的检修				
班级		姓名		学号		日期	

任务描述	**1.情境信息** 　一辆丰田卡罗拉燃油汽车，客户反映车辆起动困难，起动之后发动机运转不平稳。经技师小王初步检查，确定为该车的发动机进气系统出现故障。 **2.任务描述** 　假如你是售后技师小王，根据情境在规定时间内，对汽车发动机的进气系统进行故障检测与维修；依据维修手册的规范完成作业流程，发现和确认故障点，并在教师的指导下进行维修，填写检修工单。作业过程要求熟练查阅维修资料、规范使用工量具和仪器设备、准确测量技术参数和判断故障点，做到安全文明作业。

任务载体	每组举升工位配备：一台丰田卡罗拉燃油车、配套维修手册、翼子板护垫/车内四件套/三角木、常用工具车、零件车、诊断仪、弹簧卡箍钳、真空枪、压缩空气、抹布、个人防护用品、真空表。	实训场地	实训车间

	项目	情况记录
准备工作	（1）车辆准备	□是　□否
	（2）工具准备	□是　□否
	（3）维修手册准备	□是　□否
	（4）汽车停放位置与举升机状况检查准备	□是　□否
	（5）放置车轮三角木	□是　□否
	（6）连接尾气抽排管	□是　□否
	（7）放置转向盘套和脚垫	□是　□否
	（8）放置发动机及翼子板护垫	□是　□否
	（9）机油、冷却液检查	□是　□否

任务实施	**一、确认故障** 　1.功能检查。 　（1）打开点火开关，仪表盘信息：_____。 　（2）发动机怠速，是否能听到汽油泵转动的响声：_____。 　（3）操作车辆，车辆是否运转平稳：_____。 　根据客户故障描述，实车验证故障是否与客户描述一致（□一致　□不一致）。 　2.数据读取。 　（1）查阅维修手册，确认车辆诊断接口位置在_____。 　（2）诊断仪与车辆连接前，确认电源均处于_____状态。 　（3）连接诊断仪，读取故障数据。

项目八

任务名称	工作页 19 进气系统的检修						
班级		姓名		学号		日期	

<table>
<tr><td rowspan="30">任务实施</td><td colspan="5">故障确诊过程，请在对应的选项后画"√"或填写对应的内容。</td></tr>
</table>

任务实施

故障确诊过程，请在对应的选项后画"√"或填写对应的内容。

车型		诊断仪型号	

A. 利用汽车专用诊断仪读取故障代码，结果

（1）诊断仪与系统控制模块的通信情况：异常（　　）/ 正常（　　）。

1）诊断仪与其他控制模块的通信情况：异常（　　）/ 正常（　　）。

2）从其他控制模块读取相关的故障代码信息，不用者不填：

3）分析测试结果，不用者不填：

4）导致汽车专用诊断仪通信不正常的故障原因，不用者不填：

（2）系统控制模块与诊断仪正常通信时读取的故障信息，不用者不填：

无故障代码（　　）/ 有故障代码（　　）

基于无故障代码的诊断信息，分析可能的故障原因，不用者不填：

B. 基于有故障代码的诊断信息

故障代码	定义	是否始终记忆	与故障是否相关
		是（　　）/ 否（　　）	是（　　）/ 否（　　）
		是（　　）/ 否（　　）	是（　　）/ 否（　　）
		是（　　）/ 否（　　）	是（　　）/ 否（　　）

分析测试结果，不用者不填：

C. 读取进气系统数据流

1）起动发动机，诊断仪读取发动机工作时进气系统的数据流，转速为1000r/min，空气流量＿＿＿＿、进气压力＿＿＿＿、节气门工作状态＿＿＿＿；转速为2000r/min，空气流量＿＿＿＿、进气压力＿＿＿＿、节气门工作状态＿＿＿＿。

2）其他相关数据：＿＿＿＿＿＿＿＿＿＿＿＿＿＿＿＿＿＿＿＿＿＿＿＿＿＿＿＿。

二、信息收集
1. 进气系统的组成。
对照进气系统实物，将表中零件的序号填到右图中的正确位置。

任务名称	工作页 19　进气系统的检修						
班级		姓名		学号		日期	

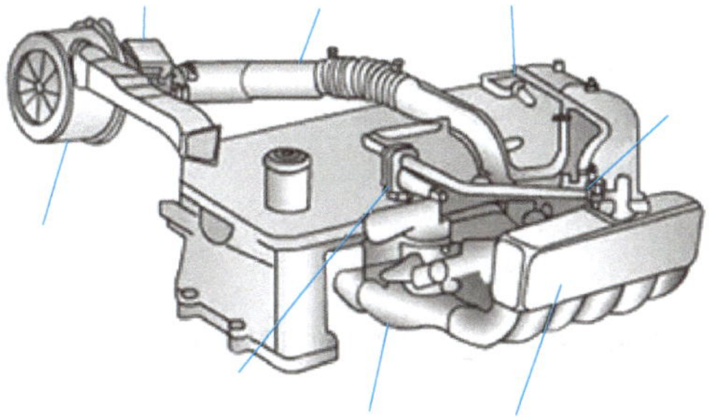

序号	名称
1	空气滤清器
2	空气流量传感器
3	进气连接管
4	进气总管
5	进气歧管
6	急速阀
7	节气门急速开度控制传感器
8	PCV 管

2. 进气流经路径。

进气口——_____——进气门 / 气缸

3. 进气系统部件类型及功能。

实车查找发动机进气系统部件，将部件名称写在以下卡片上，贴在相应位置并填写下表。

项目	类型		
进气系统	□自然进气	□涡轮增压	□机械增压
喷射方式	□歧管喷射	□缸内直喷	
空气滤清器	□干式	□油浸式	□油浴式
节气门	□线控式 □电子式	□旁通式	□直动式
进气歧管	□普通进气歧管	□可变长度进气歧管	□可变横截面积进气歧管

部件	功能	部件	功能
空气滤清器		节气门位置传感器	
空气流量传感器		急速控制阀	
节气门体		PCV 阀	

4. 进气系统主要部件拆装。

（1）空气滤清器和进气软管拆装步骤及注意事项。

任务实施

项目八

任务名称			工作页 19　进气系统的检修				
班级		姓名		学号		日期	

<table>
<tr><td rowspan="1">任务实施</td><td>

（2）节气门拆卸和清洗步骤及注意事项。

（3）进气歧管拆卸和安装步骤及注意事项。

　　5.进气系统漏气检查。
　　（1）故障车辆上安装进气真空表的真空管路在_____位置；进气真空表单位是_____；进气歧管标准压力值范围是_____。
　　（2）起动车辆至怠速状态下，如果测量值低于正常值_____kPa，表明真空度比怠速时的正常值低，进气歧管泄漏或节气门未正常关闭，应进行_____检查。
　　（3）在进行进气歧管压力测量时，应注意发动机在_____状态下拆下进气真空管路；拆下进气真空管路连接时，真空管路不要放置到_____管路上，以免烫坏真空软管；执行测量工作时尽量远离热源，防止烫伤。
　　（4）写出使用真空表测量进气歧管压力的步骤。

三、计划与决策
　　1.故障产生原因。

　　2.故障检修方案。
　　（1）工具要求。
_____
_____
　　（2）检修流程。
_____
_____
_____
　　（3）注意事项。
_____
_____
　　（4）小组分工。
_____
_____
_____
</td></tr>
</table>

任务名称			工作页 19　进气系统的检修				
班级		姓名		学号		日期	

<table>
<tr><td rowspan="2">任务实施</td><td colspan="7">

四、故障检修

1. 安全注意事项。

车辆防护：_____。

个人防护：_____。

工具设备防护：_____。

工具使用时注意事项：_____。

2. 外观检查。

</td></tr>
</table>

	进气系统外观检查	
1	进气管是否脏堵	□是　□否
2	节气门是否脏堵	□是　□否
3	进气管连接处是否松动	□是　□否

3. 漏气检查。

怠速状态下进气歧管压力值为_____；急加速时进气歧管压力值为_____；迅速放开节气门，观察压力最高值为_____；判断进气系统_____□是／□否漏气。

4. 拆卸检查拆卸进气管检查是否脏堵：_____。

拆卸滤清器检查是否脏堵：_____。

拆卸节气门检查是否脏堵：_____。

5. 判断故障点。

经过上述检测结果，判断故障点：_____。

6. 故障检修。

_____

_____

7. 恢复检查。

（1）检查车辆故障是否真正被排除：_____。

（2）检查车辆其他功能是否正常：_____。

（3）检查工具是否全部归位：_____。

（4）检查设备是否全部归位：_____。

（5）检查工作场地是否清洁：_____。

检查评价

1. 评分细则

序号	评价项目	评价标准（每项累计扣分不超过配分）	配分	自评	互评	师评
1	安全文明否决	□造成人身、设备重大事故，或恶意顶撞教师、严重扰乱课堂秩序，立即终止实训，此评价表计 0 分				
2	工作计划制定	□能正确列出需使用的工量具，缺一个要点扣 0.5 分 □能正确查阅维修手册，缺一个要点扣 1 分 □能正确列出操作计划，缺一个要点扣 1 分 □能正确列出操作注意事项，缺一个要点扣 1 分	10 分			

项目八

任务名称			工作页 19 进气系统的检修						
班级		姓名		学号				日期	

（续）

	序号	评价项目	评价标准（每项累计扣分不超过配分）	配分	自评	互评	师评
检查评价	3	安全文明生产	□能正确穿工作服、工作鞋，戴工作帽，缺一项扣1分 □工量具与零件摆放整齐，不混放，不随意摆放在地上，未达标每次每处扣1分 □油、水洒落在地面或零部件表面或车漆表面应及时清理，未达标每次扣1分 □完工后清理工量具，缺一个要点扣1分 □完工后清理实训场地，缺一个要点扣1分 □服从教师和班长的课堂要求，不出言不逊，违反每次扣2分	10分			
	4	工具准备	□能准备好需使用的工具，每少准备一件扣1分 □恰当选择工具进行检修，选错一次扣2分	5分			
	5	维修手册使用	□能对照维修手册正确查找零件拆装、线路检查及检修要点，每查错一个数据或漏查一个要点扣1分	10分			
	6	故障确认	□能实车功能检查，缺一个要点扣1分 □能规范使用诊断仪读取故障码和数据流，缺一个要点扣1分	5分			
	7	信息准备	□了解进气系统组成及各部件功能，缺一个要点扣1分 □能识别进气系统实物并画出进气路线，识别错误或画错扣5分 □能区分进气系统类型，错一个扣1分 □能掌握进气系统主要部件的拆装步骤及注意事项，错一个或缺一个要点扣2分 □能了解进气系统漏气检查步骤并能准确判断是否漏气，错一个或缺一个要点扣2分	15分			
	8	原因分析	□能分析故障产生的可能原因，缺少一个要点扣2分	5分			
	9	方案制定	□能制定故障排除方案，缺少一个要点扣2分	10分			
	10	故障检修	□能对进气系统进行外观检查，遗漏或判断错误扣1分 □能规范测量进气歧管压力，并能准确判断是否漏气，缺一个要点扣2分 □能确认高低压燃油泵插接器及端子位置，错误扣2分 □能规范拆装进气管、空气滤清器和节气门，脏堵时能进行清洗恢复，缺一个要点扣1分	20分			

任务名称			工作页 19　进气系统的检修				
班级		姓名		学号		日期	

	序号	评价项目	评价标准（每项累计扣分不超过配分）	配分	自评	互评	师评
检查评价	10	故障检修	□能准确判断故障点，错误扣 2 分 □能对故障进行排除，未能排除扣 5 分 □能在终检时确认车辆功能是否恢复，缺一个要点扣 1 分 □设备、场地恢复及车辆符合 7S 管理要求，缺一个要点扣 1 分	20 分			
	11	工单记录	□字迹工整，潦草扣 2 分 □内容填写完整，缺一项扣 1 分	5 分			
	12	职业素养	□动手能力，酌情赋分 □适应团队合作，酌情赋分	5 分			
		合计		100 分			

2.任务成绩（自我评价、组间互评、教师评价三者成绩加权得到，系数根据实际情况而定）

自我评价	组间互评	教师评价	任务成绩

反思改进	请根据任务完成情况，对自己及小组工作进行反思，提出改进意见或措施。

项目八

子任务 8.3.2　燃油供给系统的检修及数据处理

注意：拆卸油管前首先应卸压，以防止较高压力的燃油喷洒出来引起火灾，卸压的方法有两种。

（1）方法 1

1）缓慢松开燃油箱上的加注口盖，释放燃油箱中的蒸汽压力。

2）先将三通油压表一端的软管连接到燃油压力检测头上，在连接燃油压力表时，用抹布罩好燃油压力接头周围，防止燃油溢洒；然后将另一端的软管装入准许的容器中，打开三通油压表的切断阀，系统中的燃油从燃油压力检测孔通过三通油压表软管流入准许的容器中，最后将燃油压力表中残留的燃油放入准许的容器中。

3）释放油压后，在维修燃油管路或插头时，将有少量燃油被泄出，所以在断开油管前，应用抹布将拆卸位置罩住，以吸附泄漏的燃油，将吸附燃油的抹布放入准许的容器中。

（2）方法 2

1）拆卸前，先拔下燃油泵的继电器或熔体丝，也可拔下燃油泵的导线插头，再起动发动机，直至发动机自然停机，在拆卸油管前应用抹布罩住拆卸处，用以吸附泄漏的燃油。

2）连接螺母或接头螺栓与高压油管接头连接时必须使用新垫片，先用手拧接头螺栓，再用工具拧紧到规定力矩。连接螺母时应先在喇叭口上涂一薄层的润滑油，再用工具把接头拧紧到规定力矩。

3）拆装喷油器时要小心仔细，重新安装时，O 形密封圈一般要更换新件；安装喷油器前应先用汽油润滑 O 形密封圈，不可以使用机油、齿轮油或制动油。

4）不能通过燃油箱的加油管放出油箱中的燃油，否则，会损坏燃油箱加油管定位部件。正确的方法是先释放系统油压，卸下油箱，然后用手动油泵装置从燃油箱上的维修圆孔中抽出燃油。不得将燃油放入开口容器中，否则会导致失火或爆炸。

5）燃油系统在维修后不能立即起动发动机运行，应仔细检查有无漏油处。有些汽车接通点火开关，燃油泵工作 1 ～ 2s，不起动发动机立即停止工作，可接通点火开关 3s，再关闭点火开关 10s，连续几次查看有无漏油，还可夹住回油管，使系统油压上升，在这种状态下检查和观察燃油系统是否有漏油部位；有些汽车起动时燃油泵才工作，可先起动一下，检查起动时有无部位漏油。不管用哪一种方法，都应先确认有无漏油部位后才能正式起动，起动后使发动机急速运转，再仔细检查有无漏油部位，此后才能关上发动机罩正常运行。

1. 汽油箱的检修

按规定周期用压缩空气吹净汽油箱和通气管内的积垢，放出积垢和水分。

检查汽油箱是否有凹陷变形或裂纹，有凹陷的部位可在该处焊上一个棒料作为拉手，将汽油箱壁板拉出，然后再焊割去棒料；有裂纹处可用焊料补焊，焊前应使用 5% 的烧碱沸水溶液洗刷，再用热水冲洗，将汽油箱里的燃油蒸气完全除去。焊前还应拆除汽油箱盖及燃油传感器的浮子组端盖，以保安全。

检查油管应紧固，各通风管（口）应畅通，油管盖应密封严密，重力阀和通风阀应工作正常，以免影响供油。另外汽油箱应安装牢固。

当汽油箱出现漏油时，可用压力法检查漏油部位：释放燃油系统的压力，拆卸汽油箱并放出汽油箱中的汽油；将汽油箱除了加油管的其他管口堵住，将带通气管的汽油箱盖拧紧在加油管口；然后将汽油箱浸入水中，观察汽油箱是否有气泡冒出。如有气泡，在冒气泡部位做好标记，以待修复。

注意：充入汽油箱内的压缩空气压力不能过高，以免胀裂汽油箱。

2. 汽油泵的检修及数据处理

（1）不解体检修

1）不接油管压动摇臂，应有呼吸声。

2）接上油管，出油管朝上，进油管放入汽油中，泵油时出油管喷出的油柱应大于0.5m 以上为正常（注意安全）。

3）堵住出油管，泵油片刻后停止泵油，放开出油管有油喷出，则油泵正常。

（2）解体检修

1）检查壳体是否有裂纹，油泵各接合面平面度应不大于 0.05mm，否则，可用研磨砂修磨。

2）检查进、出油阀是否老化破损，密封是否良好。膜片是否老化、破损。

3）检查膜片弹簧弹力是否正常，摇臂与销轴配合间隙应不大于 0.10mm。

任务名称			工作页 20　燃油供给系统的检修			
班级		姓名		学号		日期	

<table>
<tr><td rowspan="2">任务描述</td><td colspan="6">1.情境信息
　一辆丰田卡罗拉燃油汽车，客户反映车辆起动正常，发动机无抖动，但是加速后当速度达到 40km/h 时就很难再升上去，加速无力。经技师小王初步检查，确定为该车的燃油供给系统有故障。</td></tr>
<tr><td colspan="6">2.任务描述
　假如你是售后技师小王，根据情境在规定时间内，对汽车发动机的燃油供给系统进行故障检测与维修；依据维修手册的规范完成作业流程，发现和确认故障点，并在教师的指导下进行维修，填写任务工单。作业过程要求能够熟练查阅维修资料、规范使用工具具和仪器设备、准确测量技术参数和判断故障点，做到安全文明作业。</td></tr>
</table>

任务载体	每组举升工位配备：一台丰田卡罗拉燃油车、配套维修手册、翼子板护垫 / 车内四件套 / 三角木、常用工具车、零件车、诊断仪、万用表、接线盒、个人防护用品。	实训场地	实训车间

<table>
<tr><td rowspan="10">准备工作</td><td colspan="2" align="center">项目</td><td align="center">情况记录</td></tr>
<tr><td colspan="2">（1）车辆准备</td><td>□是　□否</td></tr>
<tr><td colspan="2">（2）工具准备</td><td>□是　□否</td></tr>
<tr><td colspan="2">（3）维修手册准备</td><td>□是　□否</td></tr>
<tr><td colspan="2">（4）汽车停放位置与举升机状况检查准备</td><td>□是　□否</td></tr>
<tr><td colspan="2">（5）放置车轮三角木</td><td>□是　□否</td></tr>
<tr><td colspan="2">（6）连接尾气抽排管</td><td>□是　□否</td></tr>
<tr><td colspan="2">（7）放置转向盘套和脚垫</td><td>□是　□否</td></tr>
<tr><td colspan="2">（8）放置发动机及翼子板护垫</td><td>□是　□否</td></tr>
<tr><td colspan="2">（9）机油、冷却液检查</td><td>□是　□否</td></tr>
</table>

任务实施	**一、确认故障** 1.功能检查。 （1）打开点火开关，仪表盘信息：＿＿＿＿＿＿＿＿＿＿＿＿＿＿＿＿＿＿＿＿＿＿＿＿＿＿＿＿＿＿。 （2）发动机怠速，是否听到燃油泵转动的响声？＿＿＿＿＿＿＿＿＿＿＿＿＿＿＿＿＿＿＿＿＿＿＿＿。 （3）操作车辆：＿＿＿＿＿＿＿＿＿＿＿＿＿＿＿＿＿＿＿＿＿＿＿＿＿＿＿＿＿＿＿＿＿＿＿＿＿＿。 根据客户故障描述，实车验证故障是否与客户描述一致（□一致　□不一致）。 2.数据读取。 （1）查阅维修手册，确认车辆诊断接口位置在＿＿＿＿＿＿＿＿＿＿＿＿＿＿＿＿。 （2）诊断仪与车辆连接前，确认电源均处于＿＿＿＿＿＿＿＿＿＿＿＿＿＿状态。 （3）连接诊断仪，读取故障数据。

任务名称	工作页 20 燃油供给系统的检修					
班级		姓名		学号		日期

<table>
<tr><td rowspan="40">任务实施</td><td colspan="6">故障确诊过程，请在对应的选项后画"√"或填写对应的内容。</td></tr>
</table>

任务实施

故障确诊过程，请在对应的选项后画"√"或填写对应的内容。

车型		诊断仪型号	

A. 利用汽车专用诊断仪读取故障代码，结果

（1）诊断仪与系统控制模块的通信情况：异常（　　）/ 正常（　　）。

1）诊断仪与其他控制模块的通信情况：异常（　　）/ 正常（　　）。

2）从其他控制模块读取的相关故障代码信息，不用者不填：

_____

3）分析测试结果，不用者不填：

_____

4）导致汽车专用诊断仪通信不正常的故障原因，不用者不填：

_____

（2）系统控制模块与诊断仪正常通信时读取的故障信息，不用者不填：

无故障代码（　　）/ 有故障代码（　　）

基于无故障代码的诊断信息，分析可能的故障原因，不用者不填：

_____

B. 基于有故障代码的诊断信息

故障代码	定义	是否始终记忆	与故障是否相关
		是（　　）/ 否（　　）	是（　　）/ 否（　　）
		是（　　）/ 否（　　）	是（　　）/ 否（　　）
		是（　　）/ 否（　　）	是（　　）/ 否（　　）

分析测试结果，不用者不填：

_____

C. 读取燃油供给系统的异常数据流

1）诊断仪连接探针，读取低压油泵工作时的数据流，为_____信号，频率_____。

2）打开点火开关，诊断仪连接探针测量高压燃油压力供电电压为_____，信号端电压为_____。

3）发动机起动后，诊断仪连接探针读取高压燃油压力传感器的数据流，油轨压力为_____，熄火 10min 后，油轨压力为_____。

二、信息收集

1. 汽油发动机混合气的浓度。

（1）空燃比 =_____，发动机工况不同，需求的空燃比_____。

（2）理想混合气也称平衡混合气，是最理想的空燃比，此空燃比称为理论空燃比。汽油机的理论空燃比约为_____，这种配比的混合气可以获得完全的燃烧。

任务名称			工作页 20　燃油供给系统的检修			
班级		姓名		学号	日期	

（3）过量空气系数用 λ 表示。$\lambda=$_____。过量空气系数 $\lambda=1$ 的可燃混合气即为理论空燃比，此时燃料与空气中的氧气完全燃烧。$\lambda<1$ 时，为_____混合气；$\lambda>1$ 时则为_____混合气。

（4）发动机急速时，最佳空燃比约为_____，发动机大负荷工作时，混合气最佳为_____（加浓／稀薄）状态。

2. 汽油发动机燃油供给系统的组成。

（1）故障车辆的发动机燃油供给系统是进气歧管喷射形式还是缸内直喷形式?_____；判断的依据是_____。

（2）实车找到低压油泵、燃油计量阀、高压油泵、油轨压力传感器、喷油器，观察它们的线束插头，根据维修手册和电路图，说明这几根导线分别与哪些部件连接，并填写下表。

检测部位	端子 1	端子 2	端子 3	端子 4	…
低压油泵					
燃油计量阀					
高压油泵					
油轨压力传感器					
喷油器					

低压油泵电阻测量端子为_____，标准值为_____；燃油计量阀电阻测量端子为_____，标准值为_____。

（3）写出汽油的流经路径。

油箱——_____——喷油器

（4）小组讨论，把燃油供给系统各部件名称写在卡片上，用线连接起来，形成燃油供给系统工作简图。

三、计划与决策

1. 故障产生原因。

_____

2. 故障检修方案。

（1）工具要求。

_____

（2）检修流程。

_____

（3）注意事项。

_____

（4）小组分工。

_____

项目八

任务名称	工作页 20　燃油供给系统的检修						
班级		姓名		学号		日期	

任务实施	**四、故障检修** 1. 安全注意事项。 车辆防护：＿＿＿＿＿＿＿＿＿＿＿＿＿＿＿＿＿＿＿＿＿＿＿＿＿＿＿。 个人防护：＿＿＿＿＿＿＿＿＿＿＿＿＿＿＿＿＿＿＿＿＿＿＿＿＿＿＿。 工具设备防护：＿＿＿＿＿＿＿＿＿＿＿＿＿＿＿＿＿＿＿＿＿＿＿＿＿。 工具使用时注意事项：＿＿＿＿＿＿＿＿＿＿＿＿＿＿＿＿＿＿＿＿＿。 2. 外观检查。

燃油供给系统外观检查

1	检查油管接头处有无泄漏、橡胶管路有无老化催裂	□是　□否
2	燃油管路卡扣是否连接到位、有无松动	□是　□否
3	油箱有无磕碰、连接管路是否可靠、橡胶管路有无老化	□是　□否
4	高压燃油泵电气连接插头连接是否可靠、燃油管路有无渗漏、燃油泵在工作时有无异响	□是　□否

3. 部件 / 线路测试。
1）万用表测量低压油泵电阻为＿＿＿＿＿＿＿＿＿。
2）万用表测量燃油计量阀两端电阻为＿＿＿＿＿＿＿＿。
3）……
4. 判断故障点。
经过上述检测结果，判断故障点：＿＿＿＿＿＿＿＿＿＿＿＿＿＿＿＿。
5. 故障检修。
＿＿＿＿＿＿＿＿＿＿＿＿＿＿＿＿＿＿＿＿＿＿＿＿＿＿＿＿＿＿＿＿＿＿
＿＿＿＿＿＿＿＿＿＿＿＿＿＿＿＿＿＿＿＿＿＿＿＿＿＿＿＿＿＿＿＿＿＿
6. 恢复检查。
（1）检查车辆故障是否真正排除：＿＿＿＿＿＿＿＿＿＿＿＿＿＿＿＿＿＿＿。
（2）检查车辆其他功能是否正常：＿＿＿＿＿＿＿＿＿＿＿＿＿＿＿＿＿＿＿。
（3）检查工具是否全部归位：＿＿＿＿＿＿＿＿＿＿＿＿＿＿＿＿＿＿＿＿＿。
（4）检查设备是否全部归位：＿＿＿＿＿＿＿＿＿＿＿＿＿＿＿＿＿＿＿＿＿。
（5）检查工作场地是否清洁：＿＿＿＿＿＿＿＿＿＿＿＿＿＿＿＿＿＿＿＿＿。

检查评价

1. 评分细则

序号	评价项目	评价标准（每项累计扣分不超过配分）	配分	自评	互评	师评
1	安全文明否决	□造成人身、设备重大事故，或恶意顶撞教师、严重扰乱课堂秩序，立即终止实训，此评价表计 0 分				
2	工作计划制定	□能正确列出需使用的工量具，缺一个要点扣 0.5 分 □能正确查阅维修手册，缺一个要点扣 1 分 □能正确列出操作计划，缺一个要点扣 1 分 □能正确列出操作注意事项，缺一个要点扣 1 分	10 分			

任务名称			工作页 20　燃油供给系统的检修					
班级		姓名		学号			日期	

（续）

	序号	评价项目	评价标准（每项累计扣分不超过配分）	配分	自评	互评	师评
检查评价	3	安全文明生产	□能正确穿工作服、工作鞋，戴工作帽，缺一项扣 1 分 □工量具与零件摆放整齐，不混放，不随意摆放在地上，未达标每次每处扣 1 分 □油、水洒落在地面或零部件表面或车漆表面应及时清理，未达标每次扣 1 分 □完工后清理工量具，缺一个要点扣 1 分 □完工后清理实训场地，缺一个要点扣 1 分 □服从教师和班长的课堂要求，不出言不逊，违反每次扣 2 分	10 分			
	4	工具准备	□能准备好需使用的工具，每少准备一件扣 1 分 □恰当选择工具进行检修，选错一次扣 2 分	5 分			
	5	维修手册使用	□能对照维修手册正确查找零件拆装、线路检查及检修要点，每查错一个数据或漏查一个要点扣 1 分	10 分			
	6	故障确认	□能实车功能检查，缺一个要点扣 1 分 □能规范使用诊断仪读取故障码和数据流，缺一个要点扣 1 分	5 分			
	7	信息准备	□了解汽油机空燃比、过量空气系数等参数，能分析不同工况下稀浓混合气的要求，缺一个要点扣 1 分 □能表述燃油供给系统各部分的组成并画出油路，画错 5 分 □能查阅资料掌握系统各部件线束端子定义，错一个扣 1 分	15 分			
	8	原因分析	□能分析故障可能原因，缺少一个要点扣 2 分	5 分			
	9	方案制定	□能制定故障排除方案，缺少一个要点扣 2 分	10 分			
	10	故障检修	□能对燃油供给系统进行外观检查，遗漏或判断错误扣 1 分 □能使用万用表及接线盒，错误扣 2 分 □能确认高低压燃油泵插接器及端子位置，错误扣 2 分 □能判断系统线路、管路有无松动脱落、进水腐蚀老化，错误扣 2 分 □能测量燃油泵的供电及信号电压，错误扣 2 分 □能检查燃油泵的好坏，错误扣 2 分	20 分			

项目八

任务名称			工作页 20　燃油供给系统的检修					
班级		姓名		学号			日期	

	序号	评价项目	评价标准（每项累计扣分不超过配分）	配分	自评	互评	师评
检查评价	10	故障检修	□能准确判断故障点，错误扣 2 分 □能对故障进行排除，未能排除扣 5 分 □能在终检时确认车辆功能是否恢复，缺一个要点扣 1 分 □设备、场地恢复及车辆符合 7S 管理要求，缺一个要点扣 1 分	20 分			
	11	工单记录	□字迹工整，潦草扣 2 分 □内容填写完整，缺一项扣 1 分	5 分			
	12	职业素养	□认真细致，精益求精，酌情赋分 □适应团队合作，酌情赋分	5 分			
			合计	100 分			

2.任务成绩（自我评价、组间互评、教师评价三者成绩加权得到，系数根据实际情况而定）

自我评价	组间互评	教师评价	任务成绩

反思改进	请根据任务完成情况，对自己及小组工作进行反思，提出改进意见或措施。 _____ _____ _____

子任务 8.3.3　电子控制系统的检修及数据处理

1. 控制单元的检修及数据处理

（1）控制单元使用中的注意事项

1）同一车型的发动机控制单元版本型号有可能不同。捷达轿车不同控制单元的版本型号也会不同，而所换的发动机控制单元版本型号若与原车不符，将会造成挂档冲击，高速行驶负荷变化时也会有换档冲击，油耗增大。

2）警惕 A/D 转换器转换错误。汽车没有高速行驶，里程表显示车速为 120km/h，而数据流显示为 170km/h，说明控制单元 A/D 转换器转换错误，更换控制单元可排除故障。

3）控制单元上搭铁线接触不良，会导致传感器和执行器的电阻过高。控制单元上有所有传感器和执行器的搭铁线，如控制单元上搭铁线接触不良，会导致传感器和执行器的电阻过高，使返回控制单元的传感器信号电压高于正常值，使执行器的工作电压或电流低于正常值。

4）控制单元进水受潮后的紧急处理。控制单元一旦进水受潮，应尽快使用塑料袋密封，用真空泵抽真空，若处理及时可以恢复正常。

注意： 严禁用热风吹或用烘箱烤，那样会将水分进入控制单元电路板内部，造成永久损伤。

控制单元进水受潮后强行行驶或起动，会造成其内部短路。

（2）控制单元的检修

控制单元中的微机出现故障时，一般是利用诊断的方法加以判断，也可用比较法进行换件维修，为了质量和安全考虑，一般不进行拆检维修。

2. 传感器的检修及数据处理

（1）进气温度传感器的检修及数据处理

如果进气温度传感器本身或其线路有故障，将会导致发动机出现起动困难、怠速不稳、废气污染物排放量增加等故障。

1）进气温度传感器的电阻检测。车下检查：将点火开关置于"OFF"档位，拔下进气温度传感器的导线连接器，并将传感器拆下，用电热吹风器、红外线灯或热水加热进气温度传感器；同时用万用表电阻档测量进气温度传感器在不同温度下两端子间的电阻，将测得的电阻与标准数值进行比较。如果与标准值不符，则应更换新件。

2）进气温度传感器的输出信号电压检测。当点火开关置于"ON"档位时，测量 ECU 的 THA 端子与 E_2 端子之间的电压，如图 8-78a 所示。或进气温度传感器的信号端子与搭铁端子之间的电压，如图 8-78b 所示，在 20℃时的电压应为 0.5 ~ 3.4V。

（2）进气管绝对压力传感器的检修与数据处理

当用万用表电阻档检测线束电阻时，应断开点火开关，拔下控制器线束插头和传感器线束插头，检测两插头上各端子之间导线电阻应当小于 0.5Ω（或参照维修手册提供的标准数据），如电阻过大，说明线束与端子接触不良或断路。

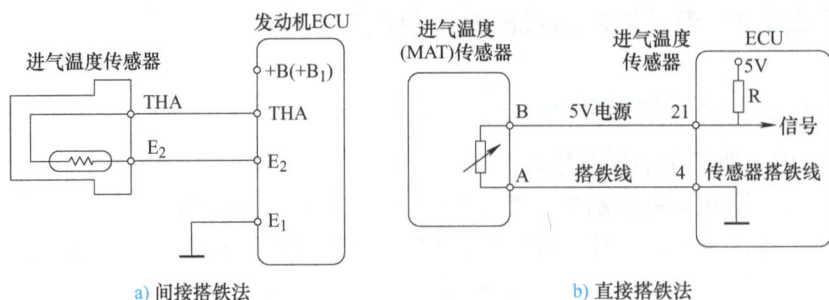

a) 间接搭铁法   b) 直接搭铁法

图 8-78 进气温度传感器连接电路

桑塔纳 2000GLi 型轿车 MAP 传感器端子及连线如图 8-79 所示，MAP 与进气温度传感器 G17 集成为一体，与稳压箱相连，为压敏电阻式。

检测电压时，接通点火开关，检测传感器端子 2 与 4 之间的电压应为 5V 左右（标准电压）；当点火开关接通，发动机不起动时，检测传感器端子 1 与 4 之间的信号电压应为 3.8 ～ 4.2V；当发动机怠速运转时，信号电压应为 0.8 ～ 1.3V；当突然加大节气门开度时，信号电压应随节气门开度加大而升高。如果信号电压不符合上述规律，则说明传感器失效。

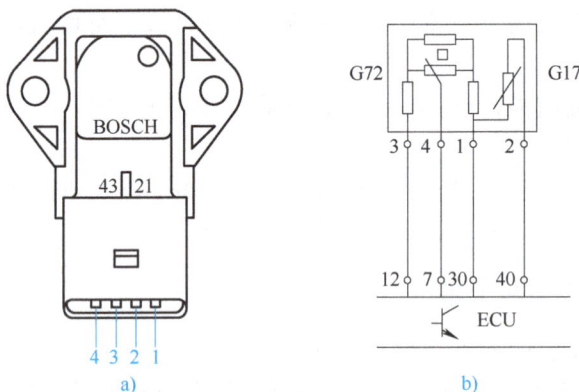

a)   b)

图 8-79 桑塔纳 2000GLi 型轿车 MAP 传感器端子及连接

（3）冷却液温度传感器的检修及数据处理

如果冷却液温度传感器本身或其线路有故障，将导致发动机冷车或热车起动困难、怠速不稳、耗油量和废气排放量增加。因此当混合气过浓或过稀时应检测冷却液温度传感器及其控制电路，其检测方法与进气温度传感器基本相同。

1）停车检查。将点火开关置于"OFF"档位，拆卸冷却液温度传感器的导线连接器，用高阻抗数字式万用表的电阻档，如图 8-80 所示。测试传感器两端子之间的电阻，其电阻与温度的高低成反比，在怠速时应小于 $1k\Omega$。

2）车下检查。将冷却液温度传感器的导线连接器拔下，然后从发动机上拆下传感器，把该传感器置于烧杯内的水中，加热烧杯中的水，同时在不同冷却液温度条件下，用万用表电阻档测量冷却液温度传感器两接线端子之间的电阻，如图 8-81 所示。将测量值与标准值相比较，如果不符合标准，则应更换冷却液温度传感器。

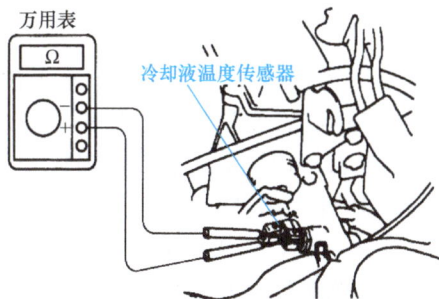

图 8-80 冷却液温度传感器的电阻检测

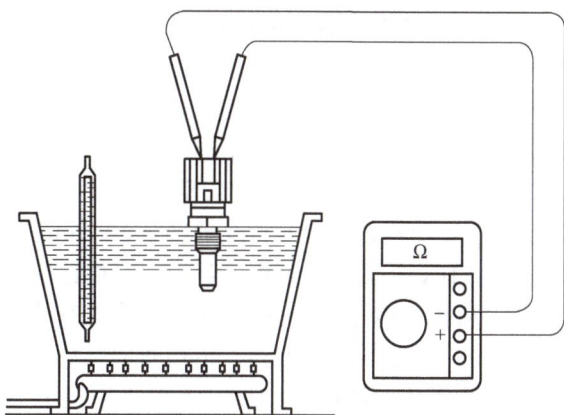

图 8-81 冷却液温度传感器电阻的动态检测

（4）发动机转速与曲轴位置传感器的检修及数据处理

1）电阻的检测。关闭点火开关，将传感器的插接器拔下。检测传感器的端子 2、3，其电阻应在 480 ～ 1000Ω 之间，如图 8-82 所示。若不符，应更换传感器。

2）电压检测。端子 2 与端子 63 为信号正线，端子 3 与端子 56 则为信号负线，若将示波器放在端子 3 与 2 之间，则可检测转速传感器脉冲电压信号。

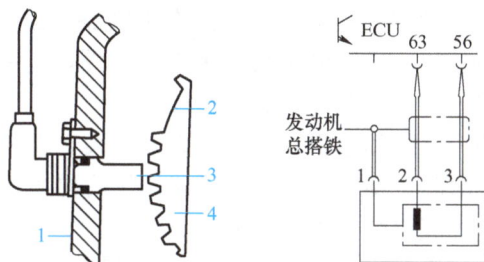

图 8-82 发动机转速与曲轴位置传感器

1—缸体 2—齿缺（基准标记） 3—转速传感器 4—信号盘

（5）氧传感器的检修及数据处理

1）对于加热型氧传感器，首先关闭点火开关，拔下氧传感器的导线插接器，用万用表电阻档测量氧传感器接线端子中加热元件端子 A 与搭铁端子 B 间的电阻，如图 8-83 所示。其电阻应在 4 ～ 40Ω 之间，如不符合标准，应更换氧传感器。

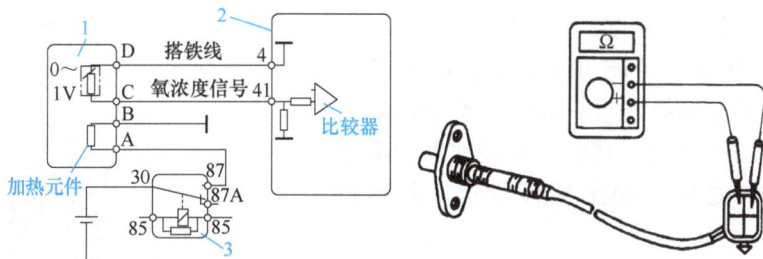

图 8-83 加热型氧传感器加热元件电阻的检测

1—氧传感器 2—ECU 3—油泵继电器

2）接好氧传感器线束插接器，起动发动机以较高的转速运转，直到氧传感器工作温度达到400℃时再维持怠速运转。然后反复踩下加速踏板，并用万用表测量氧传感器C、D端子输出信号电压，同时检查电压表指针能否在0～1V之间来回摆动，记下10s内电压表指针摆动的次数，应大于等于8次。

3）若10s内电压表指针摆动的次数少于8次，说明氧传感器反馈系统工作不正常。此时应让发动机以2500r/min的转速转2min，以清除氧传感器表面积炭，然后再检查电压表指针10s内摆动的次数，若10s内指针摆动依旧少于8次，说明氧传感器被损坏。

4）从排气管上拆下氧传感器，检查其壳体上的通气孔有无堵塞、陶瓷芯有无破损。如有破损，应更换氧传感器；再检查氧传感器的颜色应为淡灰色，否则应更换氧传感器。

5）若氧传感器已经损坏，不可采用拔下氧传感器插头或将插头短路的方法来消除故障。因为这会使ECU得不到正常的反馈信息，使反馈控制系统转入开环控制系统，同样会点亮发动机故障警告灯。更换氧传感器时，应安装新的密封垫片并按规定力矩拧紧，不要使用含硅的密封胶，以免氧传感器发生硅中毒而失效。

（6）爆燃传感器的检修及数据处理（以捷达五阀发动机为例）

1）将检测盒VAG1598/1522接到控制单元线束上。

2）从爆燃传感器1（G61）上拔下黑色连接器，从爆燃传感器2（G66）上拔下棕色连接器。

3）检查检测盒与爆燃传感器连接器之间导线有无断路。爆燃传感器1（G61）：端子1与插孔68，端子2与插孔67，导线电阻最大为15Ω。爆燃传感器2（G66）：端子1与插孔60，端子2与插孔67，导线电阻最大为1.5Ω。

4）检测爆燃传感器端子之间的电阻，正常值为无穷大，否则应更换爆燃传感器。

5）如果确定导线没有故障，则松开爆燃传感器，然后再用20N·m的力矩拧紧。

6）试车，使发动机冷却液温度达到80℃以上。

7）重新读取故障码，如果故障仍然存在，则应更换爆燃传感器。

3. 执行元件的检修及数据处理

（1）喷油器的检修及数据处理

喷油器的可能故障主要有：喷油器阀胶结；电磁阀线圈短路、断路或烧坏；插接器内部接触不良导致喷油器不喷油；喷油器密封不严引起滴油；喷油器弹簧变软或折断，喷油器喷油嘴脏污导致喷油量减少或喷射角度、喷射距离减小。

1）电阻的检查。关闭点火开关，拔下喷油器，检测两端子之间的电阻。低电阻型喷油器的电阻在1.5～3.5Ω之间，高电阻型喷油器的电阻在19.5～22.5Ω之间，如图8-84所示。若不符应更换喷油器。

2）喷油器的停车运行检查。起动发动机，接住听诊器检查喷油器是否有喷油响声，或用手逐

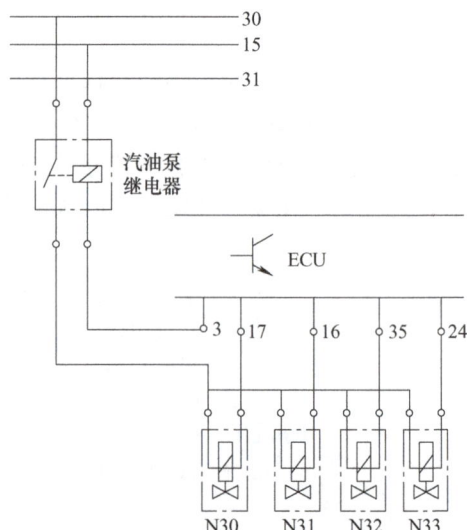

图8-84　喷油器的接线原理

缸触摸喷油器的工作状况，若感觉不到振动，表示喷油器不工作。此时应检查线束、插接器、喷油器或 ECU 的喷油信号。

3）喷油器喷油质量的检查和恢复。喷油器喷油口被积炭堵塞后，由于喷油量减少、喷射形状变差、雾化质量变差等原因导致混合气变稀；当积炭或胶质造成喷油器针阀关闭不严时，喷油嘴滴漏而导致混合气变浓，这都会导致发动机出现怠速运转不稳定、加速性能下降、起动性能变差、功率不足、排放增加等故障，因此必须定期对其进行检查和清洗，恢复喷油器的喷油质量。

喷油器喷油质量的检查主要包括喷油量、雾化质量和针阀密封性检查，如图 8-85 所示。

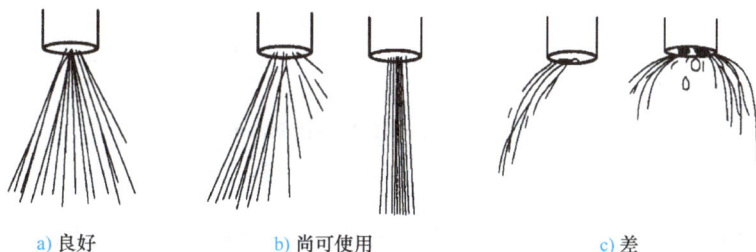

a) 良好　　　　　　　b) 尚可使用　　　　　　　c) 差

图 8-85　喷油器喷油状况

喷油器在正常工作压力下 15s 常开，喷油量一般为 45 ～ 75mL。各缸喷油量误差不得超过平均喷油量的 5%，喷油器关闭后在正常工作压力下 1min 内，喷油器不得滴漏超过 2 滴油滴。两孔以上喷油器喷雾形状为角度较大的白色锥体，而单孔喷油器的锥角则较小。若喷雾形状是一根或几根白色油线，说明喷油器脏堵，需清洗或更换新件。

（2）怠速控制阀的检修及数据处理

1）旁通空气式怠速控制阀的检修及数据处理。

注意： 在检修步进电动机式怠速控制阀时，不要用推或拉怠速控制阀，以免损坏丝杠机构的螺纹；不要将怠速控制阀浸泡在任何清洗液中，以免损坏怠速控制阀的步进电动机。安装时，密封圈不应有任何损伤，并应在密封圈上涂少量的润滑油。对步进电动机式怠速控制阀一般需进行以下检查。

① 拆开怠速控制阀线束插接器，如图 8-86 所示，将点火开关转至" ON "档位但不起动发动机，在线束侧分别测量 B_1、B_2 端子与搭铁之间的电压，均应为蓄电池电压（9 ～ 14V），否则说明怠速控制阀电源电路有故障。

② 发动机起动后再熄火时，2 ～ 3s 内在怠速控制阀附近应能听到其内部发出的"嗡嗡"响声，否则应进一步检查怠速控制阀、怠速控制阀电路及 ECU。

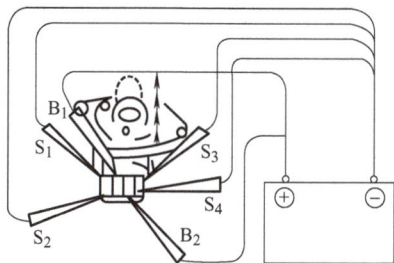

图 8-86　步进电动机式怠速控制阀检查

③ 拆开怠速控制阀线束插接器，在控制阀侧分别测量出端子 B_1 与 S_1 和 S_3、B_2 与 S_2 和 S_4 之间的电阻，电阻均应为 10 ～ 30Ω，否则应更换怠速控制阀。

④ 拆下怠速控制阀后，将蓄电池正极接至 B_1 端子和 B_2 端子，负极按顺序依次接通 $S_1 \rightarrow S_2 \rightarrow S_3 \rightarrow S_4$ 端子时，随步进电动机的旋转，控制阀应向外伸出；蓄电池负极按相反顺序依次接通 $S_4 \rightarrow S_3 \rightarrow S_2 \rightarrow S_1$ 端子时，怠速控制阀应向内缩回。若工作情况不符合

上述要求，应更换该怠速控制阀。

2）旋转滑阀式怠速控制阀的检修与数据处理。旋转滑阀式怠速控制阀电路如图 8-87 所示。维修时，一般进行如下检查。

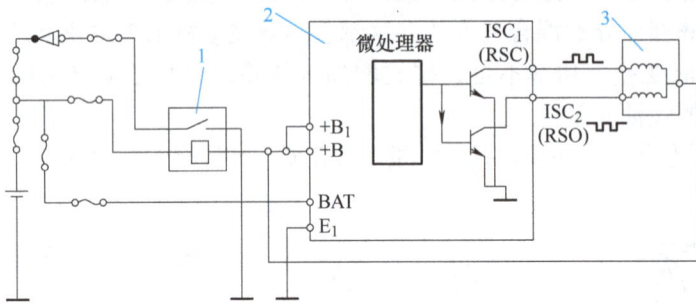

图 8-87　旋转滑阀式怠速控制阀电路

1—EFI 主继电器　2—ECU　3—旋转滑阀式怠速控制阀

① 拆开怠速控制阀的线束插接器，将点火开关至 "ON" 档位但不起动发动机，测量电源端子（+B）与搭铁之间的电压，应为蓄电池电压（9 ～ 14V），否则说明该怠速控制阀电源电路有故障。

② 发动机达到正常工作温度、变速器处于空档位置时，使发动机维持怠速运转，用专用短接线短接故障诊断座上的 TE_1 端子与 E_1 端子，发动机转速应保持在 1000 ～ 1200r/min，5s 后转速下降到 200r/min。若不符合上述要求，应进一步检查怠速控制阀电路、ECU 和怠速控制阀。

③ 拆开怠速控制阀上的三个端子线束插接器，在控制阀侧分别测量中间端子（+B）与两侧端子（ISC_1 和 ISC_2）之间的电阻，正常电阻应为 18.8 ～ 22.8Ω，否则应更换怠速控制阀。

任务名称			工作页 21　电子控制系统的检修				
班级		姓名		学号		日期	

| 任务描述 | **1. 情境信息**
一辆丰田卡罗拉燃油汽车，客户反映车辆运行不平稳，排气冒黑烟并伴有"突突"的响声，加速无力，仪表盘发动机故障警告灯点亮。经技师小王初步检查，确定为该车的发动机电控系统出现故障，具体定位在氧传感器。
2. 任务描述
假如你是售后技师小王，根据情境在规定时间内，对汽车发动机的氧传感器电路或其本身进行故障检测与维修；依据维修手册的操作规范完成作业流程，发现和确认故障点，并在教师的指导下进行维修，填写任务工单。作业过程要求能够熟练查阅维修资料、规范使用工量具和仪器设备、准确测量技术参数和判断故障点，做到安全文明作业。 | | | | | | |

任务载体	每组举升工位配备：一台丰田卡罗拉燃油车、配套维修手册、翼子板护垫／车内四件套／三角木、常用工具车、零件车、诊断仪、指针式万用表、个人防护用品。	实训场地	实训车间

准备工作	项目	情况记录
	（1）车辆准备	□是　□否
	（2）工具准备	□是　□否
	（3）维修手册准备	□是　□否
	（4）汽车停放位置与举升机状况检查准备	□是　□否
	（5）放置车轮三角木	□是　□否
	（6）连接尾气抽排管	□是　□否
	（7）放置转向盘套和脚垫	□是　□否
	（8）放置发动机及翼子板护垫	□是　□否
	（9）机油、冷却液检查	□是　□否

任务实施	**一、确认故障** **1. 功能检查。** （1）打开点火开关，仪表盘信息：＿＿＿＿＿＿＿＿＿＿＿＿＿＿＿＿＿＿＿。 （2）发动机怠速，是否异常：＿＿＿＿＿＿＿＿＿＿＿＿＿＿＿＿＿＿＿。 （3）起动及操作车辆，车辆是否运转平稳：＿＿＿＿＿＿＿＿＿＿＿＿。 （4）观察尾气是否排放异常：＿＿＿＿＿＿＿＿＿＿＿＿＿＿＿＿＿＿＿。 根据客户故障描述，实车验证故障是否与客户描述一致（□一致　□不一致）。 **2. 数据读取。** （1）查阅维修手册，确认车辆诊断接口位置在＿＿＿＿＿＿＿＿＿＿＿＿。 （2）诊断仪与车辆连接前，确认电源均处于＿＿＿＿＿＿＿＿＿＿状态。 （3）连接诊断仪，读取故障数据。

项目八

（续）

任务名称			工作页 21　电子控制系统的检修				
班级		姓名		学号		日期	

任务实施

故障确诊过程，请在对应的选项后画"√"或填写对应的内容

车型		诊断仪型号	

A. 利用汽车专用诊断仪读取故障代码，结果

（1）诊断仪与系统控制模块的通信情况：异常（　　　）/正常（　　　）。

1）诊断仪与其他控制模块的通信情况：异常（　　　）/正常（　　　）。

2）从其他控制模块读取的相关故障代码信息，不用者不填：

_____

3）分析测试结果，不用者不填：

_____

4）导致汽车专用诊断仪通信不正常的故障原因，不用者不填：

_____

（2）系统控制模块与诊断仪正常通信时读取的故障信息，不用者不填：

无故障代码（　　　）/有故障代码（　　　）

基于无故障代码的诊断信息，分析可能的故障原因，不用者不填：

_____

B. 基于有故障代码的诊断信息

故障代码	定义	是否始终记忆	与故障是否相关
		是（　　）/否（　　）	是（　　）/否（　　）
		是（　　）/否（　　）	是（　　）/否（　　）
		是（　　）/否（　　）	是（　　）/否（　　）

分析测试结果，不用者不填：

_____

C. 读取电控系统数据流

1）起动发动机，诊断仪读取发动机怠速工况下与进排气相关的数据流，转速为_____r/min，空燃比_____、机油温度_____、冷却液温度_____，CO_____、HC_____、NO_x_____。

2）其他相关数据：_____。

二、信息收集

1. 电子控制系统的功能。

_____

2. 电子控制系统的组成。

电子控制系统主要由①_____、②_____和③_____三部分组成，①主要包含_____；②主要包含_____；③主要包含_____。

3. 电子控制系统主要部件及功能。

实车查找发动机电子控制系统主要部件，将部件名称写在卡片上，贴在相应位置并填写下表。

任务名称			工作页 21　电子控制系统的检修			
班级		姓名		学号		日期

部件	功能	部件	功能
发动机 ECU		水温传感器	
进气温度传感器		曲轴位置传感器	
进气压力传感器（或空气流量传感器）		氧传感器	
爆燃传感器		怠速控制阀	
车速传感器		节气门位置传感器	

任务实施

4. 氧传感器的认识。

（1）故障车氧传感器类型：_____。

作用：_____

_____

_____。

（2）实车找到氧传感器，根据维修手册和电路图，说明传感器导线插接器各端子定义，并填写下表。

检测部位	端子 1	端子 2	端子 3	端子 4	…
氧传感器					

若为加热型氧传感器，加热端子与搭铁端子为_____，两者之间的标准电阻为_____；正常工作时，加热型氧传感器输出信号的电压为_____。

（3）氧传感器拆装步骤及注意事项。

三、计划与决策

1. 故障产生原因。

_____

2. 故障检修方案。

（1）工具要求。

_____

（2）检修流程。

_____

_____

（3）注意事项。

_____

（4）小组分工。

_____

_____

任务名称			工作页21 电子控制系统的检修				
班级		姓名		学号		日期	

<table>
<tr><td rowspan="2">任务实施</td><td colspan="7">

四、故障检修

1. 安全注意事项。

车辆防护：_____。

个人防护：_____。

工具设备防护：_____。

工具使用时注意事项：_____。

2. 部件/线路测试。

（1）关闭点火开关，拔下氧传感器导线插接器，测量传感器的加热端子与搭铁端子之间的电阻，电阻为_____。

（2）接好氧传感器导线插接器，起动发动机以较高转速运转，直到氧传感器工作温度达到400℃再维持怠速运转，然后反复踩下加速踏板，并用万用表测氧传感器的氧浓度信号端子与搭铁之间的电压，电压在_____之间摆动，10s内电压表指针摆动了_____次；若摆动次数少于8次，则让发动机在2500r/min下运转2min，以清除表面积炭，然后再检查10s内电压表指针的摆动次数，若仍有问题，执行下一步。

3. 拆下氧传感器，进行外观检查。

	氧传感器外观检查	
1	壳体通气孔有无堵塞	□是 □否
2	表面是否有积炭	□是 □否
3	尖顶部位颜色是否为淡灰色	□是 □否
4	陶瓷芯是否有破损	□是 □否
5	若为加热型氧传感器，加热电阻丝是否烧断	□是 □否
6	内部线路是否断脱	□是 □否

4. 判断故障点。

经过上述检测结果，判断故障点：_____。

5. 故障检修。

_____

_____

6. 恢复检查。

（1）检查车辆故障是否真正排除：_____。

（2）检查车辆其他功能是否正常：_____。

（3）检查工具是否全部归位：_____。

（4）检查设备是否全部归位：_____。

（5）检查工作场地是否清洁：_____。

</td></tr>
</table>

检查评价	1. 评分细则						

序号	评价项目	评价标准（每项累计扣分不超过配分）	配分	自评	互评	师评
1	安全文明否决	□造成人身、设备重大事故，或恶意顶撞教师、严重扰乱课堂秩序，立即终止实训，此评价表计0分				
2	工作计划制定	□能正确列出需使用的工量具，缺一个要点扣0.5分	10分			

任务名称				工作页 21　电子控制系统的检修				
班级		姓名		学号			日期	

	序号	评价项目	评价标准（每项累计扣分不超过配分）	配分	自评	互评	师评
检查评价	2	工作计划制定	□能正确查阅维修手册，缺一个要点扣1分 □能正确列出操作计划，缺一个要点扣1分 □能正确列出操作注意事项，缺一个要点扣1分	10分			
	3	安全文明生产	□能正确穿工作服、工作鞋，戴工作帽，缺一项扣1分 □工量具与零件摆放整齐，不混放，不随意摆放在地上，未达标每次每处扣1分 □油、水洒落在地面或零部件表面或车漆表面应及时清理，未达标每次扣1分 □完工后清理工量具，缺一个要点扣1分 □完工后清理实训场地，缺一个要点扣1分 □服从教师和班组长的课堂要求，不出言不逊，违反每次扣2分	10分			
	4	工具准备	□能准备好需使用的工具，每少准备一件扣1分 □恰当选择工具进行检修，选错一次扣2分	5分			
	5	维修手册使用	□能对照维修手册正确查找零部件拆装、线路检查及检修要点，每查错一个数据或漏查一个要点扣1分	10分			
	6	故障确认	□能进行实车功能检查，缺一个要点扣1分 □能规范使用诊断仪读取故障码和数据流，缺一个要点扣1分	5分			
	7	信息准备	□了解电子控制系统组成及各部件功能，缺一个要点扣1分 □能识别电子控制系统实物，错误一个扣1分 □能区分氧传感器类型及具体功能，错误扣1分 □能描述氧传感器具体功能，错误扣3分 □能查阅电路图找出氧传感器线束端子定义，错误一个扣1分 □能查阅维修手册了解加热型氧传感器内部加热电阻及信号电压，错误一个扣2分 □能掌握氧传感器拆装步骤及注意事项，缺一个要点扣1分	15分			
	8	原因分析	□能分析产生故障可能的原因，缺少一个要点扣2分	5分			
	9	方案制定	□能制定故障排除方案，缺少一个要点扣2分	10分			

任务名称			工作页 21　电子控制系统的检修					
班级		姓名		学号			日期	

	序号	评价项目	评价标准（每项累计扣分不超过配分）	配分	自评	互评	师评
检查评价	10	故障检修	□能确认氧传感器插接器及各端子位置，错误扣 2 分 □能准确测量加热电阻，错误扣 2 分 □能规范测量不同氧浓度状态下的信号电压，错一个要点扣 1 分 □能对氧传感器进行外观检查，遗漏或判断错误扣 1 分 □能规范拆装氧传感器，缺一个要点扣 1 分 □能准确判断故障点，错误扣 2 分 □能对故障进行排除，未能排除扣 5 分 □能终检确认车辆功能是否恢复，缺一个要点扣 1 分 □设备、场地恢复及车辆符合 7S 管理要求，缺一个要点扣 1 分	20 分			
	11	工单记录	□字迹工整，潦草扣 2 分 □内容填写完整，缺一项扣 1 分	5 分			
	12	职业素养	□动手能力，酌情赋分 □适应团队合作，酌情赋分	5 分			
	合计			100 分			

2. 任务成绩（自我评价、组间互评、教师评价三者成绩加权得到，系数根据实际情况而定）

自我评价	组间互评	教师评价	任务成绩

反思改进	请根据任务完成情况，对自己及小组工作进行反思，提出改进意见或措施。 ———————————————————————————— ———————————————————————————— ————————————————————————————

子任务 8.4.1　空气供给系统的故障

1. 发动机起动困难

发动机起动困难是指起动机能带发动机按正常的速度转动，但需要连续多次起动或长时间转动，起动机才能起动。对于起动困难的故障，应分清是在冷车时出现还是在热车时出现故障，或者无论冷车、热车均出现故障。

（1）故障现象

起动时曲轴转动速度正常，但需要较长时间才能起动。

（2）故障原因

1）进气系统中有漏气现象。

2）燃油压力太低。

3）空气滤清器的滤芯堵塞。

4）冷却液温度传感器出现故障。

5）空气流量传感器出现故障。

6）怠速控制装置出现故障。

7）喷油器出现故障（不工作、漏油、堵塞）。

8）起动开关至 ECU 的接线断路。

9）ECU 出现故障。

（3）故障诊断与排除

1）进行故障自诊断，若有故障代码，应先查找相应的故障原因。

2）检查怠速时进气管的真空度。若真空度小于 66.7kPa，则说明进气系统中有空气泄漏，应检查进气管各个管接头、衬垫、真空软管等位置。

3）检查空气滤清器。如果滤芯堵塞，应清洗或更换新件。

4）如果节气门在 25% 左右的开度时发动机能正常起动，而在节气门全闭时起动困难，则应检查怠速控制装置是否正常。在冷车怠速运转中，拔下怠速控制线束插头，或者在冷车怠速运转时将附加空气阀的进气软管用钳子夹住。如果发动机转速没有下降，则说明怠速控制装置工作不正常，应检查怠速控制装置及其控制电路。

5）检查燃油压力。如果压力太低，应检查油压调节器、喷油器是否漏油，汽油滤清器是否堵塞，汽油泵最大泵油压力是否正常。

6）检查冷却液温度传感器和空气流量传感器。拔下冷却液温度传感器和空气流量传感器的线束插头，用万用表欧姆档测量冷却液温度传感器和空气流量传感器各接线端子之间的电阻。如果电阻不符合标准要求，应更换新件。

7）如果在热车状态下不容易起动（在热车状态下起动，如果打开起动开关转动曲轴超过 3 ~ 4 圈后才能起动，即可视为不易起动），应检查在点火开关关闭后，燃油系统的保持压力是否正常。如果保持压力太低，则应检查油压调节器、电动汽油泵、喷油器等处是否漏油。

8）检查起动开关至 ECU 的起动信号是否正常。如果 ECU 接收不到起动开关的起动信号，就不能进行起动加浓控制，同时也会导致起动困难。对此，应从 ECU 线束插头处检查起动时有无起动开关的信号传至 ECU。如果无信号，则应检查起动开关和线路。

9）如果上述检查均正常，可更换新 ECU 重试。如果有好转，则说明原 ECU 有故障，应更换 ECU。

2. 加速不良

（1）故障现象

踩下加速踏板后发动机转速不能马上升高，加速反应迟缓，有迟滞现象，或加速过程中发动机转速仅有轻微的波动。

（2）故障原因

1）进气系统中出现漏气现象。

2）空气滤清器堵塞。

3）节气门位置传感器或空气流量传感器出现故障。

4）燃油压力过低。

5）喷油器工作不良。

（3）故障诊断与排除

1）进行故障自诊断，检查有无故障代码。空气流量传感器、节气门位置传感器等故障都会影响汽车的加速性能，按显示的故障代码查找故障原因。

2）检查进气系统是否漏气。测量进气管的真空度，怠速时真空度应大于 66.7kPa。如果真空度太小，则说明进气系统有漏气，应仔细检查各进气管接头及各软管、真空管等位置。

3）检查空气滤清器，如果有堵塞，则应清洗或更换新件。

4）检查节气门位置传感器。对于开关量输出型节气门位置传感器，在节气门全闭时，怠速开关触点应闭合；节气门打开时，怠速开关触点应断开；而在节气门接近全开时，全负荷开关触点应闭合。对线性输出型节气门位置传感器，在节气门由全闭到全开变化时，其信号端子与搭铁端子之间的电阻应连续增大，检测值不应出现断继续续的现象。如果有异常，应按规定进行调整或更换新件。

5）检测空气流量传感器，如果有异常，则应更换新件。

6）检查燃油压力。怠速时燃油压力应符合规定值，加速时燃油压力应能上升 50kPa 左右。若油压过低，则应检查油压调节器、电动汽油泵等。

7）拆卸、清洗各喷油器。检查喷油器在加速工况下的喷油量。如果有异常，应更换喷油器。

子任务 8.4.2　汽油供给系统的故障

1. 发动机不能起动

（1）发动机不能起动且无着火征兆

1）故障现象。发动机起动时，起动机的转速正常。而发生故障时发动机不能起动，且无着火征兆。

2）故障原因。发动机起动时无着火征兆，发动机不能起动的可能原因主要有：

① 汽油箱中没有油。

② 在起动时节气门全开。

③ 电动汽油泵不工作。

④ 喷油器不工作。

⑤ 油路压力过低。

3）故障诊断与排除。发动机不能起动、无着火征兆的故障诊断与排除方法如下：

① 一般先检查汽油箱存油情况。打开点火开关，若汽油表指针不动或油耗警告灯点亮，则说明汽油箱缺油，应加满油后再起动。

② 应采取正确的起动操作方法。通常电子控制燃油喷射式发动机的起动控制系统要求在起动时不踩加速踏板。如果在起动时将加速踏板完全踩下或反复踩加速踏板以求增加供油量，往往会使控制系统的溢油消除功能起作用，从而导致喷油器不喷油或少喷油，造成发动机不能起动。

③ 检查电动汽油泵是否工作正常。如果电动汽油泵不工作，则应检查熔断器、继电器及电动汽油泵控制电路等。如果电路正常，则说明电动汽油泵有故障，应更换新件。如果在检查中发现电动汽油泵不工作，可以试着起动发动机，若可以起动，则说明是电动汽油泵控制电路有故障，使电动汽油泵在发动机起动时不工作。因此，应检查电动汽油泵控制电路。

④ 检查喷油器是否喷油。如果点火系统和电动汽油泵工作正常，则应进一步经检查喷油控制系统。在起动发动机时，检查各喷油器有无正常工作的响声。如果喷油器不工作，可用万用表在线束插头部位对其供电电压进行测量。如果在起动发动机时电压正常，说明喷油器控制系统工作正常；否则，喷油器有故障，应更换新件。如果测量电压不正常，则说明喷油器控制系统或控制线路有故障，此时应检查喷油器电源熔断器有无烧断，喷油器降压电阻有无烧断，喷油器与电源之间的接线是否良好，喷油器与 ECU 之间的接线是否良好，ECU 的电源继电器与 ECU 之间的接线是否良好。如果外部电路均正常，则可能是 ECU 内部有故障，可用 ECU 故障诊断仪或采用测量 ECU 各端子电压的方法来检测 ECU 有无故障；也可用一个功能正常的 ECU 换上试一下，如果能起动，可确定为 ECU 有故障，因此应更换 ECU。

⑤ 检查燃油系统压力。燃油系统油压过低会造成喷油量太少，也会导致发动机不能起动。在电动汽油泵运转时检查燃油系统的油压。在发动机未运转的状态下，正常的燃油压力应达到 300kPa 左右。如果燃油压力过低，可用钳子包上抹布，将油压调节器的回油管夹住，阻断回油通路。若燃油压力迅速上升，则说明是由于油压调节器漏油造成燃油压力油压过低，应更换油压调节器；若燃油压力上升缓慢或基本上不上升，则说明油路堵塞或电动汽油泵有故障。因此，应先拆检汽油滤清器，如果有堵塞，应更换新件；如果汽油滤清器状态良好，则应更换电动汽油泵。

（2）发动机有着火征兆但不能起动

1）故障现象。发动机起动时有着火征兆，但发动机不能起动。

2）故障原因。发动机在起动时有着火征兆，但发动机不能起动的可能原因主要有：

① 进气管出现漏气现象。

② 燃油压力太低。

③ 冷却液温度传感器出现故障。

④ 空气滤清器堵塞。

⑤ 空气流量传感器出现故障。

⑥ 喷油器漏油。

⑦ 喷油控制系统出现故障。

3）故障诊断与排除。发动机不能起动却有着火征兆的故障诊断与排除方法如下。

① 先进行故障诊断，检查有无故障代码。若有故障代码，则可按显示的故障代码查找相应的故障原因。必须指出的是，所显示的故障代码不一定都与发动机有关：有些故障代码是发动机在以往运行过程中偶发性的故障所留下的，而有些故障代码所表示的故障则不会影响发动机的起动性能。会影响到起动性能的部件有：曲轴位置传感器、冷却液温度传感器、空气流量传感器等。

② 检查空气滤清器。如果空气滤清器滤芯过脏被堵塞，可拆掉滤芯后再起动发动机。如能正常起动，则应更换滤芯。

③ 检查进气系统有无漏气。采用空气流量传感器测量燃油喷射系统的进气量，如果在空气流量传感器之后的进气管道有漏气就会影响进气量计量的准确性，从而使混合气变稀。严重的漏气会导致发动机不能起动。在检查中应仔细查看空气流量传感器之后的进气管有无破裂，各处接头卡箍有无松脱，谐振腔有无破裂，曲轴箱通风软管是否接好等。

④ 检查火花塞。如果火花塞表面只有少量潮湿的汽油，则说明喷油器喷油量太少。此时应先检查起动时电动汽油泵是否工作。如果电动汽油泵能起动，则说明电动汽油泵在起动时不工作，应再检查控制电路。如果电动汽油泵工作而不能起动，则应进一步检查燃油压力，而如果燃油压力太低，那么应检查汽油滤清器、油压调节器及汽油泵有无故障。如果火花塞表面有大量汽油，则说明气缸中已出现"呛油"现象，这也会造成发动机不能起动，应检查喷油器是否漏油。

⑤ 喷油量太大或太小也可能是由空气流量传感器或水温传感器的故障所导致。如果出现这种情况，应对照车型维修手册中的有关数据来测量这两个传感器。

2. 油耗过大

（1）故障现象

发动机动力良好，但油耗过大，加速时排气管冒黑烟。

（2）故障原因

1）冷却液温度传感器失常。

2）空气流量传感器或进气歧管绝对压力传感器失常。

3）节气门位置传感器失常。

4）燃油压力过高。

5）喷油器漏油。

6）冷起动控制失常。

（3）故障诊断与排除

1）检测冷却液温度传感器，其在不同温度下的电阻应符合标准要求。如果电阻太大，会使 ECU 误认为发动机处于低温状态，从而进行冷车加浓控制，致使油耗增加。也可以用 ECU 故障诊断仪来进行检测，它能在发动机运转中检测出冷却液温度传感器传给 ECU 的信号所表示的冷却液温度数值，将这一数值与发动机实际的冷却液温度相比较，能直观地反映出冷却液温度传感器是否工作正常。

2）检测空气流量传感器或进气歧管绝对压力传感器，其数值应符合标准要求。空气流量传感器或进气歧管绝对压力传感器的测量误差会直接影响到喷油量。检测结果如有异常，则应更换空气流量传感器或进气歧管绝对压力传感器。

3）检查节气门位置传感器。在节气门处于中小开度位置时，全负荷开关触点应断开。若全负荷开关触点始终闭合或闭合时间过早，会致使 ECU 始终或过早地进行全负荷加浓控制，从而增大油耗。

4）测量燃油压力。怠速时的燃油压力应符合规定值，随着节气门的开起，燃油压力应逐渐上升，节气门全开时的燃油压力约比怠速时高 50kPa。若燃油压力能随节气门开度变化而改变，但压力始终偏高，则说明油压调节器有故障，应更换新件。若燃油压力不能随节气门开度变化而改变，则说明油压调节器的真空度软管破裂或脱落，或燃油压力调节控制电磁阀有故障，使进气管真空度没有作用在油压调节器的真空膜片室，导致油压过高。此时应更换软管或电磁阀。

5）拆卸喷油器，检查各喷油器是否漏油。如有异常，则应清洗或更换喷油器。

子任务 8.4.3　燃油控制系统的故障

1. 怠速不良

怠速不良是电子控制燃油喷射式发动机最常见的故障之一。它有很多种表现形式，包括怠速不稳、怠速熄火、冷车怠速不良、热车怠速不良等。造成怠速不良的原因很多，常常是几种原因在一起综合引起的。因此，在故障诊断与排除的过程中，要根据具体的故障现象来分析故障原因。

（1）发动机怠速不稳、易熄火

1）故障现象。发动机起动正常，但无论是冷车或热车，怠速均不稳定，怠速转速过低、易熄火。

2）故障原因。发动机起动后怠速不稳、易熄火的主要原因有：

① 进气系统中有出现漏气现象。

② 油路压力太低。

③ 空气滤清器堵塞。

④ 喷油器雾化不良、漏油或堵塞。

⑤ 怠速调整不当。

⑥ 怠速控制装置工作不良。

⑦ 空气流量传感器出现故障。

3）故障诊断与排除。发动机起动后怠速不稳、易熄火的故障诊断与排除方法如下：

① 先进行故障自诊断，检查有无故障代码出现。如有，则按所显示的故障代码查找

故障原因和故障部位。

②检查进气系统各管的接头、各真空软管、废气再循环系统和燃油蒸发回收系统是否漏气。

③检查怠速控制装置的工作是否正常。拔下怠速控制线束插头，如果发动机转速无变化，则说明怠速控制装置或控制电路有故障，应检查电路或更换怠速控制装置中的相关零件。

④怠速时逐个拔下各缸高压线，检查发动机转速下降是否相等。如果某缸在拔下高压线时，发动机的转速基本不变，则说明该缸工作不良或不工作，应检查该缸火花塞或喷油器有无故障，检查喷油器控制电路有无短路。

⑤仔细听各缸喷油器在怠速时的工作响声。如果各缸喷油器工作响声不均匀，则说明各缸喷油器喷油不均匀，应拆检、清洗或更换喷油器。

⑥检查燃油压力。怠速时的燃油压力应为250kPa左右，如燃油压力太低，则应检查油压调节器、电动汽油泵、汽油滤清器等。

⑦按规定的程序，调整发动机怠速。

⑧检查空气流量传感器工作是否正常。如不良，则应更换新件。

（2）冷车怠速不稳、易熄火

1）故障现象。发动机冷车起动时怠速不稳或过低、易熄火，热车后怠速恢复正常。

2）故障原因。发动机冷车起动后怠速不稳、容易熄火的主要原因有：

①怠速控制装置出现故障。

②冷却液温度传感器出现故障。

3）故障诊断与排除。发动机冷车怠速不稳、易熄火的故障诊断与排除方法如下：

①进行故障自诊断，检查有无故障代码。如有，则可按显示的故障代码查找故障原因。

②检查怠速控制装置。发动机熄火后拔下怠速控制线束插头，待发动机起动后再插上。如果发动机转速无变化，则说明怠速控制装置不工作，应检查控制电路或拆检怠速控制装置。若在冷车状态下怠速控制阀门有异常的不开启现象，则应更换新件。

③测量冷却液温度传感器。如果有短路、断路或电阻不符合标准要求的故障，则应更换冷却液温度传感器。如果没有被测车型的水温传感器检测标准数据，也可以拔下冷却液温度传感器的线束插头，用一个 4 ～ 8kΩ 的电阻代替冷却液温度传感器。如果发动机怠速恢复正常，则说明冷却液温度传感器已被损坏，应更换新件。

（3）热车怠速不稳或熄火

1）故障现象。发动机冷车运转时怠速正常，热车后怠速不稳，怠速转速过低或熄火。

2）故障原因。发动机冷车起动后，热车怠速不稳或熄火的主要原因有：

①怠速控制装置调整过低。

②冷却液温度传感器出现故障。

③怠速控制装置出现故障。

④喷油器工作不良。

3）故障诊断与排除。发动机热车怠速不稳或熄火的故障诊断与排除方法如下：

①进行故障自诊断，检查有无故障代码。如果有故障代码，则按所显示的故障代码

查找故障原因。

②检查发动机的初始怠速转速。若过低，则应按规定的程序进行调整。

③检查冷却液温度传感器。如果拔下冷却液温度传感器的线束插头后，怠速不稳现象消失，则说明冷却液温度传感器有故障，应更换新件。或者测量冷却液温度传感器的电阻，如不符合标准值，应更换冷却液温度传感器。

④检查怠速控制装置有无工作。拔下怠速控制线束插头，若发动机转速无变化，则说明怠速控制装置工作不良，应检查控制电路或更换怠速控制装置中的相关零件。

⑤拆下各缸喷油器，在试验台上检查。若各缸喷油器雾化不良或喷油量不均匀，特别是怠速工况喷油量不均匀，则应清洗或更换喷油器。

（4）热车怠速过高

1）故障现象。发动机冷车时能以正常高怠速运转，但热车后仍保持快速运转，导致怠速转速过高。

2）故障原因。发动机冷起动后，热车怠速过高的主要原因有：

①节气门卡滞、关闭不严。

②怠速调整不当。

③怠速控制装置出现故障。

④冷却液温度传感器出现故障。

3）故障诊断与排除。发动机热车怠速过高的故障诊断与排除方法如下：

①检查怠速时节气门是否全闭，节气门拉索有无卡滞。用手将节气门摇臂朝关闭的方向扳动。如果发动机怠速能下降至正常转速，则说明节气门卡滞、关闭不严。若是节气门拉索卡滞，则应更换新拉索；若为节气门轴卡滞，则应拆卸、清洗节气门体。

②按规定程序重新调整怠速。如果调整无效，则应进一步排查。

③进行故障自诊断。如果有故障代码，则按所显示的故障代码查找故障原因。

④检查冷却液温度传感器。若拔掉冷却液温度传感器的线束插头后，发动机怠速转速恢复正常，则说明冷却液温度传感器有故障，向 ECU 输送过低的水温信号

注意： 在拔掉冷却液温度传感器的插头后，发动机故障警告灯会亮起，此时 ECU 的失效保护功能起作用，自动将冷却液温度设定为 80℃，在重新插上冷却液温度传感器的线束插头后，ECU 内仍会留下冷却液温度传感器的故障代码，此时应在发动机熄火后拆下蓄电池负极搭铁线，持续约 30s 时间，以消除 ECU 中的故障代码。

⑤检查怠速控制装置。发动机熄火后拔下怠速控制装置的线束插头，待起动后再插上。如果发动机转速随之变化，则说明怠速控制装置工作正常；否则，应检查控制线路或更换怠速控制装置中的相关零件。

（5）怠速上下波动

1）故障现象。发动机怠速运转时怠速不断地上下波动。

2）故障原因。

①怠速开关（节气门位置传感器）调整不当，在怠速时怠速开关触点不闭合。

②喷油器雾化不良或堵塞。

③空气流量传感器出现故障。

④怠速控制装置或怠速自动控制电路出现故障。

⑤冷却液温度传感器信号不正确。

⑥氧传感器失效或反馈控制电路出现故障。

3）故障诊断与排除。发动机怠速上下波动的故障诊断与排除方法如下：

①进行故障自诊断。要特别注意是否有节气门位置传感器、冷却液温度传感器、空气流量传感器、氧传感器、怠速控制装置的故障代码。如果有故障代码，则应检查相应的传感器及其控制电路。

②怠速时逐个拔下各缸喷油器的线束插头。如果怠速上下波动的现象消失，但随之怠速不稳现象加剧，则说明怠速控制装置工作正常，喷油系统有故障；如果怠速波动现象不变，则说明怠速控制装置工作不良或不工作。对此，应检查怠速控制线束插头处有无脉冲电信号。无信号，则说明控制线路或ECU有故障；有信号，则说明怠速控制阀门被卡住，应拆检或更换怠速控制装置中相关零件。

2. 动力不足

（1）故障现象

发动机无负荷运转时动力基本正常，但负荷运转时加速缓慢、上坡无力，加速踏板踩到底时仍感到动力不足，转速提不高，达不到最高车速。

（2）故障原因

1）空气滤清器堵塞。

2）节气门调整不当，不能全开。

3）冷却液温度传感器出现故障。

4）空气流量传感器出现故障。

5）燃油压力过低。

6）蓄电池电压过低。

7）喷油器堵塞或雾化不良。

（3）故障诊断与排除

1）将加速踏板踩到底，检查节气门能否全开。如果不能全开，则应调整节气门拉索或加速踏板。

2）检查空气滤清器有无堵塞，如果有堵塞，则应清洗或更换新件。

3）进行故障自诊断，检查有无故障代码出现。影响发动机动力性的传感器和执行器有：冷却液温度传感器、空气流量传感器、进气歧管绝对压力传感器、喷油器等。按所显示的故障代码查找故障原因。

4）检查节气门位置传感器的怠速开关和全负荷开关是否调整正确。如果不正确，则应按标准重新调整。

5）检查冷却液温度传感器。在不同温度下，冷却液温度传感器的电阻应能按规定标准值变化。如果不符合标准值，则应更换冷却液温度传感器。

6）检查空气流量传感器或进气歧管绝对压力传感器，如果异常，则应更换新件。

7）检查燃油压力。如果压力过低，则应进一步检查电动汽油泵、油压调节器、汽油滤清器等。

8）检查蓄电池电压。蓄电池电压过低，会引起喷油器喷油量减少，造成发动机动力不足、加速迟缓。若蓄电池电压过低，则应检查充电系统或更换蓄电池。

9）拆卸喷油器，检查喷油量是否正常。如果喷油量不正常或喷油雾化不良，则应清洗或更换喷油器。

3. 减速不良

（1）故障现象

发动机怠速运转正常，但在车辆行驶中突然松开加速踏板进行减速时，发动机经常发生熄火现象。

（2）故障原因

1）怠速调整过低。

2）怠速自动控制失常。

3）断油控制失常。

4）控制系统线路接触不良。

（3）故障诊断与排除

1）如果有怠速不稳现象，则应先按怠速不稳故障的检查方法进行检查。

2）检查发动机初始怠速。如果初始怠速过低，则应按规定程序和标准进行调整。

3）检查节气门位置传感器。在节气门全闭时，节气门位置传感器内的怠速开关触点应闭合。如果不能闭合，则应按标准进行调整。如果调整无效，则应更换节气门位置传感器。

4）检查怠速控制装置。发动机熄火后拔下怠速控制线束插头，待发动机起动后再插上线束插头。如果发动机转速无变化，则说明怠速控制装置不工作，应检查在发动机怠速运转时怠速控制线束插头内有无脉冲电压信号输出。如果无信号，则检查控制线路；如果有信号，则说明怠速控制装置已损坏，应更换相关的零部件。

5）检查减速断油功能是否正常。拔下节气门位置传感器的线束插头，用一根导线将插头内怠速开关触点的两接线孔短接，起动发动机，踩下加速踏板加速，观察发动机转速能否在断油转速和回油转速之间来回变化，并记下回油转速的数值。如果回油转速过低（一般不低于 1200r/min），则说明 ECU 内断油控制功能失常，应更换 ECU。

6）全面检查 ECU 控制线路及线束插头处有无接触不良。

4. 其他常见故障现象

（1）进气管回火

发动机工作不正常，迅速增大节气门开度时进气管回火。故障原因及故障部位如下：

1）进气系统漏气。空气软管或软管的接头松脱，排气再循环阀不能关闭，机油滤清器盖关闭不严。

2）喷油压力偏低。输油管路出现泄漏，燃油滤清器及输油管路阻塞，燃油泵工作不良，燃油压力调节器工作不良。

3）喷油器工作不良。喷油器喷油嘴阻塞，喷油器串联电阻漏电，喷油器电源线路或线路插接器接触不良。

4）喷油器控制信号不良。空气流量传感器接触不良，节气门位置传感器接触不良，冷却液、进气温度传感器接触不良，传感器至 ECU 线路接触不良。

5）蓄电池电压过低。蓄电池损坏；充电系统出现故障。

（2）排气管"放炮"

发动机工作不正常，排气管"放炮"。故障原因及故障部位如下：

1）喷油器漏油。

2）燃油压力调节器工作不良（喷油压力过高）。

3）喷油器控制信号不良。节气门位置传感器接触不良，氧传感器接触不良，传感器至 ECU 信号线路接触不良，ECU 出现故障。

4）怠速控制系统工作不良。

（3）发动机"喘抖"

在车辆起步或加速时发动机出现"喘抖"现象，汽车加速困难。故障原因及故障部位如下：

1）进气系统漏气。空气软管破损或软管的接头松脱。

2）空气滤清器堵塞。

3）喷油压力过低。输油管路有泄漏，燃油滤清器或输油管路堵塞，燃油泵工作不良或滤网堵塞，燃油压力调节器工作不良。

4）喷油器工作不良。喷油器阻塞，串联电阻漏电，喷油器驱动电源线路接触不良。

5）喷油器控制信号不良。空气流量传感器接触不良，冷却液、进气温度传感器接触不良，节气门位置传感器接触不良，有关线路和插接器接触不良，ECU 出现故障。

（4）发动机间歇熄火

发动机突然熄火，过后会自动着火（或起动），不定时又会突然自行熄火。故障原因及故障部位包括以下几方面。

1）空气流量传感器信号不连续。

2）节气门位置传感器接触不良。

3）曲轴位置传感器的信号线路时通时断。

4）主继电器、燃油泵继电器出点接触不良（时通时断）。

5）有关线路插接器松动。

6）ECU 工作不良。

项目九　点火系统检修

学习要点：

- 学习点火系统的结构及工作原理。
- 学习点火系统的拆装与调试。
- 了解点火系统的检修与数据处理。
- 熟悉点火系统的常见故障。
- 学习点火系统故障案例分析。

能按时在火花塞两电极之间产生电火花的全部装置，称为汽油机点火系统。点火系统的作用是适时地为汽油发动机气缸内已压缩的可燃混合气提供足够能量的电火花，使发动机能及时、迅速地做功。点火系统性能好坏对发动机的工作可靠性有十分重要的影响。

目前，国内外汽车使用的点火系统种类较多，主要有传统点火系统、无触点电子点火系统和微机控制点火系统等。

任务 9.1　点火系统的认知

汽油发动机和柴油发动机不同，汽油发动机需要点火系统产生高压电火花点燃混合气来产生能量。汽油机点火系统经历了以磁电机为电源的点火系统，以机械式触点控制一次电路通断的蓄电池点火系统，以晶体管控制一次电路通断的电子点火系统，以微机控制点火系统四个发展阶段。

1. 点火系统的作用

点火系统的作用包括：将蓄电池或发电机的低电压（12～14V）变成高电压（12～30kV），并按发动机的点火工作顺序，在各缸压缩行程终了时产生电火花并点燃混合气。

2. 点火系统的要求

点火系统在发动机各种工况和使用条件下准确地点燃可燃混合气，必须满足下列三个基本要求。

1）产生足以击穿火花塞两电极间隙的高电压（30kV 左右）。

2）电火花应具有足够的点火能量（起动时能产生的点火能量大于 100MJ）。

3）点火时刻应适应发动机的工况变化。点火时刻会根据发动机的工况进行调节，从而到达使发动机产生最大功率的目的。

3. 传统点火系统及高电压的产生原理

传统点火系统主要由电源（蓄电池和发电机）、点火开关、点火线圈、分电器（包括配电器和断电器等）、火花塞等构成，如图 9-1 所示。

（1）电源

电源即由蓄电池和发电机构成，供给点火系统所需的电能，电源电压为 12V。

（2）点火开关

点火开关用来控制仪表电路、点火系统一次电路以及起动机继电器等电路的开与断。

（3）点火线圈

点火线圈相当于自耦变压器，将 12V 或 24V 低压直流电转变为 15～20kV 的高压直流电。它有两个绕组，导线较粗的一次绕组和导线较细的二次绕组。

（4）分电器

分电器由断电器、配电器、电容器和点火提前调节装置等组成，是点火系统中结构最复杂、功能最多的一个设备。其壳体由铸铁制成，下部压有石墨青铜衬套。分电器主要用来在发动机工作时接通与切断点火系统的一次电路，使点火线圈的二次绕组产生高压电，并按发动机要求的点火时刻与点火顺序，将点火线圈产生的高压电分配到相应气缸的火花塞上。

（5）火花塞

火花塞的功用是将点火高压电引入气缸燃烧室，并产生电火花，点燃可燃混合气。火花塞安装于气缸盖的火花塞孔内，下端电极伸入燃烧室，上端连接各缸高压线。

（6）高压导线

将点火线圈的高压引入分电器，通过分电器将高压电分配到各缸。

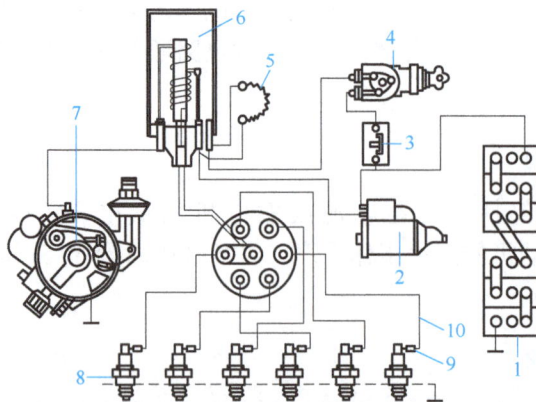

图 9-1　传统点火系统的构成

1—蓄电池　2—起动机　3—电流表　4—点火开关　5—附加电阻　6—点火线圈
7—断电器　8—火花塞　9—高压阻尼电阻　10—高压导线

如图 9-2 所示，点火系统电路包括低压电路和高压电路。低压电路的作用是控制点火线圈一次电路的通断，使点火线圈内磁场产生突变而使点火线圈二次绕组产生高压电。低压电路主要包括蓄电池、点火开关、电流表（有些车辆没有）、附加电阻、点火线圈一次绕组、断电器、电容器等。高压电路的作用是在点火线圈一次电路被切断时感应出高压电并击穿火花塞两电极间隙，点燃可燃混合气。二次电路包括点火线圈、二次绕组、中心高压线、配电器、分缸高压线、火花塞等。

传统点火系统的工作原理如图 9-2 所示。发动机工作时，由发动机凸轮轴以 1∶1 的传动关系驱动分电器轴。断电器上的凸轮使断电器触点交替地闭合和打开。当触点闭合时，接通点火线圈一次绕组的电路；当触点打开时，切断点火线圈一次绕组的电路，使点火线圈的二次绕组中产生高压电；经火花塞的电极产生电火花，点燃可燃混合气。

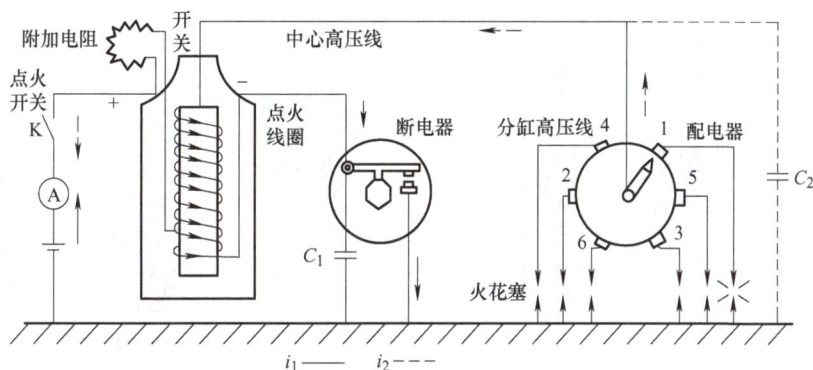

图 9-2 传统点火系统的工作原理

在传统点火系统中，充当开关作用的是断电器的触点。由于采用机械式断电触点，其二次电压受发动机气缸数、转速、断电器触点间隙、火花塞积炭等因素影响，容易出现故障，所以已经被淘汰，取而代之的是各种类型的电子点火系统和微机控制点火系统。

4. 火花塞的结构

如图 9-3 所示，火花塞主要由接线螺母、绝缘体、中心电极、侧电极和壳体等组成。在钢制壳体的内部固定有高氧化铝陶瓷绝缘体，在绝缘体中心孔的上部有金属接线螺杆，接线螺杆的上端有接线螺母用来接高压导线，在绝缘体中心孔的下部装有中心电极。金属接线螺杆与中心电极之间用导电玻璃制成的密封剂密封，铜制内垫圈起密封和导热作用。钢制壳体的上部有便于拆装的六角平面，下部有螺纹以便旋装在发动机气缸盖内，壳体下端固定有弯曲的侧电极。中心电极和侧电极一般分别采用不同的镍锰合金或镍基合金制成，具有良好的耐高温、耐腐蚀性能。在传统点火系统中，火花塞的两电极间隙一般为 0.6 ～ 0.7mm；采用高能电子点火装置，其火花塞间隙可增大到 1.0 ～ 1.2mm。

火花塞的热特性是指火花塞发火部位即绝缘体裙部吸收热量并向发动机冷却系统散发的能力。若要使火花塞能正常工作，则其绝缘体裙部的温度应保持在 500 ～ 600℃。这样能将落在绝缘体裙部上的油滴立即烧掉，不容易形成积炭，而该温度被称为火花塞的"自净温度"。如果绝缘体裙部的温度低于自净温度，就会引起火花塞积炭而漏电；若温度过高，则混合气与炽热的绝缘体接触时，会引起炽热点火而产生早燃、爆燃等现象。因此，火花塞的热特性必须与发动机相适应，以保证火花塞在发动机内良好工作。

如图9-4所示，火花塞裙部长度与热特性。火花塞的热特性主要决定于绝缘体裙部的长度。绝缘体裙部长的火花塞，受热面积大、传热距离长、散热困难、裙部温度高，称为热型火花塞；反之，绝缘体裙部短的火花塞，吸热面积小、传热距离短、散热容易、裙部温度低，称为冷型火花塞。热型火花塞适用于低压缩比、低转速、小功率的发动机；冷型火花塞适用于大功率、高转速和高压缩比的发动机。

注意：火花塞的选用方法是：如火花塞经常由于积炭而导致断火，表示它太冷，应改用绝缘体裙部较长的火花塞；如果发生炽热点火（易引起爆燃或化油器回火现象），则表示太热，应改用绝缘体裙部较短的火花塞。

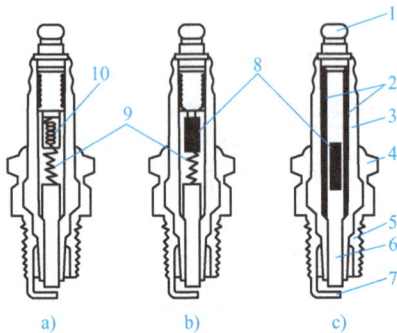

图9-3　火花塞

1—接线螺母　2—导电玻璃　3—绝缘体　4—壳体
5—螺纹　6—中心电极　7—侧电极　8—固态电阻器
9—弹簧　10—线圈电阻器

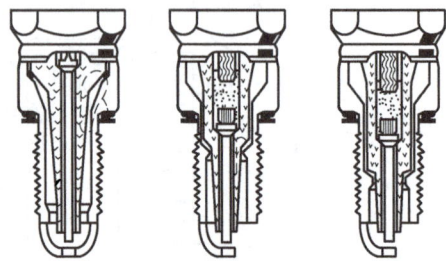

a) 热型散热差　b) 普通型散热一般　c) 冷型散热好

图9-4　火花塞裙部长度与热特性

5. 无触点电子点火系统

传统触点式点火系统是依靠断电器触点的开闭来通、断点火线圈的一次电流，使点火线圈产生二次高压。这样存在触点工作可靠性低、最高二次电压不稳定、点火能量低、对火花塞积炭敏感，以及对无线电干扰大等缺点，适应不了目前汽车发展的需要，因此逐渐被无触点电子点火系统所取代。

无触点电子点火系统由点火控制器、点火线圈、火花塞及高压导线等组成，如图9-5所示。点火线圈上的高压线直接与火花塞相连，不再需要分电器。发动机工作时，ECU根据曲轴位置传感器、凸轮轴位置传感器、节气门位置传感器和水温传感器等检测的发动机转速、转角、负荷和温度等信号来计算点火时刻，由点火控制器控制点火线圈产生的高压，并将其直接输送到各缸火花塞点燃可燃混合气。

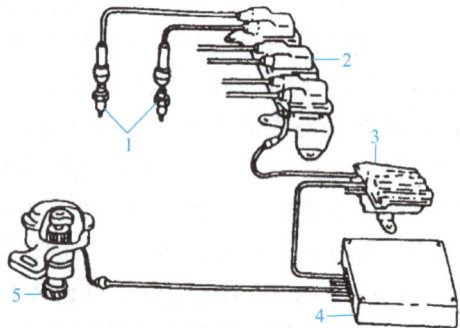

图9-5　无触点电子点火系统

1—火花塞　2—3个点火线圈　3—点火控制器
4—ECU　5—凸轮轴位置传感器

6. 微机控制点火系统

微机控制点火系统主要由传感器、电子控制单元（ECU）、点火执行器（点火器、点火线圈、火花塞等）组成，如图9-6所示。

1）传感器。传感器（包括各种开关）主要包括曲轴位置传感器、空气流量传感器（或绝对压力传感器）、进气温度传感器、氧传感器、水温传感器、节气门位置传感器、爆燃传感器、车速传感器、空调开关等。

2）电子控制单元（ECU）。电子控制单元的作用是根据发动机各传感器输入的信息及内存的数据，进行运算、处理、判断，然后输出指令（信号）控制有关执行器（如点火器）动作，达到快捷、准确地控制发动机工作的目的。

3）点火执行器。点火执行器的作用是根据电子控制单元输出的指令，通过内部的大功率晶体管的导通和截止，控制一次电流的通断，完成点火工作。

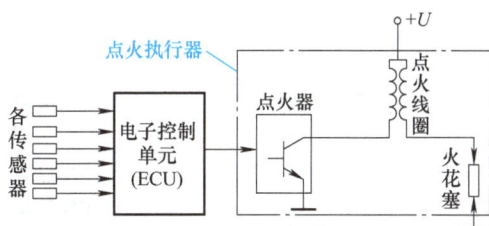

图 9-6 微机控制点火系统的基本组成

7. 无分电器式微机点火系统

采用微机点火控制以后，可以进一步取消分电器，由控制系统直接进行高压电的分配，成为无分电器式微机点火系统。

无分电器式微机点火系统的高压配电方式主要有单独点火方式、双缸同时点火方式、二极管配电点火方式三种。

（1）单独点火方式

单独点火方式是指一个缸的火花塞配用一个点火线圈，如图9-7所示，将点火线圈直

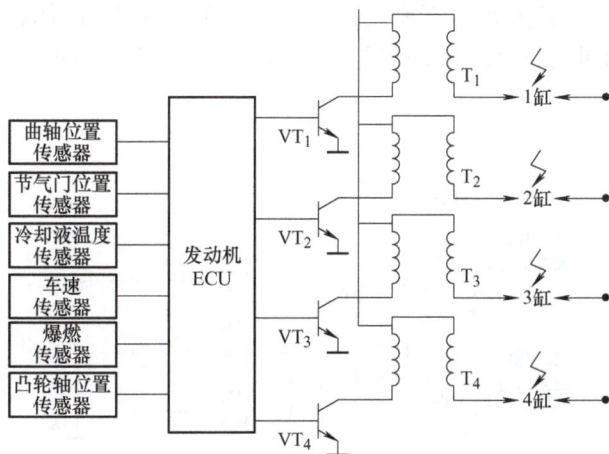

图 9-7 单独点火方式

接安装在火花塞顶上，这样不仅不用安装分电器，而且也不用高压线，因此彻底消除了分电器和高压线所带来的缺陷，其点火性能可靠，但是结构和点火控制系统较复杂。

（2）双缸同时点火方式

双缸同时点火是指一个点火线圈同时为两个气缸点火，如图9-8所示。这种方式要求一个点火线圈同时为两个火花塞点火，同时点火的两个气缸工作相位相差360°曲轴转角。故当一缸接近压缩行程上止点时，另一缸在接近排气行程上止点位置，如果此时点火，两个气缸的火花塞将同时跳火。处于排气行程的气缸由于缸内气体压力很低，并且此时混合气处于后燃末期，气体中有导电离子存在，使得这一缸内的火花塞很容易跳火，能量损失很少。而对于处在压缩行程的气缸，因为缸内压力很高，气体分子密度很大，要使该缸火花塞跳火，必须有足够高的点火电压。所以对于双缸同时点火方式，实际加在压缩行程气缸火花塞的点火电压要远高于排气行程气缸火花塞上的点火电压，从而保证压缩行程气缸火花塞的正常跳火，而排气行程的火花塞的火花只是一次无效火花，不会造成大的能量损失。

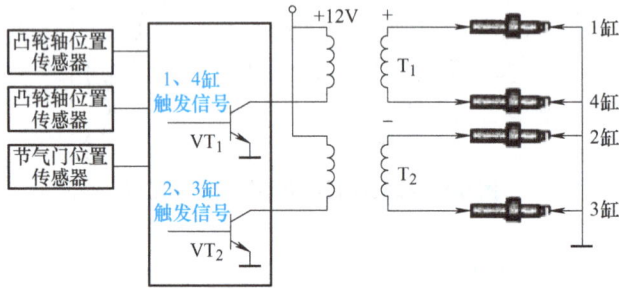

图 9-8　双缸同时点火方式

（3）二极管配电点火方式

如图9-9所示，这种点火方式的点火线圈有两个一次绕组和一个二次绕组，二次绕组有两个输出端，在通往4个火花塞的高压电路中串联4个高压二极管。两个一次绕组通电电流方向相反，在二次绕组中所产生的高压电动势方向也相反。当一个一次绕组断电，在二次绕组中产生高压电动势时，其方向可使1、4缸的二极管导通，使得火花塞跳火，而2、3缸的二极管截止，其火花塞不能跳火；当另一个一次绕组断电，在二次绕组产生高压电动势时，其方向可使得2、3缸的二极管导通，使得火花塞放电，1、4缸的二极管截止，其火花塞不能点火。

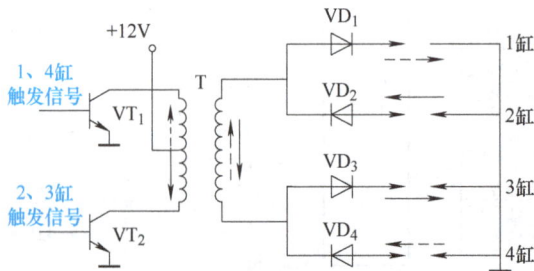

图 9-9　二极管配电点火方式

任务 9.2   点火系统的拆装及调试

1. 分电器的拆装

（1）分电器的拆卸

1）拆开蓄电池负极接线。对装备安全气囊的车辆，进行下一步作业前至少要等 90s。

2）拆开空气流量传感器的电插头。拆开节气门段至空气滤清器的软管，并将空气滤清器盖，空气流量传感器与空气管作为一体拆卸下来。

3）拆下进气管以提供空间。

4）拆下中央冷却器（如果有此装备）以提供空间。如果需要更大的空间，拆开空气温度传感器与行驶速度自动控制的导线和空气滤清器软管。

5）从分电器盖上拆下火花塞高压导线。注意要从导致橡胶套处拔出导线，而不是拉导线本身。用适当的工具抬起卡爪，从分电器盖上把固定夹拆开。

6）拆开分电器插接器插头。

7）拆开分电器固定螺栓并拔出分电器。分电器驱动机构与分电器壳体上的记号应对正，如果记号没有对准，需要在分电器壳体和转子位置上作标记。

8）从分电器壳体上拆下 O 形密封圈。

（2）分电器的安装

1）如果发动机的点火位置被打乱，按照以下步骤安装。

① 对于 2JZ-GE 发动机，拆下 3 号正时带盖。

② 顺时针转动曲轴，将进气凸轮轴的槽口置于要求的位置，以使 1 缸活塞处于压缩行程的上止点。

③ 在新的 O 形密封圈上涂一薄层发动机润滑油并将 O 形密封圈安装在分电器壳体中。

④ 将联轴器切面部位与分电器壳体的槽对正。将分电器插入，使凸缘上的螺纹孔与气缸盖上的螺纹孔对正，紧固固定螺栓。

⑤ 若先前拆卸了中间冷却器或进气管等相关零件，要重新把他们安装好。

⑥ 重新将火花塞高压导线安到分电器盖上，确保点火顺序正确。

⑦ 对于 2JZ-GE 发动机，重新装上 3 号正时带盖。

⑧ 安装空气流量传感器、空气软管和空气滤清器盖。

⑨ 连接分电器和空气流量传感器导线。

⑩ 连接蓄电池负极导线。

⑪ 起动发动机并检查点火正时。

2）如果发动机的点火位置未被打乱，按照以下步骤安装。

① 在新的 O 形密封圈上涂一薄层发动机润滑油，并将 O 形密封圈安到分电器壳体内。

② 将联轴器切面部位与分电器壳体的槽对正。将分电器插入，使凸缘上的螺纹孔与气缸盖上的螺纹孔对正，紧固安装螺栓。

③ 确保发动机和分电器在拆卸时所做的记号对正，同时还要保证安装时转子处与拆

卸时的位置相同。

④ 如果拆卸了中间冷却器或进气管等相关零件，要重新把他们安装好。

⑤ 安装分电器盖。

⑥ 重新把火花塞高压导线装到分电器盖上，确保点火顺序是正确的。

⑦ 安装空气流量传感器、空气软管和空气滤清器盖。

⑧ 连接分电器和空气流量传感器的导线。

⑨ 连接蓄电池负极导线。

⑩ 起动发动机并检查点火正时。

2. 火花塞的拆装

火花塞的拆装需要用火花塞专用套筒或专用工具进行拆装，在拆装前需要将发动机熄火，并拔下高压线圈。用火花塞套筒拧松火花塞后，小心地将火花塞带出，并注意不要磕碰与掉落。火花塞拧紧时需遵循对应发动机维修手册的要求，施加正确的拧紧力矩。

任务 9.3　点火系统的检修及数据处理

1. 点火开关的检修

1）根据原理电路图，用万用表 $R \times 1\Omega$ 档检查各档位是否正常接通。

2）根据原理电路图、点火开关符号图，用万用表电阻 $R \times 1\Omega$ 档检查档位、各接线柱接通情况，即 BAT、A_{cc}、ON（或 IG）、ST 各接线柱。

2. 点火线圈的检修及数据处理

（1）外观检查

仔细观察点火线圈外表及各接线柱。若有胶木盖裂损、接头松动、滑扣、壳体变形、温度过高、充填物外溢和高压插座金属严重烧蚀等现象，均应更换新件。

（2）电阻检测

用万用表测量点火线圈一次绕组、二次绕组以及附加电阻，应符合原车规定。否则，均应更换新件。

1）在正极（+）和负极（-）接线柱之间测量一次绕组电阻，如图 9-10 所示。4Y 发动机电阻为 $1.3 \sim 1.6\Omega$。

2）在正极（+）和高压接线柱之间测量二次绕组电阻，如图 9-11 所示。4Y 发动机电阻为 $10.7 \sim 14.6\Omega$。

3）在正极接线柱和壳体之间测量绝缘电阻，如图 9-12 所示。4Y 发动机电阻应为无穷大。

4）测量热变电阻的电阻，如图 9-13 所示。4Y 发动机电阻为 $1.3 \sim 1.5\Omega$。

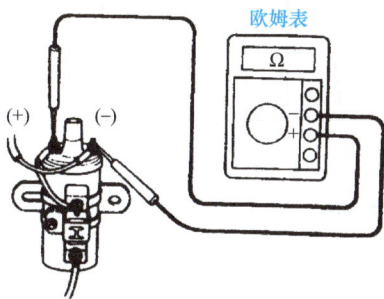
图 9-10 测量一次绕组电阻

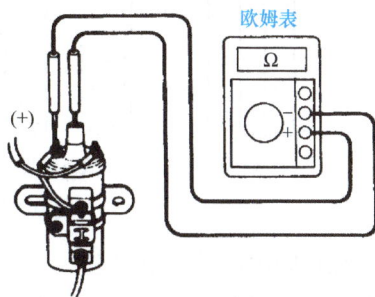
图 9-11 测量二次绕组电阻

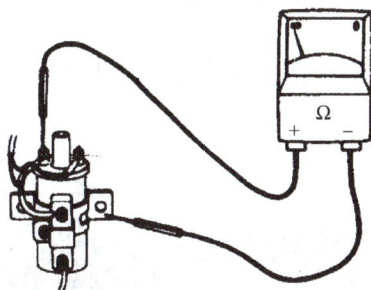
图 9-12 测量绝缘电阻

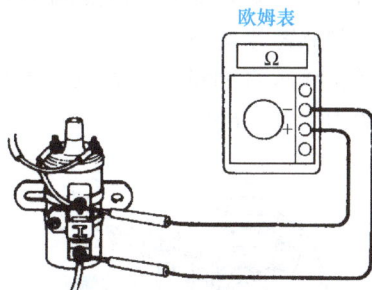
图 9-13 测量热变电阻的电阻

（3）发火强度的检验

1）电器试验台检验。检查点火线圈产生的高电压时，可与分电器配合在试验台上进行试验。检验时将放电电极间隙调整到 0.6 ～ 0.7mm，先以低速运转，待点火线圈的温度升高到工作温度（60 ～ 70℃）时，再将分电器的转速调至规定值（一般 4、6 缸发动机的点火线圈为 1900r/min，8 缸发动机的点火线圈为 2500r/min），在 30s 内，若能连续发出蓝色火花，表示点火线圈状态良好。

2）用对比跳火法检验。此方法在试验台上或车上均可进行，将被检验的点火线圈与好的点火线圈分别接上进行对比，观察其火花强度是否一样。

注意： 点火线圈经过检验，当内部有短路、断路、搭铁等故障或发火强度不符合要求时，一般均应更换新件。

（4）点火线圈绝缘性能的检查

用万用表电阻档测量点火线圈任一接线柱与点火线圈壳体的电阻均应大于 50MΩ。否则，说明点火线圈绝缘不良，应更换点火线圈。

3. 断电器的检修及数据处理

（1）断电器触点的检修

检查断电器触点有无烧蚀、接触不良、严重磨损、触点中心未对准等缺陷，如图 9-14 所示。例如，触点表面出现轻微烧蚀，可用"00"号细砂纸修磨；如果烧蚀严重，则应统一更换新件。

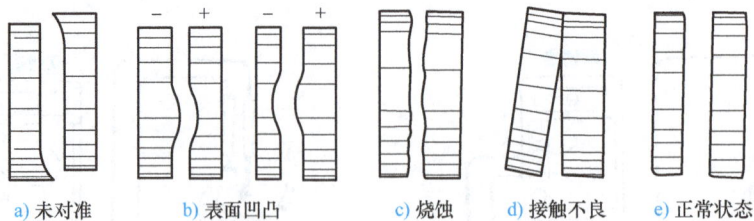

| a) 未对准 | b) 表面凹凸 | c) 烧蚀 | d) 接触不良 | e) 正常状态 |

图 9-14　断电器触点接触状况

（2）触点间隙的检查和调整

检查时，先使断电器触点处于断开状态，转动凸轮使触点顶开到最大间隙，用塞尺检测其间隙应在 0.35 ~ 0.445mm 之间。若间隙大小与规定值不符，拧开固定触点支架上的固定螺钉，拧动偏心螺钉将触点间隙调整至规定值，如图 9-15 所示。

（3）触点臂弹簧的检查

用弹簧秤垂直测量触点臂的弹簧张力，如图 9-16 所示。当触点刚张开时，弹簧秤的读数一般为 4.9 ~ 6.9N。

图 9-15　断电器触点间隙的检查与调整

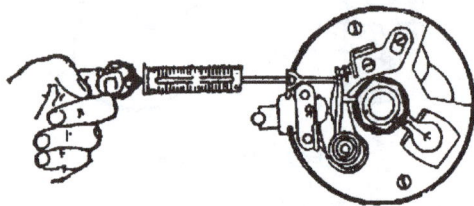

图 9-16　触点臂弹簧的检查

（4）分电器轴与衬套之间磨损的检查

用手径向摇动分电器轴，若感觉松旷，则分电器轴与衬套磨损严重，应视情况修换分电器。

（5）凸轮棱角的检查

凸轮棱角的磨损不得超过 0.4mm，径向间隙不大于 0.1mm，轴向间隙不大于 0.25mm。

4. 配电器的检修及数据处理

（1）分电器盖绝缘性能的检查

如图 9-17a 所示，用万用表 R × 10kΩ 档，分电器中心插孔与各旁电极插孔之间的电阻应大于 50MΩ，否则分电器有裂纹或积污，应清洁或更换新件。

（2）分火头绝缘性能的检查

如图 9-17b 所示，用上述方法检查时电阻应大于 50MΩ，或将分火头放在机体上，将分电器中心高压线距分火头 3 ~ 4mm。触点分开时若有火花，则为分火头漏电，应更换新件。

5. 电容器的检修与数据处理

用指针式万用表 R × 100Ω 或 R × 1kΩ 档测量电容器电阻，若电阻为 0Ω 或只是在某一较小电阻范围波动，则电容器已短路或漏电，应更换新件。万用表指针开始向电阻为 0Ω 方向摆动，并立即摆回，指示电阻大于 100Ω，说明电容器状态良好。

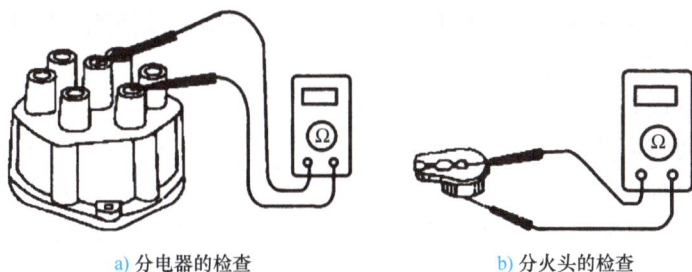

a) 分电器的检查　　　　　　　　　b) 分火头的检查

图 9-17　检查配电器

6. 点火提前调节装置的检修

（1）离心式点火提前调节装置的检修

1）直观检查。分电器轴不动，用手转动断电器凸轮，应感到有阻力，松手后应能迅速回位，若用手转动凸轮时感觉很紧或很松，均属不正常。

2）解题检查。若用手转动断电器凸轮感觉不正常，可打开断电器触点底板，查看离心式点火提前调节装置是否锈蚀、弹簧是否断裂。若有，应视情况修换。

3）离心式点火提前调节装置调节性能的检查。在分电器试验台或发动机综合性能检测仪上进行，即用变速电动机给分电器以不同转速，测量分电器轴转速及对应转速下的点火提前角的改变量，若与标准不符，应更换分电器。

（2）真空式点火提前调节装置的检修

1）真空式点火提前调节装置调节弹簧的检修。真空提前调节装置壳体不动，用手拨动活动板（触点在活动板上）或转动分电器壳体（触点在固定板上），应感到有阻力，松手后活动板或分电器壳体能迅速回位。否则，真空式点火提前调节装置弹簧失效，需要更换分电器总成。

2）真空式点火提前调节装置膜片的检修。在真空式点火提前调节装置的真空管接口处吹气或吸气，可检查真空膜片是否漏气。若有破损，则应更换分电器。

3）真空式点火提前调节装置调节性能的检测。应在分电器试验台或发动机综合性能检测仪上进行。对真空点火提前调节装置施以不同的真空吸力，测量其真空度及点火提前角的改变量，若与标准不符，应更换分电器。

7. 火花塞的检修及数据处理

（1）火花塞技术状况的检查

在发动机工作时，用螺丝刀让要检查的火花塞短路，若发动机运行状况没有变化，则该缸火花塞工作不良，应检修或更换新件。可以将火花塞拆下，螺纹部分放在机体上，点火线圈中心高压线接火花塞接线螺母。转动发动机时，火花塞间隙中若有火花，则表明火花塞正常。

（2）火花塞表面状况的检查和积炭清除

火花塞应保持清洁、干燥，电极应完整、无油污和缺陷。检查电极的磨损、积炭和烧蚀现象，绝缘体应无裂痕、无破损。火花塞绝缘体裙部在正常运行以后，应呈现棕红色。

清除火花塞电极周围的积炭应用喷砂的方法，在火花塞试验器上进行。禁止用铜丝刷

项目九

洗、放入火中烧灼及敲击等方法，以免绝缘体破裂、受损而致使绝缘体失效。清除积炭后的火花塞必须用压缩空气吹干净。

（3）火花塞电极间隙的测量和调整

火花塞电极间隙应按发动机原有规定进行检测调整，一般为 0.60～0.80mm，由于火花塞电极在工作过程中容易形成凹陷，用普通塞尺测量不够准确，宜用火花塞圆形量规测量，如图 9-18 所示，调整时应以专用扳钳扳动侧电极，不得扳动或敲击中心电极。

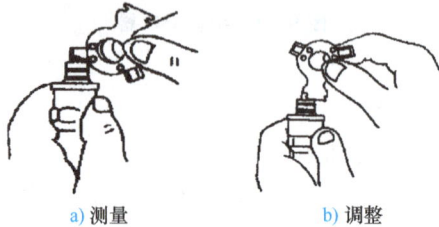

a) 测量   b) 调整

图 9-18　火花塞电极间隙的测量和调整

（4）火花塞发火性能的检查

绝缘体如有裂纹，在发动机运行过程中就会发生漏电现象，应在火花塞试验器上进行试验。完好的火花塞应保证在 0.8～0.9MPa 的空气压力下能连续跳火。对于使用过的火花塞，最低可以在 0.7MPa 的压力下试验。在发动机上试验：当发动机怠速运转时，用有绝缘柄的螺丝刀搭于火花塞接线柱上，触及气缸体，使高压电流断路，倾听发动机运转的响声。如果发动机运转的响声有变化，即说明火花塞工作正常。

工作页 22　点火系统的拆装与检查

任务名称			工作页 22　点火系统的拆装与检查				
班级		姓名		学号		日期	

任务描述	1. 识别点火系统的各零部件，并说明其作用。 2. 对点火系统各零部件进行拆装和检查。 3. 要求熟悉点火系统的拆装方法及技术要求，能规范拆装火花塞，并熟悉各零部件的名称、作用和结构特点。 4. 按要求完成工作任务，任务完成过程遵循安全文明操作规程，任务完成后进行7S管理。

任务载体	每组工位配备一套：车外维修防护用具、车内三件套、垃圾桶、工作台、轿车或试验台、火花塞专用套筒、力矩扳手、手电筒、零件车、垃圾桶、火花塞、高压分缸线专用拆卸工具、塞尺、万用表。	实训场地	发动机实训室

序号	项目	情况记录
1	车外维修防护用具	□是　□否
2	车内三件套	□是　□否
3	垃圾桶	□是　□否
4	工作台	□是　□否
5	轿车或试验台	□是　□否
6	火花塞专用套筒	□是　□否
7	力矩扳手	□是　□否
8	手电筒	□是　□否
9	零件车	□是　□否
10	垃圾桶	□是　□否
11	火花塞	□是　□否
12	高压分缸线专用拆卸工具	□是　□否
13	万用表	□是　□否

(准备工作 — 上表)

任务实施

一、拆解高压导线

将各分缸高压导线拆解，测量高压导线的电阻：□正常　□不正常

二、拆卸和检查火花塞

1）目测火花塞是否有积炭、油污、异常颜色：　□正常　□积炭　□油污　□异常颜色

2）检查火花塞间隙，测量值：　　　　　　　□正常　□过大　□过小

三、清洁火花塞

根据火花塞的实际情况，清洁火花塞。

四、识别点火线圈

识别该点火系统的类型，并识别点火线圈是否搭铁。

测量一次绕组电阻：　　　　　　　　　　□正常　□不正常

测量二次绕组电阻：　　　　　　　　　　□正常　□不正常

项目九

任务名称	工作页 22　点火系统的拆装与检查				
班级		姓名		学号	日期

任务实施	五、检查曲轴位置传感器（凸轮轴位置传感器） 1. 磁电式位置传感器的检查。 测量电阻：　　　　　　　　　　　□正常　□不正常 2. 测量输出电压。 转动信号轮，测量交流电压：　　　□正常　□不正常 3. 测量信号轮与信号发生器的间隙。 测量值：　　　　　　　　　　　　□正常　□不正常 六、识别点火模块 查阅维修手册，识别点火模块。 七、工作场地 7S 管理

检查评价	1. 评分细则

序号	评价项目	评价标准（每项累计扣分不超过配分）	配分	自评	互评	师评
1	安全文明否决	□造成人身、设备重大事故，或恶意顶撞教师、严重扰乱课堂秩序，立即终止实训，此评价表计 0 分				
2	工作计划制定	□能正确列出需使用的工量具，缺一个要点扣 0.5 分 □能正确查阅维修手册，缺一个要点扣 1 分 □能正确列出操作计划，缺一个要点扣 1 分 □能正确列出操作注意事项，缺一个要点扣 1 分	10 分			
3	安全文明生产	□能正确穿工作服、工作鞋，戴工作帽，缺一项扣 1 分 □工量具与零件摆放整齐，不混放，不随意摆放在地上，未达标每次每处扣 1 分 □油、水洒落在地面或零部件表面或车漆表面应及时清理，未达标每次扣 1 分 □完工后清理工量具，缺一个要点扣 1 分 □完工后清理实训场地，缺一个要点扣 2 分 □服从教师和班组长的课堂要求，不出言不逊，违反每次扣 3 分	15 分			
4	工具准备	□能准备好需使用的工具，每少准备一件扣 1 分 □恰当选择工具进行装调，选错一次扣 2 分	10 分			
5	维修手册使用	□能对照维修手册正确查找数据及相关信息，每查错一个数据或漏查一个数据扣 5 分	20 分			
6	认识点火系统结构	□能正确说出每个零部件的名称、作用和结构特点，错一个扣 2 分	10 分			

（续）

任务名称			工作页 22　点火系统的拆装与检查					
班级		姓名		学号			日期	

（续）

	序号	评价项目	评价标准（每项累计扣分不超过配分）	配分	自评	互评	师评
检查评价	7	拆装和检查点火系统零件	□能规范使用扳手，不规范扣 3 分 □能正确选用工具，错一个扣 3 分 □规范进行火花塞拆装，错一次扣 1 分 □零件按顺序摆放整齐，没按顺序或顺序错误扣 3 分 □拆解分缸高压线并确认其搭铁位置，不清楚位置扣 3 分 □检查火花塞间隙，结果不正确扣 5 分 □检查分缸高压线电阻，结果不正确扣 5 分 □检查点火线圈一次线圈和二次线圈电阻，结果不正确扣 5 分 □检查曲轴位置传感器，结果不正确扣 5 分	25 分			
	8	工单记录	□维修记录字迹工整，潦草扣 2 分 □内容填写完整，缺一项扣 1 分	5 分			
	9	职业素养	□语言表达能力，酌情赋分 □适应团队合作，酌情赋分	5 分			
			合计	100 分			

2. 任务成绩（自我评价、组间互评、教师评价三者成绩加权得到，系数根据实际情况而定）

自我评价	组间互评	教师评价	任务成绩

反思改进	请根据任务完成情况，对自己及小组工作进行反思，提出改进意见或措施。

项目九

任务 9.4　点火系统的常见故障

点火系统常见故障有断火、火花弱、点火时间不当、缺火、错火等，使发动机不能工作或工作不正常。

1. 少数气缸不工作的故障

（1）故障现象

在各种转速下，消声器都会发出有节奏的"突突"声；发动机在低温下运转，还会出现"放炮"现象；断火时，发动机转速不发生变化。

（2）故障原因

1）少数火花塞工作不良。

2）高压分火线漏电或脱落。

3）高压分火线插错。

4）分电器盖、分火头漏电。

5）分电器的凸轮磨损不均匀。

6）电子点火器的传感器线圈有故障或触发轮销松脱。

（3）故障诊断与排除

1）先检查高压分火线有无脱落或插错，传统点火系统可用螺丝刀短路各缸火花塞，或拔下高压分火线来检查各缸的工作情况，检查火花塞跳火，如图 9-19 所示。电子式点火系统不允许短路高压线，否则，会损坏电子部件。

2）清除火花塞的积炭，调整火花塞的间隙，如图 9-20 所示。正确的电极间隙应为 0.8mm。必要时应更换火花塞，更换高压线，更换分电器，甚至更换分电器总成。

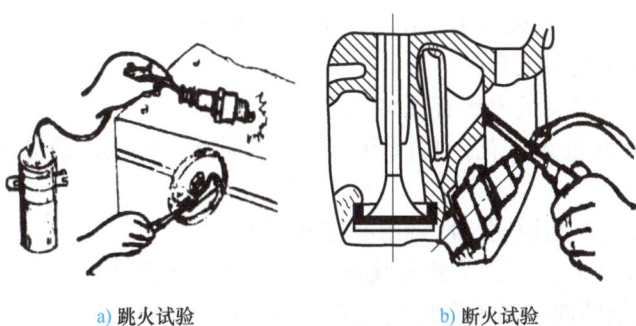

a) 跳火试验　　　　　　b) 断火试验

图 9-19　检查火花塞跳火

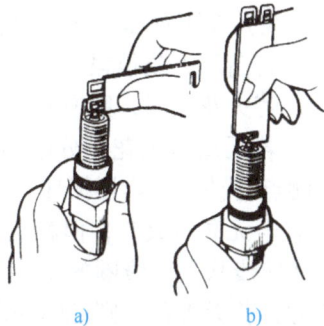

a)　　　　b)

图 9-20　调整火花塞电极间隙

2. 高压电路故障

（1）故障现象

发动机起动困难；起动后容易熄火，并且在任何转速下消声器都会发出无节奏的"突突"声，甚至"放炮"。

（2）故障原因

1）断电器的触点烧蚀。

2）电容器内部接触不良，搭铁不实或损坏。

3）点火线圈的线圈匝间短路。

（3）故障诊断与排除

拔下高压线，距离火花塞约5mm，观察跳火情况。例如，火花短、细、红，声音小或出现断火现象，则高压电路有故障。在跳火时，应注意高压线与火花塞的距离必须由远而近，或由近而远地比较。有条件时，可用合格的点火线圈或分电器总成进行对比试验。必要时应更换新件。用试验法检验点火线圈有两种方法：试灯法和试火法，如图9-21所示。

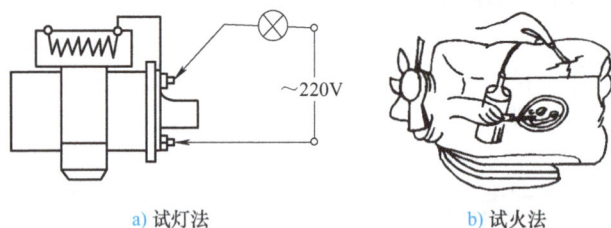

a) 试灯法   b) 试火法

图 9-21 用试验法检验点火线圈

1）试灯法：用220V交流电试灯，接在一次绕组两端的接线柱上，灯亮则表示无断路故障；将试灯的一端接低压接线柱，一端接壳体，如灯亮，则表示有搭铁故障。短路故障用试灯法不容易查出。

试灯法的一端接高压插孔，另一端接低压接线柱，若试灯发亮，则说明一次、二次绕组连通；若试灯暗红，则说明无短路故障；若试灯根本不亮，则应注意观察，当试灯的一端从接线柱上移开时，如没有火花，则说明绕组已断路。

2）试火法：在点火电路正常的情况下，摇转曲轴使触点张开，从分电器盖上拔下中心高压线并在距缸体5mm的位置，打开点火开关，用螺丝刀短路触点。

①若高压火花很强，则表明点火线圈正常。

②若火花很弱，则说明一次、二次绕组内部有短路现象。

③若无高压火花，分电器触点处也无火花，则说明一次绕组断路、搭铁，或分电器活动触点搭铁，电容器损坏。

④若无高压火花，但触点有火花，则说明二次绕组有搭铁现象。

将导线从点火线圈的（+）接线柱上拆下，用此导线在（+）接线柱上刮火，有弱火花为正常；若无火花，则说明一次绕组断路；若有很强的火花，则说明一次绕组搭铁。

3. 发动机高速运转不良的故障

（1）故障现象

发动机在高速时消声器发出无节奏的"突突"声，而在其他转速时正常；汽车行驶动力不足。

（2）故障原因

1）断电器的触点间隙过大。

2）活动触点臂的弹簧张力不足。

3）活动触点绝缘套与轴装配过紧（新品）。

4）电子点火器的分电器触发轮销脱落。

（3）故障诊断与排除

1）当发动机工作时，只有在高速时消声器才会出现"突突"声，则可取下高压分火线，在距离火花塞约5mm的位置，检查跳火情况。如有断火现象，则将高压分火线与火花塞距离靠近，再观察跳火情况；若仍断火，则为发动机高速运转不良故障。

2）将发动机熄火，检查以下内容：断电器的触点间隙是否过大，活塞触点臂的弹簧张力是否过弱，活动触点臂绝缘套是否与轴装配过紧。必要时调整断电器的触点间隙或更换新件。

4. 发动机转速不稳定的故障

（1）故障现象

发动机起动有时顺利，有时困难；有时运转正常，有时运转不稳定；有时会出现异响。

（2）故障原因

1）点火系统连接不良。

2）点火系统热稳定性差。

3）充电系统工作不稳定。

（3）故障诊断与排除

先检查点火线路的连接是否松动。用手摸点火线圈、电子点火器等是否过热，必要时更换掉不合格的总成或部件。检查发电机传动带是否过松，必要时进行调整。

5. 点火时间过迟的故障

（1）故障现象

发动机不容易起动；汽车行驶无力；排气管发闷，并有排火现象。

（2）故障原因

1）点火时间调整不当。

2）分电器的固定螺钉松动。

3）分电器的驱动齿轮磨损或固定销松动。

4）分电器驱动轴的轴向间隙过大。

5）断电器的触点间隙过小，活动触点松动。

6）电子点火器接触不良。

7）点火提前调节装置被卡在点火过迟的位置上。

（3）故障诊断与排除

1）检查分电器壳体的固定螺钉是否松动，必要时拧紧紧固螺钉。

2）检查触点间隙是否过小，必要时进行调整。

3）松开分电器的固定螺钉，将分电器向提前方向转动一个角度，如果好转则说明调整不当。

4）对电子点火系统，如果没有发现零件松动，则应更换电子组件。

6. 点火时间过早的故障

（1）故障现象

摇转曲轴时，有反转现象；急加速时，有"嘎嘎"声。

（2）故障原因

1）点火时间调整不当。

2）断电器的触点间隙过大。

3）点火提前调节装置被卡住。

4）电子点火器失准，如温度传感器和爆燃传感器损坏等。

（3）故障诊断与排除

1）检查分电器的断电器触点间隙是否过大，标准间隙为 0.35 ～ 0.45mm，必要时应调整该间隙。

2）松开分电器的固定螺钉，将分电器壳体向点火过迟的方向转动一个角度，如果好转则说明调整不当。

3）对于电子点火系统，应更换电子点火组件。

7. 电子点火系统高压无火的故障

（1）故障现象

用起动机带动发动机旋转，转动轻快，但不能起动；拔出分电器上的中心高压线，使其端头距离缸体 8mm，接通点火开关，转动曲轴进行放电试验，无高压火花。

（2）故障原因

1）点火线圈损坏。

2）信号发生器损坏。

3）中心高压线断心、脱落或漏电。

4）电子点火器损坏。

5）低压电路可能断路或短路。

（3）故障诊断与排除

1）用万用表的电阻档测量中心高压线的电阻，不应大于 25kΩ。

2）测量点火线圈二次绕组的电阻及绝缘情况。若正常，则应检查低压电路。

3）低压电路的检查。接通点火开关，用万用表的电压档测量点火线圈的正极接线柱与接地之间的电压。若电压为 0V，则说明故障在点火线圈以前的电路中；若电压为电源电压，则说明故障在点火线圈、电子点火器或信号发生器。

8. 微机控制点火系统高压无火的故障

（1）故障现象

用起动机带动发动机旋转，转动轻快但不能起动；高压线连接火花塞使其侧电极接地，接通点火开关，转动曲轴，外部观察火花塞的放电情况，无高压火花。

（2）故障原因

1）点火线圈工作不良。

2）传感器损坏。

3）插接器接触不良。

4）点火控制器接触不良。

5）点火线路连接不良。

6）ECU 出现故障。

（3）故障诊断与排除

1）查看点火系统线路连接以及插接器有无松脱现象。

2）进行故障自诊断，若有故障显示，则应按代码指示的原因排除故障。

① 读取故障码。不同车系读取故障码的方法不同，并且一定要按规定步骤进行读取，可以通过发动机故障警告灯的闪烁来显示故障码，也可以通过诊断仪调取故障码。

② 排除故障。读取故障码后，根据维修手册查出故障码的含义以及故障范围，进行全面的检查，最后确定故障部位，并排除故障。

③ 路试检查。进行路试检查，确定故障彻底排除。路试中，发动机故障警告灯应显示正常。当发动机的点火开关达到"ON"，当不起动发动机时，发动机故障警告灯应点亮；当起动发动机后，发动机故障警告灯应熄灭，说明故障已彻底排除。若起动发动机后，发动机故障警告灯不熄灭，则说明发动机电子控制系统仍然存在故障，需要进一步排查故障。

④ 清除故障码。故障彻底排除后，应及时清除故障码，避免下次读取故障码时再次显示出来，给诊断维修增加困难。故障码的清除可以通过拔下发动机 EFI 熔断器 10s 或者拆下蓄电池搭铁线 10s 清除故障码，也可以通过诊断仪清除故障码。

项目十 起动系统检修

学习要点：

- 了解起动系统故障引起的发动机现象。
- 学习起动系统的结构及工作原理。
- 学习起动系统的拆装与调试。
- 了解起动系统的检修与数据处理。
- 学习起动系统的故障排除。
- 学习起动系统故障案例分析。

欲使发动机由静止状态进入到工作状态，必须先用外力转动发动机曲轴，使活塞做往复运动，气缸内的可燃混合气燃烧做功，推动活塞运动并带动曲轴转动，发动机才能自行运转，工作循环才能自动进行。曲轴在外力作用下开始转动到发动机开始怠速运转的全过程，称为发动机的起动过程。完成起动过程所需的装置，称为发动机的起动系统。

能按时在火花塞两电极之间产生电火花的全部装置，称为汽油机点火系统。点火系统的作用是适时地为汽油发动机气缸内已压缩的可燃混合气提供足够能量的电火花，使发动机能及时、迅速地做功。点火系统性能的好坏对发动机的工作可靠性有十分重要的影响。

任务 10.1 起动系统的认知

发动机常用的起动方式有人力起动、辅助汽油机起动和电动机起动。目前大多数汽车发动机都已采用电动机起动。电动机起动方式是由直流电动机通过传动机构将发动机起动，它具有操作简单、体积小、质量轻、安全可靠、起动迅速并可重复起动等优点，一般将这种电动机简称为起动机。

起动机俗称"马达"，由直流电动机、传动机构和控制装置三大部分组成，如图 10-1 所示。

直流电动机的作用是将蓄电池输入的电能转换为机械能，产生电磁转矩。

传动机构的作用是利用驱动齿轮啮入发动机飞轮齿圈，将直流电动机的电磁转矩传给曲轴，发动机起动后迅速切断曲轴与电动机之间的动力传递，防止曲轴反拖电动机。

控制装置的作用是接通或切断起动机与蓄电池之间的主电路，并使驱动齿轮进入或退出与飞轮齿圈的啮合。有些起动机控制机构还有副开关，能在发动机起动时使点火线圈的附加电阻短路，以增大起动时的点火能量。

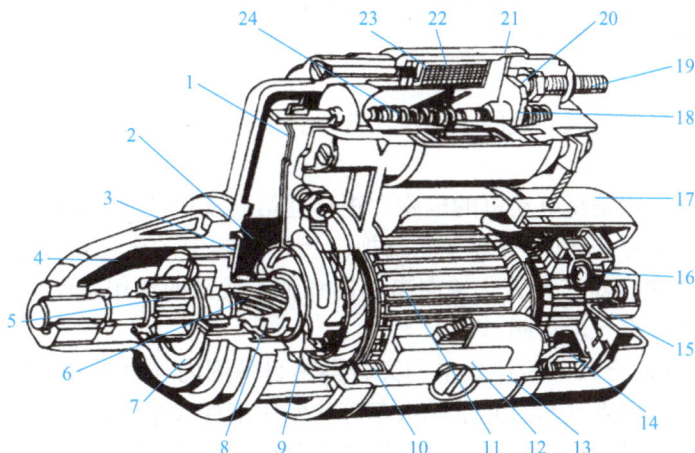

图 10-1　起动机结构

1—拨叉　2—花键套筒　3—制动盘　4—防护罩　5—驱动齿轮　6—电枢轴花键　7—单向离合器　8—缓冲弹簧
9—滑套　10—励磁绕组　11—电枢　12—磁极铁心　13—磁极　14—电刷　15—换向器　16—电刷弹簧
17—后端盖　18—接触盘　19—接线柱　20—主触点　21—电磁开关壳体　22—吸引线圈
23—保持线圈　24—回位弹簧

（1）直流电动机的构造

直流电动机由电枢、磁极铁心、电刷和电刷架、轴承等部件组成，如图 10-2 所示。

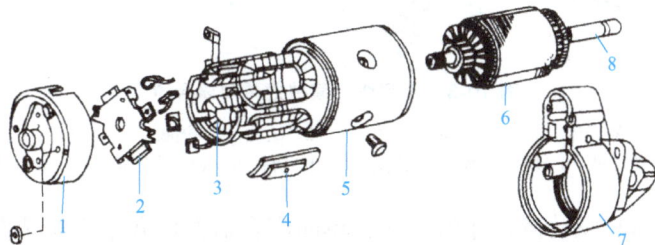

图 10-2　直流电动机

1—电刷端盖　2—电刷和电刷架　3—励磁绕组　4—磁极铁心　5—机壳　6—电枢　7—驱动端盖　8—轴承

1）电枢。电枢是直流电动机的旋转部分，包括电枢轴、电枢铁心、换向器、电枢绕组。为了获得足够的转矩，通过电枢绕组的电流一般为 200～600A，因此电枢绕组采用较粗的矩形截面的裸铜线绕制而成。电枢绕组各绕组的端头均焊接在换向器片上，通过换向器和电刷将蓄电池的电流引进来。换向器是换向片和云母片叠压而成，压装于电枢轴的前端。为了避免电刷磨损的粉末落入换向片之间造成短路，起动机换向片间的云母一般不必割低。

2）磁极。磁极一般是 4 个，两对磁极相对交错安装在电动机定子内壳上，低碳钢板制成的机壳也是磁路的一部分。少数也有用 6 个磁极的起动机。

3）电刷与电刷架。电刷架一般为框式结构，其中正极电刷架与端盖绝缘地固装，负极电刷架直接搭铁。由于起动机电流较大，所用电刷由铜粉与石墨粉压制而成，呈棕红色。电刷置于电刷架中，由盘形弹簧压紧到换向器的外圆表面上。

4）轴承。因为起动机工作时间短暂，每次的工作时间仅几秒钟，所以一般都是采用青铜石墨轴承或铁基含油轴承。

（2）传动机构

起动机的传动机构是起动机的主要组成部件，安装在电动机电枢的延长轴上。它包括离合器和拨叉两个部分。

单向离合器的作用是将电动机的电磁力矩传递给发动机使之起动，同时又能在发动机起动后自动打滑，保护起动机不致飞轮反拖。传动机构中的离合器分为滚柱式单向离合器、摩擦片式单向离合器和弹簧式单向离合器三种。拨叉的作用是使离合器做轴向移动，将驱动齿轮啮入和脱离飞轮齿圈。

1）滚柱式单向离合器。滚柱式单向离合器是目前国内外汽车起动机中使用最多的一种。解放牌汽车、东风牌汽车、北京牌汽车等均使用滚柱式单向离合器。滚柱式单向离合器是通过改变滚柱在楔形槽中的位置实现接合和分离的，按其结构不同可分为十字块式和十字槽式两种。十字块式滚柱式单向离合器如图10-3所示。

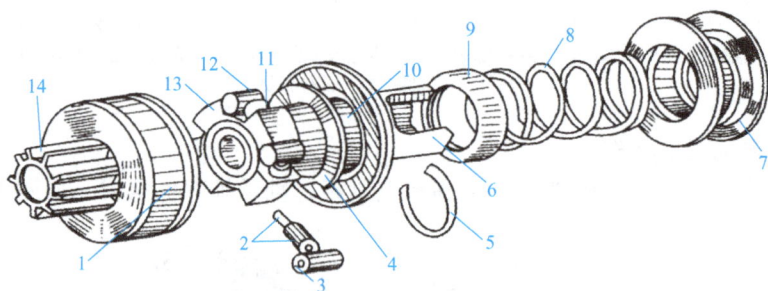

图 10-3　十字块式滚柱式单向离合器

1—单向离合器壳体　2、11—弹簧及活柱　3、12—滚柱　4—垫圈　5—卡环　6—花键套筒
7—移动衬垫　8—缓冲弹簧　9—弹簧座　10—防护盖　13—十字块　14—驱动齿轮

单向离合器壳体与驱动齿轮连为一体，单向离合器壳体和十字块装配后形成4个楔形槽，槽中有4个滚柱，滚柱的直径大于槽窄端且小于槽宽端，弹簧及活柱将滚柱推向槽的窄端，使得滚柱与十字块及壳体表面有较小的摩擦力。十字块与花键套筒刚性连接，花键套筒安装在电枢轴的花键部位，使滚柱式单向离合器总成可做轴向移动并随着转动。

滚柱式单向离合器具有结构简单、坚固耐用、体积小、质量轻、工作可靠等优点，因此得到广泛采用。但滚柱式单向离合器属线接触传力，传递大转矩时，滚柱易变形、卡死，一般用于中、小功率（2kW以下）的起动机。

2）摩擦片式单向离合器。如图10-4所示，摩擦片式单向离合器的驱动齿轮与外接合鼓做成一个整体。离合器的花键套筒内花键与电枢花键轴配合，花键套筒外圆与内接合鼓通过三线螺旋花键连接；内接合鼓外圆上有凹槽，与主动摩擦片的内凸齿相配合；从动摩擦片有外凸齿，嵌入外接合鼓内圆的直槽中；在花键套筒上自左向右还装有弹性垫圈、卡环和调整垫圈，端部用限位螺母做轴向固定。

摩擦片式单向离合器具有传递大转矩、防止超载损坏起动机的优点，多用在大功率起动机上。但由于摩擦片容易磨损而影响起动性能，所以需要经常检查、调整或更换摩擦片。但是，这种离合器结构较复杂，耗用材料较多，加工费时且不便于维修。

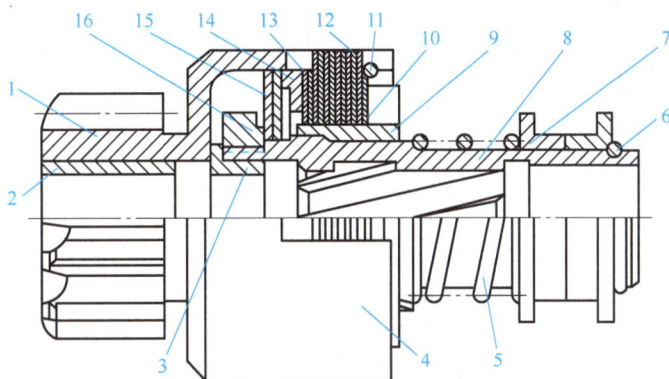

图 10-4　摩擦片式单向离合器

1—驱动齿轮　2—衬套　3—限位块　4—外接合鼓　5—弹簧　6、11—卡环　7—滑套
8—花键套筒　9—内接合鼓　10—主动摩擦片　12—从动摩擦片　13—调整垫圈
14—压环　15—弹性垫圈　16—限位螺母

3）弹簧式单向离合器。弹簧式单向离合器是通过扭力弹簧的径向收缩和放松来实现接合和分离的，其结构如图 10-5 所示。驱动齿轮松套在花键套筒上，月形键限制了驱动齿轮和花键套筒的轴向移动，但不影响其相对转动。扭力弹簧包在驱动齿轮轮毂和花键套筒的外圆表面，扭力弹簧两端各有 1/4 圈内径较小，分别箍紧在齿轮柄和套筒上，扭力弹簧外装有防护罩。

弹簧式单向离合器具有结构简单、制造工艺简单、成本低等优点，但由于驱动弹簧所需圈数较多，使其轴向尺寸增大，多用于大、中型起动机。

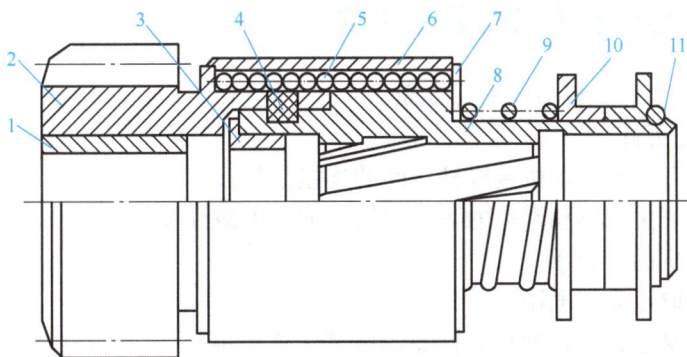

图 10-5　弹簧式单向离合器

1—衬套　2—驱动齿轮　3—挡圈　4—月形键　5—扭力弹簧　6—防护罩　7—垫圈
8—花键套筒　9—缓冲弹簧　10—滑套　11—卡环

（3）控制装置

控制装置的作用是用来接通和断开电动机与蓄电池之间的电路，同时还能接入和切断点火线圈的附加电阻。

起动机的控制装置可分为直接操纵式和电磁操纵式两种形式，电磁操纵式控制装置，俗称电磁开关，其使用方便、工作可靠，并适合远距离操纵。目前汽车、拖拉机的起动机均采用电磁操纵式控制装置。

如图 10-6 所示，电磁操纵式控制装置的结构主要由吸引线圈、保持线圈、活动铁心、接触盘、主接线柱等组成。对于汽油机用起动机，电磁开关内还有短路点火线圈附加电阻的接触片，通过电磁开关壳体的接线柱与点火线圈一次绕组相连。

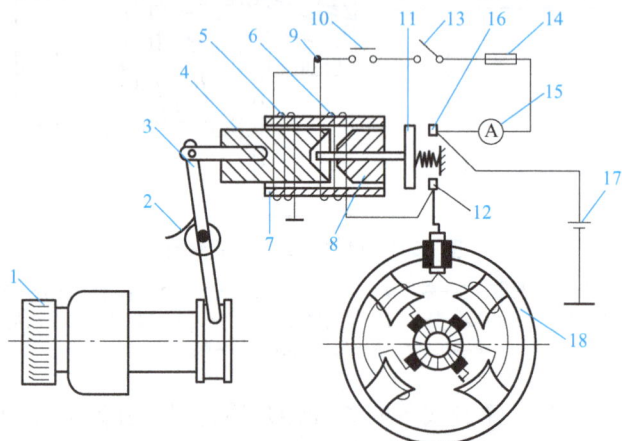

图 10-6 电磁操纵式控制装置的结构示意图

1—单向离合器 2—回位弹簧 3—拨叉 4—活动铁心 5—保持线圈 6—吸引线圈 7—黄铜套
8—挡铁 9—接线柱 10—起动按钮 11—接触盘 12、16—主接线柱 13—总开关
14—熔断器 15—电流表 17—蓄电池 18—电动机

任务 10.2 起动系统的拆装及调试

起动机的拆装及调试包括以下几方面。

（1）起动机的拆卸

1）拆下电磁开关与电动机接线柱之间的连接铜片。

2）拆下电磁开关与驱动端盖的紧固螺钉，取下电磁开关。

3）拆下起动机的防护罩。

4）用电刷钩取出 4 支电刷。

5）旋出两个穿心的连接螺栓，使驱动端盖（连电枢）、磁极与电刷端盖分离，注意电枢换向器处止推垫圈的片数。

6）拆下中间支承板的螺钉、拆下拨叉管轴，从驱动端盖中取出电枢（带中间支承板、单向离合器）。

7）拆下电枢驱动端盖的锁环，取下挡圈，取下单向离合器、中间支承板。

（2）起动机的安装

1）将中间支承板、单向离合器、挡圈套回电枢轴上，装上电枢驱动端盖的锁环。

2）先将拨叉套入单向离合器的拨叉套中，然后将带中间支承板、单向离合器的电枢装入驱动端盖中，拧紧中间支承板的螺钉。

3）在转子整流器端的轴上安装止推垫圈，将定子及电刷端盖按拆时标记的对应记号套入转子（已装入驱动端盖上）上，拧紧两个连接螺栓。

4）安装起动机电刷。

5）安装起动机防护罩。

6）将电磁开关的活动铁心拉杆套入驱动端盖的拨叉上端，拧紧电磁开关的安装螺钉。

7）将连接片接回电磁开关与电动机接线柱上，拧紧接线片上的紧固螺母。

（3）起动机的调整

1）起动机驱动齿轮的端面与端盖凸缘间距的调整。起动机不工作时，驱动齿轮的端面与端盖凸缘之间的距离符合标准值（29 ～ 32mm）。若间距不当，则可通过定位螺钉或加减垫片来调整。

2）电磁开关接通时刻的调整。在起动机驱动齿轮未啮入飞轮之前，不允许接通电磁开关的接触盘与主触头。当接触盘与电磁开关的主触头接通而接通主电路时，驱动齿轮与限位螺母之间的距离应为 4.5mm ± 1.0mm。如不符合要求，则可先脱开连接片与调整螺钉之间的连接，然后拧入或拧出调整螺钉进行调整。

3）轴承及轴承位的检查。起动机各轴承与轴颈、轴承孔之间均不得有松旷、歪斜等现象，起动机各轴承的配合应符合技术要求。

任务 10.3   起动系统的检修及数据处理

起动机的检修，包括以下几方面。

（1）励磁绕组的检修

励磁绕组的常见故障主要有插头脱焊，绕组短路、断路或搭铁等。插头松脱后，在起动机解体后可直接看到，可用万用表的高电阻档测量绕组端子与壳体之间的电阻来判断绕组是否搭铁，其电阻为"∞"。

（2）电枢绕组的检修

电枢绕组的常见故障主要有匝间短路、断路或搭铁等。可用万用表高电阻档来检测电枢绕组是否搭铁。电枢绕组短路的检测应在专用试验台上进行。

（3）换向器的检修

换向器的故障多为表面烧蚀、脏污、云母片突出等。轻微烧蚀用"00"号细砂纸修磨即可，若严重烧蚀或失圆（径向圆跳动 >0.05mm）时应进行精加工，但加工后换向器铜片厚度不得少于 2mm。云母片如果高于钢片也应进行车削加工，然后再将云母片割低。一般进口汽车用的起动机云母片低于钢片，在检修时，若换向器铜片间槽的深度小于 0.2mm，就需用锯片将云母片割低至规定的深度。

（4）电枢轴的检修

电枢轴的常见故障是弯曲变形。电枢轴的径向圆跳动应不大于 0.15mm，否则应采用冷压校正。

（5）电刷和电刷架的检修

检查电刷的高度，一般应不低于标注的 2/3，电刷的接触面积应不少于 75%，并且要求电刷在电刷架内无卡滞现象，否则应进行修磨或更换新件。用万用表的高电阻档或试灯法检测电刷架的绝缘性。最后用弹簧秤测量电刷弹簧的张力，若不符合要求应更换新件。

（6）单向离合器的检修

单向离合器常见的故障是打滑。可以用力矩扳手检测单向离合器的转矩。如果转矩小于规定值，说明单向离合器打滑，应更换新件。对于摩擦片式单向离合器，如果转矩偏小，可以通过调整垫圈的厚度来修复。

（7）电磁开关的检修

电磁开关的常见故障一般是吸引线圈和保持线圈断路、短路和搭铁、导电盘（或接触盘）及主触点表面烧蚀等。线圈的断路故障可用万用表的低电阻档检测其电阻，搭铁故障可用万用表的高电阻档测量其电阻来检查。导电盘及主触点表面烧蚀轻微的，可用锉刀或砂布修整。回位弹簧过弱应更换新件。

任务名称			工作页 23　起动系统的拆装与检查				
班级		姓名		学号		日期	
任务描述	1. 对起动机进行拆解与清洁。 2. 对电枢、磁极、电磁开关、电刷组件、单向离合器进行检查并进行装复后的检验。 3. 起动机的拆装只要求在工作台上进行拆卸与安装，不需要从车上拆卸下来。 4. 按要求完成工作任务，任务完成过程遵循安全文明操作规程，任务完成后进行 7S 管理。						
任务载体	每组工位配备一套：起动机、万用表、工具车、梅花扳手、呆扳手、T 形杆、尖嘴钳、鲤鱼钳、螺丝刀、直尺。				实训场地	发动机实训室	

	序号	项目	情况记录
准备工作	1	起动机	□是　□否
	2	万用表	□是　□否
	3	工具车	□是　□否
	4	梅花扳手	□是　□否
	5	呆扳手	□是　□否
	6	T 形杆	□是　□否
	7	尖嘴钳	□是　□否
	8	鲤鱼钳	□是　□否
	9	螺丝刀	□是　□否
	10	直尺	□是　□否
	11	起动机	□是　□否

任务实施	**一、检查直流电动机** 1. 检查电枢。 1）目测换向器表面是否出现异常磨损和脏污：□有　□无 2）测量换向片绝缘槽深度值：□正常　□小于极限 3）电枢绕组断路测量值的检查：□正常　□断路 4）电枢绕组绝缘测量值的检查：□正常　□不绝缘 2. 检查磁极。 1）励磁绕组断路测量值的检查：□正常　□断路 2）励磁绕组绝缘测量值的检查（串励式）：□正常　□不绝缘 3. 检查电刷组件。 1）目测电刷是否有异常磨损：□有　□无 2）用手按压各弹簧，检查弹力是否一致：□一致　□不一致 3）电刷长度测量值的检查：□正常　□小于极限 **二、检查操纵机构** 1）电磁开关保持线圈测量值的检查：□正常　□短路　□断路 2）电磁开关吸引线圈测量值的检查：□正常　□短路　□断路 3）用手压下电磁开关移动铁心，检查主接线柱是否导通：□导通　□不导通 **三、检查传动机构** 1）目测各传动部件是否有损坏：□有　□无 2）单向离合器的检查：□正常　□打滑

任务名称			工作页 23 起动系统的拆装与检查					
班级		姓名		学号			日期	

1. 评分细则

检查评价	序号	评价项目	评价标准（每项累计扣分不超过配分）	配分	自评	互评	师评
	1	安全文明否决	□造成人身、设备重大事故，或恶意顶撞教师、严重扰乱课堂秩序，立即终止实训，此评价表计 0 分				
	2	工作计划制定	□能正确列出需使用的工量具，缺一个要点扣 0.5 分 □能正确查阅维修手册，缺一个要点扣 1 分 □能正确列出操作计划，缺一个要点扣 1 分 □能正确列出操作注意事项，缺一个要点扣 1 分	10 分			
	3	安全文明生产	□能正确穿工作服、工作鞋，戴工作帽，缺一项扣 1 分 □工量具与零件摆放整齐，不混放，不随意摆放在地上，未达标每次每处扣 1 分 □油、水洒落在地面或零部件表面或车漆表面应及时清理，未达标每次扣 1 分 □完工后清理工量具，缺一个要点扣 1 分 □完工后清理实训场地，缺一个要点扣 2 分 □服从教师和班组长的课堂要求，不出言不逊，违反每次扣 3 分	10 分			
	4	工具准备	□能准备好需使用的工具，每少准备一件扣 1 分 □恰当选择工具进行装调，选错一次扣 2 分	10 分			
	5	维修手册使用	□能对照维修手册正确查找数据及相关信息，每查错一个数据或漏查一个数据扣 5 分	10 分			
	6	电枢的检测	□电枢绕组断路、绝缘检测中，每缺少一项扣 4 分 □检测方法不正确，每次扣 3 分 □不能判断检测结果，每次扣 3 分	10 分			
	7	磁极的检测	□励磁绕组断路、绝缘检测中，每缺少一项扣 4 分 □检测方法不正确，每次扣 3 分 □不能判断检测结果，每次扣 3 分	10 分			
	8	电磁开关的检测	□保持线圈、吸引线圈及主接线柱的检测，每少检测一项扣 4 分；检测方法不正确，每次扣 3 分 □不能判断检测结果，每次扣 3 分	10 分			
	9	电刷组件的检测	□电刷长度检测错误扣 3 分 □异常磨损检查不准确，扣 3 分 □电刷绝缘情况检测方法不正确，扣 3 分 □每漏一项不检查，扣 3 分	10 分			

任务名称				工作页 23　起动系统的拆装与检查					
班级		姓名		学号				日期	

	序号	评价项目	评价标准（每项累计扣分不超过配分）	配分	自评	互评	师评
检查评价	10	单向离合器的检查	□检查方法不正确，扣 3 分 □不能判断检测结果，扣 3 分	10 分			
	11	工单记录	□维修记录字迹工整，潦草扣 2 分 □内容填写完整，缺一项扣 1 分	5 分			
	12	职业素养	□语言表达能力，酌情赋分 □适应团队合作，酌情赋分	5 分			
			合计	100 分			

2.任务成绩（自我评价、组间互评、教师评价三者成绩加权得到，系数根据实际情况而定）

自我评价	组间互评	教师评价	任务成绩

反思改进	请根据任务完成情况，对自己及小组工作进行反思，提出改进意见或措施。 _____ _____ _____

工作页 23　起动系统的拆装与检查

任务名称	工作页 23　起动系统的拆装与检查				
班级		姓名		学号	日期

任务描述	1. 对起动机进行拆解与清洁。 2. 对电枢、磁极、电磁开关、电刷组件、单向离合器进行检查并进行装复后的检验。 3. 起动机的拆装只要求在工作台上进行拆卸与安装，不需要从车上拆卸下来。 4. 按要求完成工作任务，任务完成过程遵循安全文明操作规程，任务完成后进行 7S 管理。

任务载体	每组工位配备一套：起动机、万用表、工具车、梅花扳手、呆扳手、T 形杆、尖嘴钳、鲤鱼钳、螺丝刀、直尺。	实训场地	发动机实训室

	序号	项目	情况记录	
	1	起动机	□是	□否
	2	万用表	□是	□否
	3	工具车	□是	□否
	4	梅花扳手	□是	□否
准备工作	5	呆扳手	□是	□否
	6	T 形杆	□是	□否
	7	尖嘴钳	□是	□否
	8	鲤鱼钳	□是	□否
	9	螺丝刀	□是	□否
	10	直尺	□是	□否
	11	起动机	□是	□否

任务实施	**一、检查直流电动机** 1. 检查电枢。 1）目测换向器表面是否出现异常磨损和脏污：□有　□无 2）测量换向器片绝缘槽深度值：□正常　□小于极限 3）电枢绕组断路测量值的检查：□正常　□断路 4）电枢绕组绝缘测量值的检查：□正常　□不绝缘 2. 检查磁极。 1）励磁绕组断路测量值的检查：□正常　□断路 2）励磁绕组绝缘测量值的检查（串励式）：□正常　□不绝缘 3. 检查电刷组件。 1）目测电刷是否有异常磨损：□有　□无 2）用手按压各弹簧，检查弹力是否一致：□一致　□不一致 3）电刷长度测量值的检查：□正常　□小于极限 **二、检查操纵机构** 1）电磁开关保持线圈测量值的检查：□正常　□短路　□断路 2）电磁开关吸引线圈测量值的检查：□正常　□短路　□断路 3）用手压下电磁开关移动铁心，检查主接线柱是否导通：□导通　□不导通 **三、检查传动机构** 1）目测各传动部件是否有损坏：□有　□无 2）单向离合器的检查：□正常　□打滑

任务名称			工作页 23　起动系统的拆装与检查					
班级		姓名		学号			日期	

1.评分细则

	序号	评价项目	评价标准（每项累计扣分不超过配分）	配分	自评	互评	师评
检查评价	1	安全文明否决	□造成人身、设备重大事故，或恶意顶撞教师、严重扰乱课堂秩序，立即终止实训，此评价表计 0 分				
	2	工作计划制定	□能正确列出需使用的工量具，缺一个要点扣 0.5 分 □能正确查阅维修手册，缺一个要点扣 1 分 □能正确列出操作计划，缺一个要点扣 1 分 □能正确列出操作注意事项，缺一个要点扣 1 分	10 分			
	3	安全文明生产	□能正确穿工作服、工作鞋，戴工作帽，缺一项扣 1 分 □工量具与零件摆放整齐，不混放，不随意摆放在地上，未达标每次每处扣 1 分 □油、水洒落在地面或零部件表面或车漆表面应时清理，未达标每次扣 1 分 □完工后清理工量具，缺一个要点扣 1 分 □完工后清理实训场地，缺一个要点扣 2 分 □服从教师和班组长的课堂要求，不出言不逊，违反每次扣 3 分	10 分			
	4	工具准备	□能准备好需使用的工具，每少准备一件扣 1 分 □恰当选择工具进行装调，选错一次扣 2 分	10 分			
	5	维修手册使用	□能对照维修手册正确找数据及相关信息，每查错一个数据或漏查一个数据扣 5 分	10 分			
	6	电枢的检测	□电枢绕组断路、绝缘检测中，每缺少一项扣 4 分 □检测方法不正确，每次扣 3 分 □不能判断检测结果，每次扣 3 分	10 分			
	7	磁极的检测	□励磁绕组断路、绝缘检测中，每缺少一项扣 4 分 □检测方法不正确，每次扣 3 分 □不能判断检测结果，每次扣 3 分	10 分			
	8	电磁开关的检测	□保持线圈、吸引线圈及主接线柱的检测，每少检测一项扣 4 分；检测方法不正确，每次扣 3 分 □不能判断检测结果，每次扣 3 分	10 分			
	9	电刷组件的检测	□电刷长度检测错误扣 3 分 □异常磨损检查不准确，扣 3 分 □电刷绝缘情况检测方法不正确，扣 3 分 □每漏一项不检查，扣 3 分	10 分			

任务名称			工作页 23　起动系统的拆装与检查				
班级		姓名		学号		日期	

（续）

	序号	评价项目	评价标准（每项累计扣分不超过配分）	配分	自评	互评	师评
检查评价	10	单向离合器的检查	□检查方法不正确，扣 3 分 □不能判断检测结果，扣 3 分	10 分			
	11	工单记录	□维修记录字迹工整，潦草扣 2 分 □内容填写完整，缺一项扣 1 分	5 分			
	12	职业素养	□语言表达能力，酌情赋分 □适应团队合作，酌情赋分	5 分			
			合计	100 分			

2.任务成绩（自我评价、组间互评、教师评价三者成绩加权得到，系数根据实际情况而定）

自我评价	组间互评	教师评价	任务成绩

反思改进	请根据任务完成情况，对自己及小组工作进行反思，提出改进意见或措施。

1. 起动机不运转

（1）故障现象

将点火开关拧到起动位置，起动机不运转。

（2）故障原因

该故障可归纳为三类：电源及线路部分、起动继电器、起动机故障。

1）电源及线路部分的故障原因。

①蓄电池严重亏电。

②蓄电池正、负极接线柱上的电缆接头松动或接触不良。

③控制线路断路。

2）起动继电器的故障原因。

①继电器线圈绕组烧毁可断路。

②继电器的触点严重烧蚀或触点不能闭合。

3）起动机的故障原因

①起动机的电磁开关主触点严重烧蚀或两点高度调整不当而导致主触点表面不在同一平面内，使导电盘不能将两个触点接通。

②换向器严重烧蚀而导致电刷与换向器的接触不良。

③电刷与励磁绕组断路或正极电刷搭铁。

④励磁绕组或电枢绕组有断路、短路或搭铁故障。

⑤电枢轴的铜衬套磨损过多，引起电枢轴偏心或电枢轴弯曲，导致电枢铁心"扫膛"（即电枢铁心与磁极发生摩擦或碰撞）。

（3）故障诊断与排除

根据故障排除从易到难的一般原则，首先应检查蓄电池储电情况和蓄电池搭铁线、相线的连接是否有松动，然后再做进一步的检查。故障诊断与排除程序包括以下几方面。

1）打开前照灯开关或按下喇叭按钮，如果灯光较亮或喇叭声音洪亮，则说明蓄电池储电较足，故障不在蓄电池；如果前照灯灯光很暗或喇叭响声很小，则说明蓄电池的容量严重不足；如果前照灯不亮或喇叭不响，则说明蓄电池或电源线路有故障，应检查蓄电池火线及搭铁电线的连接有无松动以及蓄电池的储电是否充足。

2）如果前照灯灯亮或喇叭声响，则说明故障发生在起动机、电磁开关或控制电路。可用螺丝刀将电磁开关的 30# 接线柱与 C 接线柱接通。如果起动机不转，则说明起动机有故障；如果起动机空转正常，则说明电磁开关或控制电路有故障。

3）诊断起动机故障时，可用螺丝刀短接 30# 接柱与 C 接线柱时产生火花的强弱来辨别。如果短接时无火花，则说明励磁绕组、电枢绕组或电刷导线等有断路故障；如果短接时有强烈火花而起动机却不运转，则说明起动机内部有短路或搭铁故障，需拆下起动机进行进一步的检修。

4）诊断电磁开关或控制电路故障时，可用导线将蓄电池正极与电磁开关 50# 接线柱接通（时间不超过 3～5s），如果接通时起动机不运转，则说明电磁开关有故障，应拆下检修或更换新的电磁开关；如果接通时起动机转动，则说明开关回路或控制回路有断路故障。

5）判断是开关回路还是控制回路故障时，可以根据是否有起动继电器吸合声来判断。如果有继电器吸合声，则说明开关回路有断路故障；如果没有继电器吸合声，则说明控制回路有断路故障。

6）排除线路的断路故障，可用万用表或试灯法逐段进行检查排除。

2. 起动机起动无力

（1）故障现象

将点火开关拧至起动档位时，起动机能运转，但功率明显不足，时转时停。

（2）故障原因

1）蓄电池储电不足或有短路故障致使起动机供电能力降低。

2）起动机主回路接触电阻增大使起动机工作电流减小，接触电阻增大的原因包括蓄电池正、负极接线柱上的电缆紧固不良；起动机电磁开关主触点与导电盘烧蚀；电刷与换向器接触不良或换向器烧蚀等。

3）起动机的励磁绕组或电枢绕组匝间短路使起动机输出功率降低。

4）起动机装配过紧或有"扫膛"现象。

5）发动机转动阻力矩过大。

（3）故障诊断与排除

1）检查蓄电池的容量（用高率放电计检查），若容量不足，可用容量充足的蓄电池辅助供电的方法加以排除。

2）检查蓄电池接线柱及起动电磁开关主触头接线柱的松动情况，如果有松动现象，则应该加以紧固。

3）如果怀疑是起动机内部故障，则可用同型号无故障的起动机替换加以排除。确认是起动机内部故障时，应进一步拆检起动机。

3. 起动机空转

（1）故障现象

起动发动机时，起动机运转且转速很高、响声较大，但发动机不运转。

（2）故障原因

单向离合器打滑，不能传递转矩。

（3）故障诊断与排除

更换单向离合器即可排除故障。

4. 驱动齿轮与飞轮齿圈啮合异响

（1）故障现象

起动发动机时，驱动齿轮不能顺利与飞轮齿圈啮合，产生齿轮撞击声。

（2）故障原因

1）驱动齿轮的轮齿或飞轮齿圈的轮齿磨损过甚或个别齿轮被损坏。

2）起动机调整不当，驱动齿轮的端面与端面凸缘之间的距离过小。当驱动齿轮与飞轮齿圈尚未啮合或刚刚啮合时，起动机主电路就已接通，于是驱动齿轮高速旋转着与静止的飞轮齿圈啮合而产生撞击声。

（3）故障诊断与排除

如果是齿轮磨损或个别齿被损坏，则应更换新的驱动齿轮、飞轮齿圈。若起动机调整不当，则应按要求先调整好起动机。

5. 起动机电磁开关异响

（1）故障现象

在起动发动机时，电磁开关发出"哒哒哒"的响声。

（2）故障原因

1）电磁开关的保持线圈断路或搭铁不良。

2）蓄电池严重亏电或内部短路。

3）起动继电器的触点断开电压过高。

（3）故障诊断与排除

在起动发动机时，用万用表检测蓄电池的电压不得低于9.6V。如果电压过低，则说明蓄电池严重亏电或内部短路，应更换新件。若蓄电池没有问题，起动电磁开关时仍有"哒哒哒"的响声，则应拆检电磁开关的保持线圈判断是否断路或搭铁不良。对于个别车型，还有可能是起动继电器的断开电压过高，故应检查其断开电压。

参 考 文 献

［1］仇雅莉 . 汽车发动机构造与维修［M］. 4 版 . 北京：机械工业出版社，2021.
［2］刘智婷 . 汽车构造［M］. 北京：北京大学出版社，2012.
［3］曹永军，刘智婷 . 汽车构造［M］. 长春：吉林大学出版社，2021.
［4］刘智婷 . 汽车发动机构造与维修［M］. 沈阳：东北大学出版社，2022.
［5］李玉忠，李全民 . 新能源汽车技术概论［M］. 北京：机械工业出版社，2019.
［6］朱德乾，吴忠 . 新能源汽车概论［M］. 上海：上海交通大学出版社，2021.